JN025491

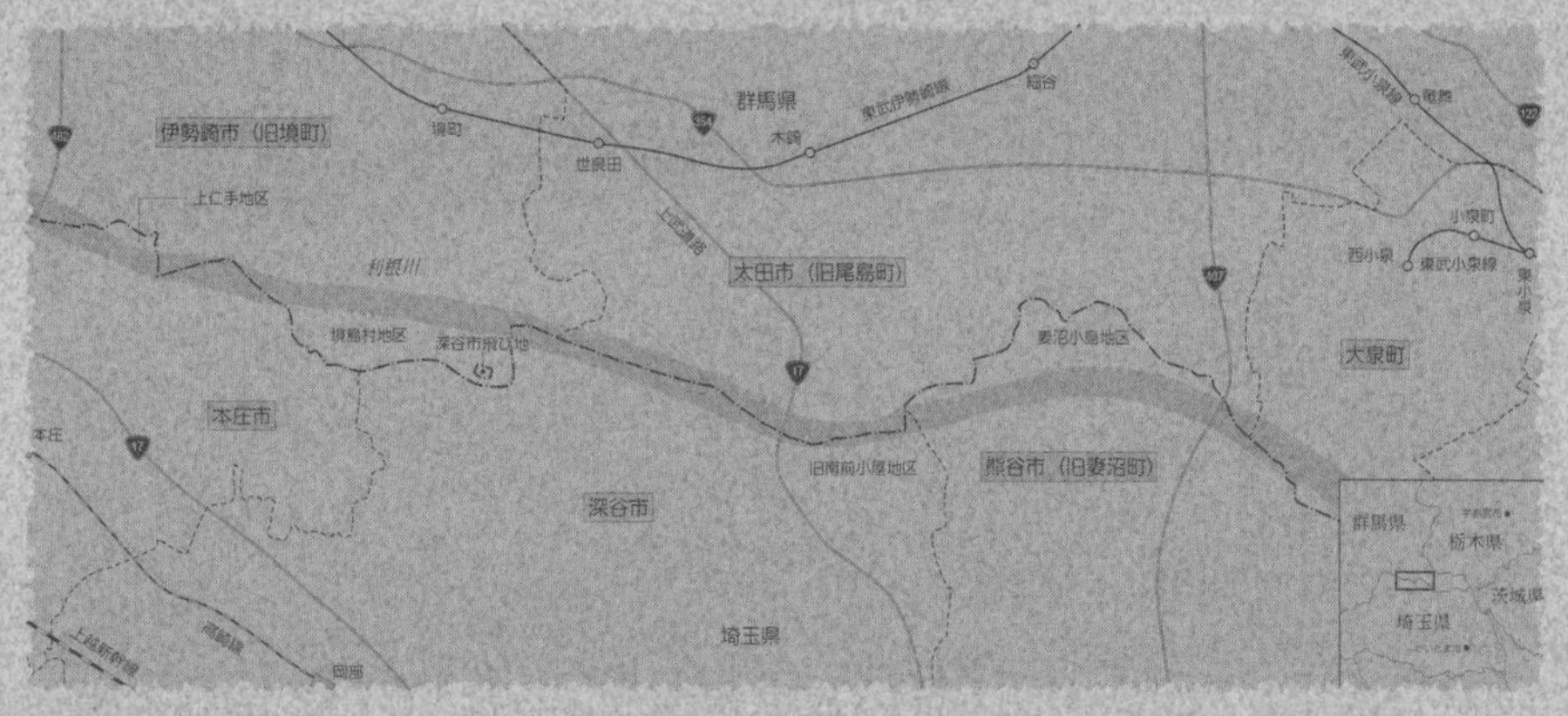

日本全国 奇妙な県境・市町村境の事典

浅井建爾 著

東京堂出版

はじめに

日本は周囲を海に囲まれた島国である。離島も多く、海岸線は半島、入江、リアス式というように変化に富んでいるので、国土面積に比べて海岸線の距離は著しく長い。地球全体からみれば日本は本当に小さな国だが、海岸線の距離は3・5万キロ余りと、あとわずかで地球を一周してしまうほどの長さである。では、県境および市町村境はどれくらいの距離になるのだろうか。

全国には47都道府県と1718の市町村、それに政令指定都市の175の行政区、および23の東京特別区があり（2022年12月末）、隣接する県や市区町村との間には境界線が引かれている。しかも、境界線はまっすぐに引かれているわけではなく、複雑に屈曲している境界線が少なくないのだ。境界線の長さに関するデータが存在しないので、県境および市区町村境の距離は何万キロになるのか確かなことはいえないが、海岸線の距離よりはるかに長いことだけは確かだろう。おそらく、地球を2周も3周もするくらいの長さになるのではないだろうか。

県境および市町村境は、河川とか稜線など地形に沿って引かれるのが理想的だ。市街地においては、生活圏を同じくする地域が離れ離れにならないように区分されるのが望ましい。しかし、現実はどうだろう。詳細な地図で確認してみると、複雑怪奇というか、無気味というか、奇妙というか、実に不可解な境界線がいたるところにあるのを発見するだろう。なぜこのような境界線になったのか。信じられないくらい複雑に入り組んでいる境界線に、誰もが驚くに違いない。

蛇やミミズが這いずっているように、細々と延びている境界線があるかと思えば、ノコギリの刃のようにギザギザに延びている境界線、モザイク模様になった境界線、動物や人間の頭など、様々な形を連想する面白い形をした境界線、割れたガラスの破片がちりばめられたように、市町村境を飛び越えて隣の自治体に点在している境界線など、不思議な境界線がいたるところにある。

誰が決めたのか、なぜこのような境界線になったのか。意味もなく曲がりくねっているわけではないはずだ。県境や市区町村境は、行政区域を分ける目には見えない単なる1本の線に過ぎないかもしれないが、不自然に曲がりくねった境界線を調べていくうちに、その地域の歴史の一端を知ることができるかもしれない。境界線をめぐって、血なまぐさい争いが繰り広げられたこともあるし、住民感情のもつれから飛び地が発生し、複雑怪奇な境界線になったケースもある。

その1つを紹介すると、埼玉県北部にある熊谷市と、隣接する行田市との境界線を見てどう思うだろうか。両市の境界線は凸凹になっているばかりではなく、行田市の市域の一部が切り離されて、熊谷市の中にいくつも飛び散っているのだ。どうしてこのような境界線が生まれたのか、その原因を調べてみると、財政再建策として1950年代に国が強引に推し進めた市町村合併にあったことが明らかになる。

熊谷市と行田市との間に、じつは1つの小さな村が存在していたのである。財政の乏しい村だったため、隣接する市に合併せざるを得ない状況に置かれていた。ところが、熊谷市と行田市のどちらと合併するかで村民の意見が2つに割れ、村議会は大混乱に陥ってしまった。その打開策として、どちらの市と合併したいのか、村民の自由意思に任せることになったのだ。その結果、熊谷市と合併したい村民と行田市と合併したい村民に分裂してしまい、不可解な境界線が生まれることになったのである。

本書で紹介したほかにも、不可解な境界線はたくさんある。それを探し出し、なぜこのような境界線になったのかを調べてみるのは有意義なことではないだろうか。本書がその一助になれば幸いである。

２０２３年１月

浅井　建爾

第二章　奇妙で珍しい境界線

第三章　全国各地に点在する飛び地

第五章　島や中洲などにも境界線がある

第六章　空港、駅、建造物の中にも境界線がある

※各章ごと、基本的に都道府県番号順となっておりますが、レイアウトの都合上、一部前後するところがあります。

第一章　複雑怪奇な県境・市町村境

北海道・木古内町×知内町
鳥の足のような形をした木古内町と知内町の境界線

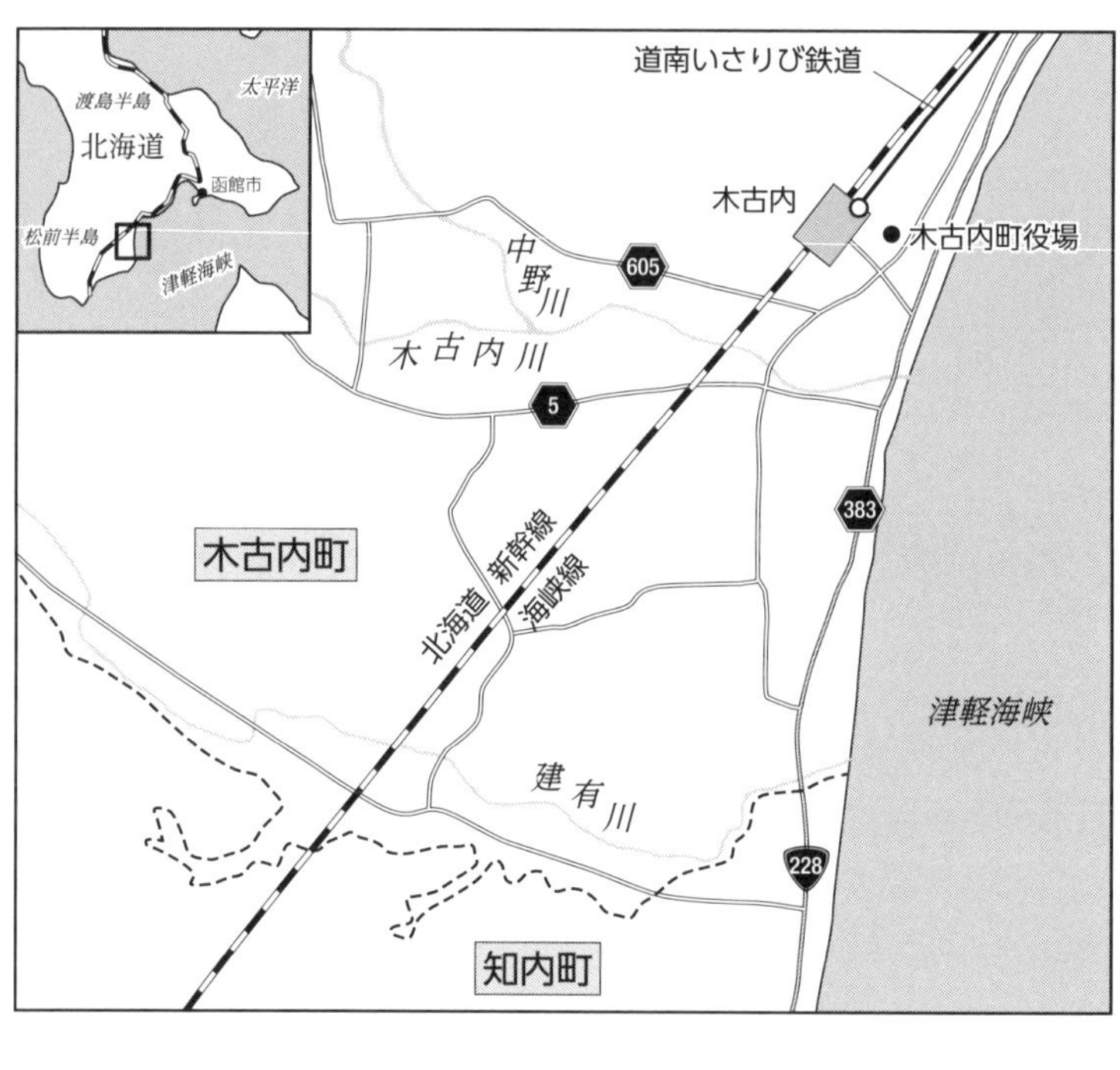

北海道の南西部から南に延びている渡島(おしま)半島の南端に、木古内(きこない)町と知内(しりうち)町という小さな町がある。両町の境界線の一部が、あたかも鳥の足のように木古内町側から知内町側に向かって突き出している。木古内町と知内町の境界付近を建有(たてあり)川という小さな川が流れているが、かつては建有川の流路が幕府領と松前藩領の境界で、木古内町側には箱館奉行所の番所が、知内町側には松前藩の番所が置かれていた。だが、建有川は激しく蛇行していたため、大雨が降るたびに氾濫して流路が変わり、境界が曖昧になって紛争の種にもなっていた。

そこで1856年（安政3）、木古内と知内の間で「為取替申境一札之事」という証文を取り交わした。たとえ降雨で流路が変わったとしても、あくまでも現在の流路を両村、すなわち幕府領と松前藩領の境界とするというものである。鳥の足のような木古内町と知内町の複雑な境界線は、激しく蛇行していた建有川の旧流路だと推察されている。

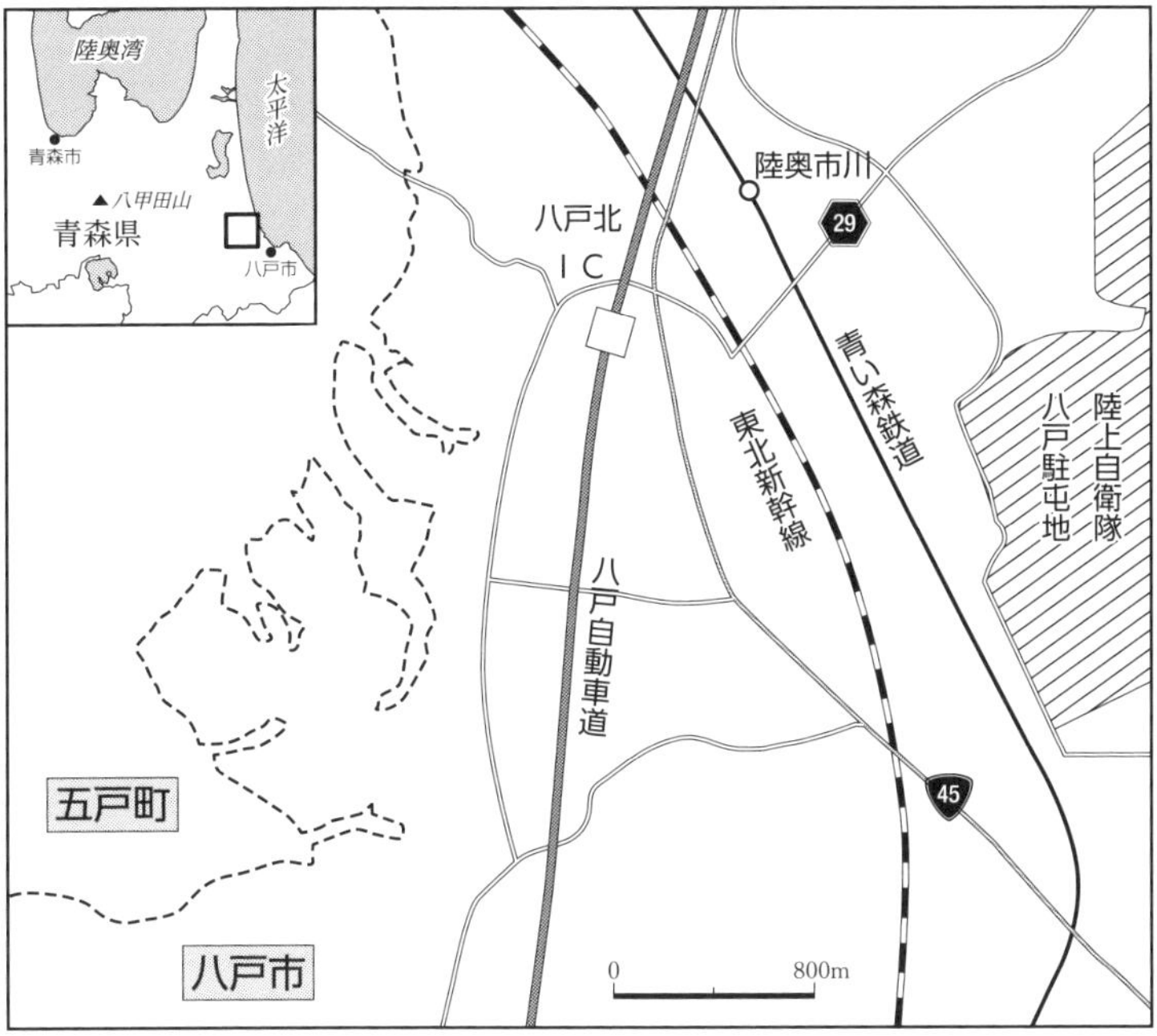

青森県・八戸市×五戸町
五戸町側から延びる不気味な境界線

青森県の南東部に位置する八戸(はちのへ)市は、青森市に次いで県下第2の都市。工業都市であるとともに、水産業が盛んな都市でもある。また、県の東部における交通の要地でもあり、東北新幹線や八戸自動車道が通じている。その八戸市と、西に隣接する五戸(ごのへ)町との境界線が、実に複雑に入り組んでいるのだ。八戸自動車道の八戸北インターチェンジ、その西側あたりが八戸市と五戸町の境界線である。五戸町側から八戸市側に向かって、まるでムカデの足のように何本も延びており、それが実に不気味なのだ。

なぜこのような境界線が生まれたのかは、当時の資料がないので定かではないが、境界線をよく見ると、ほぼ等高線に沿って五戸町側から八戸市側に突き出している。おそらく、江戸時代に五戸側の住民が谷を切り開いて農地を開拓したのだろうと考えられる。五戸町側には田畑が広がっているが、八戸市側は森林地帯である。近年は八戸北インターチェンジの周辺に、工業団地が造成されている。

岩手県・矢巾町×紫波町

岩にぶら下がっている獣のような境界線

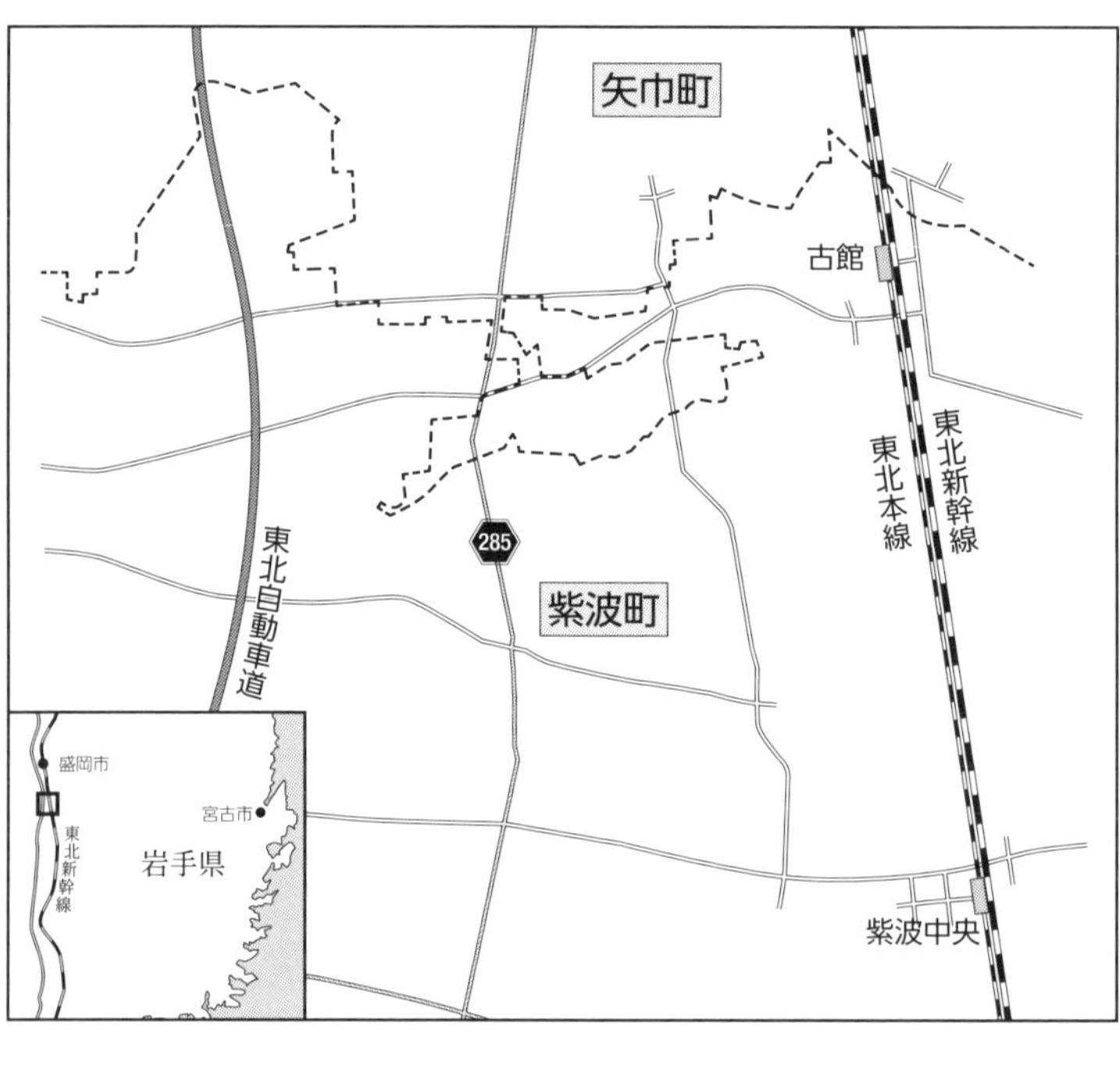

盛岡市の南に隣接している矢巾町(やはば)は、過疎化が進んでいる県内の市町村の中では珍しく、盛岡市のベッドタウンとして人口が増加している自治体である。盛岡市の10分の1もないような面積の狭い町だが、東北新幹線と東北自動車道が町の中央を南北に走り抜けている。矢巾町の南端から、紫波町(しわ)に突き出している奇妙な境界線がある。まるでゴツゴツした岩に獣がぶら下がっているようにも見える。飛び地と錯覚しそうだが、首の皮一枚で本体とつながっている。首の皮の幅は10メートル前後しかない。

なぜこのように奇妙な境界線ができたのかは定かでないが、明治時代には太田村の一部として現在の境界線が確定していたようだ。1889年（明治22）の合併で太田村は不動村となり、その後の合併で矢巾村（現・矢巾町）として発足している。この複雑な境界線から察すると、江戸時代の領地争いの痕跡が、そのまま現在の境界線に受け継がれているのではないかと考えられる。

山形県・朝日町×白鷹町
白鷹町に突き出す朝日町の天狗の鼻

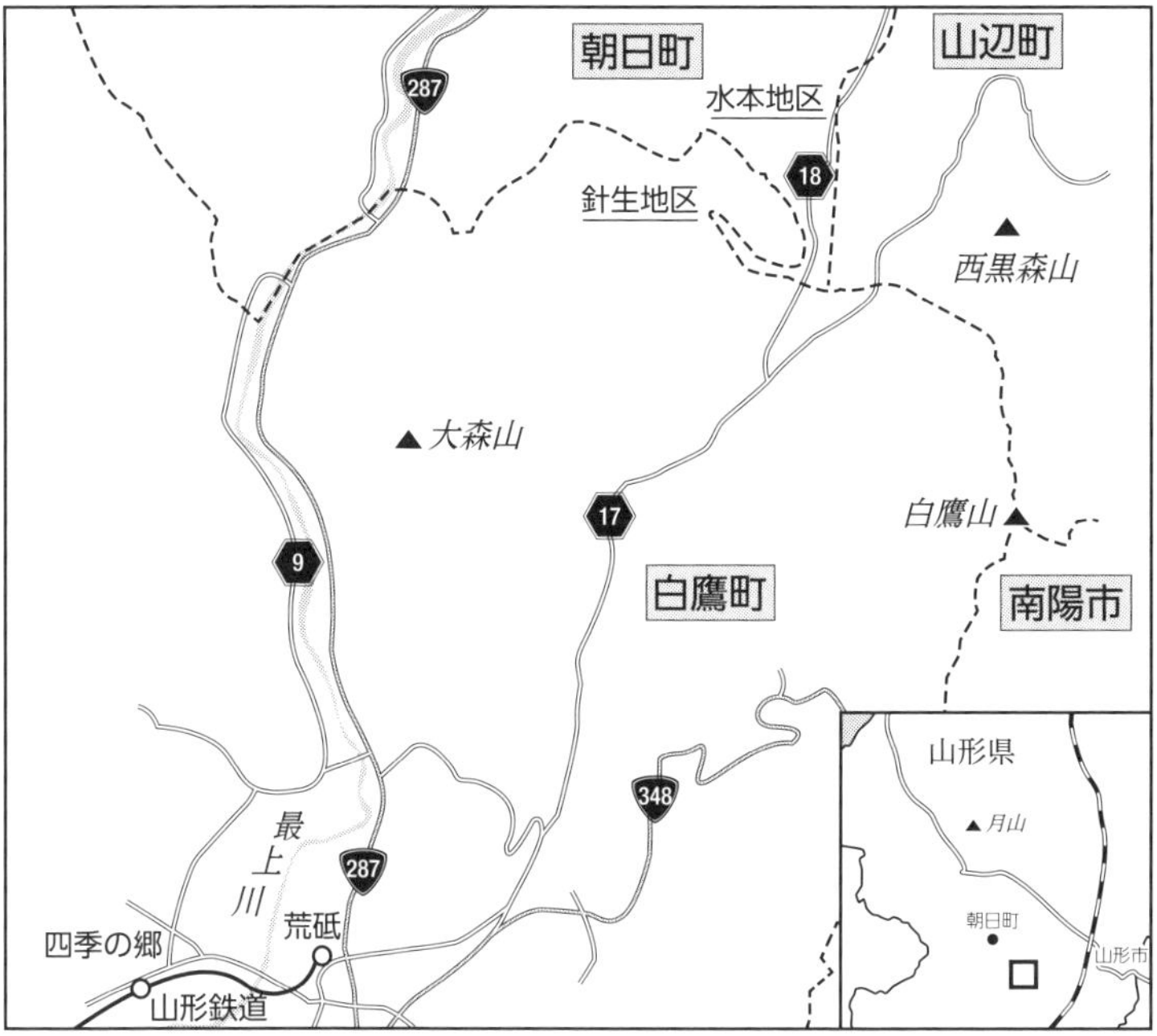

山形県のほぼ中央に、朝日町と白鷹（しらたか）町という農業を主産業としている山間の町がある。西側に朝日岳が、東側に白鷹山がそびえているが、その間を流れている最上川沿いに両町の市街地が開けている。朝日町の南東端と白鷹町の北東端に、奇妙な境界線がある。朝日町の一部が白鷹町の町域に割り込むように、東から西に向かって天狗の鼻のように細長く延びているのだ。

なぜこのように奇妙な境界線があるのだろう。どうやらその原因は、町村合併にあったようだ。江戸時代、白鷹町は米沢藩上杉領だったが、針生（はりゅう）地区（白鷹町）は水本（みずもと）地区（朝日町）と同じ出羽松山藩左沢（あてらざわ）領だった。ここが米沢藩と出羽松山藩の藩境になっていたのである。それが明治の町村合併によって、針生地区は白鷹町に組み込まれた。だが、天狗の鼻のように細長く延びている土地の所有者が、朝日町の水本地区の地主だったため、このように奇妙な境界線が生まれたのだと言われている。

福島県×新潟県×山形県

山形県と新潟県を割り込んで延びる全長7・5キロ以上もある福島県の県境

福島、山形、新潟の3県が交わる地点に、世にも不思議な境界線がある。これほど不可解で珍しい県境は、他では見られないものである。山形県と新潟県の間を割り込むかのように、幅1メートルにも満たない福島県の県境が延々7・5キロ以上も曲がりくねって延びているのである。飯豊山（2105メートル）の付近は幅が広くなっているが、それにしてもこの奇妙な境界線は何を意味しているのだろうか。この細々と延びる境界線の入口には、三国岳（1644メートル）がそびえている。三国岳は出羽、陸奥、越後の3国の境界にそびえていることが山名の由来である。

このように奇妙な県境が生まれた原因は、福島県における県庁移転騒動にあった。県庁所在地の福島市は、県の北に偏り過ぎている。そのため、多くの県民が不便を強いられているとして、明治の初め頃、県のほぼ中央に位置する郡山への県庁移転運動が展開された。1882年（明治15）の県議会では、移転決議が賛成多数で可決されたものの、県庁移転には莫大な費用を要するとして政府はそれを認めず、1886年に提出された県庁移転可決の上申書も却下した。それと引き換えに、県庁から最も離れている東蒲原郡を新潟県に移管することで、県庁移転の正当性を封じ込めたのである。新潟県の東蒲原郡は、明治の中頃まで福島県の管轄だった。

この県境変更により、地元の人々に信仰されていた飯豊山が、福島県から切り離されて新潟県と山形県の中に組み込まれてしまい、そのため、福島県側の一ノ木村（現・喜多方市）と新潟県側の実川村（現・阿賀町）との間で、飯豊山の争奪戦へと発展。この問題は二十数年間くすぶり続けたが、1907年（明治40）8月、現地調査が行われ、一ツ木村の主張が全面的に認められることになった。飯豊山神社およびその境内と登山道は、一ノ木村に帰属するという裁定が下ったのである。蛇のようにくねくねと延びる境界線は、飯豊山への登山道だったのだ。

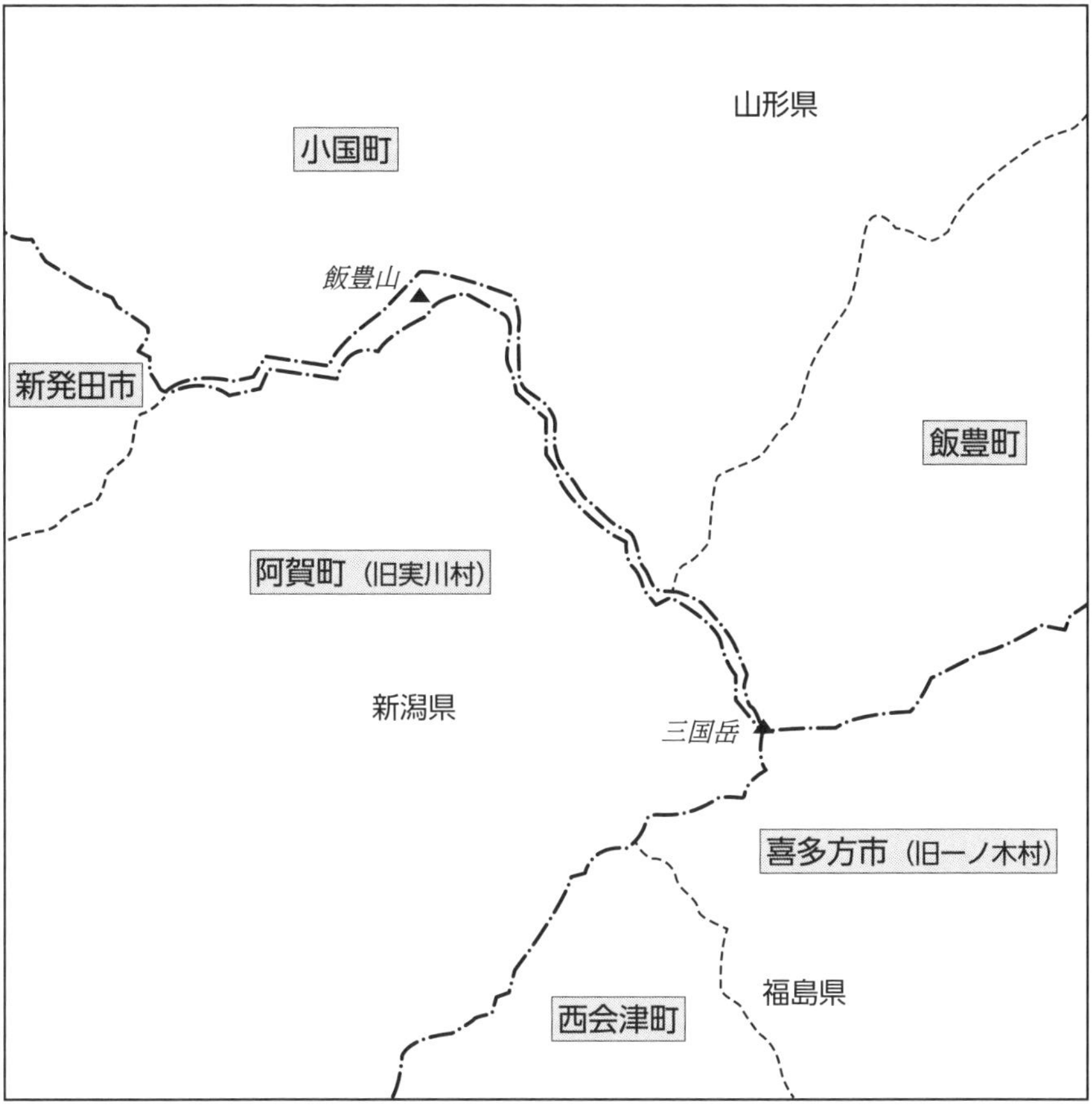

山形県
小国町
飯豊山
新発田市
飯豊町
阿賀町（旧実川村）
新潟県
三国岳
喜多方市（旧一ノ木村）
福島県
西会津町

日本海
坂町
羽越本線
山形鉄道
米坂線
今泉
白新線
新発田
山形県
米坂線
飯豊山
新潟県
三国岳
磐越西線
津川
福島県
会津若松
会津坂下
磐越西線
只見線
猪苗代湖

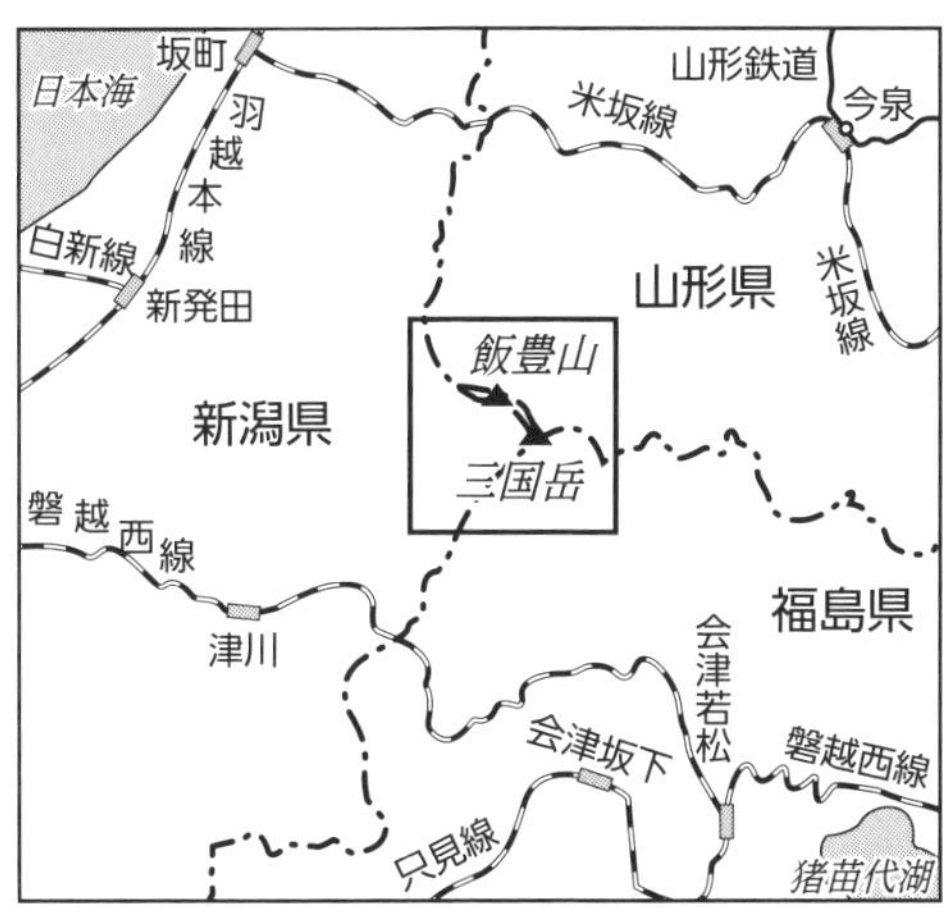

福島県・三春町×田村市×郡山市
境界線を6回も越える磐越東線のオメガカーブ

福島県郡山(こおりやま)市の東に隣接して、三春(みはる)町という小さな町がある。伝統工芸品の三春駒と三春人形、天然記念物に指定されている三春滝桜などで有名な風光明媚な町である。周囲を郡山市、本宮(もとみや)市、二本松(にほんまつ)市、田村市の4市に囲まれているが、三春町と田村市（旧・船引町(ふねひきまち)）、および三春町と郡山市との境界線の複雑さは並外れている。

磐越東線が通っているあたりの三春町と田村市との境界線は、田村市側から見ると猛獣が獲物を捕らえようと手を伸ばしているような形に見える。なぜこのような境界線になったのか。その原因は、1953年（昭和28）10月に施行された町村合併促進法にあった。戦後、社会経済の発達にともない、住民の生活圏が市町村の区域を越えて広がり、それが行政効率を阻害する要因にもなっていた。そこで、赤字に苦しむ町村を救済するために施行されたのが、町村合併促進法である。

財政の脆弱な町村を他の町村に合併させ、財政基盤の整った自治体にしようという狙いがあった。しかし、合併の範囲をめぐって各集落の意見がまとまらず、1つの村が分割され、境界変更も行われたため、現在のように複雑な境界線になったのである。その影響で、勾配を緩和するためのオメガカーブと呼ばれる磐越東線の半円形になったわずか2キロほどの区間で、三春町と田村市の境界を6回も越えることになった。

三春町と郡山市との間にも、複雑怪奇な境界線がある。これも合併によって生じたものである。田村郡岩江村は消滅する運命にあった。だが、どこと合併するかをめぐって住民の意見が激しく対立し、その結果、郡山市、三春町、西田村（現・郡山市）の3市町村に分割して編入されることになった。だが、各集落間で農耕地や山林などの村有財産の分配をめぐる問題でも激しい争いがあり、それがヤツデの葉型境界とか、ノコギリの歯型境界などと呼ばれる三春町と郡山市の境界線になったのだ。

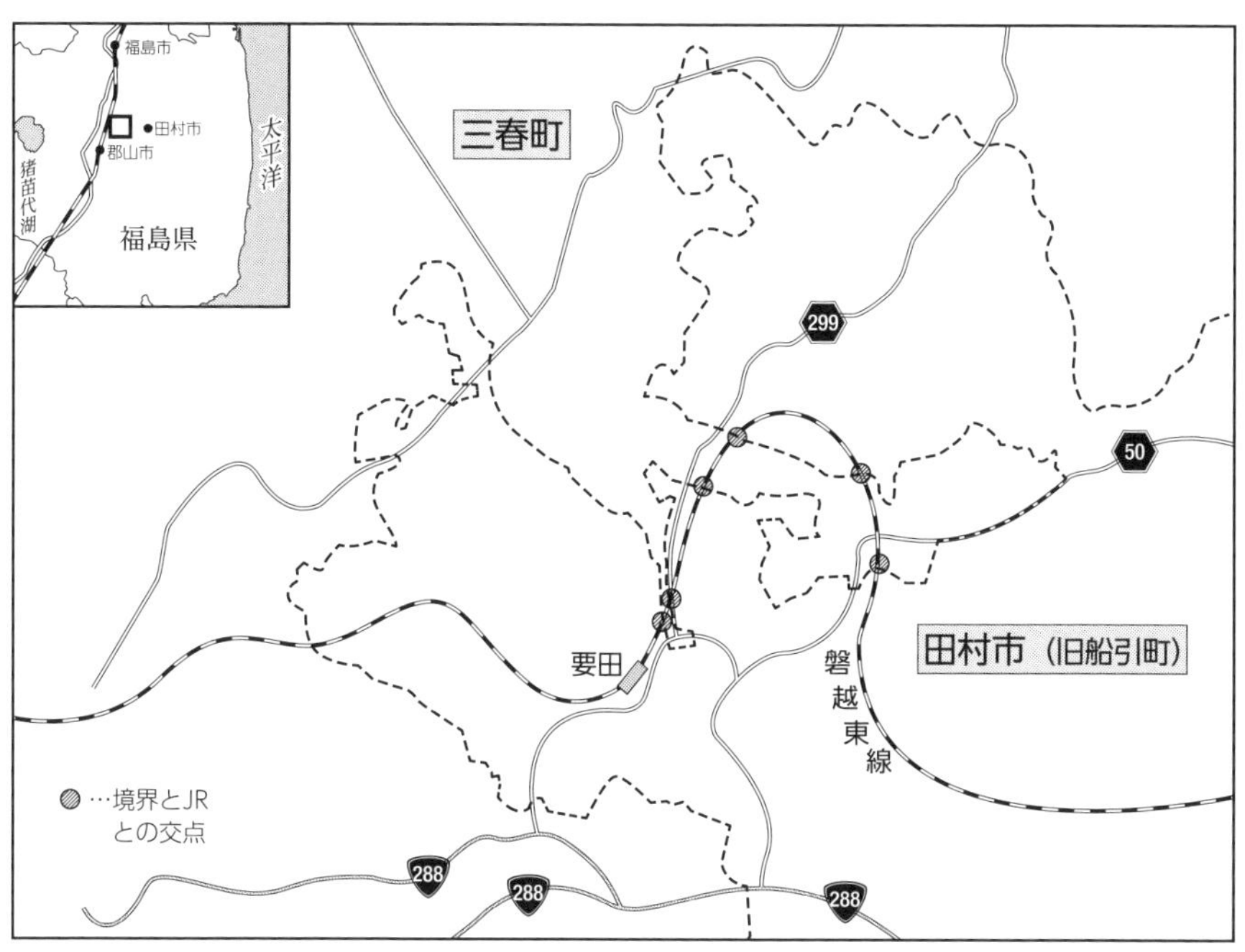
福島市
田村市
郡山市
猪苗代湖
太平洋
福島県
三春町
299
50
要田
田村市（旧船引町）
磐越東線
◎…境界とJRとの交点
288
288
288

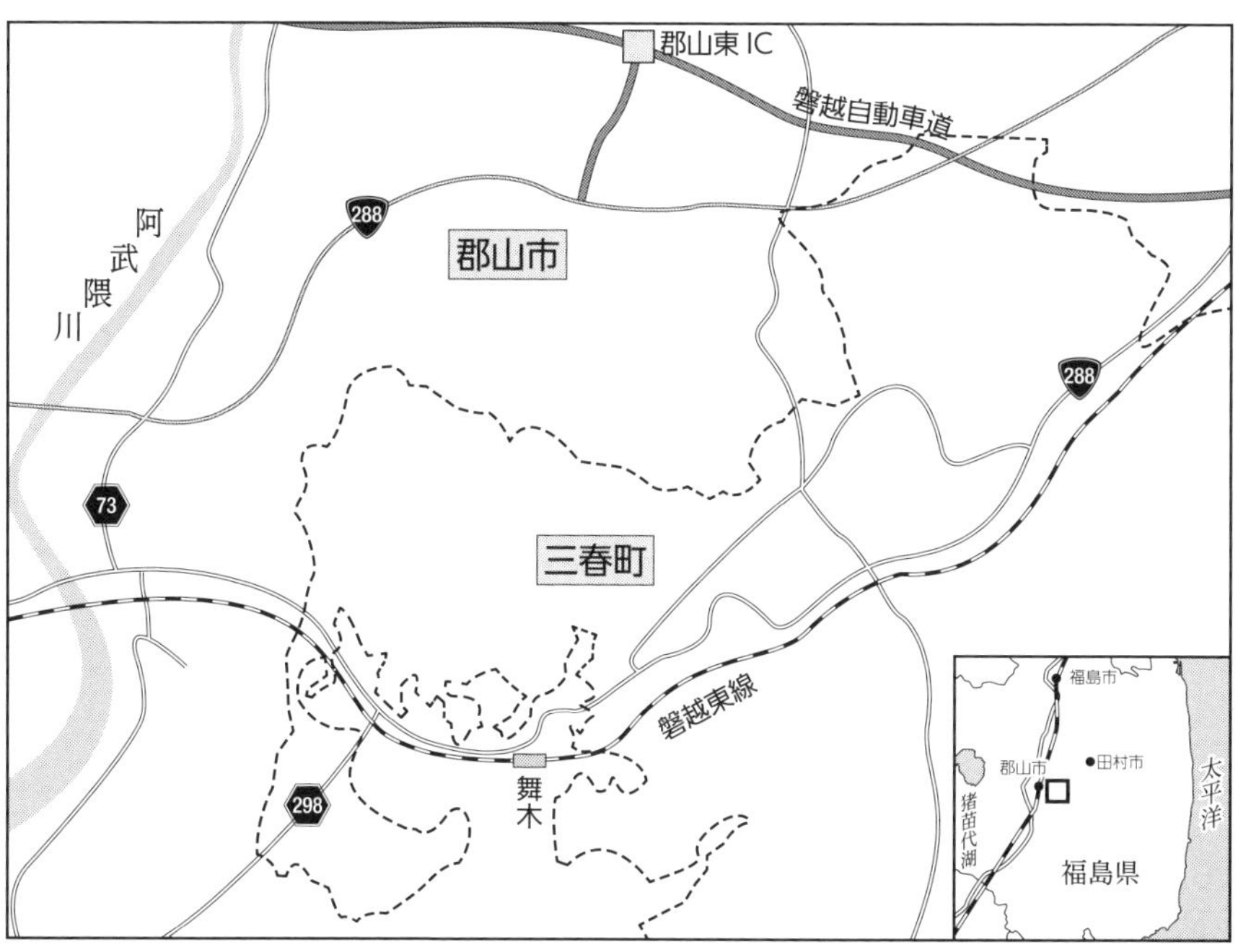
郡山東 IC
磐越自動車道
288
郡山市
阿武隈川
288
73
三春町
磐越東線
舞木
298
福島市
郡山市
田村市
猪苗代湖
太平洋
福島県

福島県・いわき市×茨城県・北茨城市
ムカデが這いずっているような福島県と茨城県の県境

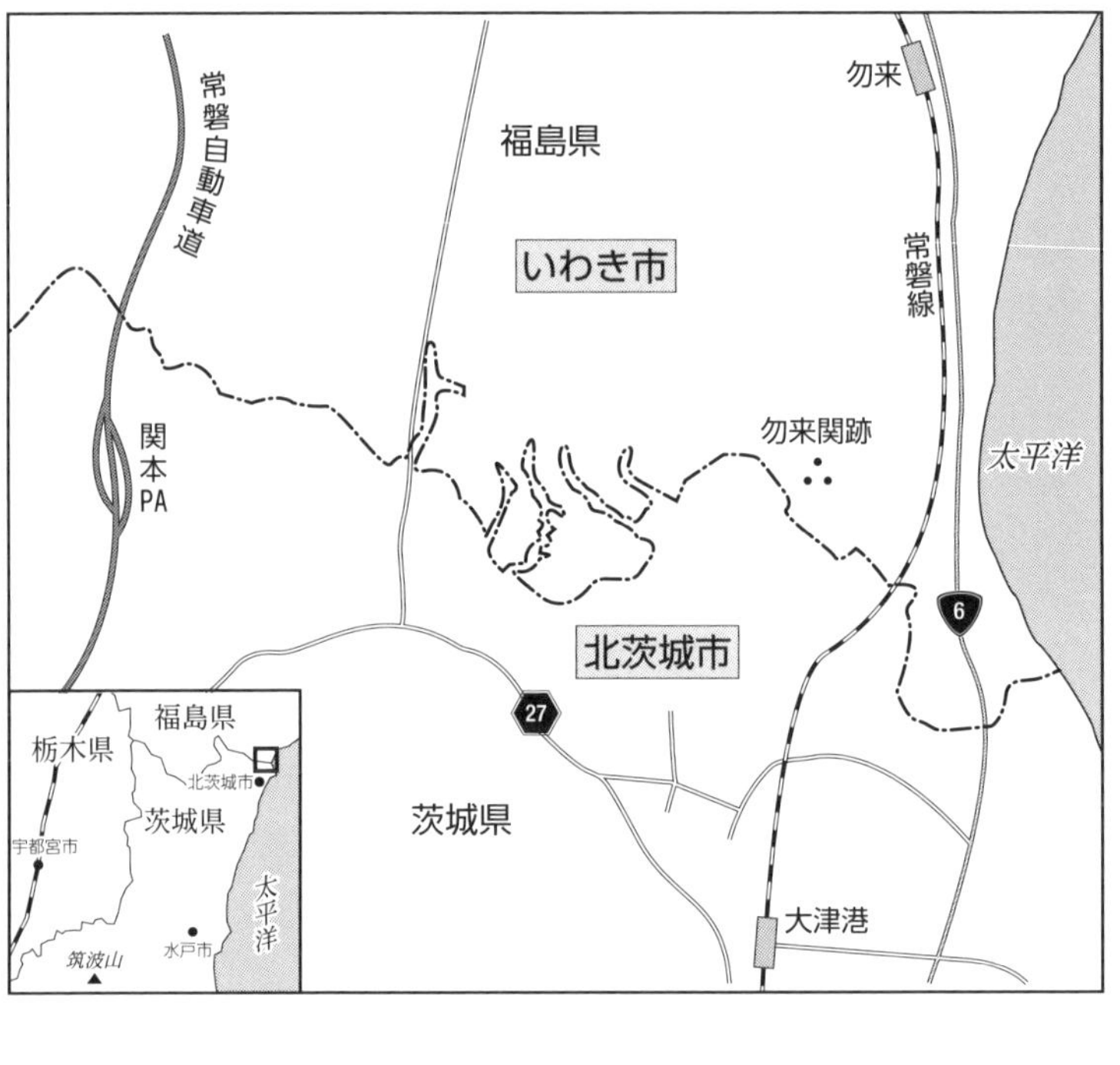

東北地方の南端に位置する福島県は、関東の群馬、栃木、茨城の3県と接しているが、いちばん東側の茨城県との間に奇妙な境界線がある。常磐線と常磐自動車道の間に、茨城県側から福島県側に侵入しようと、ムカデが這いずっているような気味が悪い境界線が何本もあるのだ。茨城県と福島県の県境は、かつては陸奥国と常陸国の国境になっていた。両国の間で、これまでたびたび境界の変更が行われてきたが、ムカデが這いずっているような境界線は、どうも争いによって生じたものではなさそうである。

地形図をよく見ると、ムカデが這いずっているところには水路が流れている。つまり、ムカデは周りの土地より低くなっている谷なのである。谷は水に恵まれていたことから、早くから開拓が進み、やがてそこが陸奥と常陸の境界になったのではないかと考えられる。土地をめぐる争いがあったわけではなく、谷に沿って引かれたごく自然な境界線だったのである。

茨城県・大洗町×鉾田市
涸沼から太平洋岸まで続く複雑な境界線

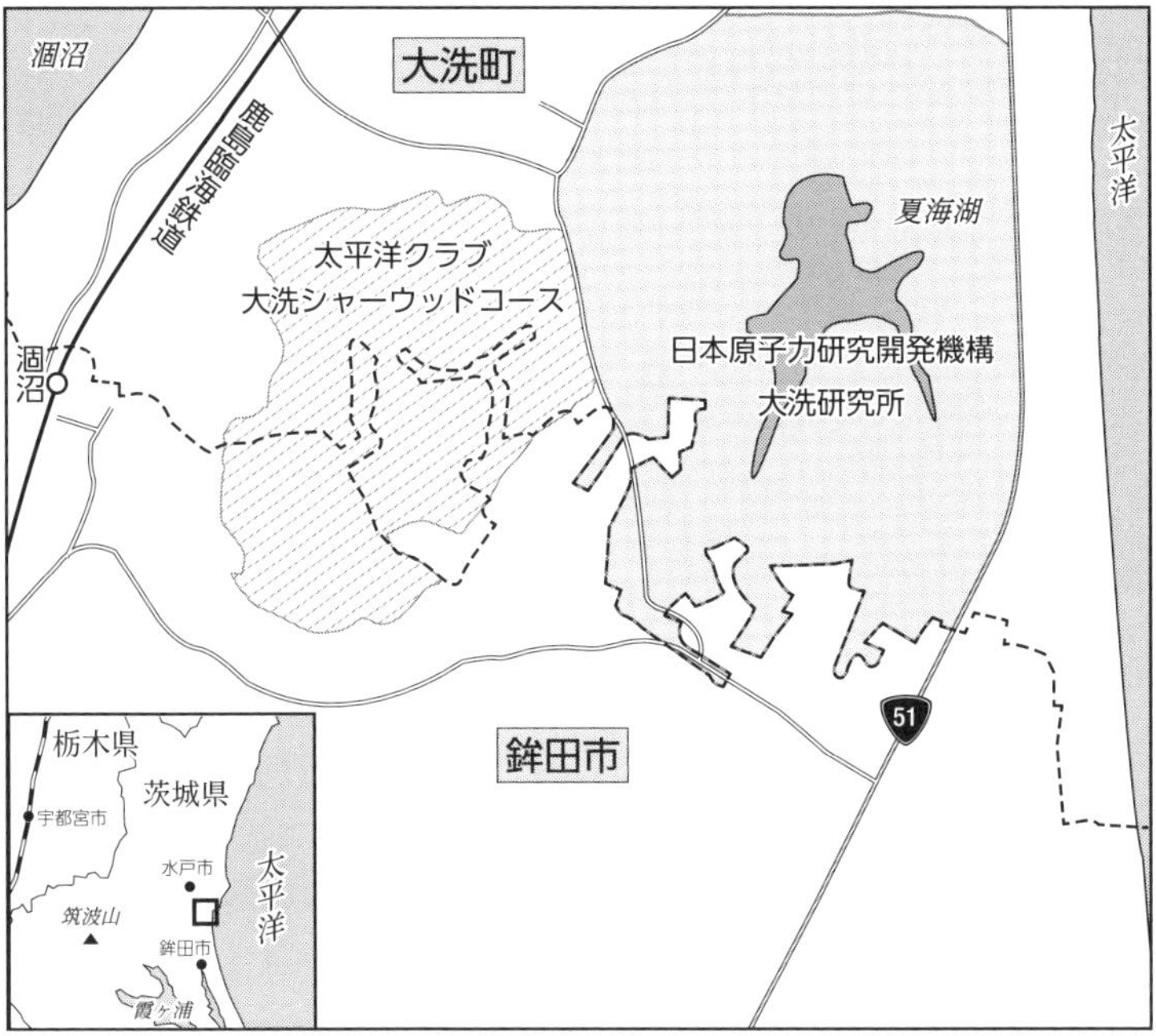

水戸市の南に涸沼（ひぬま）という面積9・4平方キロの大きな湖がある。満潮時には海水が涸沼川を逆流して淡水と入り混じる汽水湖で、フナ、コイ、ボラ、ハゼ、シジミなど、魚介類が豊富な湖として知られている。涸沼の湖岸から太平洋岸までの、大洗（おおあらい）町と鉾田（ほこた）市（旧・旭村）の境界線が複雑に入り組んでいるのだ。鉾田市から大洗町へ突き出しているところもあれば、逆に大洗町側から鉾田市に向かって突き出しているところもある。

大洗町側には、夏海（なつみ）湖という貯水池の湖畔に、日本原子力研究開発機構大洗研究所がある。また、太平洋クラブ大洗シャーウッドコースというゴルフ場が大洗町と鉾田市の境界にまたがっており、ゴルフ場内に両市町の境界線が複雑に入り組んでいる。ゴルファーは、何度も大洗町と鉾田市の境界線をまたいでコースを回っているわけだ。なぜこのような境界線が生まれたのかは定かでないが、土地の所有者の境界が、そのまま行政界になったものとみられる。

茨城県・下妻市×つくば市×筑西市

筑波山麓の下妻、つくば、筑西3市の奇妙な境界線

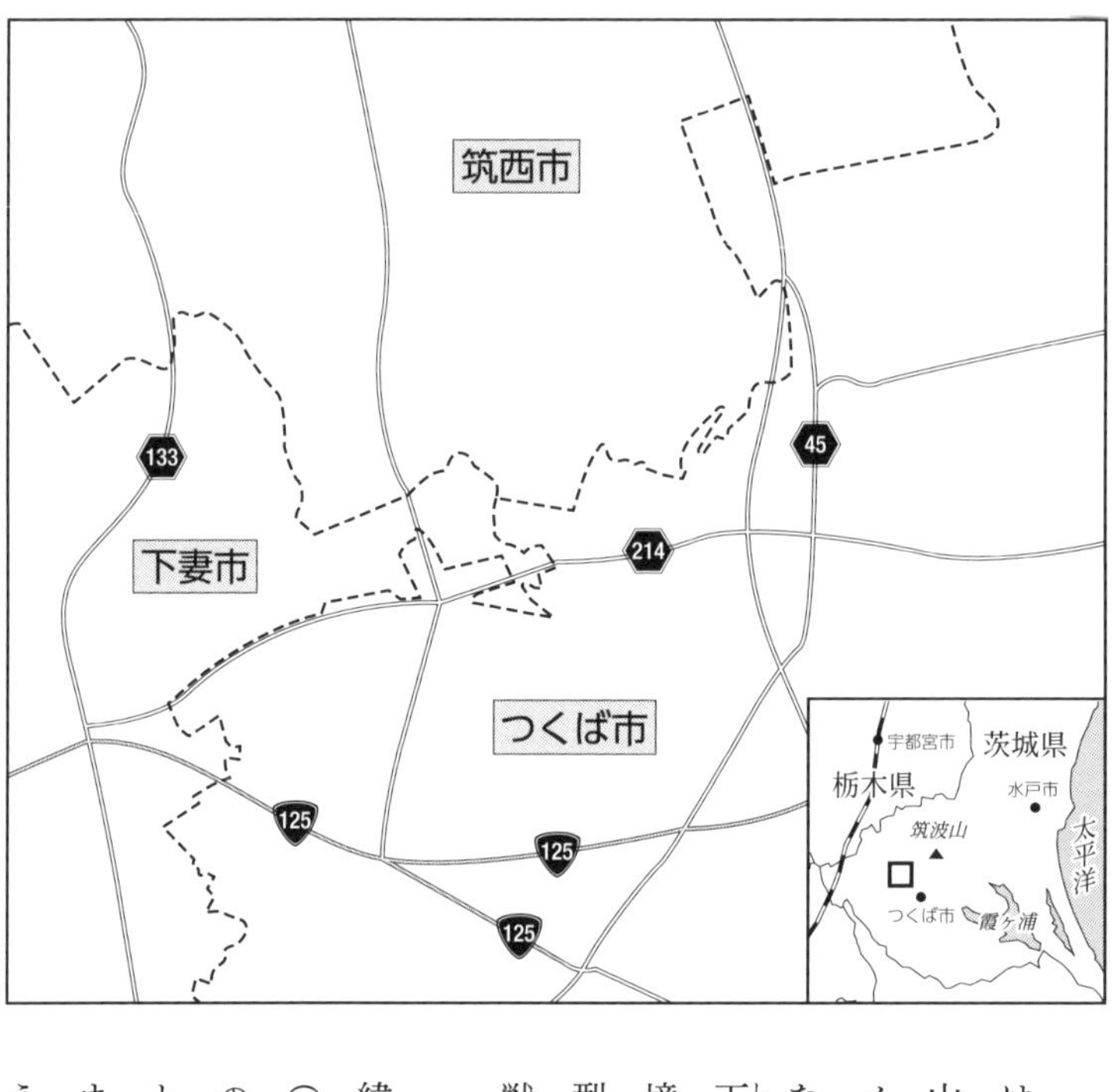

茨城県の中西部、八溝山地の南端にそびえている筑波山は、「西の富士、東の筑波」と称される関東を代表する名山として知られている。標高は８７７メートルと１０００メートルにも満たない山だが、関東平野にそびえる独立峰なので、実際より高い山に見える。その筑波山の西南麓で下妻、つくば、筑西の3市が集まっているが、この付近の境界線が奇妙な形をしているのだ。ところどころでコの字型に折れ曲がったり、突起していたり、見方によっては怪獣が小動物に襲いかかろうとしているようにも見える。

なぜこのような境界線が生まれたのか、その具体的な経緯ははっきりとしないが、１９５０年（昭和25）に作岡村（現・つくば市）と、高道祖村（現・下妻市）との間で村境の変更が行われている。それが影響しているのではないかとみられている。地縁、血縁の近い地域が同じ村に組み込まれるように、土地の交換が行われるなどして、現在のように複雑な境界線になったようである。

栃木県・下野市×壬生町
下野市と壬生町の境界線はなぜかデコボコ？

栃木県南部の下野市（しもつけ）は、２００６年（平成18）に南河内町（みなみかわち）、石橋町、国分寺町の３町が合併して成立した都市だが、旧石橋町と壬生町（みぶ）との境界線が不可解なのである。東武宇都宮線安塚（やすづか）駅の東側から、南に下って北関東自動車道を越え、思川と黒川の合流点の東側あたりまで、直線で10キロほどの境界線が尋常ではないのだ。複雑に入り組んだ境界線が延々と続いており、国道３５２号北側にある星の宮カントリー倶楽部のあたりでは、奇妙な形で旧石橋町の一部が壬生町側に突き出している。その南に続く境界線もデコボコしており、飛び地のようにも見えるが１本につながっているのだ。

この地域は関東平野の北部に位置し、近くには姿川などの小河川が流れているので水利には恵まれている。おそらく、村人たちが互いに競い合って開墾し、やがて耕作地がその村の所有地になったのではないかと考えられる。それがやがて、村と村との境界になったのだろう。

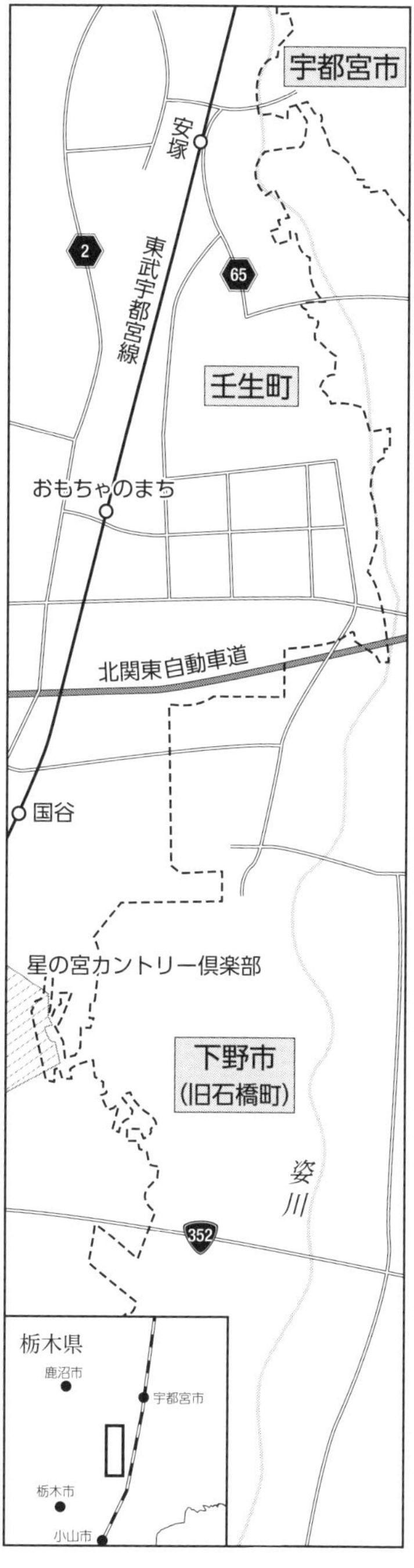

埼玉県・本庄市×美里町
ゴルフ場に子供の落書きのような境界線

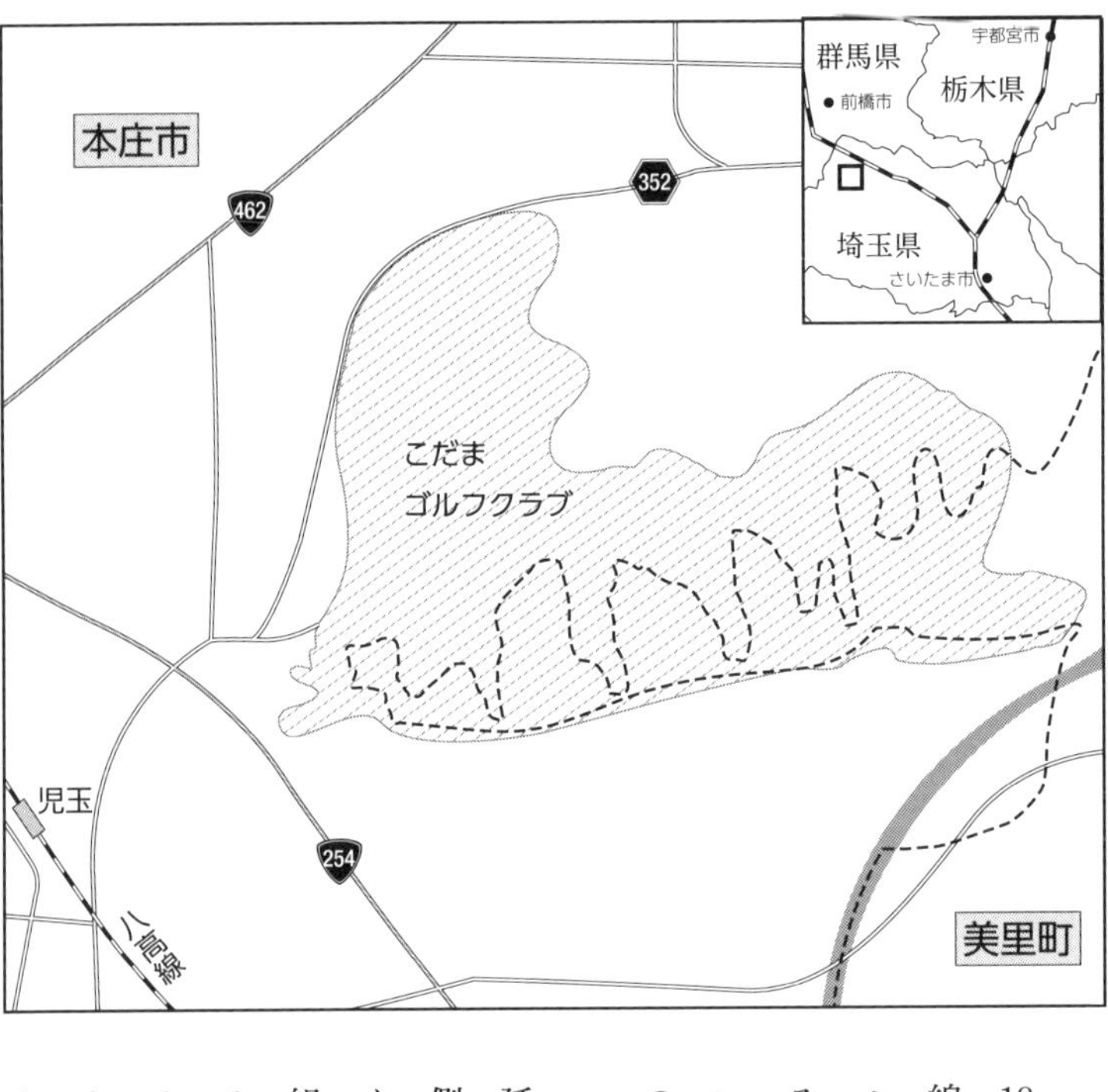

利根川の南岸に位置する本庄市は、2006年（平成18）に児玉町と合併したが、その児玉町を通っている八高線児玉駅のすぐ東側に、「こだまゴルフクラブ」というゴルフ場がある。ゴルフ場の住所は本庄市児玉町になっているが、ゴルフ場の敷地は東に隣接する美里町にまたがっている。美里町の一部が、児玉町に向かって突き出しているのだ。

しかも、境界線は実に奇妙な曲線を描いている。細長く延びている境界線の底辺はほぼまっすぐだが、境界線の北側の部分は、まるで子供が落書きでもしたかのように、いくつも山がデコボコしている。なぜこのように複雑に入り組んだ境界線の上に、ゴルフ場を造ったのか不思議に思えるが、おそらく起伏にとんだ地形を活かして造成したのだろう。境界線がデコボコになっているのは、決して境界をめぐって争いがあったわけではなく、山の稜線に沿って定められたごく自然な境界線ではないかと考えられる。

埼玉県・川越市×日高市×鶴ヶ島市
川越、日高、鶴ヶ島3市の境界線は開墾地の境界か

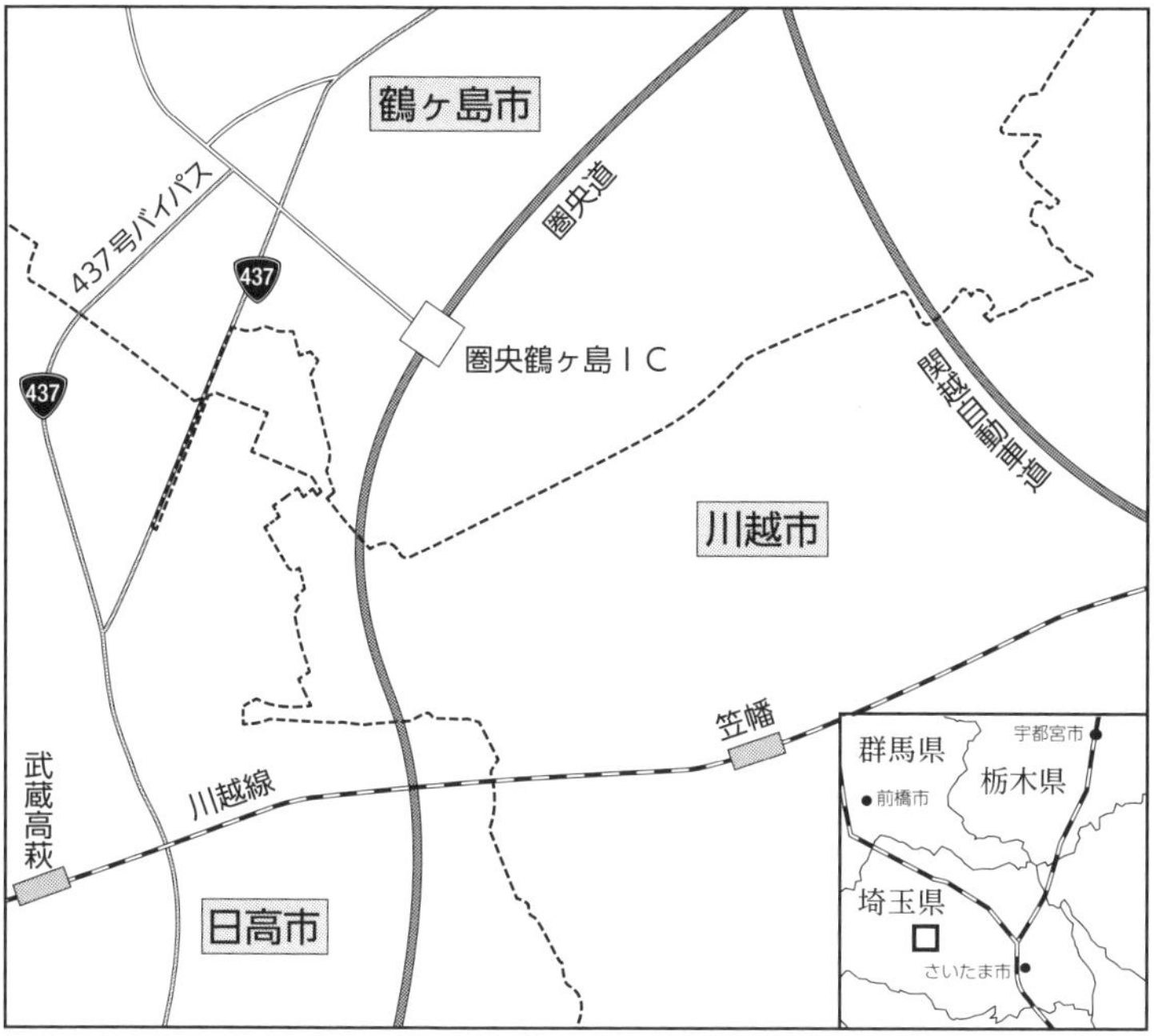

県の中央部にある川越市は、江戸時代には「小江戸」と呼ばれた川越藩の旧城下町で、埼玉県では最初に市制を施行した都市でもある。その川越市と、西に隣接する日高市および鶴ヶ島市の3市が交わる付近に、面白い境界線がある。圏央道の圏央鶴ヶ島インターチェンジと、川越線との間の境界線が実に変わった形をしているのだ。イノシシが頭から湯気を出して、西に向かって突進している姿のように見えないだろうか。圏央鶴ヶ島インターチェンジ西側の湯気の部分は、飛び地ではないかと思う位にくびれているが、かろうじて本体とつながっている。

なぜこのように奇妙な境界になったのかは定かでないが、ここは関東平野の真っただ中であり、地形が境界線に影響を及ぼしたとは考えられない。また、境界線はほぼ直線的なので、おそらく村人たちが開墾した田畑と、隣村の田畑の境界が、そのまま現在にまで引き継がれてきたのではないだろうか。

千葉県・佐倉市×四街道市×千葉市花見川区×千葉市稲毛区

四街道市に忍び寄るミミズのような境界線

千葉県の北部に、下総（しもうさ）台地という洪積台地が広がっている。台地にはなだらかな起伏が続いており、標高はおおむね15～50メートル、最も高いところでは100メートル近いところもある。千葉県の面積の3分の1以上が下総台地で占められ、そこに都市が集中している。その下総台地の中央に位置する佐倉市と四街道市、千葉市の3市が集まっている付近の境界線が、実に不気味な線を描いているのだ。東関東自動車道の千葉北インターチェンジと、四街道インターチェンジまでの境界線が不気味なのである。

佐倉市の西南部あたりから市域の一部が、ミミズが這いずって四街道市の中に侵入していくかのように、2本の細々とした境界線が延びている。千葉市花見川区の東端からも、佐倉市と競り合うように四街道市の市域の中に延びてきている。南の方からは、千葉市稲毛区の一部も北に向かって延びてきており、花見川区の北から延びてきているミミズのような境界線とつながりそうである。あと数百メートルで、四街道市の西端部が花見川区と稲毛区によって切り離されてしまいそうだ。

それにしても、この不気味な境界線は何を意味しているのだろうか。土地をめぐって、血なまぐさい争いがあったとでもいうのだろうか。だが、そのような痕跡は残されていない。じつはこの奇妙で不気味な境界線は、下総台地の地形から生まれたごく自然な境界線だったのである。

台地に降った雨は標高の低い方へと流れていく。雨水によって台地は浸食されて行き、そこに浅い谷が刻まれる。下総台地には、浸食によって形成された細長く延びる谷が各地に存在している。谷の斜面には樹木が生育し、その麓は水が流れている湿地帯である。水路に沿った土地は耕され、農耕地に生まれ変わっていった。下総台地は中世から近世にかけて開発が進んだが、そこを開拓した所有者の土地の境目が、明治になってそのまま市町村境になったと考えられている。

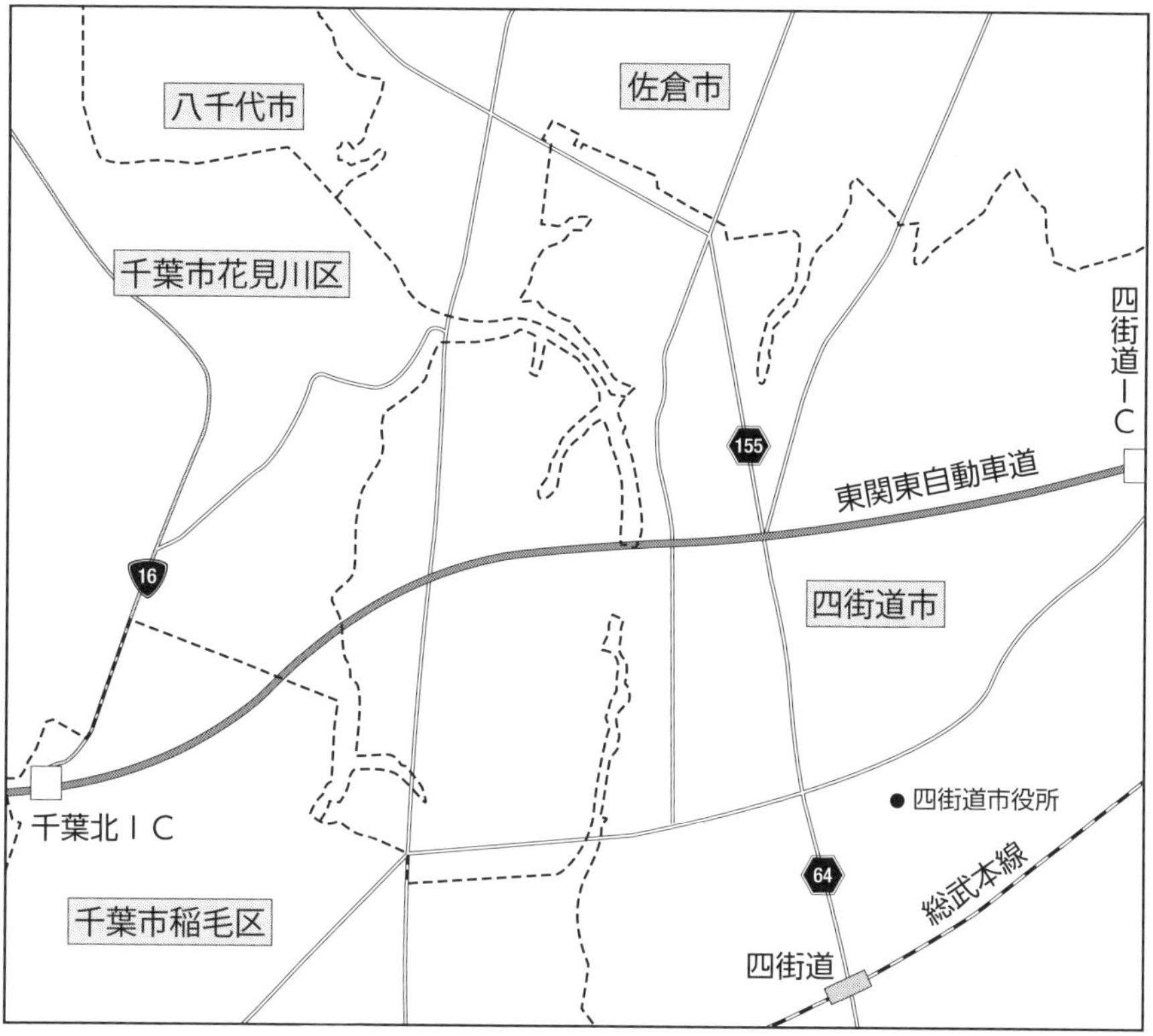

八千代市
佐倉市
千葉市花見川区
四街道ＩＣ
155
東関東自動車道
16
四街道市
千葉北ＩＣ
四街道市役所
64
千葉市稲毛区
総武本線
四街道

千葉県
八千代市
佐倉市
花見川区
稲毛区
四街道市
千葉市
東京湾

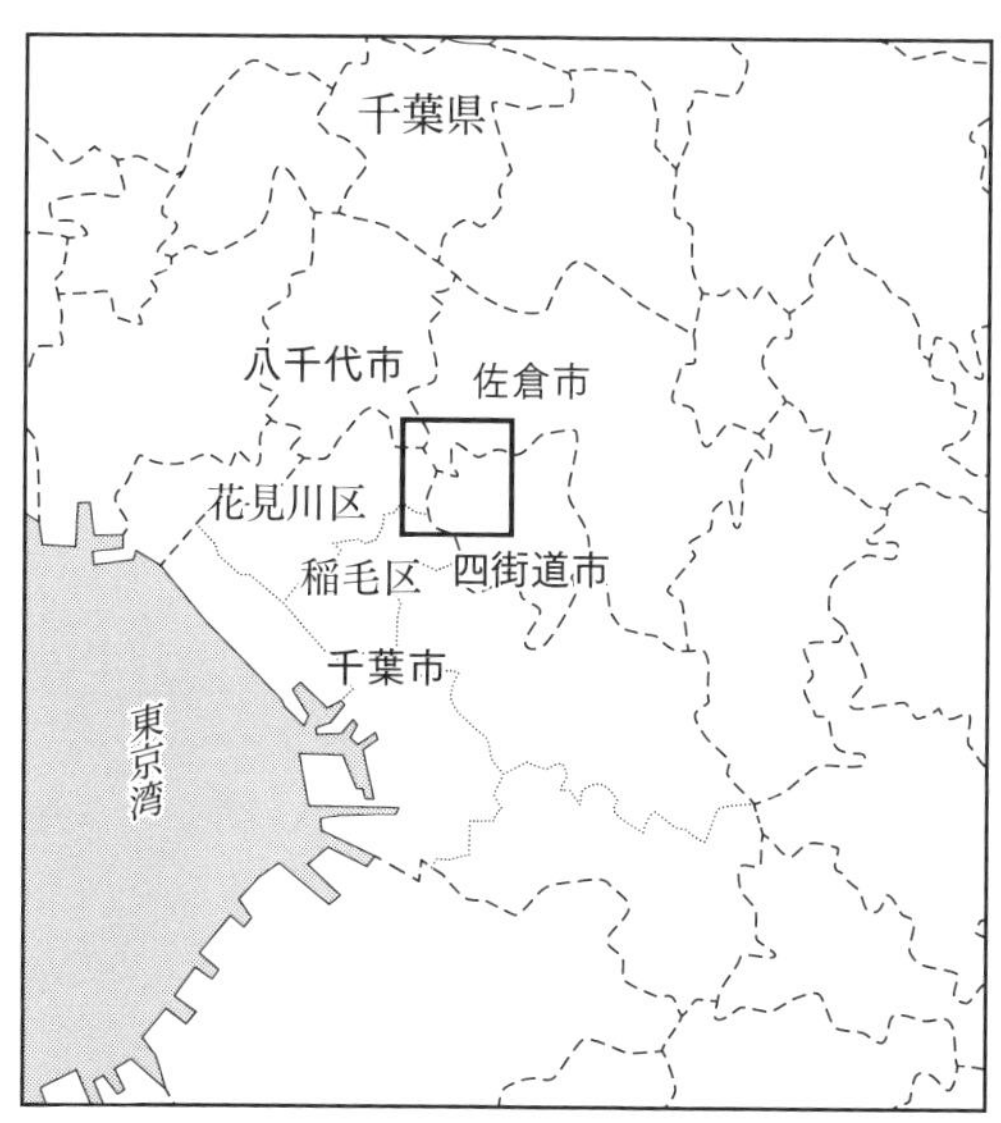

千葉県・柏市×流山市

柏市と流山市の奇妙な境界線は谷地田の痕跡か

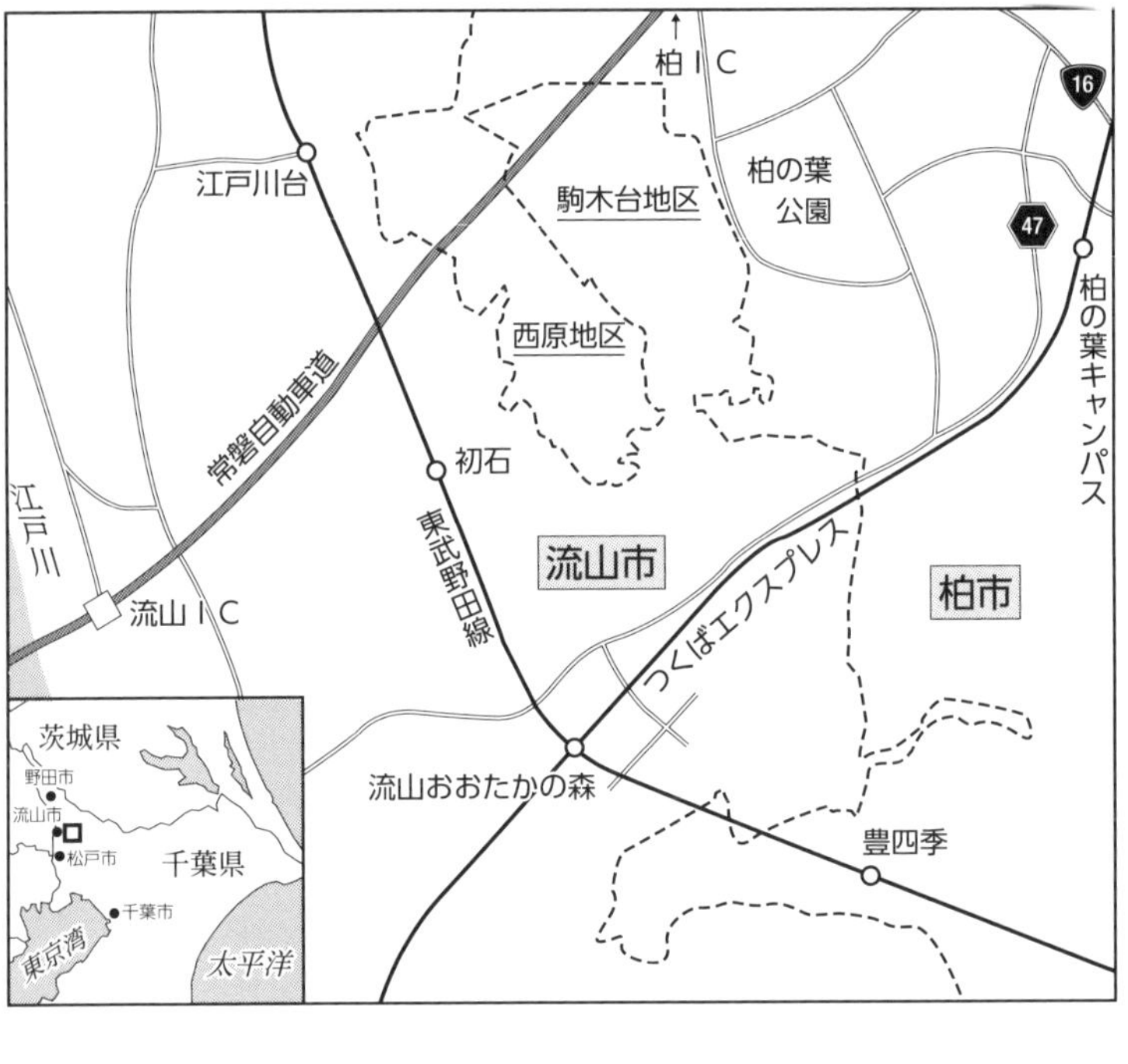

千葉県北西部の中心都市である柏市と、その西に隣接する流山市は、東京のベッドタウンとして近年人口が急増している都市である。この両市の間に不可解な境界線がある。常磐自動車道の柏インターチェンジの南側に、柏の葉公園という大きな都市公園があるが、その西側の一角は流山市である。そして、その西側は柏市である。つまり、流山市の駒木台地区が北に突き出して、柏市の西原地区が切り離されようとしているのだ。

駒木台地区には水路が流れていることからみて、おそらく谷地田であったものとみられる。谷地田とは周辺より低くなった湿地帯のことで、水路に沿った地域が早くから開墾されたのだろう。そこが村と村の境界になったものとみられる。東武野田線の豊四季駅の近くにも、柏市の一部が流山市側に突き出し、逆に流山市の一部が柏市側に突き出しているというように入り組んでいるが、これも谷地田の痕跡だとみられる。

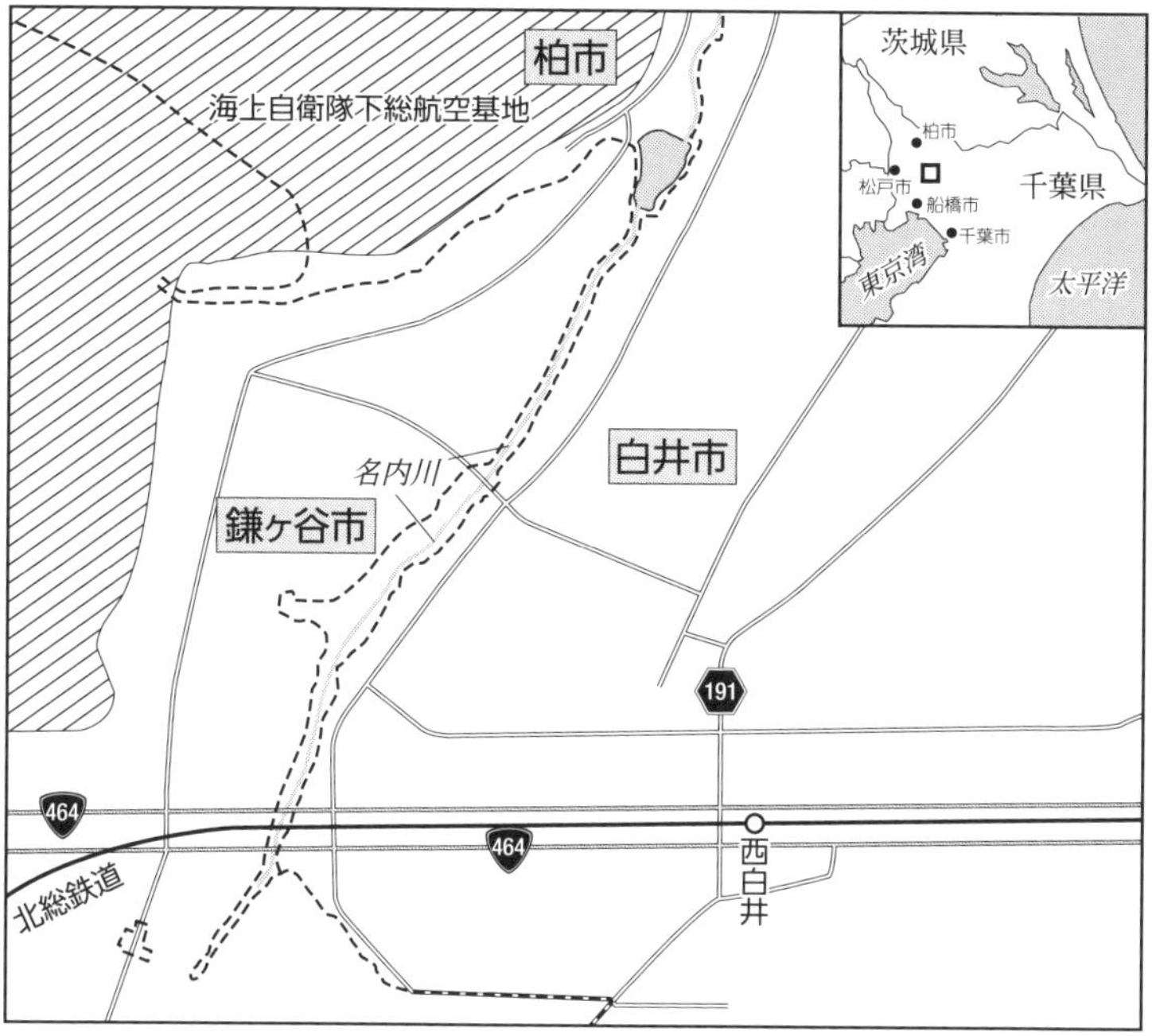

千葉県・柏市×鎌ケ谷市×白井市

柏市の細長い境界線は「金山落し」と呼ばれる灌漑用の用水路

柏市と鎌ケ谷市にまたがって、海上自衛隊下総航空基地が置かれているが、その東側の鎌ケ谷市と白井市に挟まれた、柏市の細長い境界線が気になる。細長い飛び地のようにも見えるが、柏市の南端にある溜め池から、鎌ケ谷市と白井市の境界に突き刺さったように延びている尖った先端まで、地続きになっているのだ。

　この細長い柏市の市域は、「金山落し」と呼ばれる用水路なのである。この用水路は名内川といい、柏市と白井市の境界を流れ下って下手賀沼に注いでいる。さらに下って手賀川となり、利根川に合流している。江戸時代、手賀沼はしばしば氾濫したため、その周辺地域の開拓が行われた。そのときに整備された灌漑用の水路が、金山落しと呼ばれる名内川だったのである。手賀沼の周辺には水田地帯が広がっているが、その水利を確保するため、下流の村が上流の水源までを管轄した。これが細長い境界の生まれる要因になったとみられている。

千葉県・銚子市×旭市

銚子市と旭市の不可解な境界線は丘陵と湿地帯の境目だった

利根川河口の南岸に開けている銚子市は、日本有数の水産都市であるとともに醤油の町でもある。太平洋に突き出ている犬吠埼は、日本本土で最初に初日の出が観られるところとして知られている。銚子市の西に隣接している旭市は、千葉県でも特に農業が盛んな地域で、九十九里浜の東端にあたる刑部岬が市の東部にある。この銚子市と旭市の境界線が複雑に入り組んでいるのだ。特に興味をそそられるのが、総武本線の南側と刑部岬の北側の境界線だ。

総武本線の猿田駅と白石貯水池の中間に、日本では「Good」を意味する親指を立てた握りこぶしの形をした面白い境界線がある。この握りこぶしの形をした境界線の南側に、銚子市側から旭市側に向かって深く入り込んでいる細長い境界線があるが(ⓐ)、この中央に1本の水路が流れている。細長い銚子市の市域は谷地田、つまり丘陵地が侵食されて形成された小さな谷の湿地帯だったのである。水利に恵まれていたことにより早くから開墾され、その土地が村人たちの土地として管理されるようになったのだろう。やがて、開墾地が自村と他村の境目になり、現在の市町村境に引き継がれてきたものと思われる。握りこぶしの部分は、水路が流れている細長い地域よりやや土地が高くなっている。ここから西南へ1キロほど行ったところには、旭市側から銚子市側に突き出ている細長い境界線があるが(ⓑ)、ここにも水路が流れている。ここも谷地田だったのだろう。

もう一ヵ所、刑部岬の北側にも蟹のハサミのような形をした複雑な境界線がある(ⓒ)。ハサミの両側にも奇妙な境界線が続いているが、決して土地の領有をめぐって争奪戦が繰り広げられたわけではなさそうだ。この境界線の南側は丘陵で、丘陵の北側には水田が広がっている。丘陵と水田の境目には水路が流れている。不可解な境界線に見えるが、この地域の地形に沿って定められたごく自然な境界線だったのである。

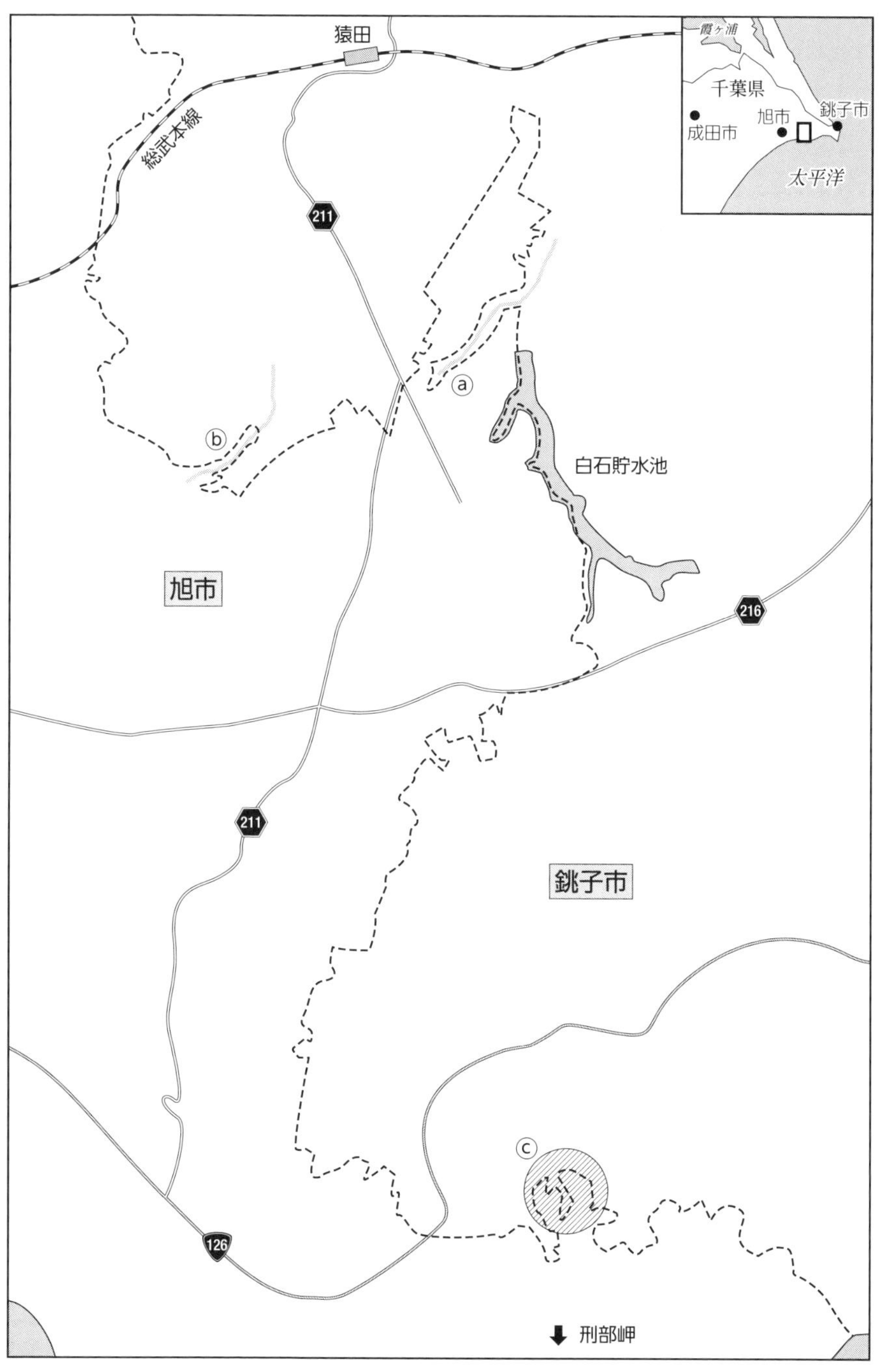
猿田
総武本線
211
ⓐ
ⓑ
白石貯水池
旭市
216
211
銚子市
ⓒ
126
刑部岬
霞ヶ浦
千葉県
成田市
旭市
銚子市
太平洋

神奈川県・小田原市×南足柄市×開成町
まるで迷路のような小田原市の境界線

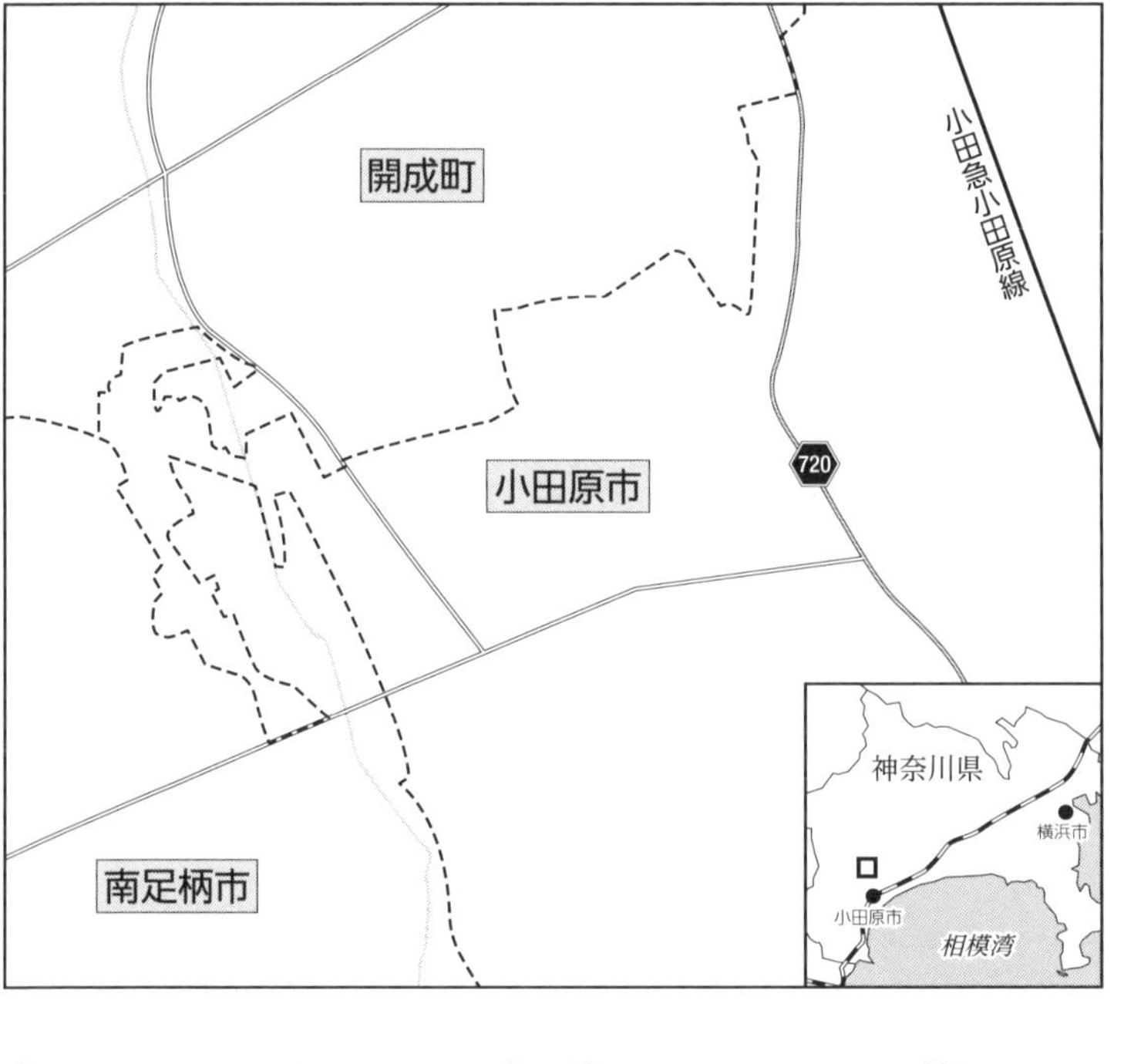

神奈川県南西部の小田原市と南足柄市、開成町の3市町が交わっている小田原市の境界線が、まるで迷路のように複雑なのだ。ここの境界線はすべて直線的に折れ曲がっているのが特徴で、自然の地形に沿って引かれた境界線でないことは明らかである。この境界線の2キロほど東側を流れている酒匂(さかわ)川はしばしば氾濫し、川沿いに住む人々は大きな被害に見舞われてきた。そこで明治の初め頃、酒匂川流域の曽比(そび)村に住んでいた一部の人たちは、同じ村内の高台に引っ越してその周辺の土地を開墾した。そこが3市町の境界が複雑に交わっている地域だった。

隣接する村の人々とは特に争い事もなく、良好な関係にあったようだ。隣の村でも同じように土地が開拓されたため、村と村の境が複雑に入り組んだ状態になったのだ。1889年（明治22）、曽比村、栢山(かやま)村、竹松村（飛び地）の3村が合併して桜井村が発足。1950年（昭和25）、桜井村は小田原市に編入されて現在の形になった。

新潟県・聖籠町×新発田市
聖籠町と新発田市の境界線は加治川を行ったり来たり

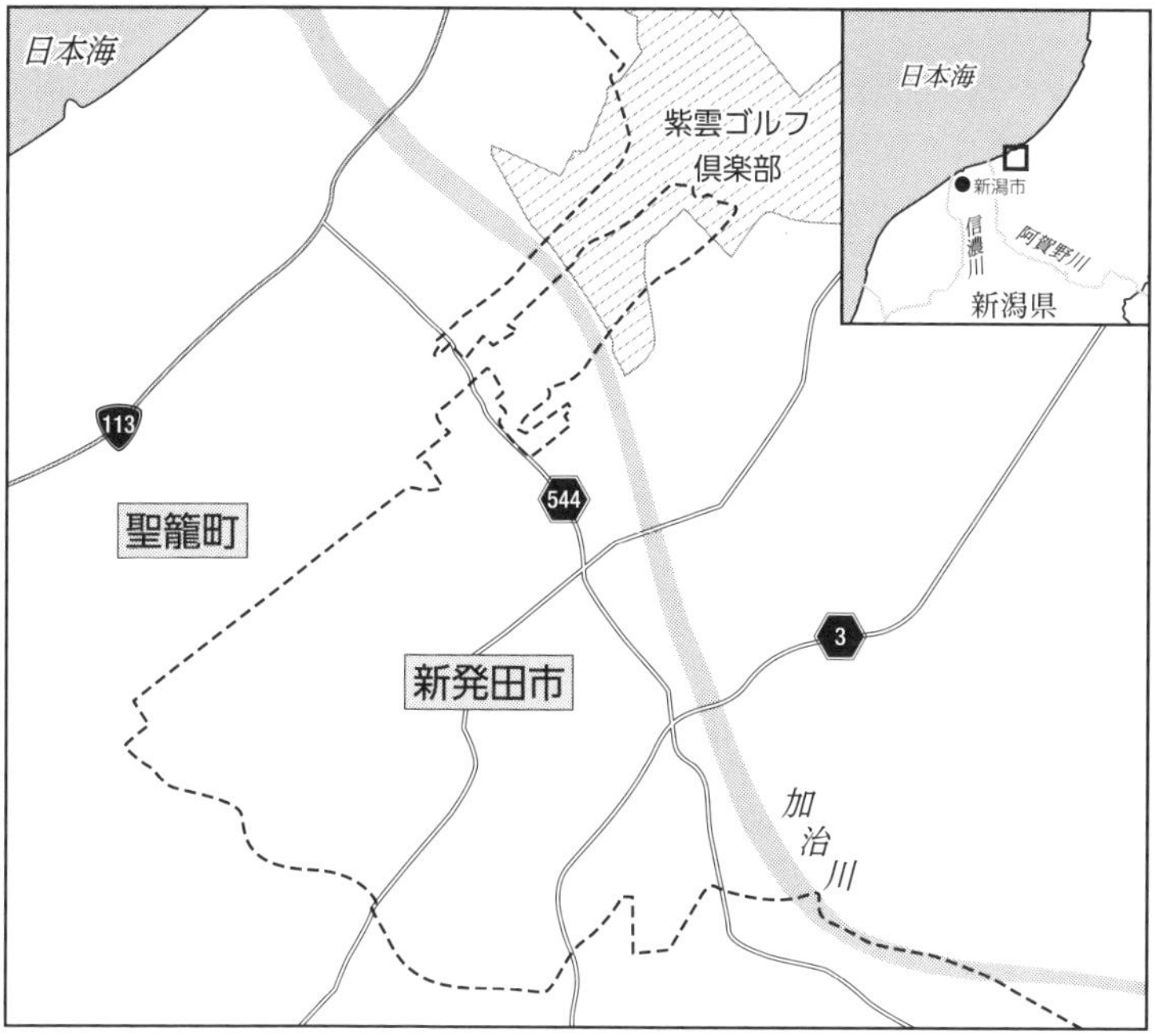

新潟、福島、山形の3県境にそびえている飯豊（いいで）山地を水源とする加治川は、聖籠（せいろう）町の東端から日本海に注いでいるが、加治川の河口付近で聖籠町と新発田（しばた）市との間に、複雑に入り組んだ境界線がある。新発田市の市域が加治川を越えて聖籠町側に突き出しているかと思ったら、それに負けまいといわんばかりに聖籠町の一部が、加治川を渡って新発田市側へ食い込んでいる。このように、聖籠町と新発田市との境界線が、加治川を越えて行ったり来たりしているのだ。

加治川の下流部には低湿地帯が広がっていたため、しばしば氾濫して水害が絶えなかった。そこで、明治以降に河川改修や分流工事がいく度も行われてきた。各町村の境界も曖昧だったため、1889年（明治22）に市制・町村制が施行された際に、土地の所有者の居住地によって境界が定められたという。現在のように入り組んだ境界線になったのはそれが原因だとみられる。

新潟県・新潟市秋葉区×五泉市
てるてる坊主のような形をした新潟市と五泉市の境界線

新潟市は2005年（平成17）、新津市や白根市、豊栄市など、周辺の13市町村を編入して市域を広げ、2年後に政令指定都市の名乗りを上げた。本州の日本海側では最大の都市で、唯一の政令指定都市でもある。新潟市は8つの行政区からなるが、そのうちの1つの秋葉区は、旧新津市と旧小須戸町の範囲を行政区域としている。秋葉区と隣接する五泉市との間に、実に奇妙な境界線があるのだ。磐越西線新関駅の西側あたり、旧新津市と五泉市との境界線である。秋葉区の一部が五泉市側に突き出しているが、その形はコウモリがぶら下がっているようでもあり、てるてる坊主が口をとがらせて釣り下げられているようにも見える。様々な形を連想させてくれる奇妙な境界線だが、なぜこのような境界線が生まれたのかというと、町村合併に原因があったのである。

1889年（明治22）4月の市制・町村制施行で、複雑に入り組んでいる境界線の周辺にあった19の村が合併して新関村が発足した。生活習慣の違う19の村が合併したため、村民との間で小競り合いのような争いがしばしばあったようだ。だが、新関村はそれからどこととも合併することなく、半世紀以上の年月を重ねてきた。だが、昭和の大合併で新津市と合併するか、それとも五泉市と合併するかの選択に迫られることになった。

村内では様々な意見が錯綜し、住民感情のもつれから激しく対立した。挙句の果てに、新関村は分裂して隣接する新津市か五泉市かの、どちらかと合併せざるを得なくなったのである。1つの村がバラバラになるのは、村民にとっては耐え難い苦しみであったに違いないが、1957年（昭和32）3月、猿橋、船越、下条、田屋の旧4村が五泉市と合併し、小口、大関、岡田など旧15村が新津市との合併を選択した。そのため、1つの村が2つに引き裂かれ、現在のように奇妙な境界線が新津市（現・新潟市秋津区）と五泉市との間に生まれることになったのである。

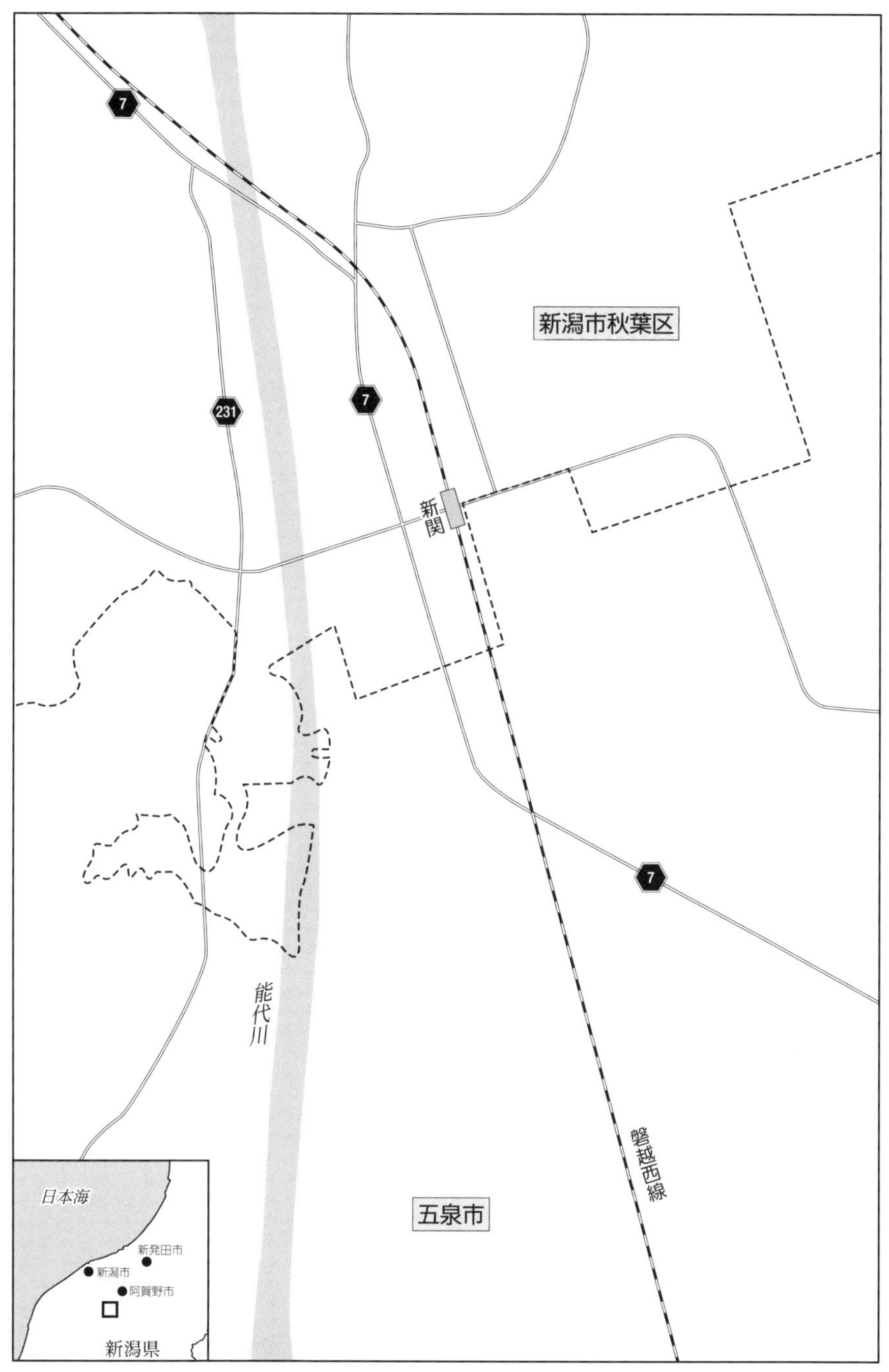
7
7
231
新潟市秋葉区
新関
7
能代川
磐越西線
五泉市
日本海
新発田市
新潟市
阿賀野市
新潟県

石川県・羽咋市×志賀町

能登半島の羽咋市と志賀町の複雑怪奇な境界線

能登半島西側の付け根に位置する羽咋市（はくい）は、能登国一宮の気多大社（けた）や、妙成寺（みょうじょうじ）など古寺社が多い歴史の古い都市である。日本海に面しており、海岸線の砂浜を自動車で走ることができる千里浜（ちりはま）なぎさドライブウェイがあることで知られている。その羽咋市と北に隣接する志賀町の間に、誰もが驚くような複雑怪奇な境界線があるのだ。その境界線は海岸線からそれほど離れていない地域にある。全国でもこれほど複雑に入り組み、様々な形を連想させてくれる境界線は珍しい。地図をパッと見ただけでは、どこからどこまでが羽咋市で、志賀町の領域はどこからどこまでなのか、判別できないほどの複雑さである。

羽咋市の一部が志賀町域に食い込んでいる境界線をよく見ると、大きな頭をした動物のようにも見えるし、チューリップの花が一輪咲いているようにも見える。このように、様々な情景を連想させてくれる不思議な境界線だが、なぜこのように激しく入り組んだ境界線があるのか、誰が定めた境界線なのか理解に苦しむ。羽咋市と志賀町の境界線は等高線を何度も横切っていることから、地形に基づいて引かれた境界線ではなさそうだ。この周辺は溜め池の密集地で、大小多くの溜め池が点在している。溜め池の多さからも、この地域が古くから開墾された地であることがうかがえる。

複雑な境界線は江戸時代からの村と村の境界で、それが現在にまで引き継がれてきたものとみられている。おそらく、各村がそれぞれの土地を競って開墾し、藩にその土地の所有を認めてもらったのだろうと思われる。境界が確定するまでには、村人と村人のし烈な争いがあったであろうことが予想され、そのため激しく入り組んだ境界線になったものと考えられる。もし朱鷺（とき）の台カントリークラブからまっすぐ東に向かって歩いたとすると、羽咋市と志賀町の境界線を十数回越える。それほど複雑に入り組んだ境界線である。

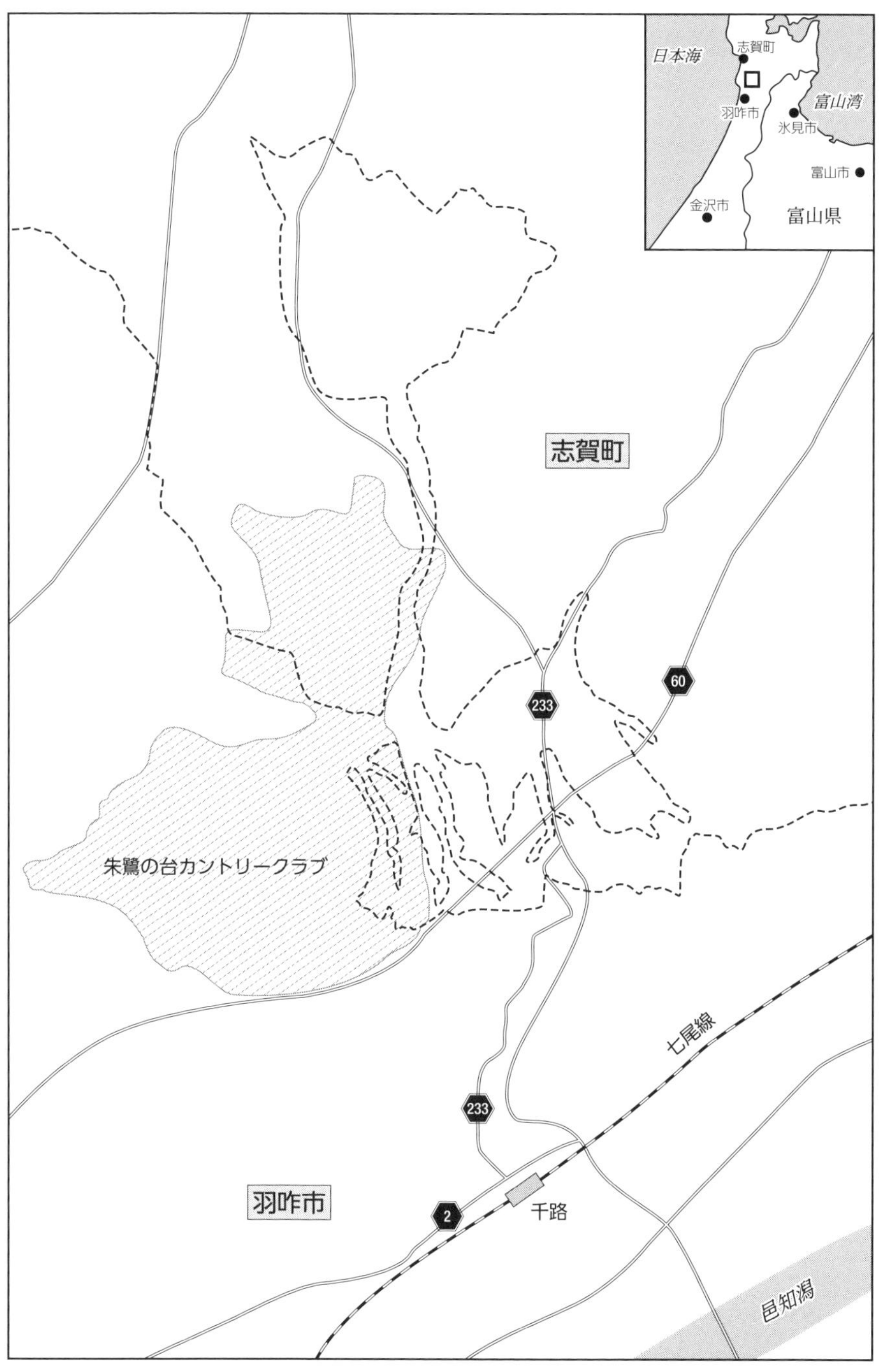
日本海
志賀町
羽咋市
富山湾
氷見市
富山市
金沢市
富山県
志賀町
60
233
朱鷺の台カントリークラブ
七尾線
233
羽咋市
2
千路
邑知潟

長野県・御代田町×小諸市×佐久市
御代田町、小諸市、佐久市の複雑な境界線は分村が原因

長野県と群馬県の県境にそびえる浅間山の南麓に、御代田町という高原野菜の栽培が盛んな町がある。町の東側は軽井沢町に隣接しているため、近年は別荘地としての開発も進んでいる。御代田町の南西部で小諸市と佐久市に隣接しているが、3市町が交わっている付近の境界線がいかにも不自然だ。佐久市の一部が小諸市と御代田町の境界を割り裂くように北に突き出しており、その東側では御代田町の一部が佐久市に入り込んでいる。このあたりは上信越自動車道と、中部横断自動車道が合流する佐久小諸ジャンクションがある交通の要地になっている。この複雑な境界線のあたりを、しなの鉄道と北陸新幹線も通じている。

それにしても、なぜこのような奇妙な境界線が生まれたのか。その原因は昭和の大合併にある。1953年（昭和28）10月に施行された町村合併促進法は、小規模な町村を合併させて、財政基盤の整った町村に再編成しようというものである。御代田町は1956年（昭和31）9月、御代田村、小沼村、伍賀村の3村が合併して発足したが、合併にこぎつけるまでの道のりは長かった。

3村の合併を成立させようとする賛成派と、隣接した市町への合併を望む反対派が激しく対立し、各村は大混乱に陥っていた。その解決策として浮上したのが、ひとまず御代田村、小沼村、伍賀村の3村が合併して御代田町として発足する。その後に、隣接する市町への編入を希望する地区の分村を認めるという条件で、3村による合併が実現したのである。

翌年の2月、御代田村は小田井地区（上宿、下宿、荒田、西屋敷）のうち下宿、荒田、西屋敷の3つの部落が隣の浅間町（現・佐久市）へ編入されたが、上宿だけは御代田町にとどまった。また、小沼村の乗瀬地区は小諸市へ、そして伍賀村の茂沢地区は軽井沢町に編入された。そのため、御代田町、小諸市、佐久市の3市町が交わる付近が、複雑な境界線になってしまったのである。

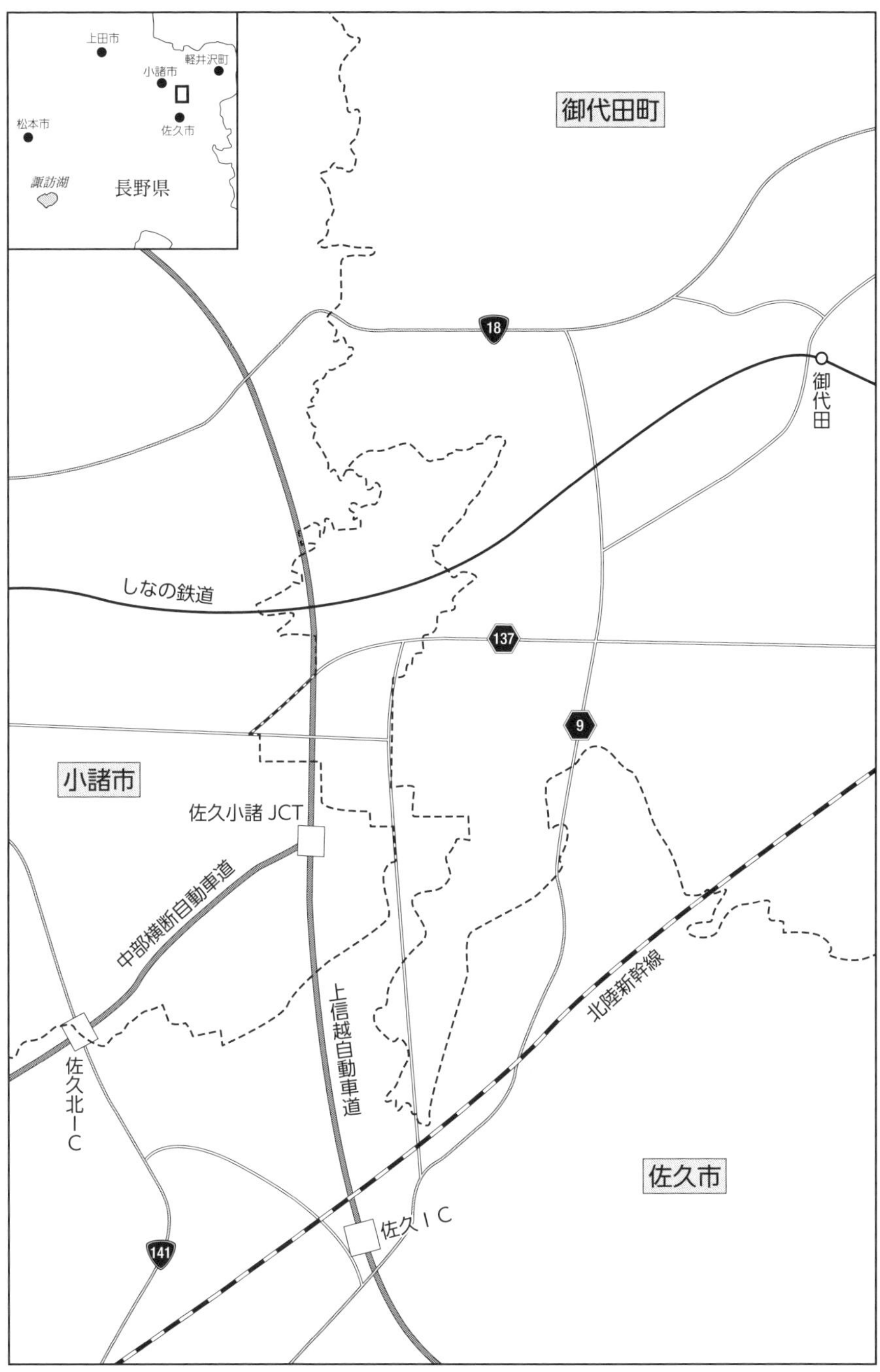
上田市
軽井沢町
小諸市
佐久市
松本市
諏訪湖
長野県
御代田町
18
御代田
しなの鉄道
137
9
小諸市
佐久小諸 JCT
中部横断自動車道
北陸新幹線
上信越自動車道
佐久北IC
佐久市
佐久IC
141

岐阜県・垂井町×大垣市
牛の頭を連想させる垂井町の境界線

美濃国の国府（地方行政官庁）は現在の岐阜県垂井町に置かれていた。これからもわかるように、垂井町がある西濃地区は岐阜県で最も早くから開けていた地である。古代三関の1つの不破関も垂井町に置かれていた。また、美濃国の国分寺は隣接する大垣市にあったが、国府跡と国分寺跡とは2キロ余りしか離れていない。そういえば、徳川家康と石田三成が天下を争った関ヶ原合戦の古戦場跡も、垂井町の西に隣接する関ケ原町にある。この地域は歴史の宝庫だが、垂井町と大垣市の境界線が奇妙な形をしている。東海道本線の北側あたりの境界線である。

垂井町の一部が大垣市側へ突き出している境界線が、角をのばした牛か鹿の頭のように見える。逆に大垣市の一部が垂井町側に食い込んでいる境界線は、母親が赤ちゃんの手に口づけしようとしているようだ。それはともかく、なぜこのように複雑に入り組んだ境界線が生まれたのか不可解だが、この地域は平尾村（現・垂井町）と青野村（現・大垣市）の、山林原野の入会地だったのである。入会地とは、特定の権利を持った人々が共同で利用することができる土地をいう。江戸時代、この入会地の利用をめぐって平尾村と青野村の間で、山論や水論が繰り返し行われてきたという歴史がある。山論とは入会地の利害をめぐる村落間の争論のことで、水論は水の配分をめぐる村落間の争論のことをいう。村落間で解決できないときは、奉行所や代官所の裁定を仰ぐことになる。

入会地の草や木の葉は肥料として欠かせないものだったし、雑木林は薪など燃料として必要なものだった。この地域は山が低く谷が浅いため、流れ出す水の量が限られていた。水利は農民にとっては死活問題でもある。村人たちが竹槍や鎌などを持って争うことは、日常茶飯事になっていたようだ。入り組んだ境界線は地形の影響も受けているが、村落間の山論や水論の痕跡だったのである。

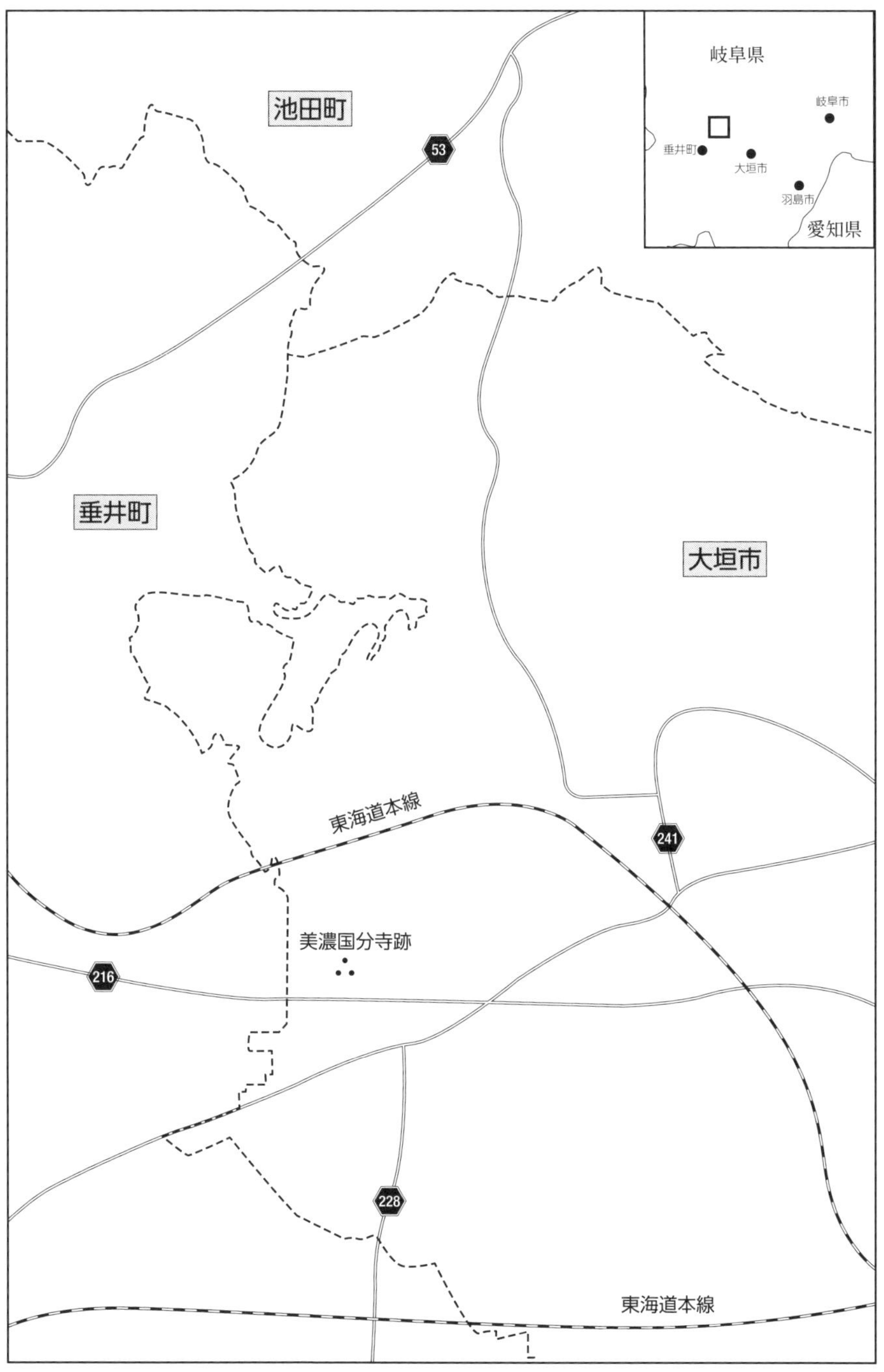
岐阜県
岐阜市
垂井町
大垣市
羽島市
愛知県
池田町
53
垂井町
大垣市
東海道本線
241
美濃国分寺跡
216
228
東海道本線

新潟県・妙高市×上越市
細々と延びる妙高市と上越市の境界線

新潟県の南西部に位置する上越市の南部が、エビのしっぽのように妙高市の市域の中に食い込んでいるが、そのエビのしっぽの中にさらに食い込むように、妙高市の一部が細長く南西に向かって延びている。細長い境界線の片側はなだらかな線だが、もう一方はくねくねと曲がりくねっている。なぜこのように不自然な境界線ができたのか不思議だが、くねくねと曲がりくねっている境界線は、関川水系の渋江川の流路そのものだったのである。

この周辺の地形から見て、おそらく渋江川の水を活用して、村人たちがこの流域を開墾したのだろう。開墾した範囲がその村の土地となり、やがてその土地の縁が隣村との境界線になったものと思われる。細長く延びている境界線の北の方にも、上越市と妙高市の境界線が複雑に入り組んでいるところもあるが、この近くを矢代川が流れている。渋江川の流域と同じように、開墾した土地が村人たちの土地となり、それが隣村との境界になったと考えられる。

愛知県・西尾市×幸田町
西尾市側が谷、幸田町側が尾根

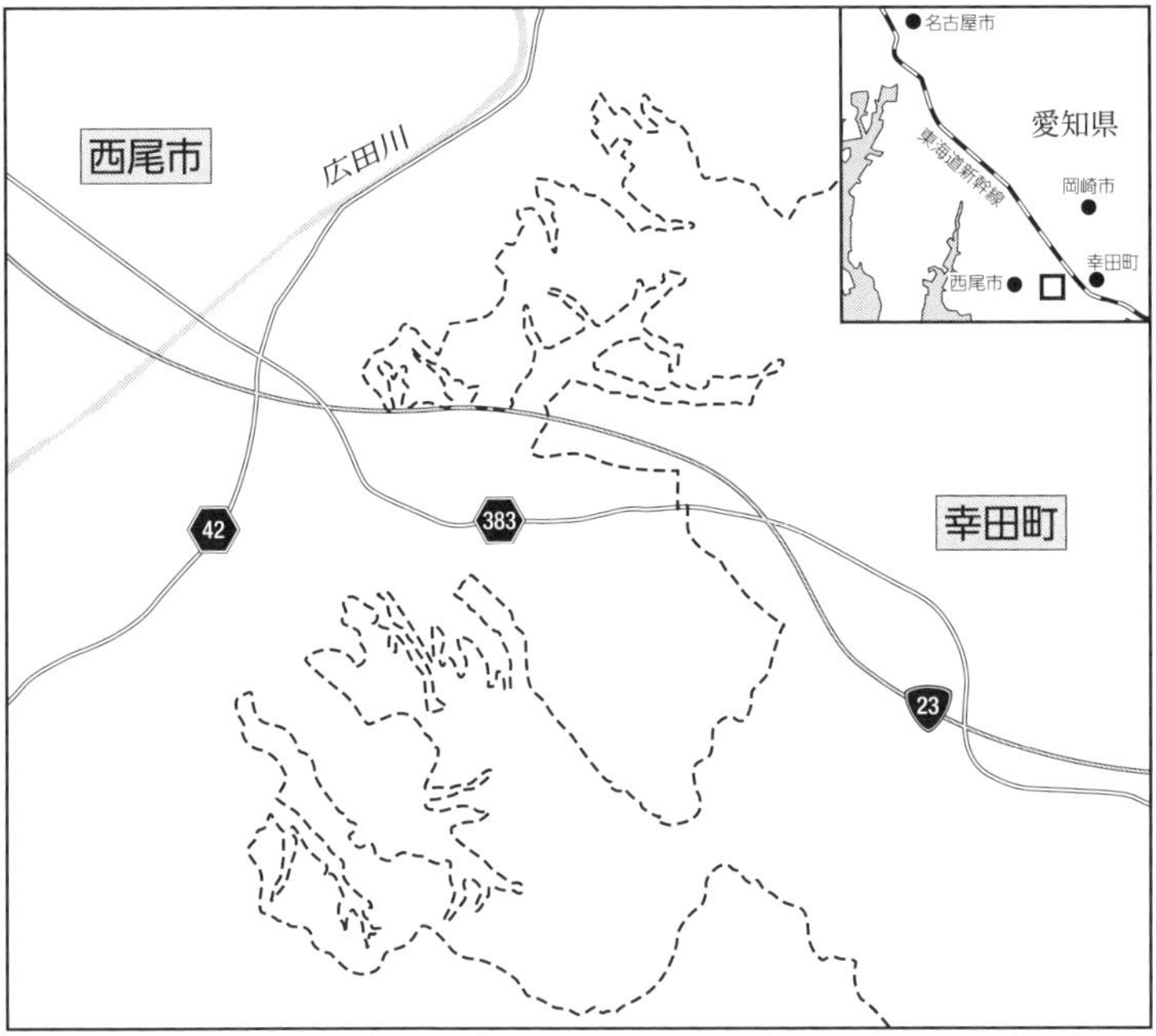

三河湾に注いでいる矢作(やはぎ)川下流の東岸に開けている西尾市と、東に隣接する幸田(こうた)町との境界線が、常識の範囲を超えた複雑さなのだ。幸田町側から見れば、西尾市に向かって深く入り込んでいるようでもあり、反対側から見れば、西尾市が幸田町の町域に侵入しているようでもある。この境界線は紆余曲折の末に決められたように思えるが、地形図を拡大してみると、ごく自然に生まれた境界線であることがわかる。

西尾市は岡崎平野に位置しているが、市の東部にはなだらかな丘陵が広がっている。丘陵の尾根と尾根の間に小さな谷があり、そこに早くから開墾された痕跡がある。西尾市側から細長く突き出した境界線の奥には、灌漑用の溜め池があり、そこから小さな川が流れている。西尾市側が谷で、幸田町側が尾根、その境目が西尾市と幸田町の境界線になっている。開墾された土地の境目が、隣の村との境界線になったのだろうと思われる。

三重県・朝日町×川越町

三重県北部の朝日町と川越町のモザイク模様

三重県の北部にある石油コンビナートで有名な四日市市と、木曽三川の河口に発達した桑名市に挟まれて、朝日町と川越町という小さな町がある。朝日町は面積がわずか6・0平方キロで三重県下で最小の自治体。隣接する川越町は三重県下で2番目に小さく、面積は8・7平方キロに過ぎない。伊勢湾岸自動車道（豊田東ジャンクション〜四日市ジャンクション）が川越町と朝日町を貫通しているが、伊勢湾岸自動車道と員弁川の間あたりにモザイク模様のような境界線がある。朝日町と川越町の境界線は複雑に入り組んでいて、飛び地があるようにも見えるが、よく見ると1本につながっているのだ。また、入り組んでいる境界線の朝日町側のほとんどが田園地帯なのに、川越町側には住宅が密集している。行政が異なると、道路を1本隔てただけで土地利用の面で、こうも違うものかと驚かされる。

それにしても、なぜこのように奇妙な境界線が生まれたのだろうか。その原因を探ってみると、どうも明治の大合併に原因があったようだ。市制町村制が施行された1889年（明治22）4月、朝日村（現・朝日町）は小向村、柿村、埋縄村および、縄生村の大部分と当新田の一部が合併して発足している。また、南に隣接する川越村（現・川越町）は豊田一色村、北福崎村、南福崎村、高松村、豊田村、亀崎新田、亀尾新田、亀須新田および、当新田の大部分と縄生村の一部が合併して発足している。つまり、当新田と縄生村は、分割して朝日村と川越村にそれぞれ振り分けられたのである。

特に縄生村は集落ごとに細かく刻まれて、朝日村と川越村に分割されているので、境界線はモザイク模様を描くことになった。なぜ、1つにまとまっていた村が2つに分裂しなければならなかったのか、当時の資料が残されていないので確かなことはわからないが、おそらく集落ごとの有力者同士の縄張り争いのような、激しい攻防が繰り広げられたのではないかと推測される。

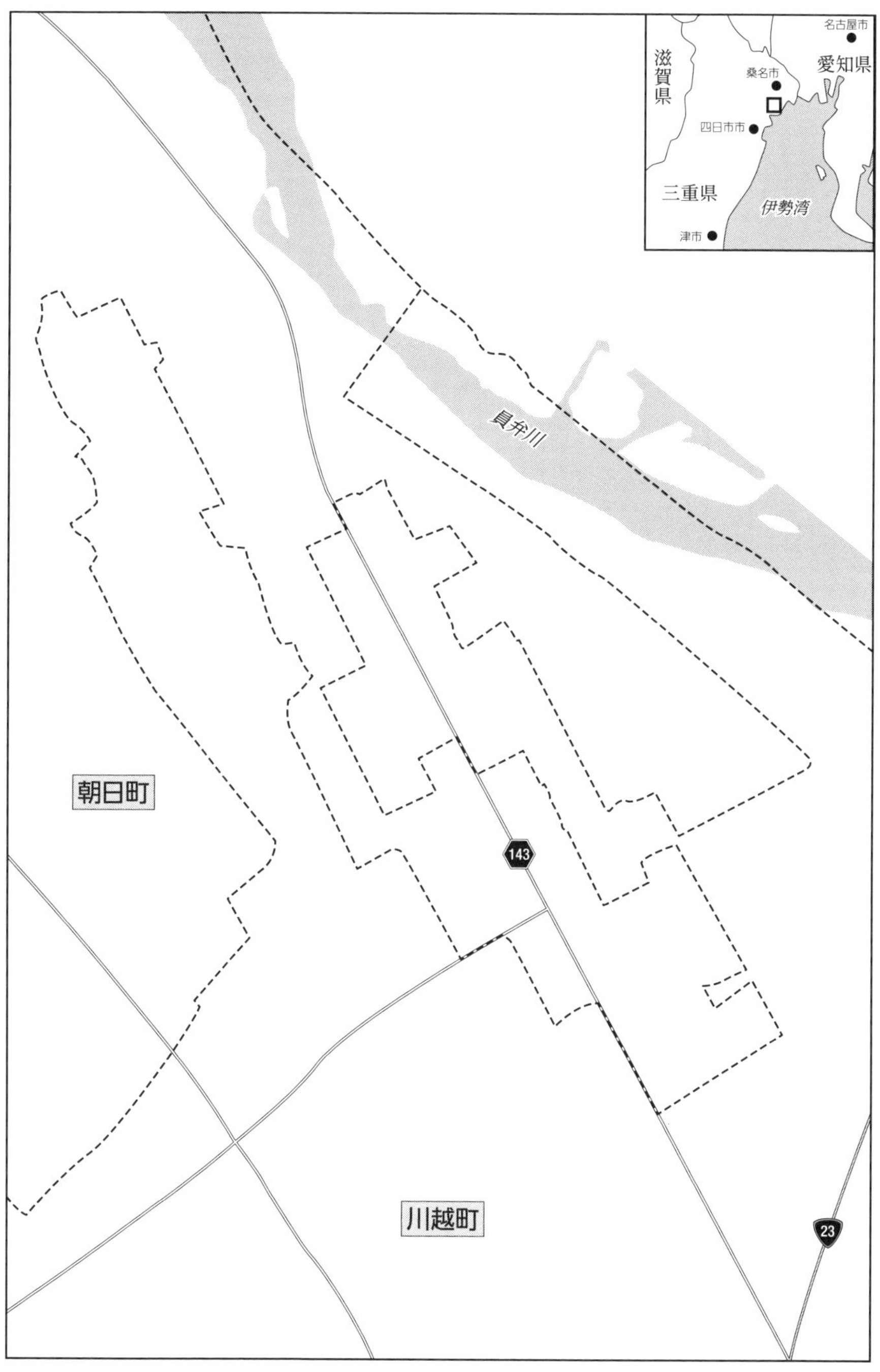
名古屋市
滋賀県
桑名市
愛知県
四日市市
三重県
伊勢湾
津市
員弁川
朝日町
143
川越町
23

三重県・名張市×奈良県・山添村
三重県境が天狗の鼻のように突き出している

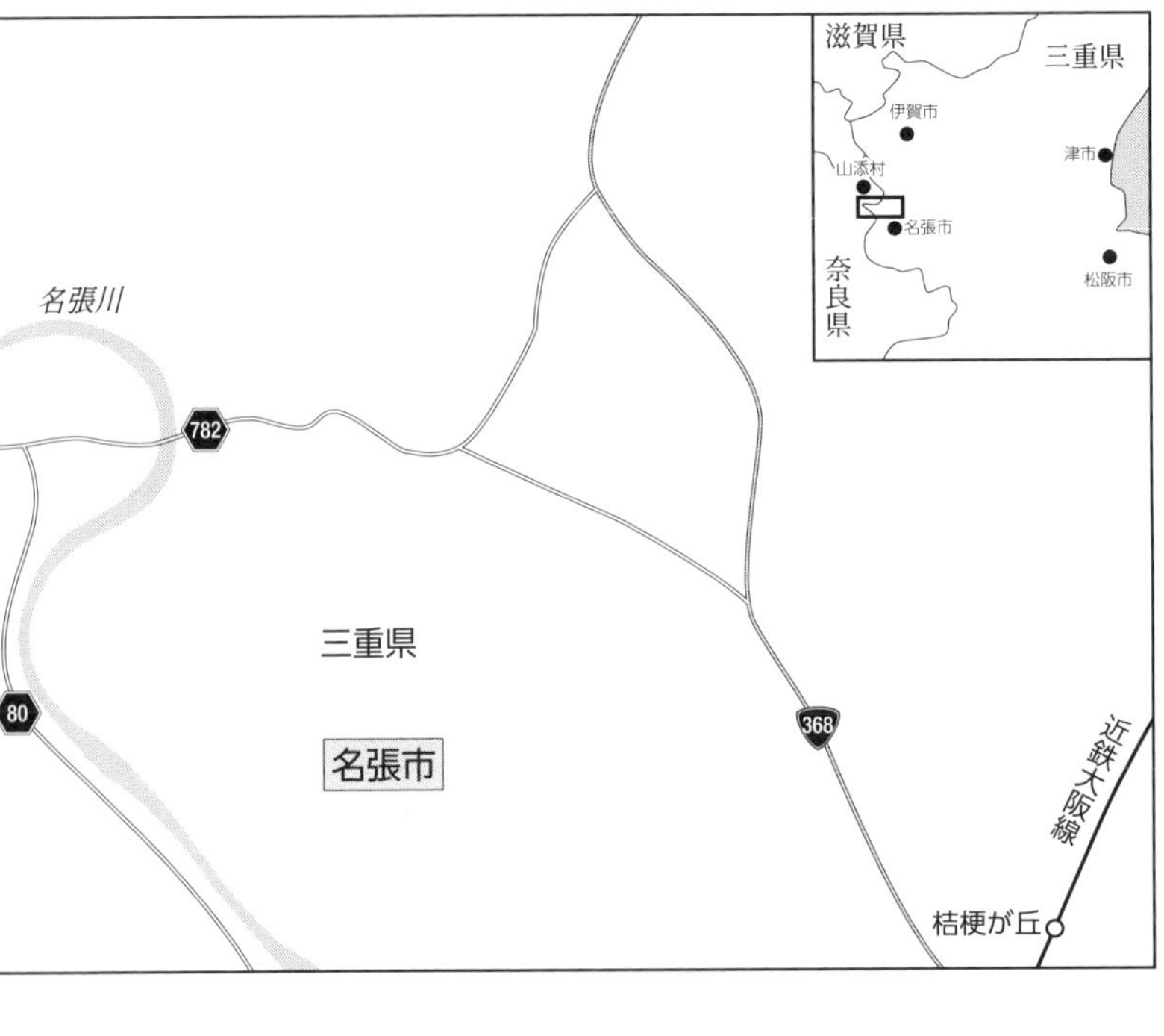

南北に細長い県域の三重県は、中央部でやや幅が広くなっている。その最も幅が広くなっている部分から奈良県側に向かって、天狗の鼻のように細長く突き出している県境がある。三重県の名張(なばり)市と奈良県の山添(やまぞえ)村との境界である。天狗の鼻は長さが約2・6キロ、幅が最も広いところでおよそ500メートル、最も幅が狭くなっている天狗の鼻の付け根付近は50メートルほどしかない。今にもちぎれてしまいそうな細さである。名張川支流の笠間川が、天狗の鼻の付け根付近で名張川に合流しているが、その笠間川に注いでいる名もないような小川が、細長い境界線の中を流れている。このことから見て、奈良県に突き出している細長い境界線の付近は、早くから開拓されていたであろうことがうかがえる。

この付近は大和国と伊賀国の国境にあたり、12世紀末頃には係争地であったことが「東大寺文書」などに記されている。当時は葛尾(くずお)村という1つの村で、伊賀国の名張郡に

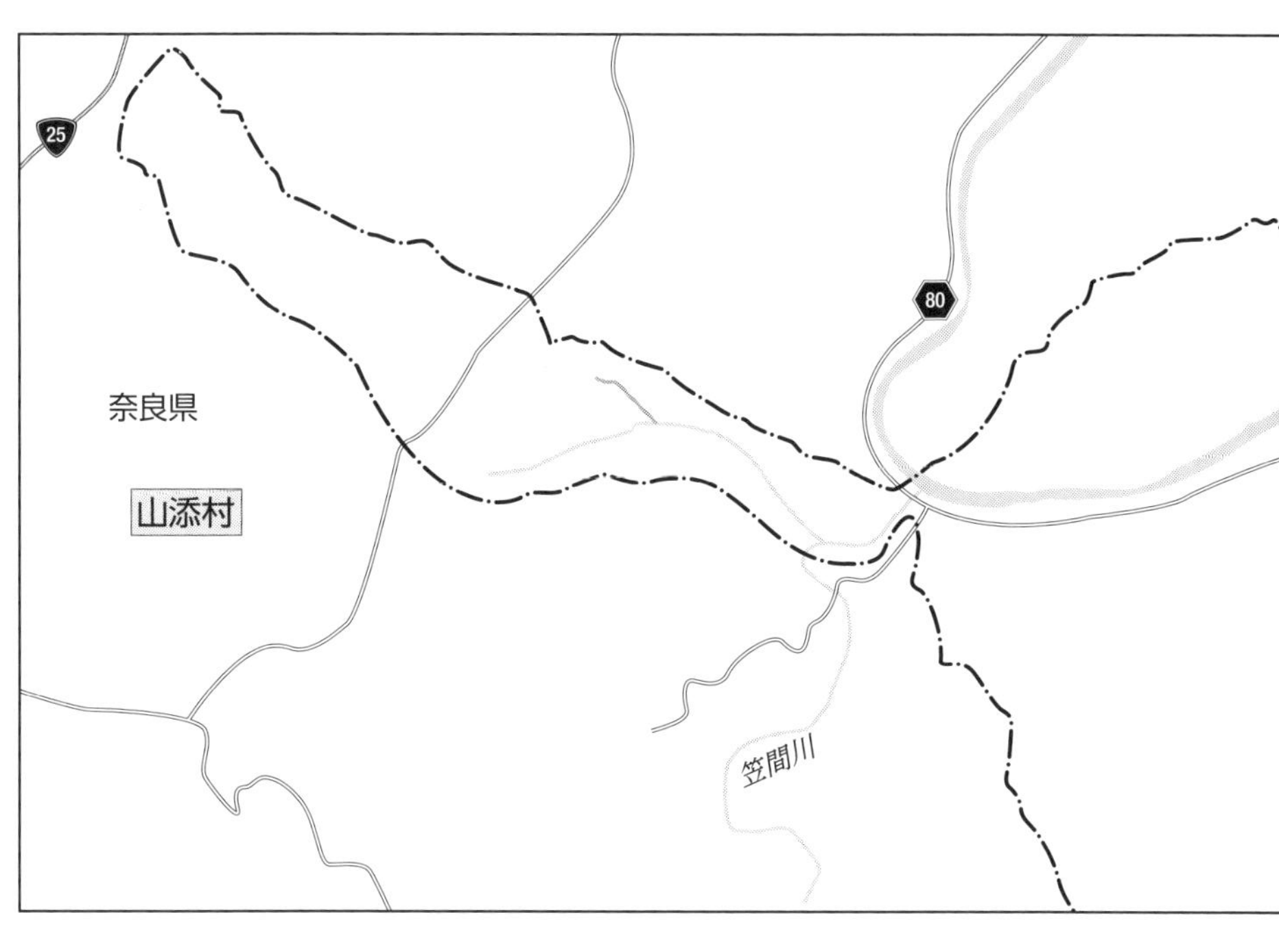

属していたという。だが、大和国と伊賀国の国境が正式に確定した際に、葛尾村は大和国と伊賀国に分割されてしまった。江戸時代の初期にはすでに、大和国の葛尾村は北葛尾村として、伊賀国の葛尾村は南葛尾村として、それぞれ独立した村として成立していた。だが、それまで1つにまとまっていた村が2つの国に分割されてしまったわけだから、住民感情にしこりが残っていたとしても不思議なことではないだろう。

1646年（正保3）、北葛尾村と南葛尾村との間で境界紛争が発生している。それを収拾するため、伊賀城代藤堂采女（うねめ）と奈良奉行中坊長兵衛の間で協議が重ねられ、村民も納得したうえで1649年（慶安2）に協定が成立した。それが現在の県境へと引き継がれているのである。天狗の鼻は名張市の葛尾で、その付け根付近に集落を形成しているが、奈良県の山添村にも葛尾という地名がある。1つの村が2国に分割された証拠である。

兵庫県・加東市×加西市×小野市

加東、加西、小野3市の複雑な境界線は新田開発の名残

兵庫県中央部やや南寄りの加古川中流、およびその支流域に加東市、加西市、小野市という小都市がある。この3市が交わる地点の境界線が実に奇妙なのである。加西市と小野市の境界を割り裂くように、加東市の一部が「への字」のような形で南に突き出し、そのすぐ東側からも、加東市の一部が小野市に向かって突き出している。両市の境界をまたいで陸上自衛隊青野原駐屯地があるが、駐屯地の建造物は両市の境界をまたがないように建てられている。この付近の境界線を見ると、小野市の一部が加東市に向かって突き出しているようにも見える。

この地域は瀬戸内海式の気候区に属しており、降水量が少ないので昔から水不足に悩まされてきた。そのため、全国でも有数の溜め池の密集地になっている。3市の境界線が複雑に入り組んでいる地域にも、おびただしい数の溜め池が点在している。複雑に入り組んだ境界線と溜め池は、大いに関係があるのだ。

境界線が複雑に入り組んでいる加東市、加西市、小野市の3市が交わっている周辺は、江戸時代に青野原新田という名称で新田開発が行われた地域である。加東郡と加西郡が共同で開発にあたったが、青野原駐屯地の西側から加東市に向かって入り込んでいる小野市の細長い町域を見ると、両側から山地が迫っており、その中央に小河川が流れていて、一番奥まったところに農業用の溜め池がある。つまり、その水を利用して谷を開墾し、やがてその開墾地が隣村との境界線になったと考えられる。

加東市から加西市と小野市に突き出している境界線も、地形と溜め池が大きく影響したのではないかと思われる。青野原新田には1889年（明治22）、陸軍の軍馬演習場が開設され、1940年（昭和15）からは陸軍部隊が常駐。第二次世界大戦の終結後は米軍に接収されたが、日本に返還後は自衛隊の演習場になっている。3市の複雑な境界線は、新田開発当時の名残なのである。

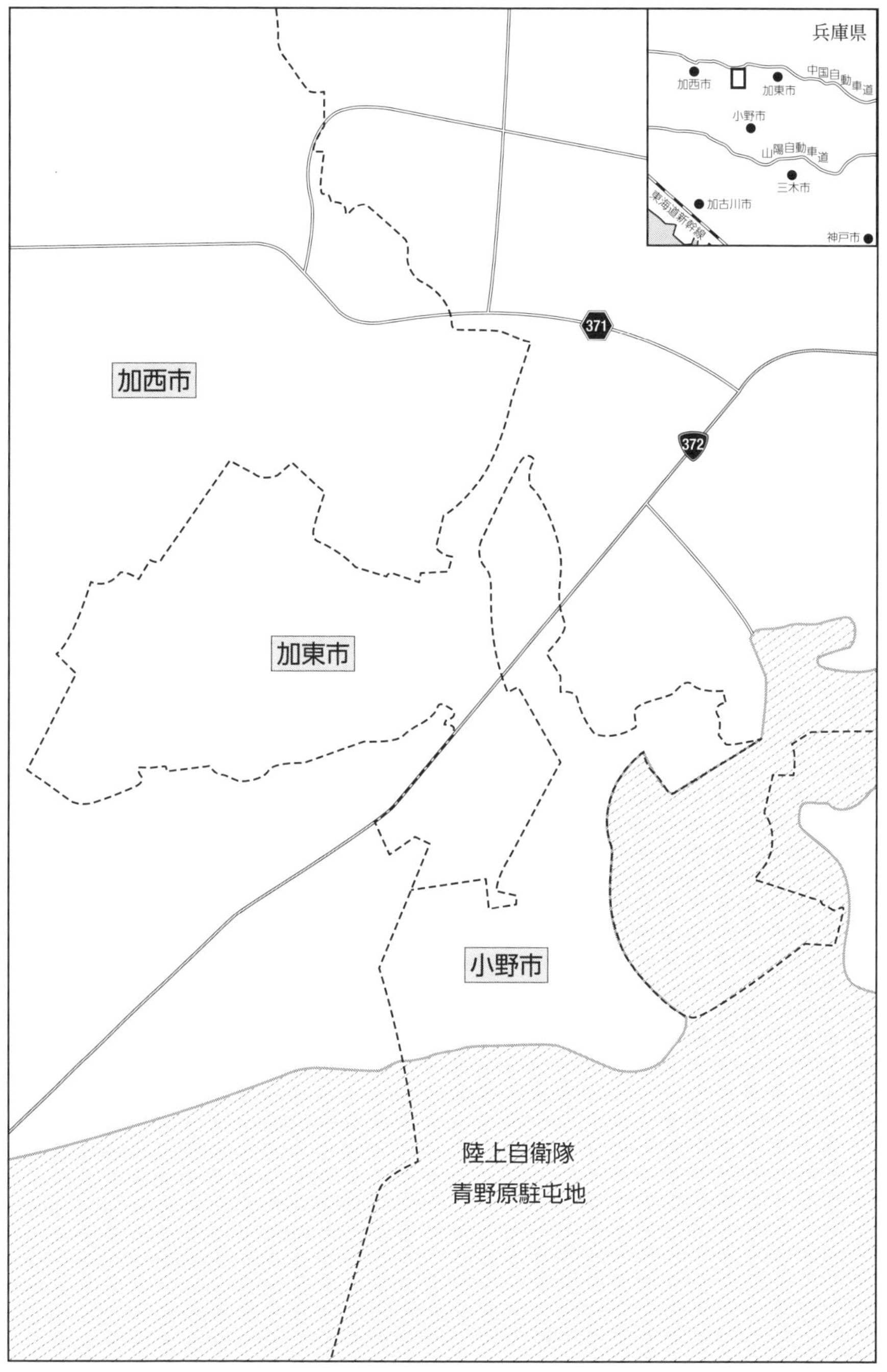
兵庫県
加西市
加東市
中国自動車道
小野市
山陽自動車道
三木市
加古川市
東海道新幹線
神戸市
371
372
加西市
加東市
小野市
陸上自衛隊
青野原駐屯地

三重県・津市×亀山市
津市と亀山市の複雑に曲がりくねった境界線

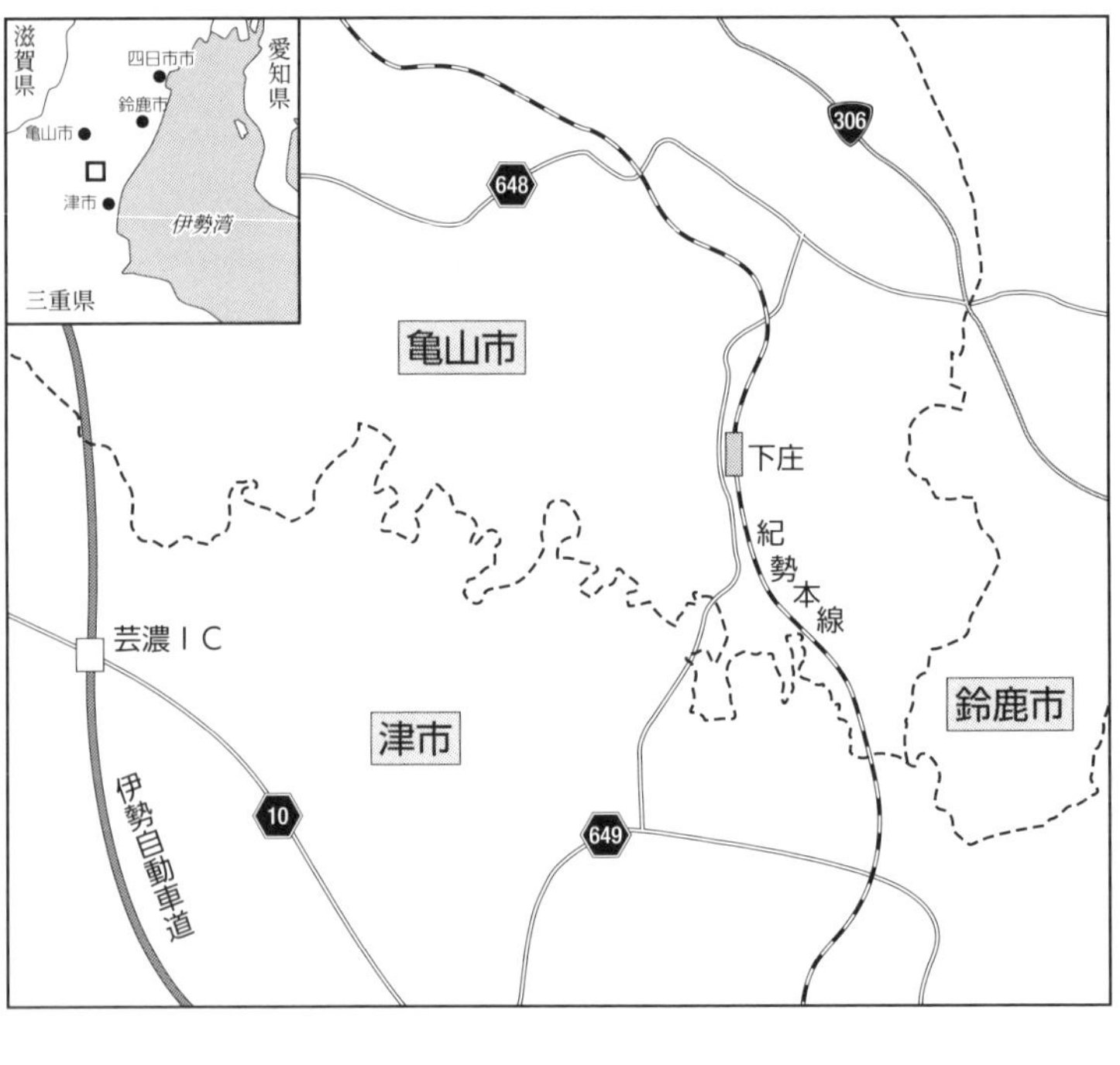

県庁所在地の津市は伊勢湾に面している都市だが、平成の大合併で9市町村と合併して面積を一気に7倍に広げた。これによって伊勢湾岸の津市が、奈良県と隣接するようになった。周囲を松阪、名張、伊賀、亀山、鈴鹿の5市に囲まれているが、北側で接している亀山市との間に不自然な境界線がある。紀勢本線と伊勢自動車道の間の両市の境界線が、複雑に曲がりくねっているのだ。この地域は伊勢平野に広がっているなだらかな丘陵地なので、地形に沿って境界線が定められているのかというと、どうやらそうでもなさそうである。

村社会当時の縄張り意識、土地の奪い合いなどによって激しく曲がりくねった境界線になったことが考えられているが、当時の資料が残されていないので確証はない。境界線の周辺には溜め池が多く、小河川も流れている。現在は、津市側に大規模な団地が造成されているが、亀山市側はほとんど開発されておらず田畑が広がっている。

兵庫県・高砂市×姫路市
高砂市のタツノオトシゴのような境界線

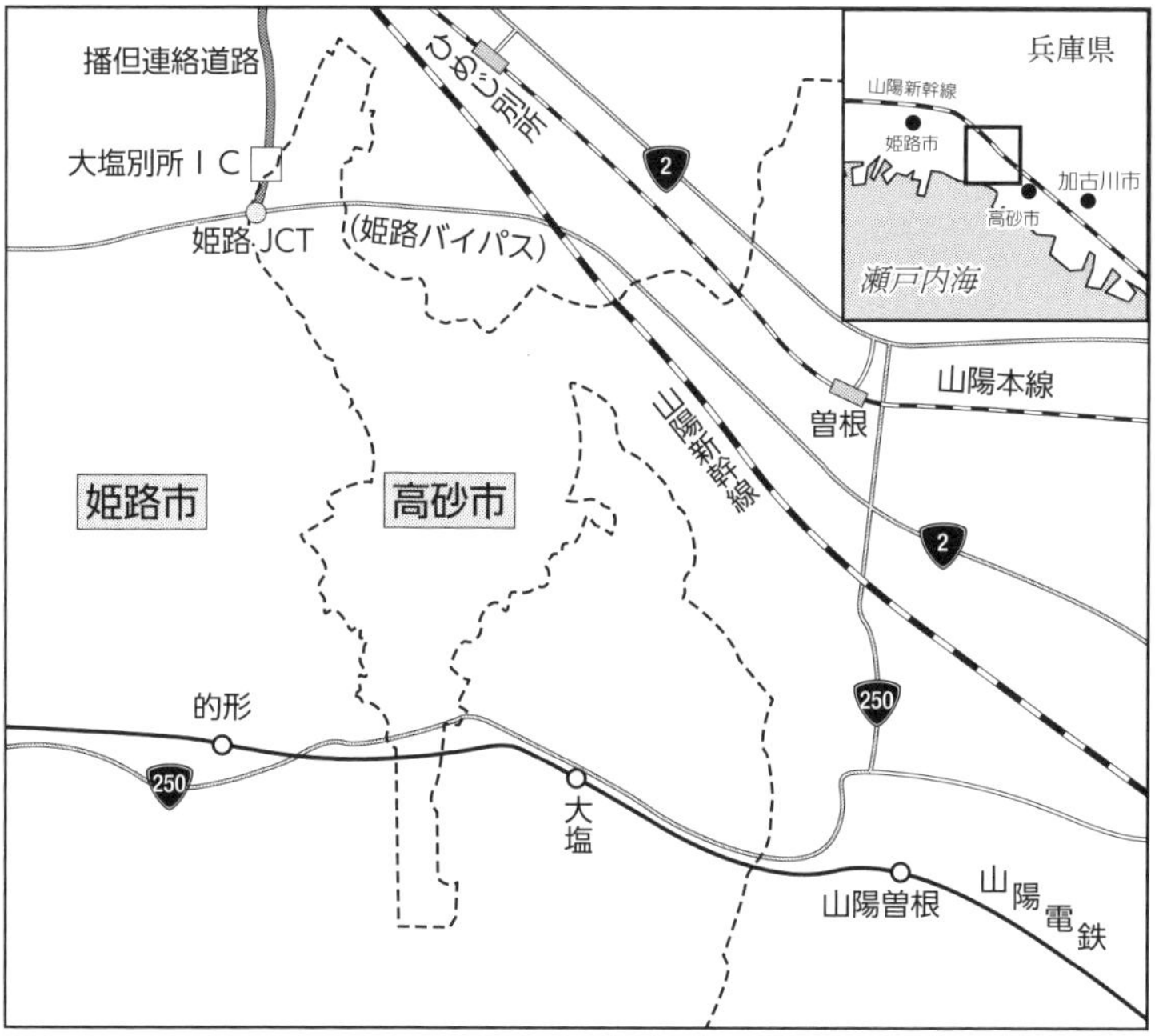

兵庫県西部の中心都市である姫路市と、東に隣接する高砂(たかさご)市との境界線がいかにも不自然である。高砂市の西端が、タツノオトシゴを連想させるような形で姫路市に食い込んでいるのだ。タツノオトシゴの頭の部分を国道2号（姫路バイパス）が、しっぽの部分には山陽電鉄本線が通っている。なぜこのように奇妙な境界線ができたのか、その原因は昭和の大合併にあった。

昭和30年代の初め頃まで、姫路市と高砂市に挟まれた地域に、大塩町、的形(まとがた)村、北浜村の3町村が存在していた。タツノオトシゴが北浜村、東側が大塩町、西側が的形村だった。この3町村は高砂市との合併を模索していた。もしこの3町村による合併が実現していれば、ごく自然な境界線になっていたのだろうが、合併協議会は解散。3町村の中央に位置していた北浜村だけが高砂市と合併し、東側の大塩町と西側の的形村が姫路市と合併したため、現在のように奇妙な境界線になってしまったのである。

奈良県・河合町×広陵町

馬見丘陵公園内にある複雑怪奇な境界線

奈良盆地は全国でも特に古墳が多い地域である。法隆寺で有名な斑鳩（いかるが）町の南に隣接する河合町と、その東に隣接する広陵町も古墳の密集地として知られている。その河合町と広陵町にまたがって、馬見（うまみ）丘陵公園という都市公園がある。面積は65・3ヘクタールと、東京ディズニーランドに匹敵するほどの広大な都市公園である。この公園は奈良県で有数の規模を誇る馬見古墳群の保全と有効活用を目的に、1984年（昭和59）に整備されたもので、県民の憩いの場として親しまれている。馬見丘陵公園の南に隣接して、国の特別史跡に指定された巣山（すやま）古墳があるが、園内にもナガレ山古墳や乙女山（おとめやま）古墳など多くの古墳が点在している。

公園の中央には上池、下池という大きな池が横たわり、この池を取り囲むように「古墳の丘」「陽だまり広場」など、いくつもの広場が整備されている。そのうちの1つに「結びの広場」がある。ここは当時の皇太子浩宮様と、雅子様の成婚を記念して整備されたもので、ここからは上池と下池のほか、奈良盆地をも見渡せる。ここで目を引くのが、公園内に引かれている河合町と広陵町の複雑怪奇な境界線である。様々な形を連想させてくれる奇妙な境界線だが、なぜこのような境界になったのか不思議に思うことだろう。

馬見丘陵公園は公園名からもわかるように、馬見丘陵という自然の丘陵地を活かして公園として整備したものである。そのため、公園は起伏に富んでいる。地形図で確認すると、河合町と広陵町の境界線は、標高が高くなっている丘陵の部分が河合町側の領域で、上池や下池など標高が低くなっている谷の部分が広陵町の領域になっていることがわかる。つまり、丘の麓に境界線が引かれているのだ。そのため、このように複雑に屈曲した境界線になったというわけで、決して土地の奪い合いから生じたわけではなさそうである。地形に沿って、ごく自然な境界線が定められたものだと考えられる。

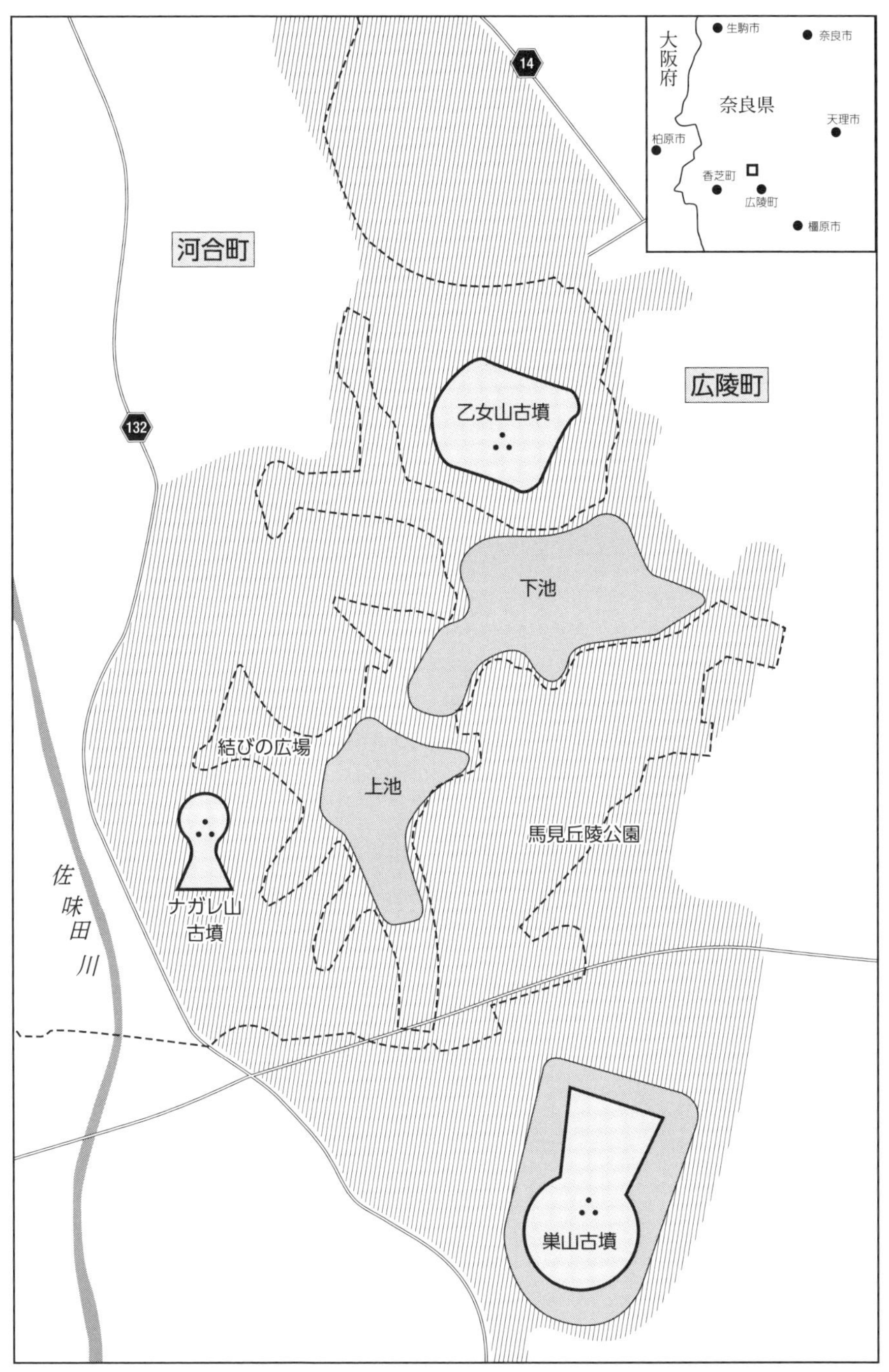
大阪府
生駒市
奈良市
奈良県
天理市
柏原市
香芝町
広陵町
橿原市
14
河合町
広陵町
乙女山古墳
132
下池
結びの広場
上池
馬見丘陵公園
佐味田川
ナガレ山
古墳
巣山古墳

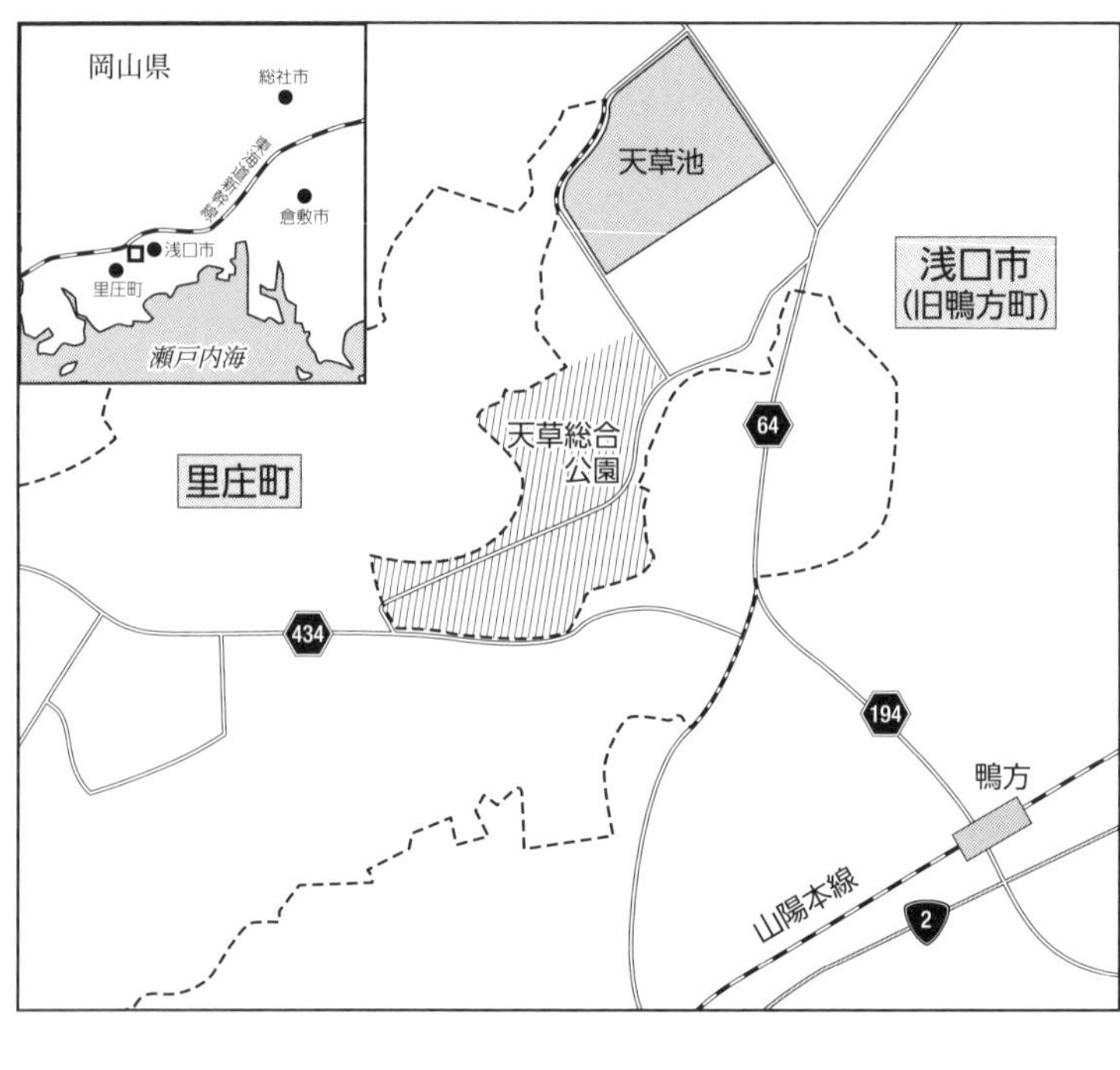

岡山県・浅口市×里庄町
蟹のハサミに挟まれている天草公園は池だった

瀬戸内海に臨む浅口市(あさくち)と、その西に隣接する里庄町(さとしょう)との境界線が何とも奇妙な形をしている。里庄町の北東部から浅口市に向かって、蟹のハサミのように突き出しているのだ。蟹のハサミに挟まれた部分には、野球場やテニスコート、プール、体育館などのスポーツ施設を備えた天草総合公園がある。また、この公園の北に隣接して、一辺が200メートルほどの四角い形をした天草池がある。

天草池は灌漑用の溜め池だった。天草池から2キロほど北を山陽新幹線が走り抜けているが、新幹線のトンネル工事で掘削した残土で天草池が埋め立てられ、造成されたのが天草総合公園である。溜め池の外縁が里庄町と浅口市(旧・鴨方町(かもがた))の境界になっていたのだ。池の周囲が境界線になっていたのだから、取り立てて珍しがるような境界線でもないのだが、池が埋め立てられ、そこに広大な公園が造成されたため、何かわけがありそうな不自然な境界線に見えるだけのことである。

香川県・観音寺市×三豊市
観音寺市と三豊市とのギザギザな境界線

市町村境は地形に沿って、なだらかな線が引かれているのが普通である。だが、市町村境が地形に逆らって不自然な線を描いていると、何かわけがあってそのような形になった可能性がある。香川県の西端に位置する観音寺市と、その東に隣接する三豊市との間にも不自然な境界線がある。高松自動車道の東側のあたりから、まっすぐ南へ下って国道377号を通り過ぎ、菩提山のあたりまでの両市の境界線が、まるでノコギリの刃のようにギザギザに入り組んでいるのだ。

明治初期には、すでにこのような境界線になっていたようである。だが、境界をめぐって争いがあったというような資料は残されていない。おそらく観音寺市側の村人たちが開拓した土地と、三豊市側の村人たちが開拓した土地の境界がそのまま行政界になり、今日まで引き継がれているものとみられる。この地域は溜め池の密集地でもある。溜め池に沿って境界線が引かれているところもある。

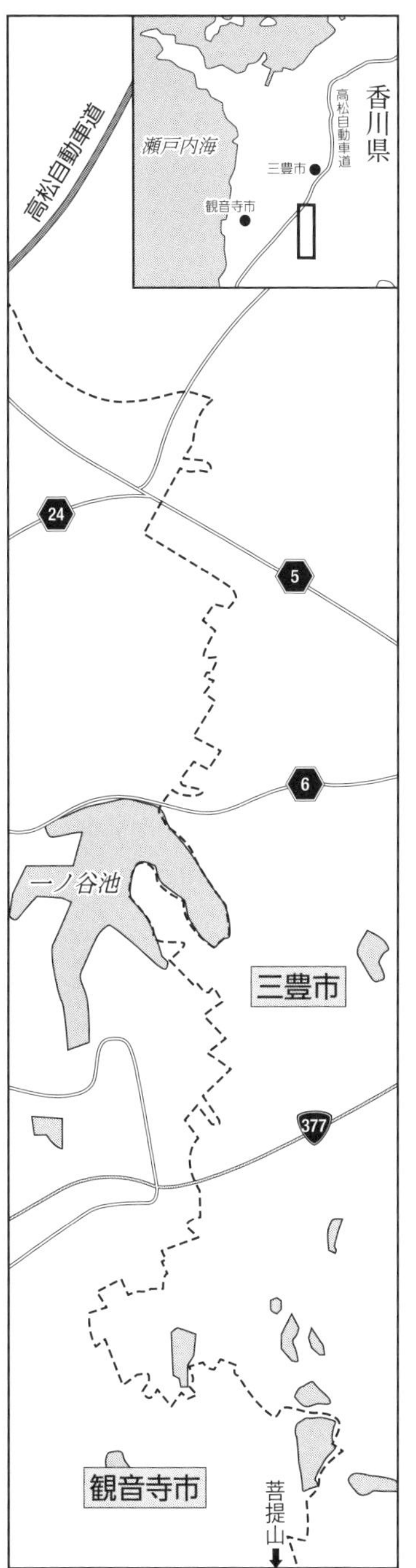

香川県・丸亀市×宇多津町

丸亀、坂出、宇多津の3市町が交わる付近に奇妙な境界線が

丸亀市は高松市に次ぐ香川県下第2の都市である。その東に隣接する坂出(さかいで)市は本州と四国を結ぶ瀬戸大橋の四国側の玄関口で、瀬戸中央自動車道と高松自動車道を接続する坂出ジャンクションがあるなど、陸上交通の要所になっている。丸亀市と坂出市に挟まれている宇多津(うたづ)町は、世界最長の鉄道道路併用橋の瀬戸大橋を走る瀬戸大橋線が開通してから、四国の玄関口として注目されるようになった。

丸亀市と坂出市、そして宇多津町の3市町が交わる付近の境界線が奇妙な線を描いている。丸亀市と宇多津町が領土をめぐって激しい争奪戦を繰り広げたかのように、両市町の境界線が複雑に入り組んでいるのだ。丸亀市が宇多津町の町域へ侵入していくと、蕪池を奪ってしまおうと宇多津町が丸亀市へ侵入して、双方が痛み分けで決着したかのような境界線である。

かつて丸亀、坂出、宇多津の3市町の境界線付近に、飯野村という自治体が存在していた。1890年(明治23)に東二(ひがしふた)村、東分(ひがしぶん)村、西分(にしぶん)村の3村が合併して発足した村である。昭和の大合併で財政力が脆弱な飯野村は、消え去る運命にあった。だが、丸亀市との合併賛成派と坂出市との合併賛成派で、村内の意見は2つに分かれた。両派の対立は激しさを増すばかりで、1つにまとまりそうになかったため、1955年(昭和30)に入って住民投票で決着を図ることになった。結果は、丸亀市との合併賛成票が過半数を占めた。

ところが、宇多津町との合併を主張する勢力が出てきたため、ややこしくなった。坂出市との合併なら賛成だが、丸亀市との合併には断固として反対するというのである。話し合いはこじれ、飯野村は分村する羽目になった。東二村と西分村、および東分村の一部が丸亀市に、東分村の一部が宇多津町に編入されたのである。丸亀市と宇多津町の境界線が複雑に入り組んでいるのは、飯野村が分村したからである。

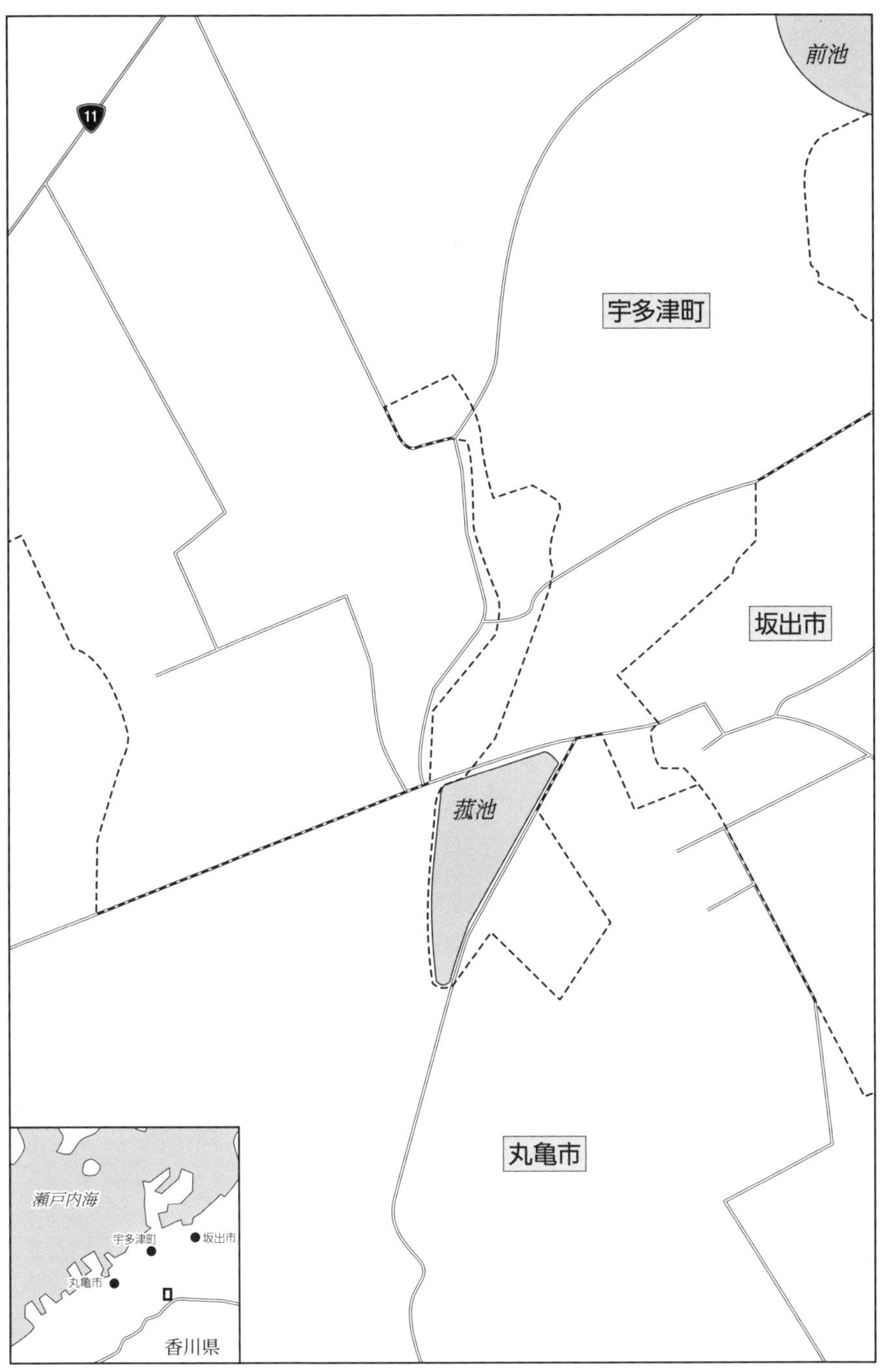
11
前池
宇多津町
坂出市
菰池
丸亀市
瀬戸内海
宇多津町
坂出市
丸亀市
香川県

福岡県・広川町×久留米市×筑後市

リアス式海岸を思わせる久留米市、筑後市、広川町の境界線

福岡県南部の中心都市である久留米市と、南に隣接する筑後市および広川町の3市町が交わる付近の境界線を見た人は、「なんじゃ、この境界線は？」と驚くに違いない。九州新幹線と九州自動車道に挟まれた一画である。これほど複雑に入り組んだ境界線は、全国的に見てもそうあるものではないだろう。どう表現すればいいのか、久留米市と広川町および筑後市との境界線、そして広川町と筑後市との境界線がまるで東北の三陸海岸や三重県の志摩半島などのような、半島、岬、入江が激しく入り組んでいるリアス式海岸を連想させるのである。

この地域は筑後平野に位置し、筑後川の支流がいく筋も流れている。灌漑用の溜め池も多い。したがって水利には恵まれている。このことから、早くから開発された地域であることが想像できる。村人たちが一生懸命に開墾し、その境界線がそのまま行政界になったのだろうと考えがちだが、じつはそうではなかった。複雑に入り組んでいる境界線は、昭和の大合併に原因があったのである。

久留米、筑後、八女の3市に囲まれている広川町は、1955年（昭和30）4月、上広川村と中広川村が合併して発足している。下広川村はこの合併に加わらなかった。下広川村では広川町と合併するか、それとも筑後市と合併するかで世論は2つに分かれた。議会も大混乱し、収拾がつかないような状況に陥った。そのため県の調停を仰ぐことになったのだが、それでも決着せず、最終的には住民の自由意思に任された。

同年12月、これまで1つにまとまっていた下広川村は、国が強引に進めた昭和の大合併の犠牲になり、バラバラに分解することになってしまった。一部は広川町に、一部は筑後市に、そして一部は筑邦町（現・久留米市）に編入されたのである。集落ごとではなく、住宅ごとの合併になったため、住宅地では隣の家とは自治体が異なるという現象が生まれ、境界線もギザギザになったのである。

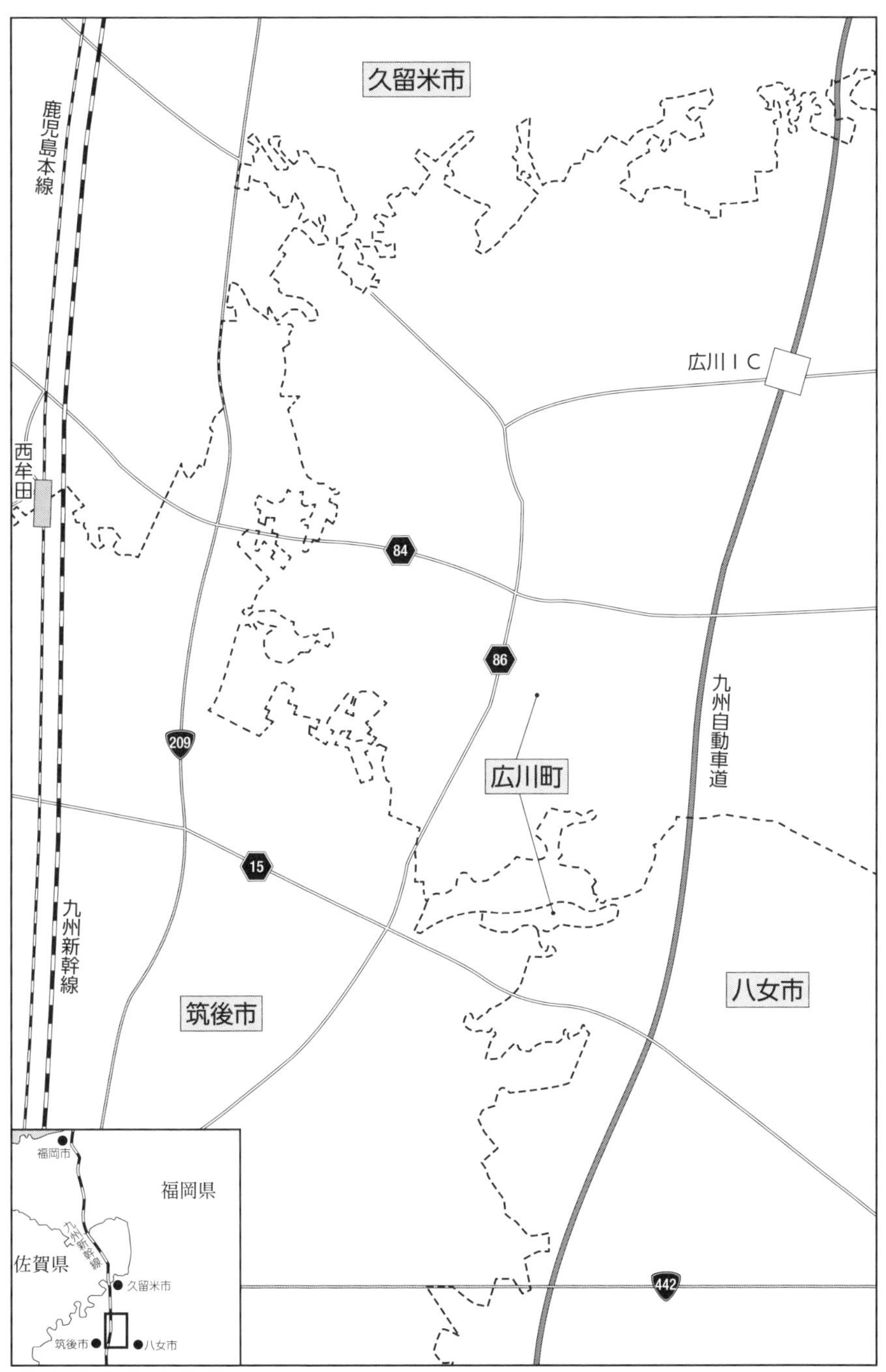

久留米市
鹿児島本線
広川ＩＣ
西牟田
84
86
九州自動車道
209
広川町
15
九州新幹線
八女市
筑後市
442
福岡市
福岡県
九州新幹線
佐賀県
久留米市
筑後市
八女市

福岡県・行橋市×みやこ町

みやこ町の細長く延びる境界線は早くからの開墾地？

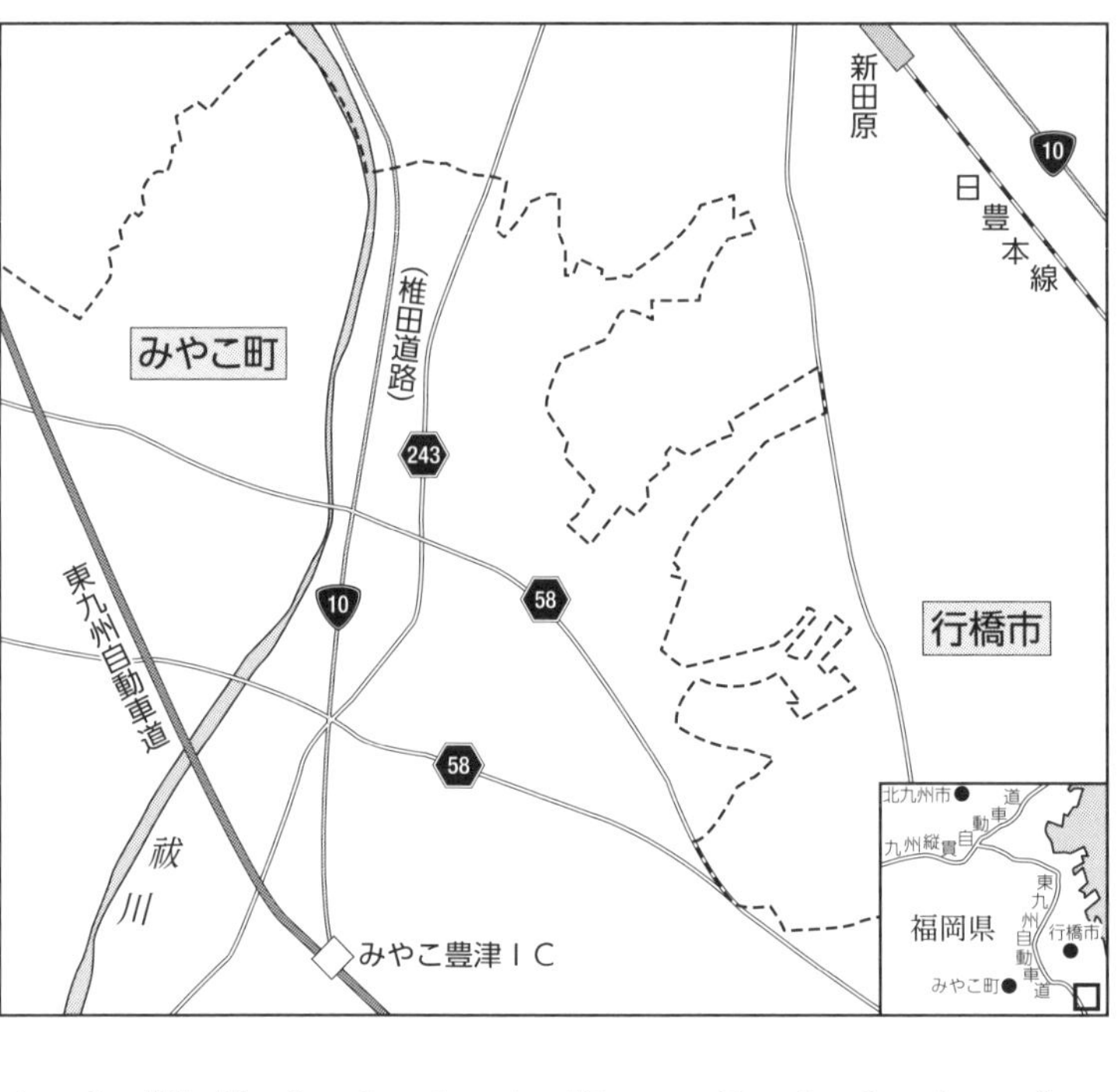

周防灘に面する福岡県の行橋市と、その南に隣接する築上町にまたがって航空自衛隊の築城基地があるが、そこから2キロほど西の東九州自動車道と、日豊本線に挟まれた一画に、行橋市とみやこ町の複雑に屈曲した境界線がある。みやこ町側から見ると、行橋市に向かって半島状に細長く突き出しているところが3ヵ所ある。

なぜこのような複雑に入り組んだ境界線が生まれたのか、定かなことはわからないが、細長く突き出した境界線には小川が流れており、小さな溜め池も点在している。このことから、水利に恵まれた地域であったことがうかがえる。おそらく、早くから開拓された地なのだろう。周辺の村人たちが、互いに精を出して開墾し、やがて開墾地の境目が、村と村の境界線になったのだろうと思われる。日豊本線の新田原駅や、東九州自動車道のみやこ豊津インターチェンジにも近い地域なので、最近は住宅地として発展しつつある。

第二章　奇妙で珍しい境界線

北海道・別海町×中標津町
まるでノコギリの刃のような境界線が延々20キロ

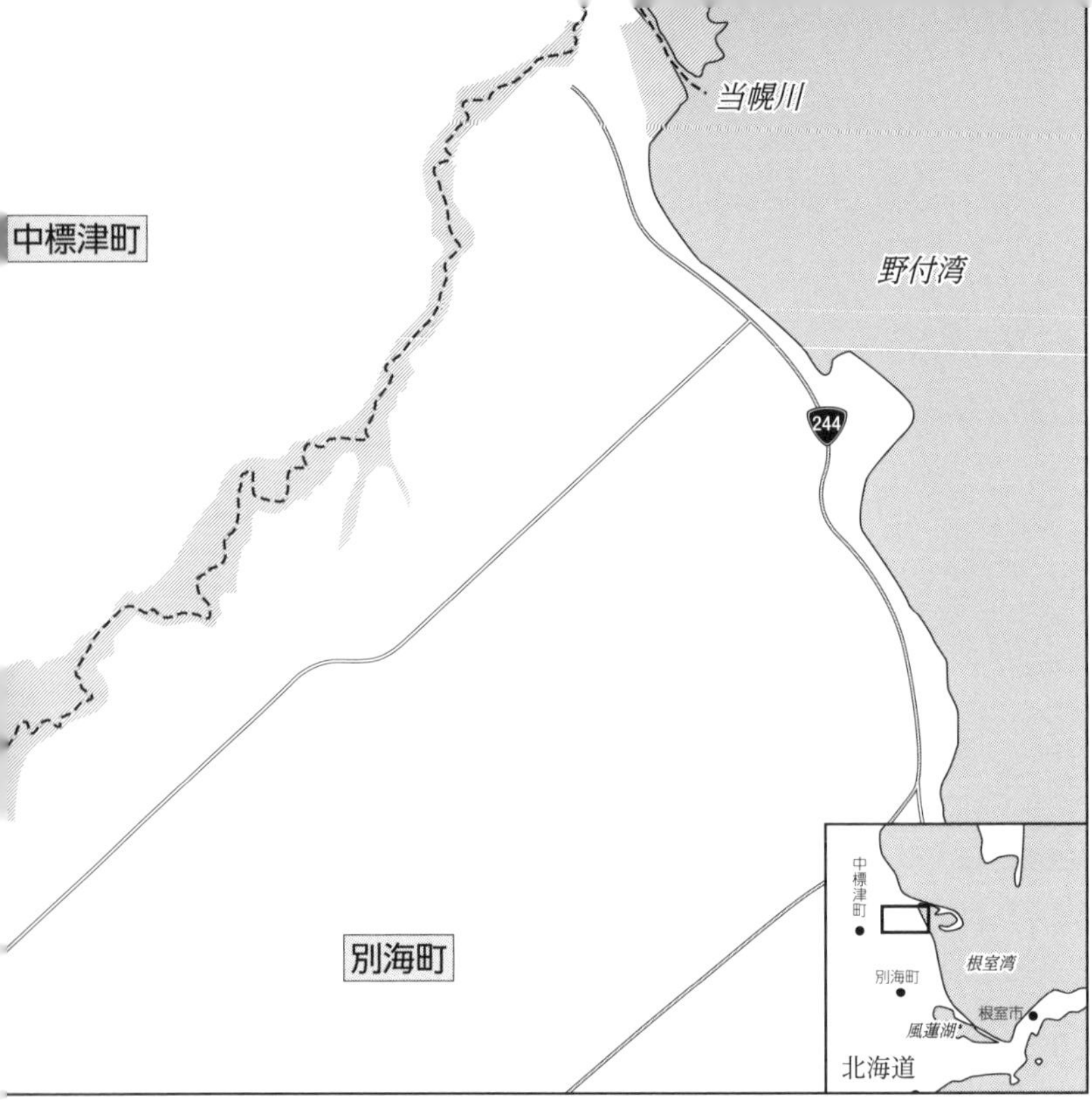

中標津町
当幌川
野付湾
244
別海町
中標津町
別海町
根室湾
根室市
風蓮湖
北海道

北海道の東端に位置する根室振興局は、埼玉県とほぼ同じ面積を有する地域でありながら、根室管内にある自治体は根室市の1市と、羅臼(らうす)町、標津(しべつ)町、中標津町、別海(べつかい)町の4町だけで、人口も5市町を合計しても7万人余りという超過疎地域である。そこに、非常に奇妙な境界線がある。北海道は明治以降に未開の原野を開拓した地なので、市町村境は直線的になっているか、あるいはなだらかな境界線の多いのが特徴だが、別海町と中標津町および標津町の町境を見てみると、実に奇妙な線になっているのだ。野付湾から、国道272号沿いにある酪農試験場のあたりまで、約20キロ余りが、まるでノコギリの刃のようにギザギザしている。どう見ても不自然である。

しかし、ギザギザになった境界線を拡大してみると、なるほどと納得がいく。別海町と中標津町および標津町の境界になっている当幌川が、激しく蛇行している

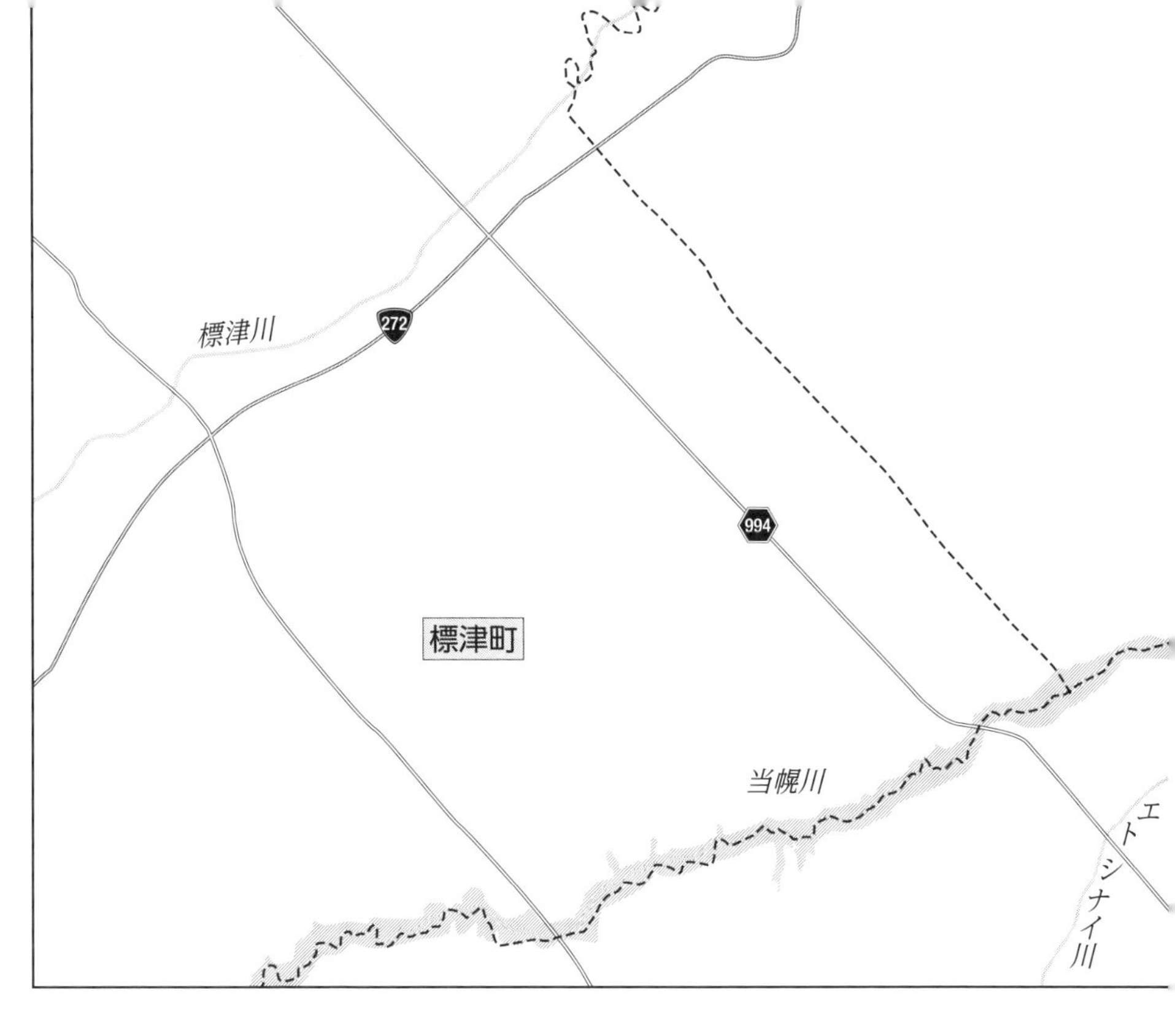

だけのことである。当幌川は摩周火山の南東麓を水源とする、全長51・2キロの普通河川だ。

水源の標高はおよそ130メートルと低く、しかも中流から下流にかけては、標高差がほとんどない広大な根釧台地を流れているため、大きく屈曲することなく、小刻みな蛇行を続けながら野付湾に注いでいるというわけだ。

この地域は日本でも代表的な少雨地帯で、1年を通して降水量が少ない。そのため、めったに氾濫することはなく、ミミズが地面を這いずるように小さく蛇行しながら海へと流れていく。しかも、当幌川沿いには人はまったく住んでいないため、たとえ氾濫したとしても河川を改修する必要はない。当幌川の流路は、これまで自然の流れに任せてきたのだろう。

全国的に見ても、河川の流路が県境や市町村境になっているケースは多いが、別海町と標津町および中標津町との境界線はまさしくそれである。ノコギリの刃のようにギザギザな境界線は、小刻みに蛇行しながら流れている当幌川の流路そのものだったのである。

北海道・弟子屈町×標茶町×鶴居村×釧路市
全国で唯一、市町村境の十字路が北海道にある

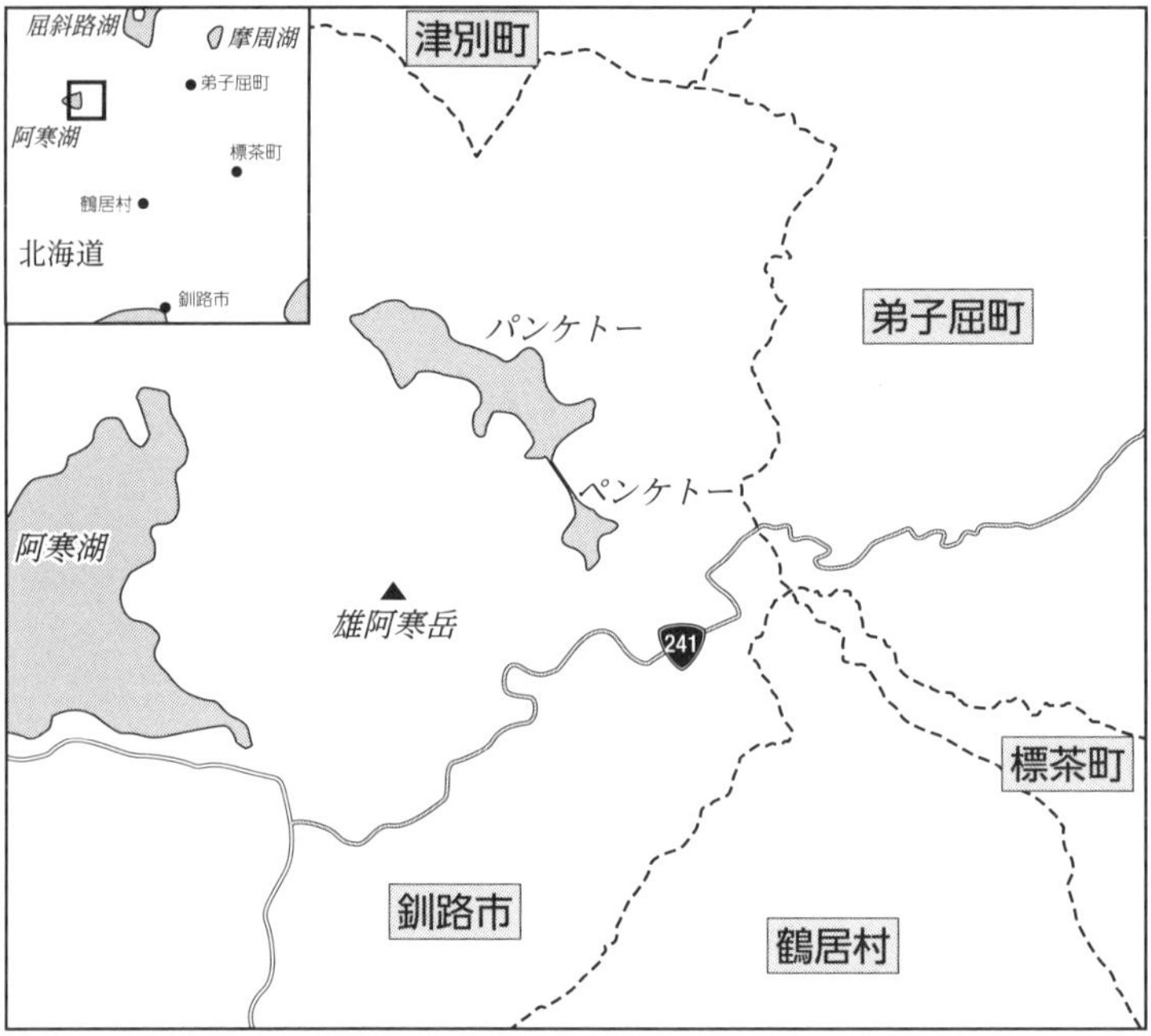

アメリカ合衆国の州境はほとんど直線である。近世になって新しく開発された国なので、直線で境界線を引くことができたのだ。アメリカの西部には、ユタ州、コロラド州、ニューメキシコ州、アリゾナ州の4つの州境が十字に交わっている地点がある。「フォー・コーナーズ」と呼ばれ、アメリカの隠れた観光名所になっている。

では、日本にフォー・コーナーズは存在するのか。県境や市町村境の三差路はいたるところにあるが、十字路はどうか。本州、九州、四国のどこを探しても県境・市町村境が十字に交差する地点は見当たらない。だが、全国で唯一、市町村境の十字路が北海道にあるのだ。観光地として有名な阿寒湖から東へ9キロほど行ったところで、弟子屈(てしかが)町、標茶(しべちゃ)町、鶴居村、釧路市の4市町村の境界線が交わっている。阿寒横断道路（国道241号）から1キロほど南の地点が、「日本のフォー・コーナーズ」と言える地点である。山深い場所なので容易に行けるところではなさそうだが。

北海道・倶知安町×京極町×喜茂別町×真狩村×ニセコ町

羊蹄山の山頂にある市町村境の五差路

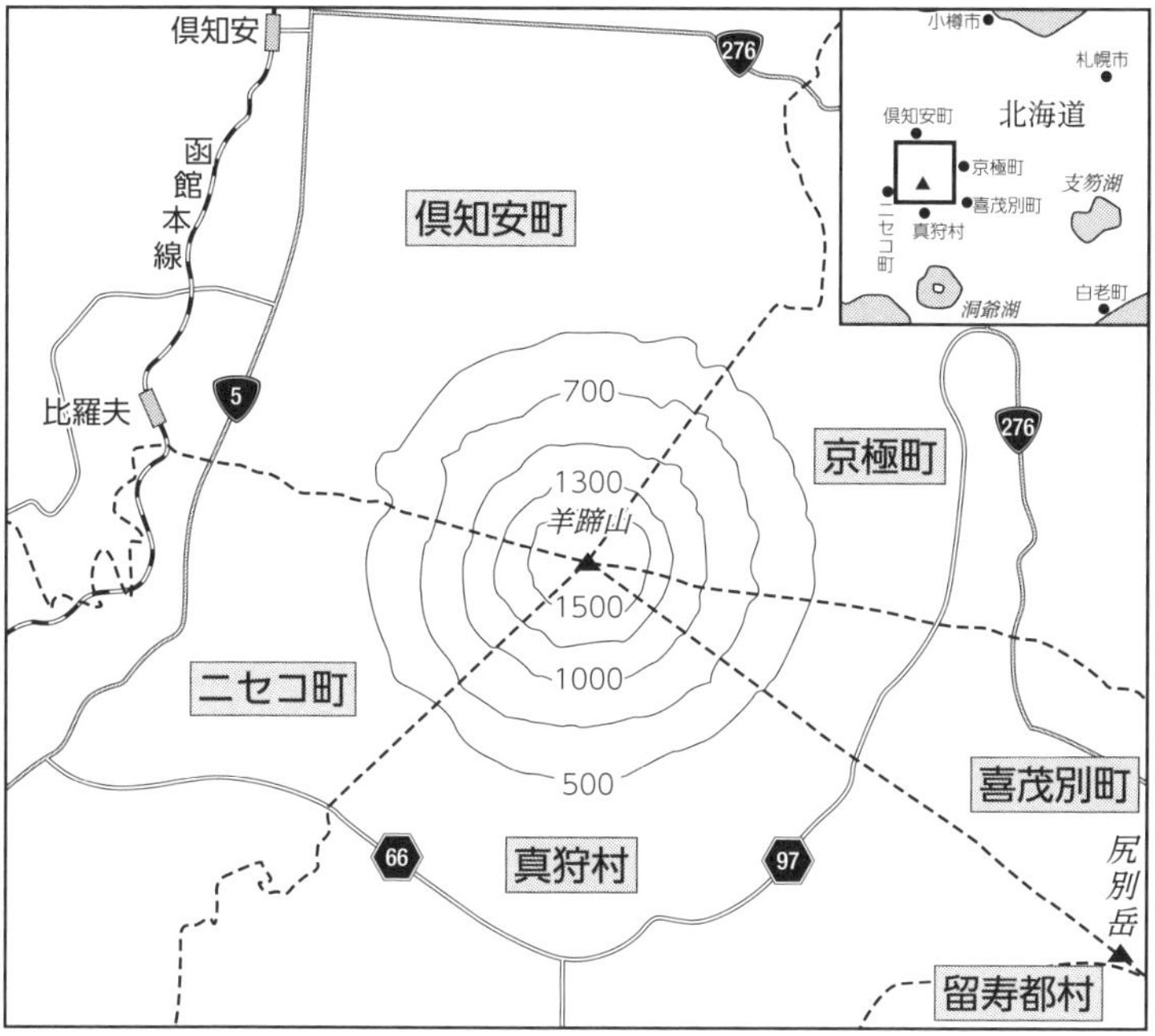

北海道には市町村境の十字路（四差路）があるばかりではなく、市町村境の五差路まであるのだ。北海道の南西部にそびえる羊蹄山（1898メートル）の山頂から、倶知安町、京極町、喜茂別町、真狩村、ニセコ町の、5町村の境界線が放射状に山麓に向かって延びている。しかも、中腹まではほぼ直線の境界線だといっていい。この5本の境界線のなかでも、喜茂別町と真狩村を分けている境界線は、羊蹄山の山頂から尻別岳の山頂を通り、伊達市との境界まで、実に20キロ以上も直線で延びているのだ。これだけ長い直線の境界線は他では見られない。

北海道には、延々と延びる直線の鉄道路線や直線道路があることで知られているが、直線の境界線も多いのである。羊蹄山は「蝦夷富士」とも称されているように、均整の整った円錐形の成層火山である。そのため羊蹄山の山頂を目印に、5町村の境界線を直線に引くことに異論がなかったのだろうと思われる。

青森県・東北町×六ヶ所村×三沢市
小川原湖はそっくり東北町のもの

青森県の下北半島の基部に、小川原湖という大きな湖がある。かつては小川原沼と呼ばれていた。三本木原の湿地帯に横たわっている汽水湖である。小川原湖の知名度は決して高くはないが、面積は62・2平方キロと、十和田湖（61・1平方キロ）を上回る全国で11番目に大きい湖である。この小川原湖には、三沢市、六ヶ所村、東北町の3市町村が面している。2005年（平成17）3月に上北町が東北町と合併する前までは、上北町も含めて4市町村が小川原湖に面していた。東岸は三沢市、北岸は六ヶ所村、西岸は東北町、南岸は上北町（現・東北町）である。上北町が小川原湖に面している湖岸線の距離は、全体の5分の1にも満たなかった。

大きな湖に複数の自治体が面していれば、湖に面している自治体で湖の管轄を分け合うのが普通だが、小川原湖の場合はそっくり上北町の領域になっている。上北町の面積は119・5平方キロで、そのうちの52％が小川原湖の面積なのである。なぜ上北町のように小さな町が、これだけ大きな小川原湖をそっくり手に入れることができたのか不思議だが、小川原湖には地籍があったのだ。地籍とは正式に登記された住所で、「上北町（現・東北町）大字大浦字小川原湖191」が小川原湖の住所になっている。そもそも湖沼に地籍があること自体が、非常に珍しいことだという。しかも、これだけ大きな湖に地籍があるのは、全国でも小川原湖だけだ。

小川原湖には上北町の地籍があるため、三沢市も六ヶ所村も東北町も、小川原湖に面していながら領有を主張することができない。したがって、境界をめぐる争いが発生する恐れもなかった。小川原湖の面積をもとに算定される地方交付税も全額、上北町に受け取る権利があったのだ。小川原湖だけでなく、小川原湖の南に浮かぶ姉沼（1・6平方キロ）も、そっくり上北町の領域だったため、合併後は東北町の領域となっている。

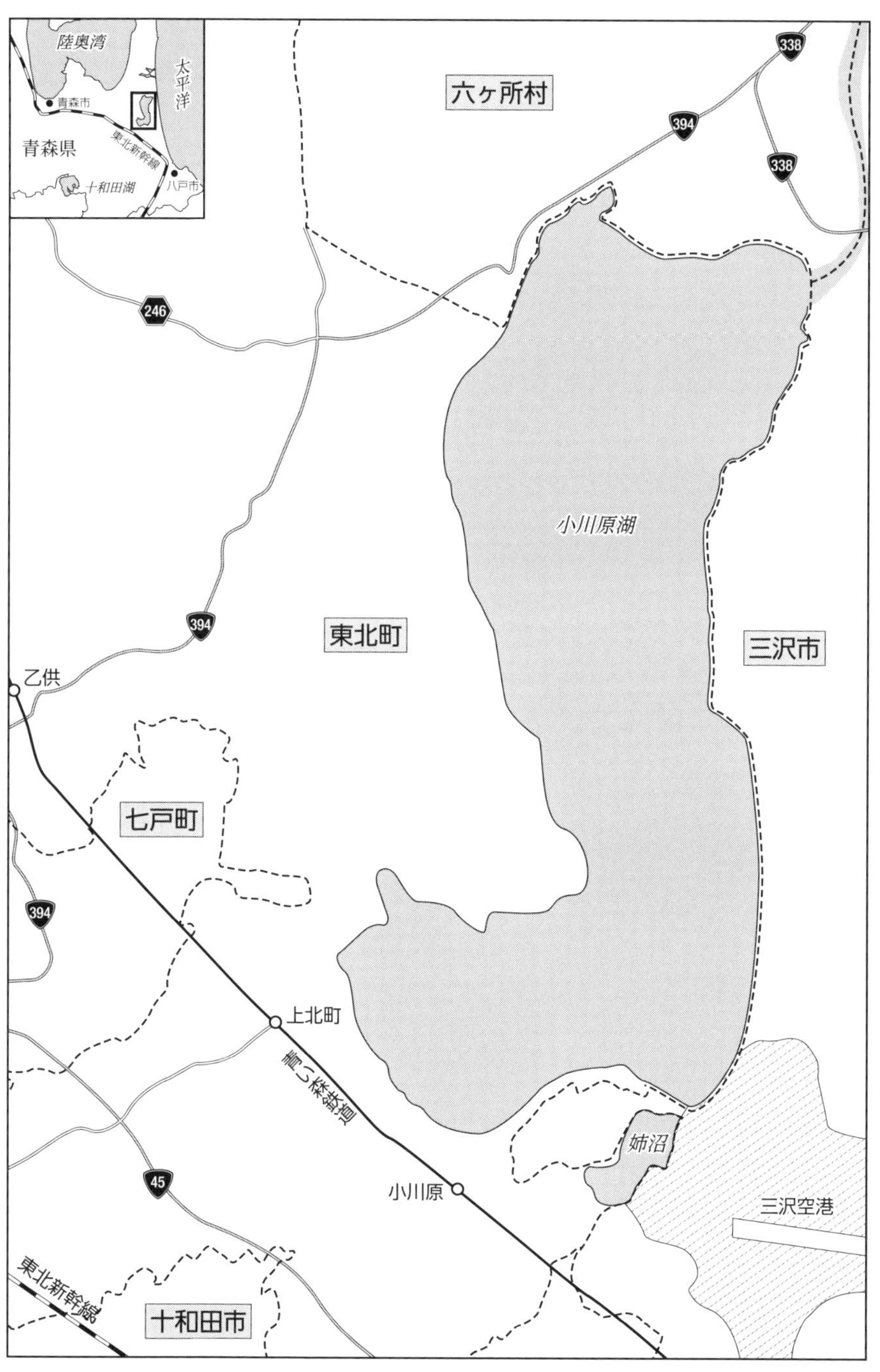
陸奥湾
太平洋
青森市
青森県
東北新幹線
十和田湖
八戸市
338
六ヶ所村
394
338
246
小川原湖
394
東北町
三沢市
乙供
七戸町
394
上北町
青い森鉄道
姉沼
45
小川原
三沢空港
東北新幹線
十和田市

岩手県・花巻市×宮古市×遠野市
花巻、宮古、遠野3市の境界にそびえる早池峰山

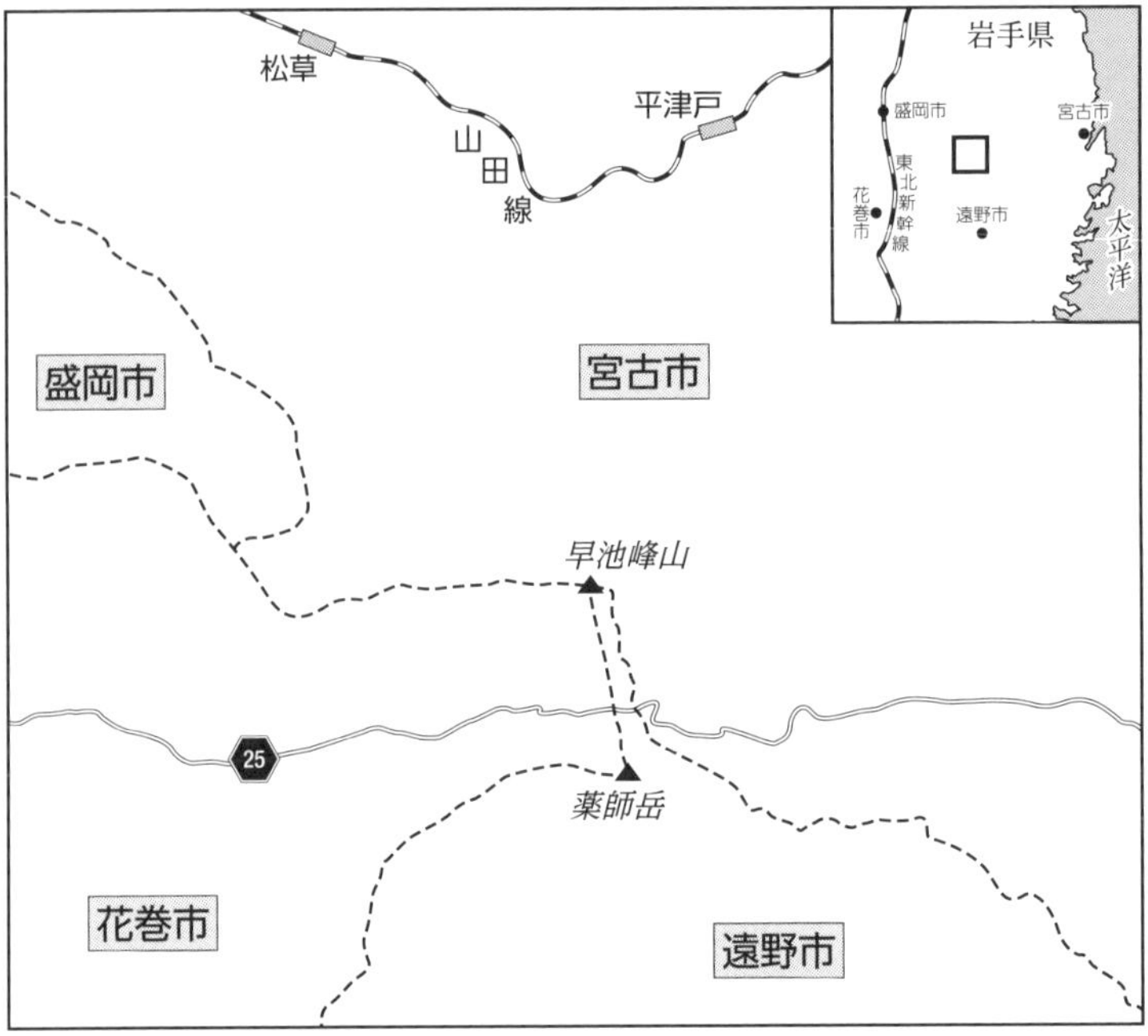

岩手県にそびえている早池峰山(はやちね)は北上高地の最高峰で、標高は1917メートル。六角牛山(ろっこうし)、石上山とともに「遠野三山」の1つに数えられる山岳信仰が盛んな山である。ハヤチネウスユキソウなど、高山植物が豊富な山として知られ、山頂一帯は「早池峰山および薬師岳の高山帯・森林植物群落」として国の特別天然記念物に指定されている学術上非常に貴重な山である。その早池峰山は花巻市、宮古市、遠野市の3市の境界にそびえている。だが、山頂付近の境界線がいかにも不自然なのだ。薬師岳から早池峰山の山頂までの境界だけが直線なのである。

『大迫町（現・宮古市）史』によると、隣接する江繋(えつなぎ)村（現・宮古市）や内川目村（現・花巻市）と協議することなく、両村の境界の間に割り込むような形で、勝手に地図を作成したことが原因ではなかったのかと言われている。早池峰山は山岳信仰の霊山だっただけに、どの村も山頂までを領域にしたかったのだろう。

秋田県・にかほ市、由利本荘市×山形県・遊佐町

秋田と山形の県境にそびえる鳥海山の山頂は、なぜ山形県にある？

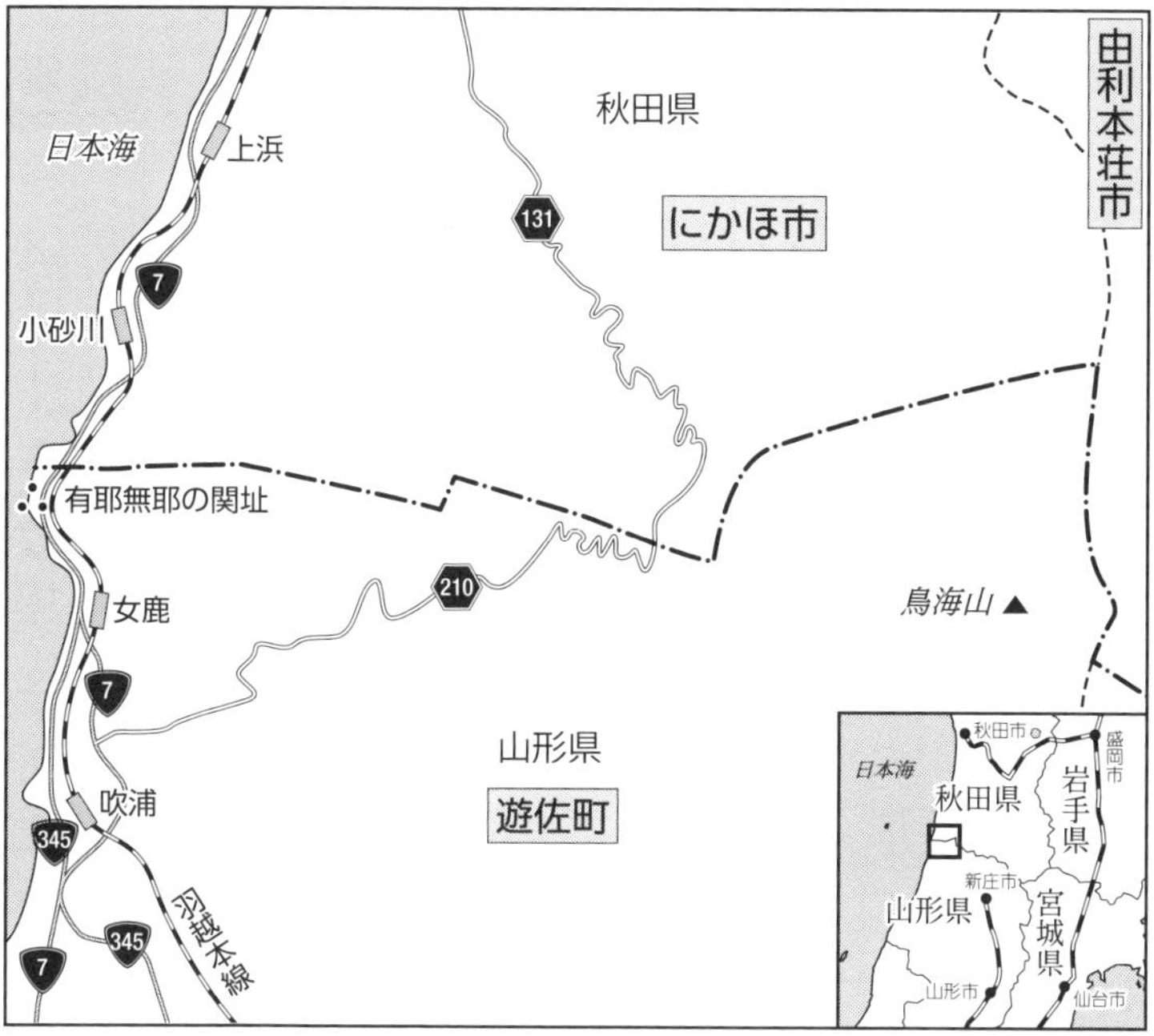

平野部では大きな河川が、山間部では山の稜線が県境になっている場合が多い。東北地方屈指の名山として有名な鳥海山（2236メートル）も、秋田と山形の県境にそびえている。だが、両県の県境は鳥海山の山頂を避けるように、大きく秋田県側に食い込んでいる。どう見てもこの境界線は不自然である。

歴史を紐解いてみると、不自然な県境は羽前（山形）と羽後（秋田）による、鳥海山の山頂争奪戦が展開された痕跡だったのである。鳥海山は古くから山岳信仰が盛んな名山で、その主導権をめぐって羽後で発達した宗派と羽前の宗派が激しく対立し、やがて羽後の矢島藩（1万石）と羽前の庄内藩（14万石）の領有権をめぐる争いへと発展。1701年（元禄14）に大物忌神社の社殿の建て替えを機に、争いを収拾するため幕府の裁定を仰ぐことになった。その結果、小藩の矢島藩に著しく不利な裁定となったのである。羽前と羽後の国境がそのまま県境になっている。

栃木県・那須町×福島県・白河市×西郷村
東北新幹線は5キロ余りの間に県境、市町村境を10回も越える

東北新幹線は東京駅と新青森駅を結ぶ全長674・3キロの日本最長の鉄道路線である。東京駅を出発した列車が、東北地方に入って最初に停車するのが福島県の新白河駅だ。駅名からみて白河市にある駅だと思うだろうが、駅の所在地は西郷(にしごう)村。新幹線の駅としては全国で唯一、村に設置されている駅なのだ。とはいっても、駅舎は西郷村と白河市の境界付近に建っており、ホーム北側の一部が白河市にかかっている。

東北新幹線は白河市と西郷村の境界線付近を走っている。しかも、両市村の境界線が栃木県境から新白河駅のあたりまで複雑に入り組んでいるため、新幹線は何度も栃木県と福島県との県境および、白河市と西郷村の市村境を越えることになる。東京駅を出発した列車は、栃木県の那須町から県境を越えて福島県白河市に入り、再び県境を越えて那須町へ。それもつかの間、また栃木と福島の県境を越えて白河市へと入り、そこから西郷村→白河市→西郷村→白河市→西郷村→白河市と何度も境界をまたぎながら、西郷村の新白河駅に到着する。栃木と福島の県境から新白河駅のあたりまで、わずか5キロほどの間に、栃木と福島の県境および、白河市と西郷村の市村境を10回も越えているのだ。だが、ほとんどトンネル区間（白坂トンネル）なので、境界線を10回も越えているという実感はない。

それにしても、この入り組んだ境界線は何が原因なのか。新白河駅の付近は、東北新幹線の開業にともなって実施された「白河西郷東土地区画整備事業」により、市村境の変更が行われている。また、栃木と福島の県境は那珂川水系の黒川の流路、新白河駅の北側の白河市と西郷村の境界線は阿武隈川水系の堀川の旧流路が市村境になっている。その他のところで、白河市と西郷村の境界線がくねくねと曲がっているのは、おそらく村社会における縄張り争いで引かれた境界が、そのまま現在の市町村境に引き継がれているのではないかと考えられる。

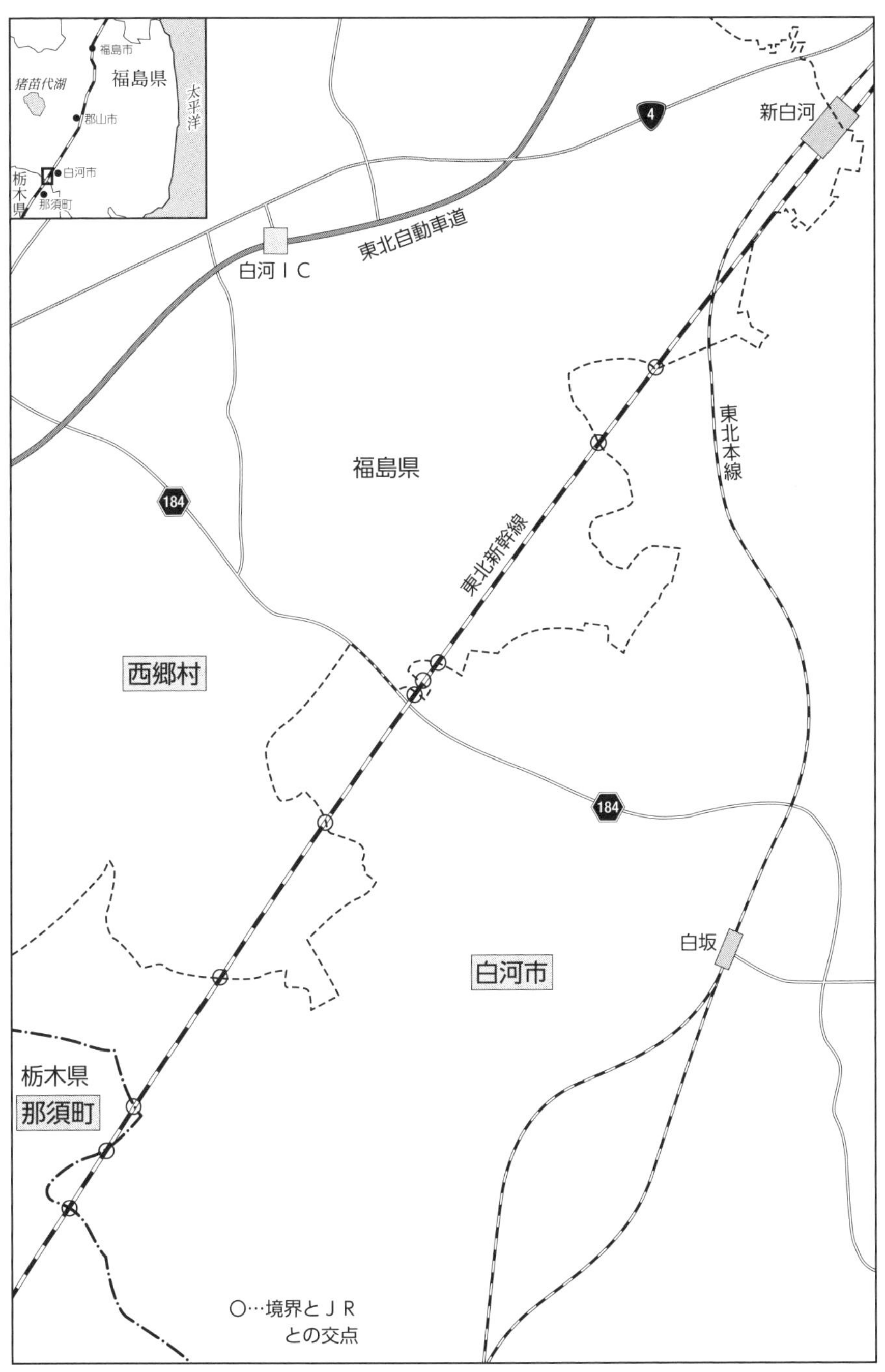

福島市
猪苗代湖
福島県
太平洋
郡山市
白河市
栃木県
那須町
新白河
4
東北自動車道
白河ＩＣ
東北本線
福島県
184
東北新幹線
西郷村
184
白坂
白河市
栃木県
那須町
○…境界とＪＲ
との交点

群馬県・板倉町×栃木県・栃木市×茨城県・古河市×埼玉県・加須市
4県境が入り組む渡良瀬遊水地、県境を8回越える県道9号佐野古河線

3県の県境が交わっている三差路は全国に40ヵ所ほどあるが、県境が交差する地点、すなわち県境の十字路は1ヵ所も存在しない。だが、あわや県境が交差しそうな地点が全国で1ヵ所だけある。群馬、栃木、茨城、埼玉の4県の県境が渡良瀬(わたらせ)遊水池付近に集まっているのだ。日本地図を見ると、4県境が交差しているように見える。群馬、栃木、埼玉3県の県境三差路と、栃木、茨城、埼玉3県の県境三差路が至近距離にあるのだ。その距離は直線で2キロほどしか離れていない。双方の三差路がお互いに1キロずつ歩み寄れば、県境の四差路が生まれる。

県境の三差路は山頂とか尾根とか、あるいは河川の中などにあるのが普通である。栃木、茨城、埼玉3県の県境は渡良瀬川の川の中で交わっているが、群馬、栃木、埼玉3県の三差路は、全国で唯一平野部にある極めて珍しい地点なのである。この三差路には全国で1つしかない「平地の3県境」としてモニュメントも設けられている。3つの県をひとまたぎできると、マニアの間で人気のスポットである。しかも、4県の県境が集まる渡良瀬遊水池の付近は県境が複雑に入り組んでいるため、まっすぐ延びる1本の道路を歩いて行くと、県境を何度も越えるのだ。

栃木県佐野市の中心部と、茨城県古河市にあるJR宇都宮線(東北本線)の古河駅西口を結んでいる「県道9号佐野古河線」は、全長18・2キロとさほど長くはない県道だが、起点から終点まで行く間に、県境を8回も越える。栃木→群馬→栃木→群馬→埼玉→群馬→栃木→埼玉→茨城といった具合である。途中には県境上を走っている区間もある。国道ならともかく、1本の県道が4県にまたがって走っているというのは全国で唯一、県道9号佐野古河線だけである。埼玉県内を走る区間は「埼玉県道9号佐野古河線」、栃木県内を走る区間は「栃木県道9号佐野古河線」などというように、各県ごとに名称は異なるが、1本につながっている同じ1本の県道なのである。

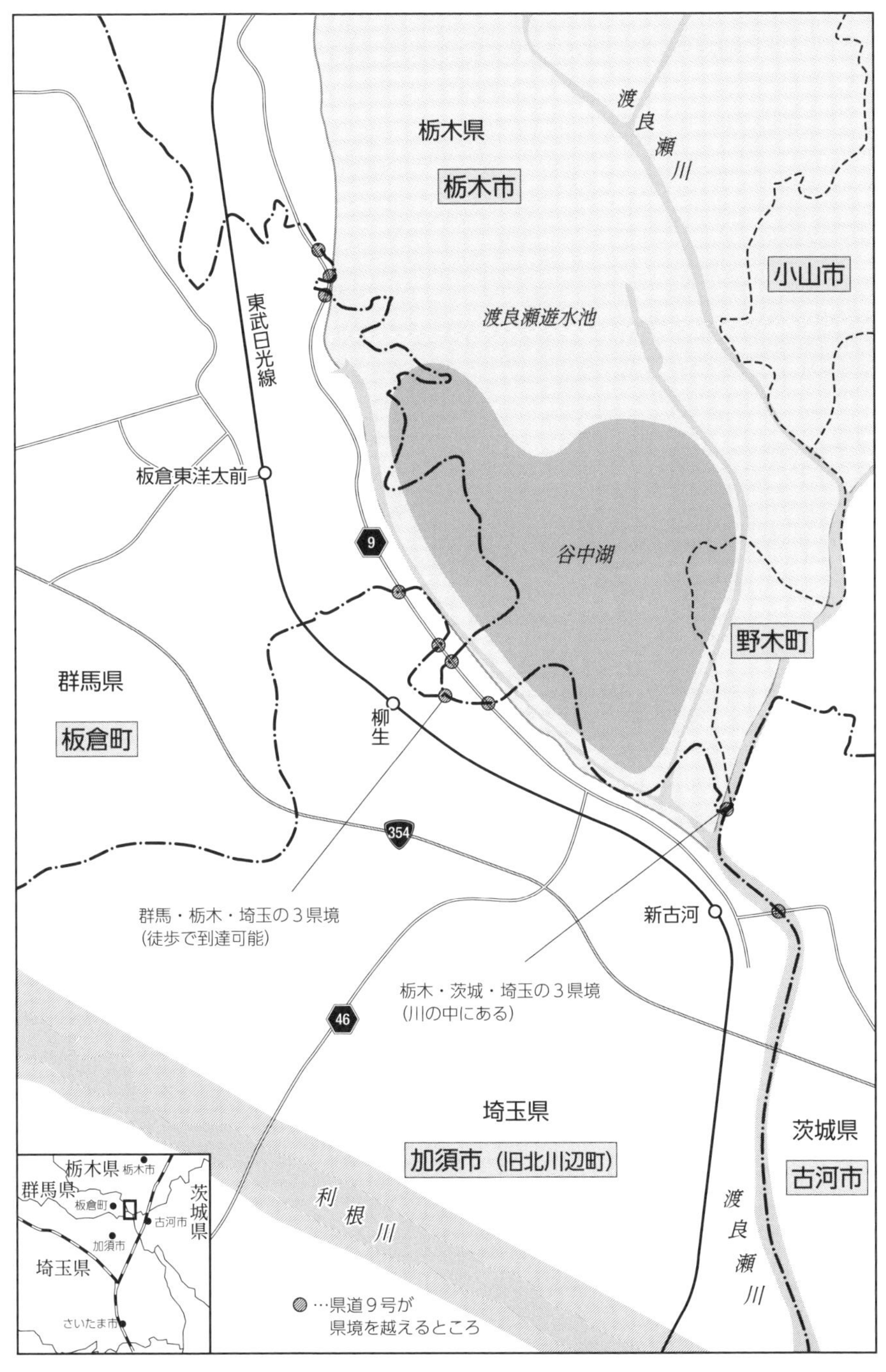
栃木県
栃木市
渡良瀬川
小山市
渡良瀬遊水池
東武日光線
板倉東洋大前
9
谷中湖
野木町
群馬県
板倉町
柳生
354
群馬・栃木・埼玉の３県境
(徒歩で到達可能)
新古河
栃木・茨城・埼玉の３県境
(川の中にある)
46
埼玉県
加須市（旧北川辺町）
茨城県
古河市
利根川
渡良瀬川
…県道９号が
県境を越えるところ
栃木県
栃木市
群馬県
板倉町
茨城県
古河市
加須市
埼玉県
さいたま市

栃木県・栃木市×佐野市

満願寺の参道で佐野市に飛び地が発生

県の南部に位置する栃木市に、かつて栃木県の県庁が置かれていたことがある。その栃木市の北西部に、うっそうと茂る樹林に囲まれて、出流山(いずるさん)満願寺という名刹が鎮座している。765年(天平神護元)、勝道上人によって開山されたもので、坂東三十三観音霊場第17番札所として多くの参拝者が訪れている。満願寺のある6平方キロほどの一画が、まるで飛び地のように栃木市の本体から飛び離れているように見える。だが、よく見ると満願寺の一画は細々と延びている境界線で、栃木市の本体とつながっているのだ。

細々とした境界線の幅は50メートルほどしかない。それなのに、長さは約1・5キロもある。その細長い境界線には、栃木市の市街地と満願寺を結ぶ市道が通じている。さらに、市道に沿って利根川水系の出流川が流れており、人家も点在している。市道と出流川の両側は、佐野市の山林地帯である。だが、栃木市の細々と延びる境界線によって、佐野市の一部が分断され、飛び地になっているのだ。飛び地はすべて山林地帯で居住者はいない。それにしても、なぜこのような境界線が生まれたのか不可解だが、明治の初めにはすでにこのような境界線になっていたことが史料などから確認できる。

江戸時代から明治初期まで、満願寺を含む周辺の一画に出流村という山村が存在し、そこに満願寺の門前町が形成されていた。細長い境界線は満願寺へと続く参道になっているが、ここは谷の部分で、その両側は山である。村人たちが水利に恵まれた川沿いの狭い土地を開墾し、そこがやがて村と村の境界になったと考えられる。

1889年(明治22)の市制・町村制の施行により、出流村など5村が合併して寺尾村として発足し、細長い境界線の部分も寺尾村の村域になった。そして1954年(昭和29)の昭和の大合併で、寺尾村は他の3村とともに栃木市に編入された。それ以来、満願寺の周辺は栃木市の一部として、出流町という地名になっている。

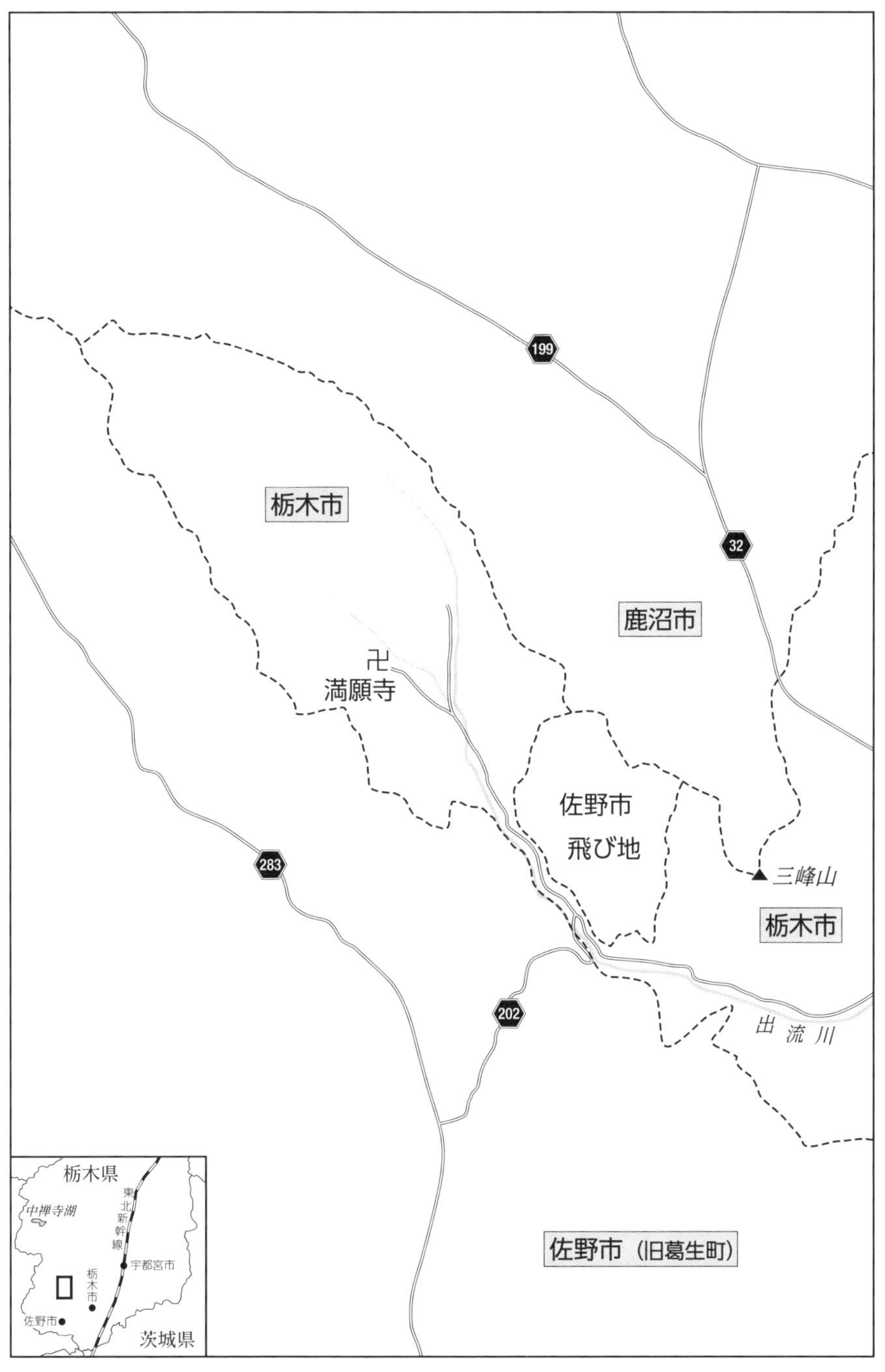
199
32
栃木市
鹿沼市
卍
満願寺
佐野市
飛び地
三峰山
栃木市
283
202
出流川
佐野市（旧葛生町）
栃木県
中禅寺湖
東北新幹線
宇都宮市
栃木市
佐野市
茨城県

茨城県・ひたちなか市×那珂市×東海村
笠松運動公園に突き出した鳥のくちばし

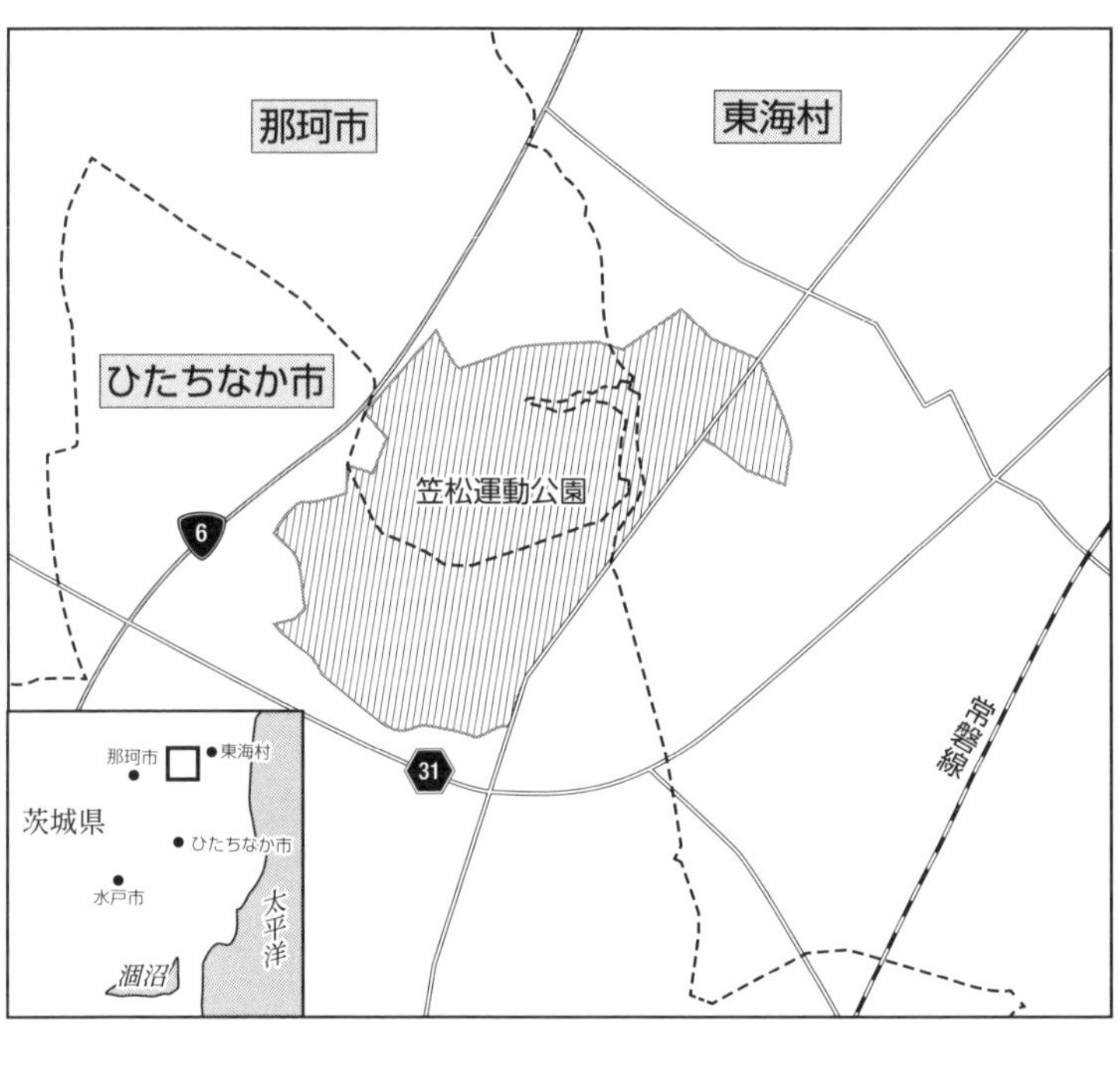

水戸市の中心部から北東へ10キロほどのところに、笠松運動公園というスポーツ施設の整った広大な運動公園がある。1974年（昭和49）に茨城県で開催された国民体育大会の主会場として整備されたもので、那珂市、ひたちなか市、東海村の3市村にまたがって設置されている。つまり那珂、ひたちなか、東海の3市村の境界線が、笠松運動公園の中で交わっているというわけである。その境界線の形状が、実に奇妙な形をしている。

那珂市と東海村の境界を割り裂くように、ひたちなか市の一部がまるで鳥のくちばしのように、笠松運動公園の中に突き出している。明治時代に作成された土地台帳では、鳥のくちばしの部分の地目は田、山林と記されていることから、鳥のくちばしは周囲より低地の谷津田だったと思われる。決して土地をめぐる争いがあったわけではなく、谷津田だったことから早くから開墾され、そこが隣の村との境界になったと考えられている。

埼玉県・鴻巣市×北本市

鴻巣市と北本市の境界線は、3本の角を持った動物の頭

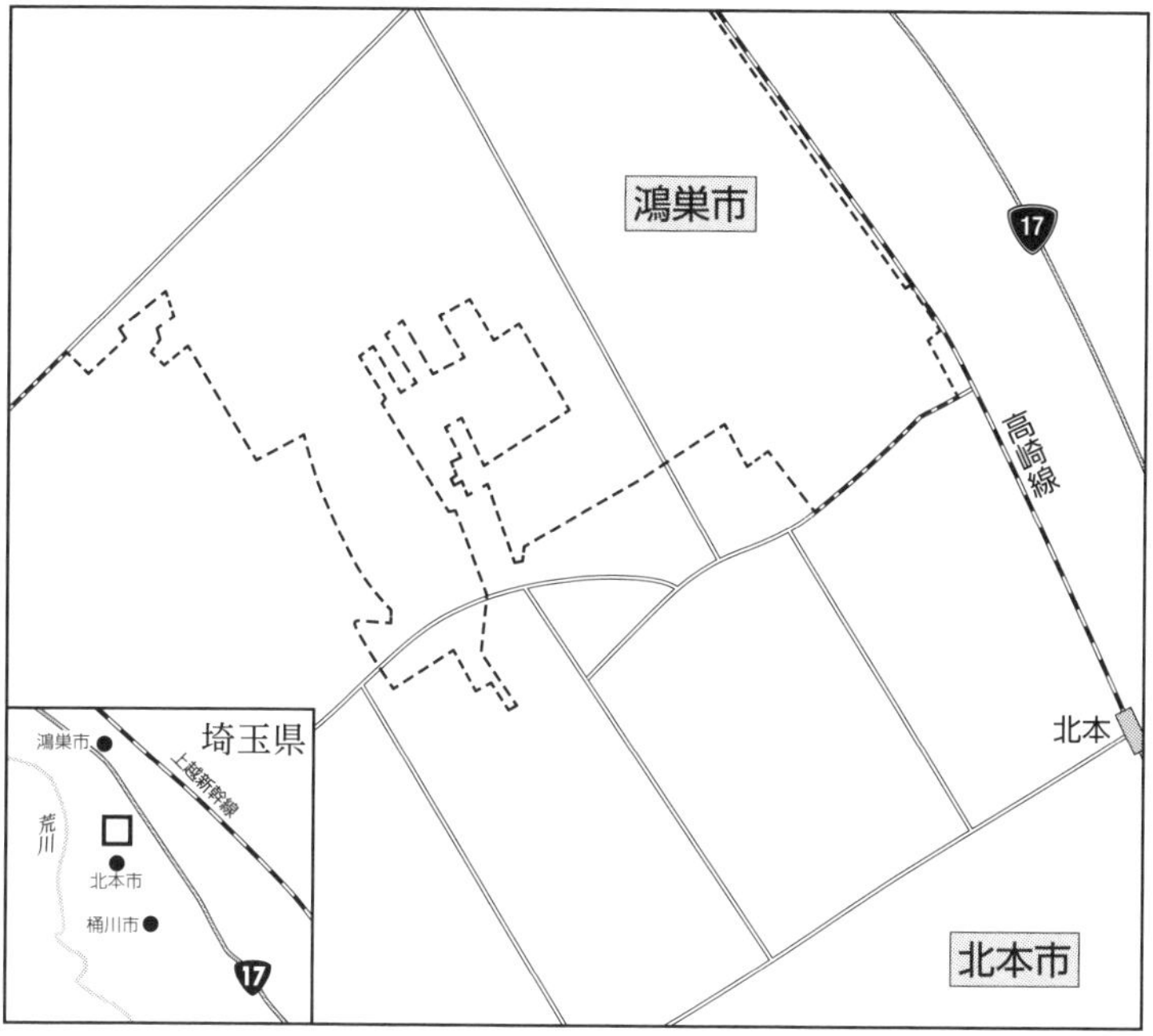

　ＪＲ高崎線の沿線に鴻巣(こうのす)市と北本市という、東京のベッドタウンとして人口が急増している都市がある。この両都市の間に不可解な境界線がある。高崎線北本駅の西側あたりで、鴻巣市と北本市の境界線が複雑に入り組んでおり、北本市の一部が鴻巣市側に突き出ている形が、まるで3本の角を持った動物の頭のように見える。

　この境界線付近には住宅が密集している。そのため鴻巣市の家の隣が北本市の家で、またその隣が鴻巣市の家、また北本市の家というように、両市の境界線がデコボコなのだ。もし、そこにまっすぐな道路を通したとすると、150メートル足らずの間に、両市の境界線を6回も越えることになる。なぜこのような境界線になったのかは不明だが、この地域は広大な関東平野の真ん中に位置しており、近くを荒川が流れているので水利には恵まれている。おそらく早くから開発され、村人たちの開墾した土地が村の所有地となり、後の行政界になったのではないかと考えられる。

東京都・江東区×港区×品川区
お台場になぜ江東、港、品川3区の境界線がある?

東京湾の沿岸は埋立地だらけである。そのなかでも、最も有名な埋立地が通称「お台場」と呼ばれる13号埋立地だろう。江東区青海(あおみ)、品川区東八潮、港区台場にまたがる一画である。東京湾の浚渫(しゅんせつ)工事で発生した土砂で埋め立てたもので、現在は臨海副都心として目覚ましい発展を遂げている。だが、1979年(昭和54)に完成した当時は、雑草が茂る広大な荒れ地に過ぎなかった。

この埋立地の帰属をめぐって、江東区と港区、品川区の3区でし烈な争いが繰り広げられた。だが、埋立地の獲得を目指して各区が争ったわけではなかった。じつはその逆で、埋立地の管轄を何とか逃れようと互いに押し付けあったのである。というのも、当時は13号埋立地に価値がある土地であるという認識がなかった。この広大な埋立地を自分の区が管轄することになれば、その土地の管理に莫大な資金を投じる必要が出てくる。これによって財政が圧迫されるようなことがあったら、それこそ大変である。それを懸念して、江東、港、品川の3区は何としてでも13号埋立地の管轄を逃れようとしたのだ。

本来、埋立地は地続きになっている自治体の管轄になるのが普通である。したがって、お台場はすべて江東区の管轄になっていてもおかしくはなかった。ところが、埋立地の一部を港区と品川区にも引き受けてもらえることになったのだ。青海地区に江東区と港区、品川区の3区の境界線が交わっている地点がある。首都高速湾岸線と、ゆりかもめが交わる地点である。ここが3区の妥協点だったのだろう。江東区にしてみれば、埋立地の一部を港区と品川区に押し付けることができ、この争いに勝ったと当時は思ったに違いない。しかし、その後開発が進み、1995年(平成7)には7番目の副都心として「臨海副都心」が誕生した。今では、どの区も喉から手が出るほど欲しい一等地である。江東区にしてみれば、お台場のすべてを管轄しておくべきだったと悔やんでいるのかもしれない。

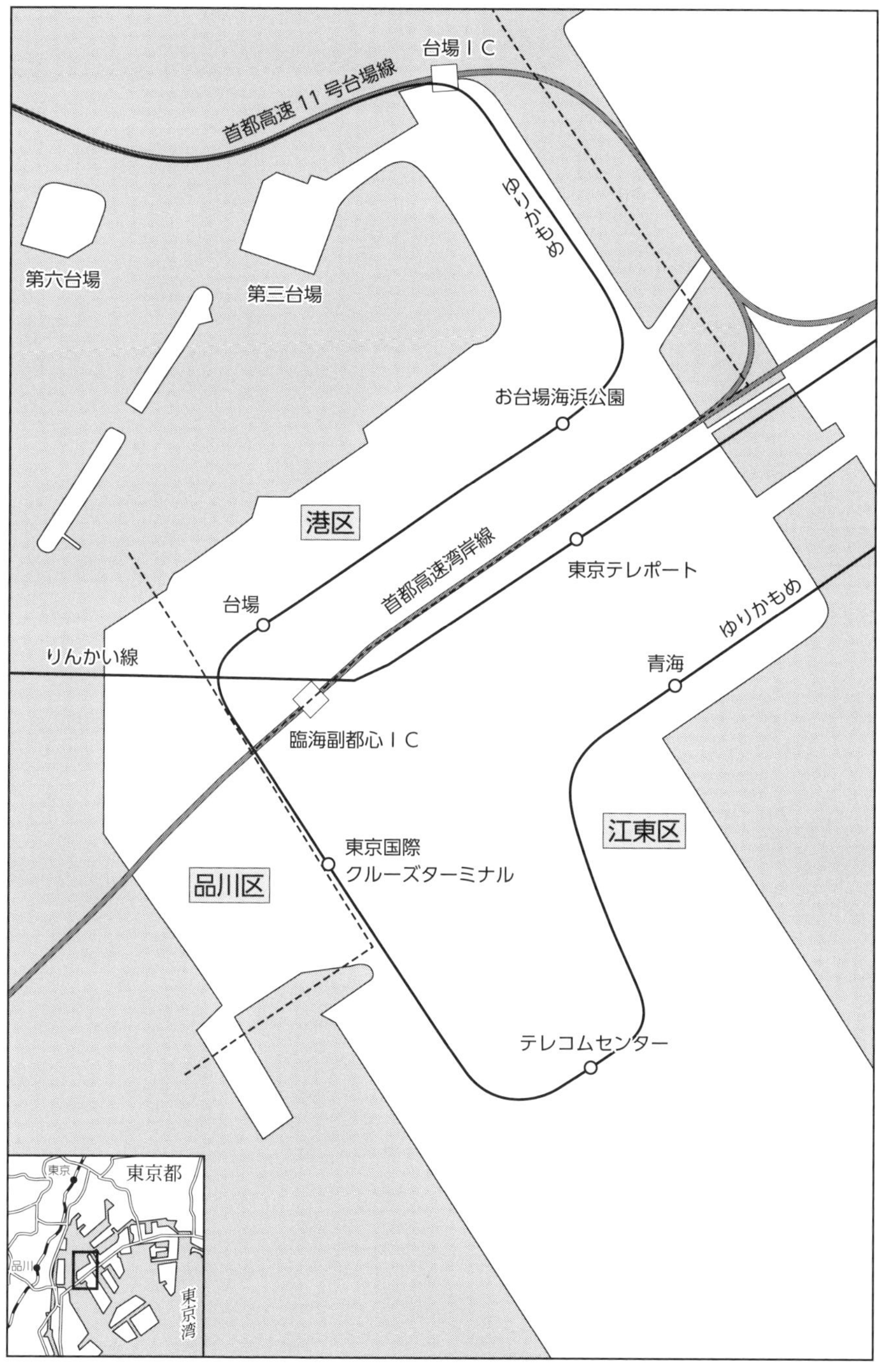
台場ＩＣ
首都高速11号台場線
ゆりかもめ
第六台場
第三台場
お台場海浜公園
港区
首都高速湾岸線
東京テレポート
台場
りんかい線
ゆりかもめ
青海
臨海副都心ＩＣ
江東区
東京国際
クルーズターミナル
品川区
テレコムセンター
東京
東京都
品川
東京湾

東京都・江東区×大田区

中央防波堤埋立地に生まれた令和島

お台場の沖合に、中央防波堤埋立地という広大な埋立地が造成された。内側埋立地、外側埋立地、新海面処分場からなり、面積は5平方キロ以上もある。最近まで中央防波堤埋立地の帰属をめぐって、激しい攻防戦が繰り広げられてきた。だが、お台場の時のように埋立地の管轄を逃れようと押し付け合いの争いではなく、埋立地の奪い合いだったのである。お台場の成功で、埋立地には計り知れない利用価値のあることが認識されるようになったからだ。

当初は江東、中央、港、品川、大田の5区が中央防波堤埋立地の領有権を主張していたが、1980年（昭和55）に第二航路海底トンネルが完成してお台場（江東区）と内側埋立地がつながり、2002年（平成14）には、臨海トンネルで城南島（大田区）と外側埋立地が結ばれた。これにより、地続きにならなかった中央、港、品川の3区は勝ち目がないとみてこの争いから撤退。江東区と大田区の争いに絞られた。

両区の主張は平行線をたどり、解決の糸口さえ見えない状況が続いた。だが、2014年（平成26）に入って中央防波堤埋立地の一部が2020年東京オリンピックの会場として使用されることが決まったことから、帰属問題を早期に解決させようという機運が高まり、協議が再開された。しかし、両区の主張は嚙み合わず、2017年（平成29）7月、調停を東京都に申請することになった。

そして同年10月、江東区が86・2％、大田区には13・8％を帰属するという調停案が示された。江東区はこれを受け入れたが、大田区はこれを拒否。東京地裁に提訴して、裁判で争うことになった。そして2019年（令和元）5月、東京地裁は「江東区79・3％、大田区20・7％」という判決を言い渡した。両区がこの判決を受け入れたため、正式に中央防波堤埋立地の帰属が決まった。大田区になった地域には、「令和島」という地名がつけられた。全国で初めての「令和」地名である。

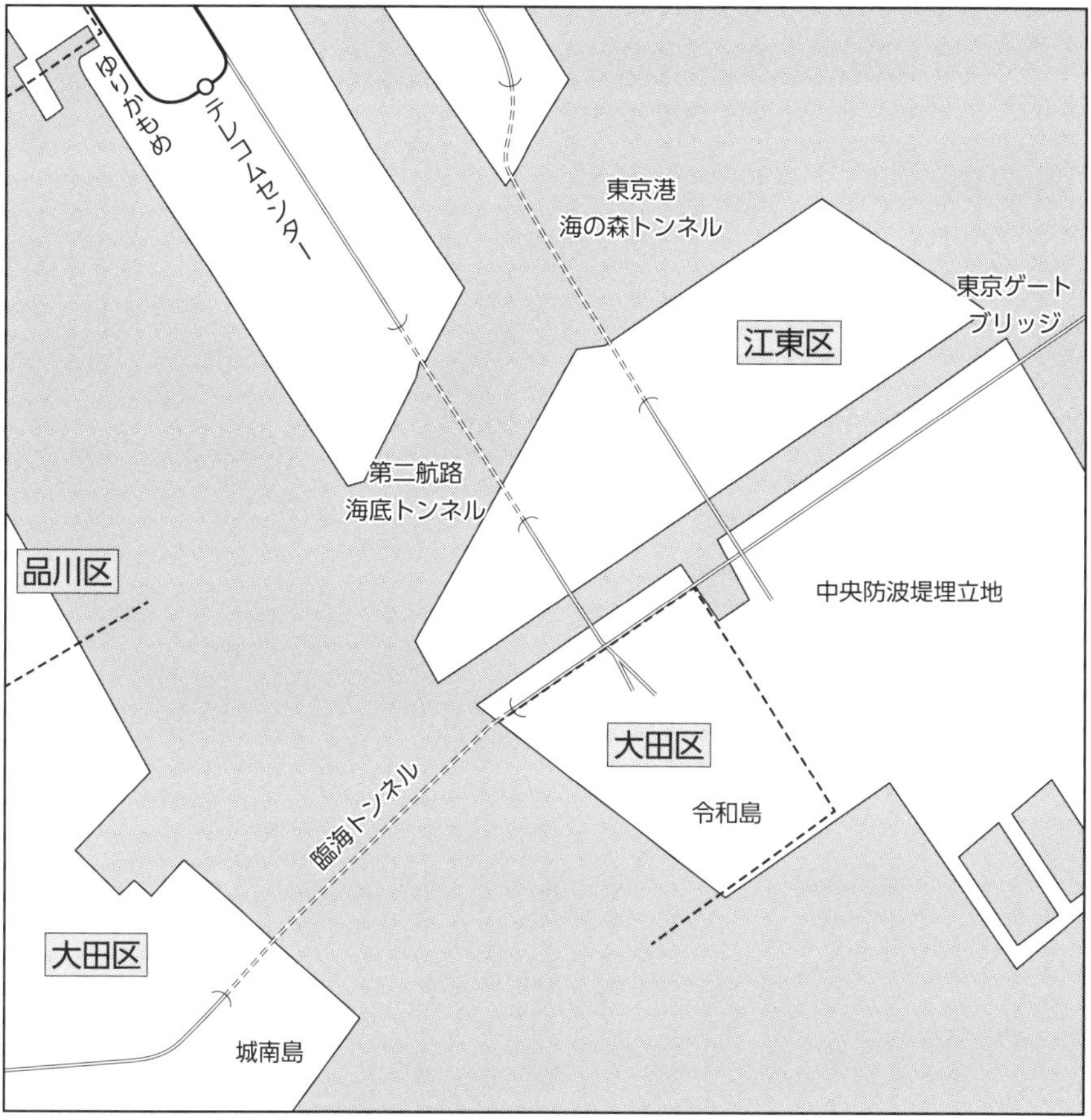

ゆりかもめ
テレコムセンター
東京港
海の森トンネル
東京ゲート
ブリッジ
江東区
第二航路
海底トンネル
品川区
中央防波堤埋立地
大田区
令和島
臨海トンネル
大田区
城南島

東京都
池袋
新宿
東京
渋谷
品川
神奈川県
羽田空港
川崎市
東京湾

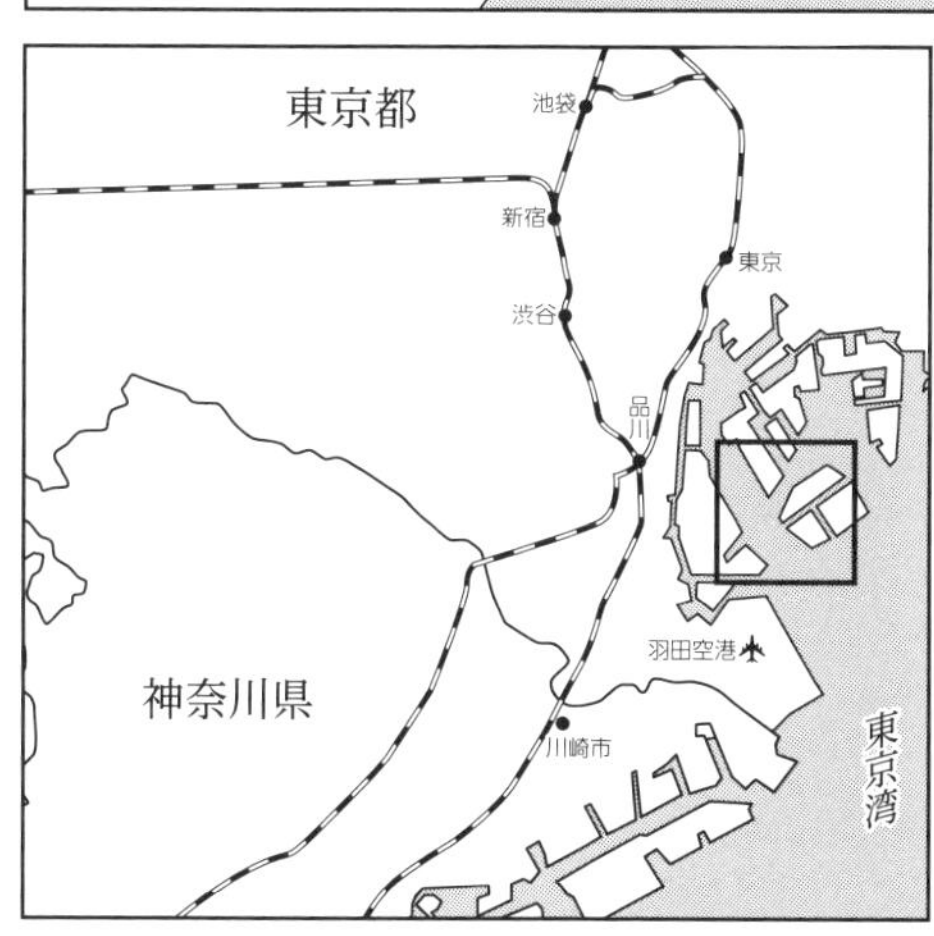

東京都・小平市×西東京市×小金井市×国分寺市×立川市×東大和市×東村山市×東久留米市

小平市の境界線はすべて直線

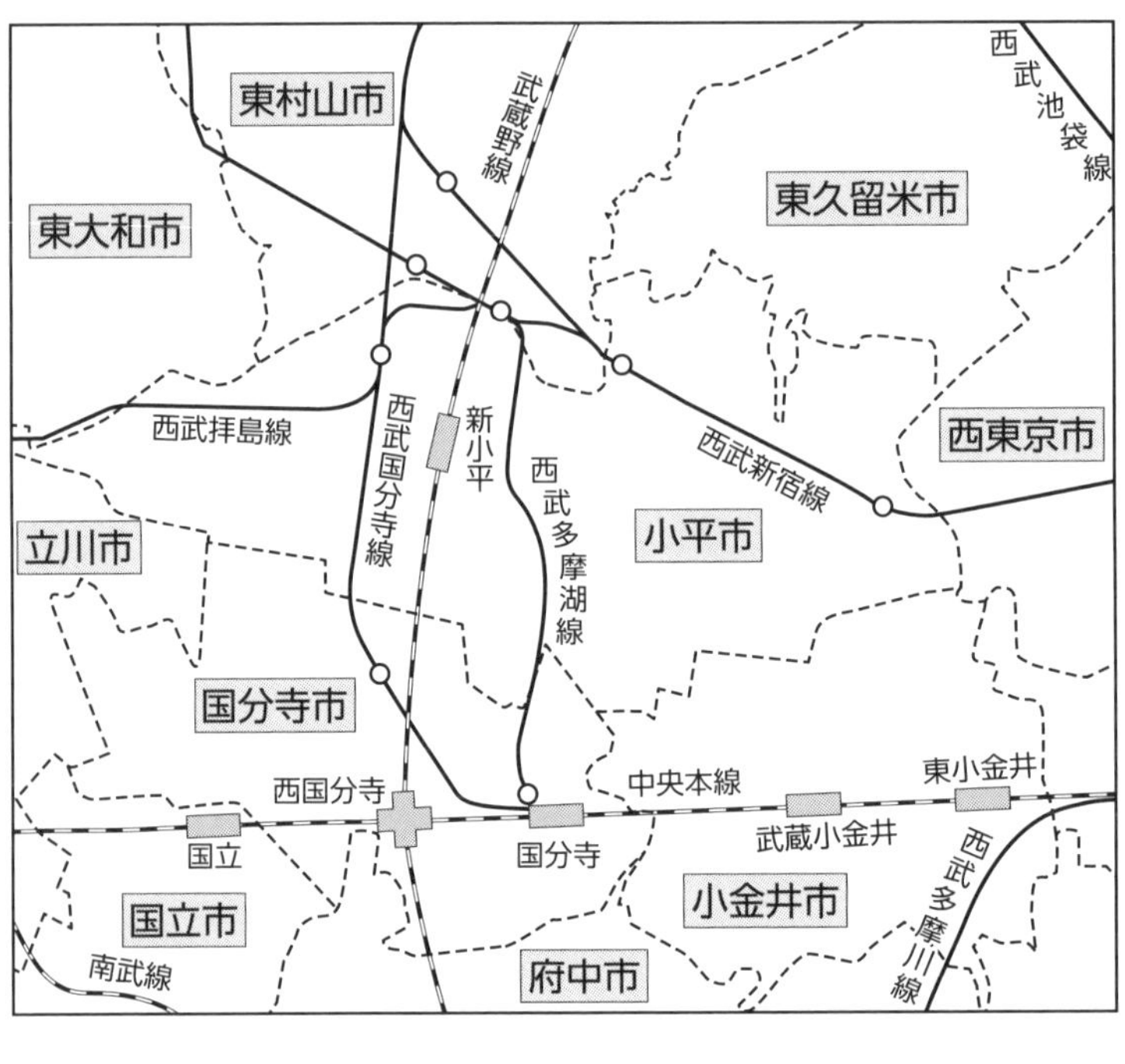

東京の多摩地区には26の市が密集しているが、どの市にも直線的な境界線が多い。26市の1つに小平市という東京の衛星都市がある。周囲を西東京、小金井、国分寺、立川、東大和、東村山、東久留米の7市に囲まれているが、これらの市との境界線がほとんど直線なのである。他県でこれほど直線的な境界線を持っている自治体は、明治以降に未開の原野が開拓された北海道を除けばほとんど見られない。その北海道でも、隣接する市町村との境界線がすべて直線という自治体は存在しないのだ。

なぜ多摩地区にこれほど直線的な境界線が多いのかというと、江戸時代まで多摩地区は人家もほとんどない武蔵野のすすき野原だった。だが、1654年（承応3）に玉川上水が完成してから、急速に新田開発が進んでいったのである。何もなかったところが開墾されたため、境界をめぐる争いもなく、検地によって直線的な境界線を定めることができたものとみられている。

富山県・射水市×富山市
射水市と富山市の境界線は伊勢湾岸を連想させる

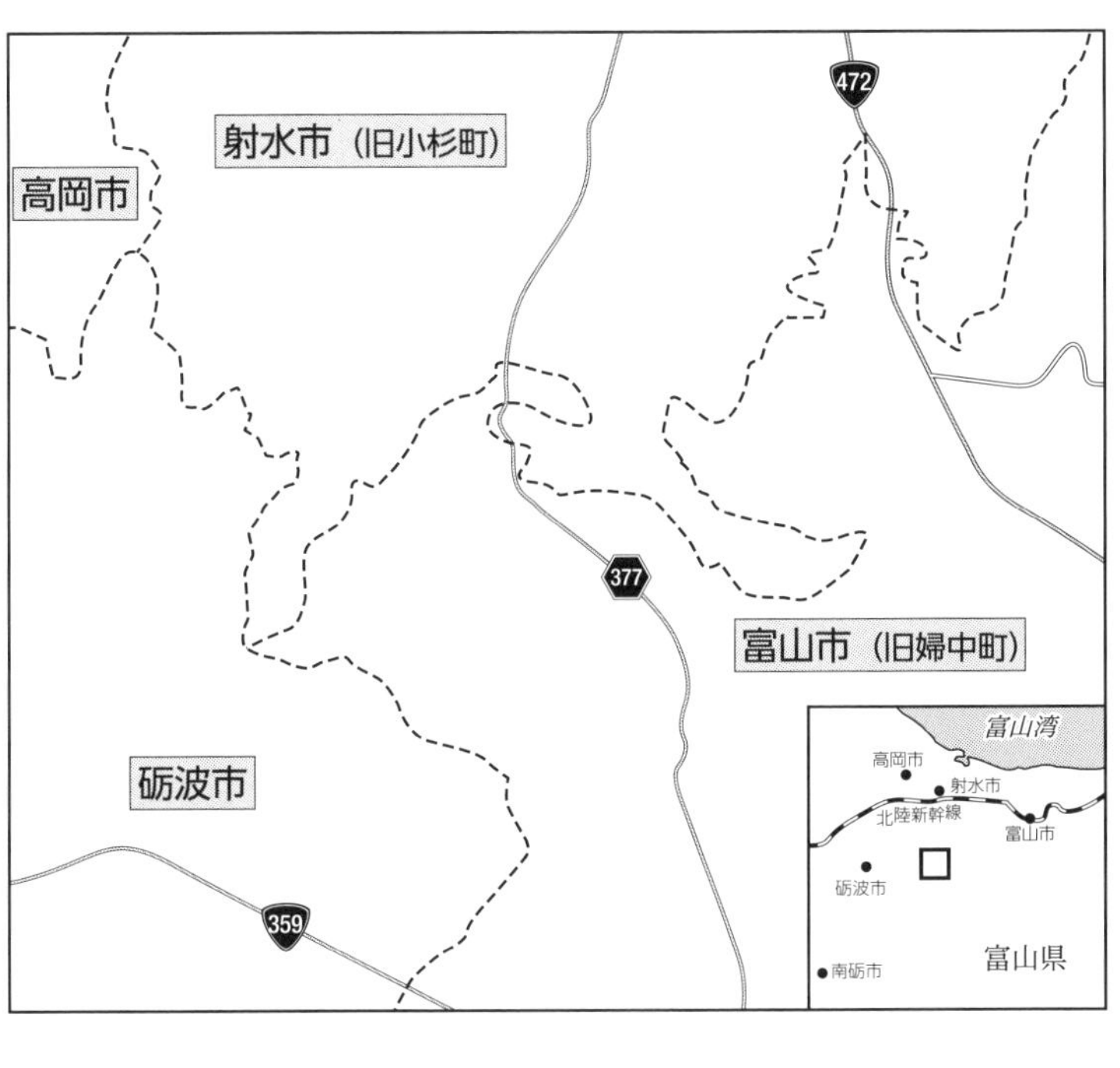

富山湾に面する射水市は平成の大合併で新湊市、小杉町、大門町、大島町、下村の5市町村が合併して発足した都市だが、旧小杉町と東に隣接する富山市との間に、東海地方の伊勢湾岸の地図を連想させるような境界線がある。北陸自動車道の小杉インターチェンジから4キロほど南へ行った境界線である。カニの足のように、愛知県の渥美半島と知多半島が南へ突き出しているように見えないだろうか。やや左に傾いているが、知多半島の左側の富山市の領域は伊勢湾で、その下の砺波市の出っ張った部分は志摩半島だ。

なぜこのように奇妙な形をした境界線が生まれたのか不思議に感じるが、地形図でその理由が確認できる。知多半島のような形をした細長い境界線は尾根伝いに引かれており、半島の中に小さな川が流れている。渥美半島にも同じように小さな川が流れ、尾根伝いに境界線が通っている。川沿いの谷が早くから開拓されたのだろう。地形に沿った極めて自然な境界線だと言えるのだ。

長野県・立科町×長和町×佐久市

真ん中で折れてしまいそうな立科町の町域

立科町は、八ヶ岳連峰の北端にそびえる蓼科山の北側斜面を町域としている。町域は南北に細長く、北端から南端までの距離は約27キロもあるのに、中央部のくびれた部分はわずか50メートル余りしかない。北部に中心市街地が形成され、南側の幅が広くなったところは、女神湖や白樺湖などがあるリゾート地だ。北側の部分は猫か犬の頭のような形をしており、その頭と南側の胴体部分が細長い首でつながっている。何とも不可解な立科町の境界線である。

東側の佐久市との境界線は、蓼科山から続く尾根の鞍部で、西側の長和町との境界線も、やはり白樺湖付近から延びてくる山の尾根だ。尾根と尾根が接近しているところが、わずか50メートル余りしかない最もくびれている部分で、ここを長野県道40号諏訪白樺湖小諸線が通っている。古くは東山道の古道だったと言われている。奇妙な境界線のように見えるが、じつは地形に沿って定められた極めて自然な境界線だったのである。

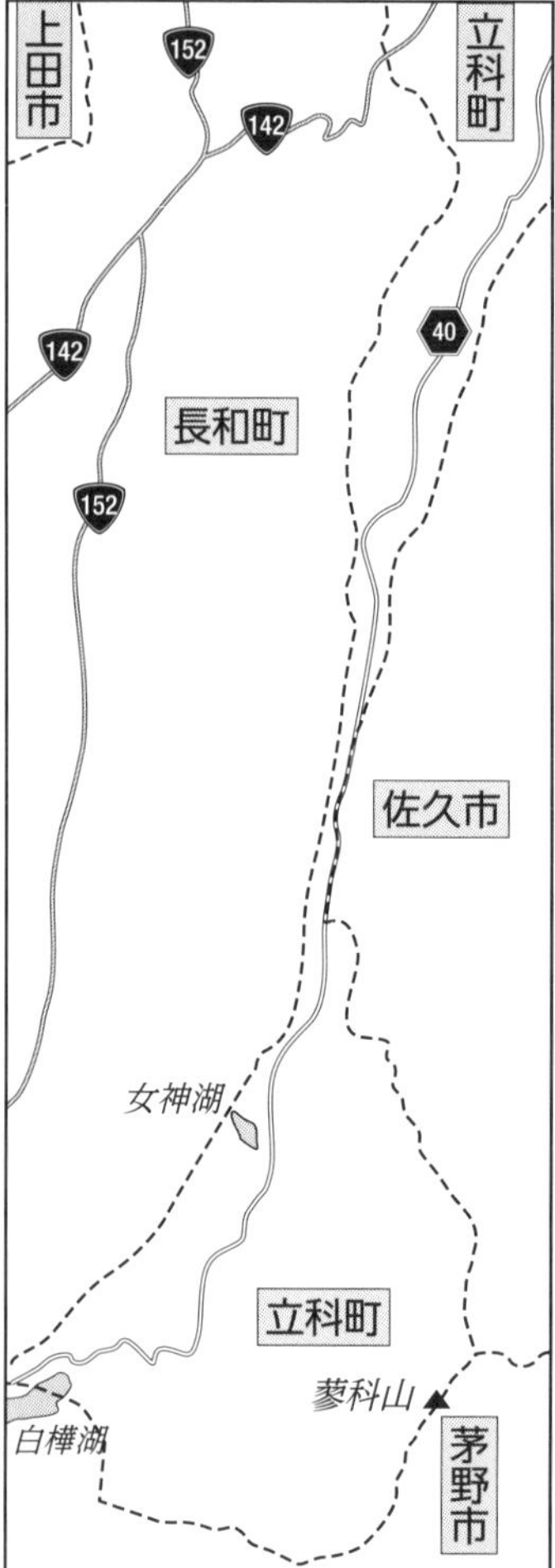

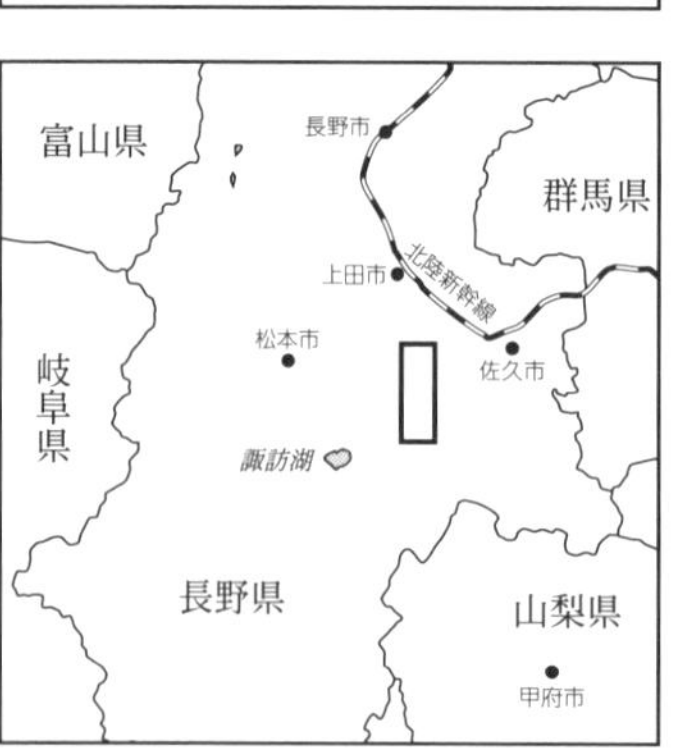

岐阜県・白川村×富山県・南砺市
飛騨と越中の国境を7回越える「飛越七橋」

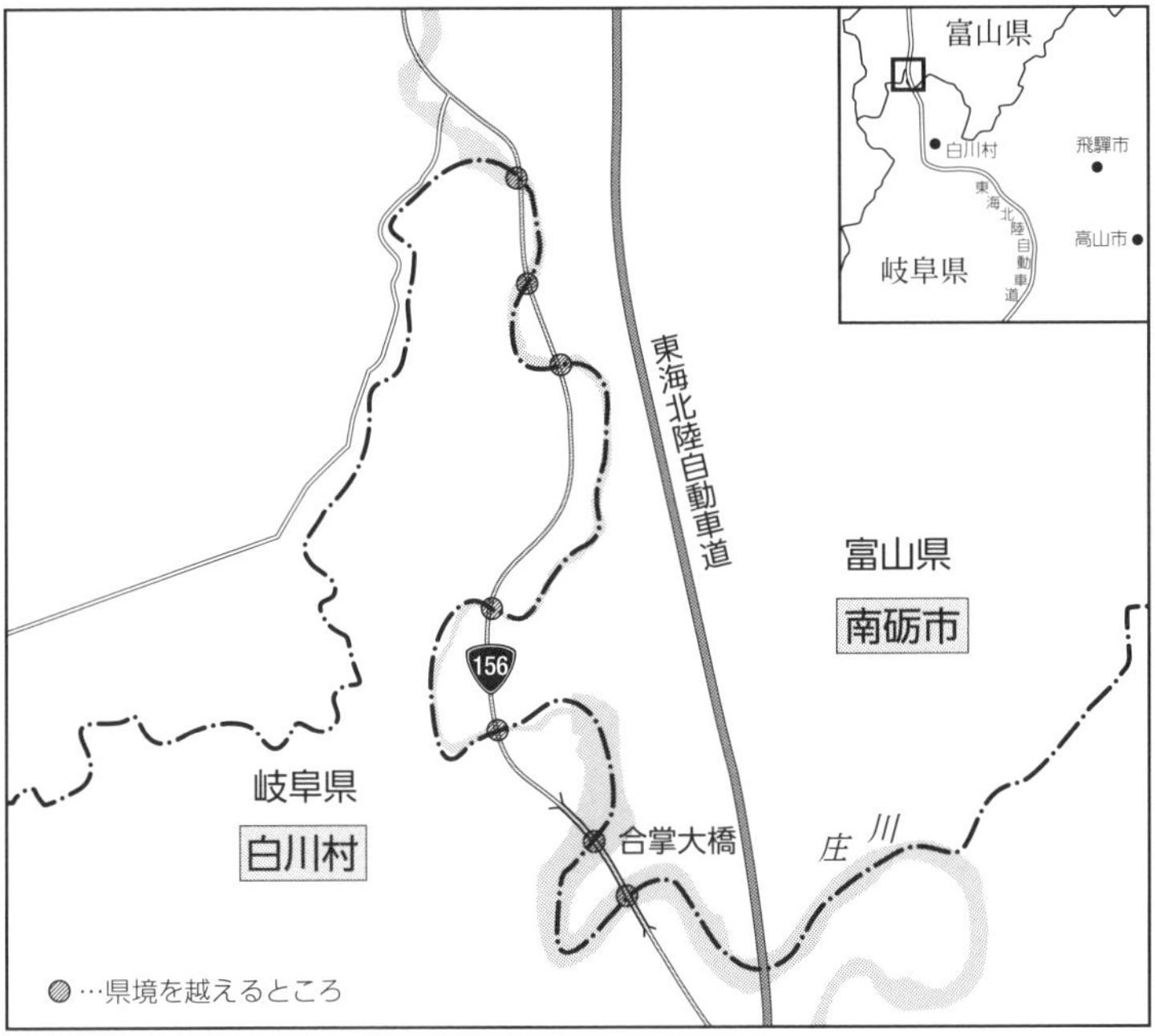

岐阜市と富山県高岡市を結ぶ国道156号は、世界遺産に登録されている合掌集落で有名な白川郷と五箇山を通っている。その白川郷と五箇山との間に、非常に珍しい区間がある。わずか3キロほど走る間に、岐阜県と富山県の県境、すなわち飛騨と越中の国境を7回も越えるのだ。富山湾に注いでいる庄川は、岐阜県と富山県の県境付近で激しく蛇行しているが、その庄川の流路がそのまま岐阜県と富山県の県境になっている区間がある。蛇行する庄川の上にまっすぐな道路が建設されたことから、県境を何回も越える区間が発生することになったのである。

白川郷と五箇山の区間は「飛越峡合掌ライン」と呼ばれ、景勝に優れた道路として観光客に人気がある。蛇行した庄川に7つの橋が架かっていることから「飛越七橋」と呼ばれている。橋を越えるたびに県境も越えるのだ。なかでも、七橋で最大の合掌大橋は県境を2度も越えるという、全国でも極めて珍しい橋である。

静岡県・富士宮市×富士市×裾野市×御殿場市×小山町×山梨県・富士吉田市×鳴沢村

6本の境界線が集まる富士山頂

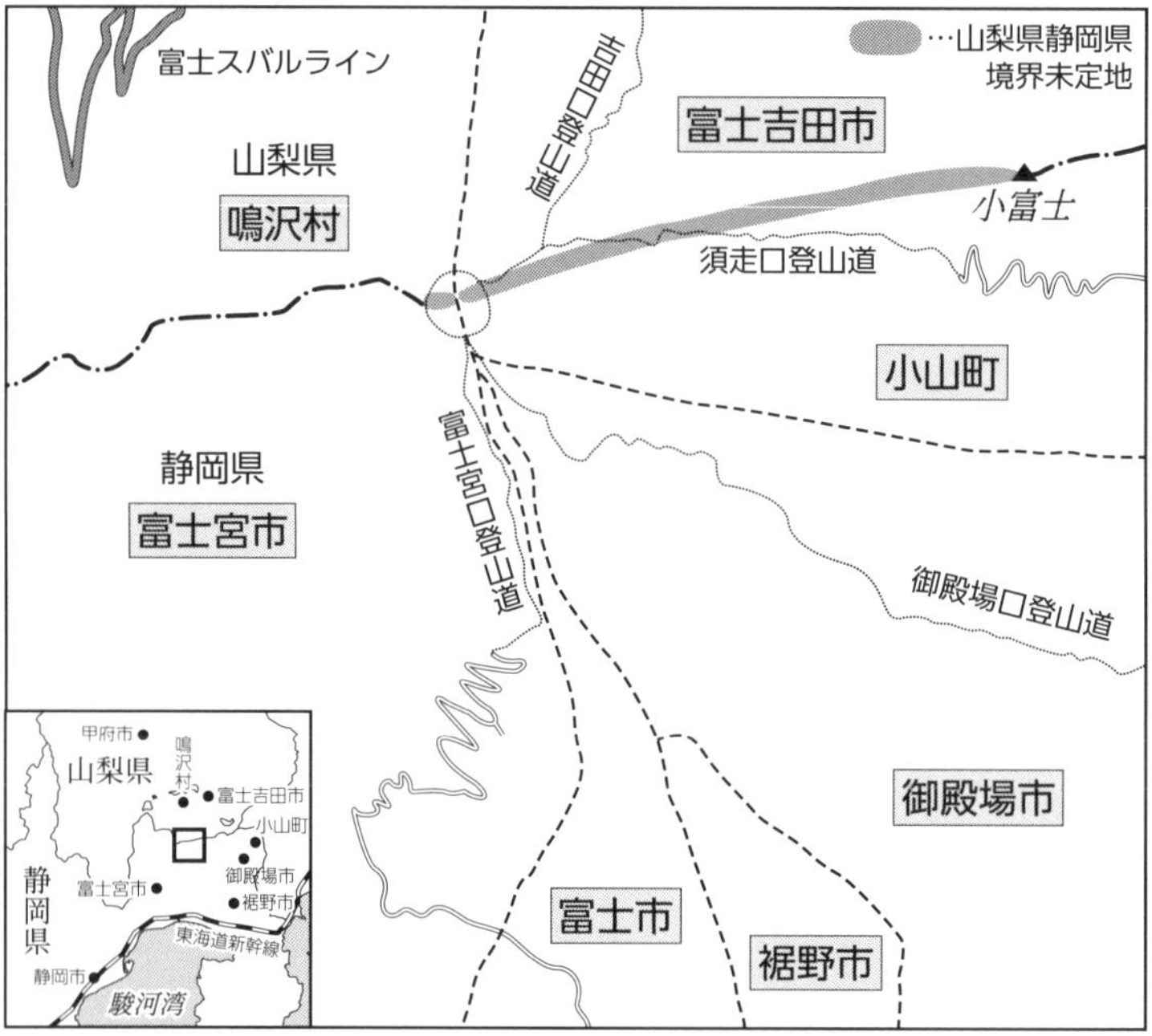

日本のシンボル富士山は、静岡県と山梨県の境界にそびえているが、山頂付近から東側斜面の小富士（1906メートル）あたりまで、直線で5キロほどの間がいまだに境界未定地なのである。なぜ境界が未定なのかは定かではないが、山頂を目指して7市町村の境界線が延びてきている。静岡県の富士宮市、富士市、裾野市、御殿場市、小山町、それに山梨県の富士吉田市と鳴沢村の7市町村である。裾野市は力およばずといった感じで、境界線は山頂まで届いていないが、他の6市町村の境界線は明らかに山頂を目指している。さしずめ、山頂争奪戦といったところだ。

3本の境界線が山頂に集まっている例は、各地にある三国山や、山梨、長野、埼玉の3県の境界にそびえる甲武信岳、東京、埼玉、山梨の3都県境にそびえる雲取山など、決して珍しくはないが、富士山頂のように6本の境界線が集まっているという例は、全国のどこを探しても見当たらない極めて珍しい境界線である。

静岡県・御殿場市×小山町
子犬の頭のような御殿場市と小山町の境界線

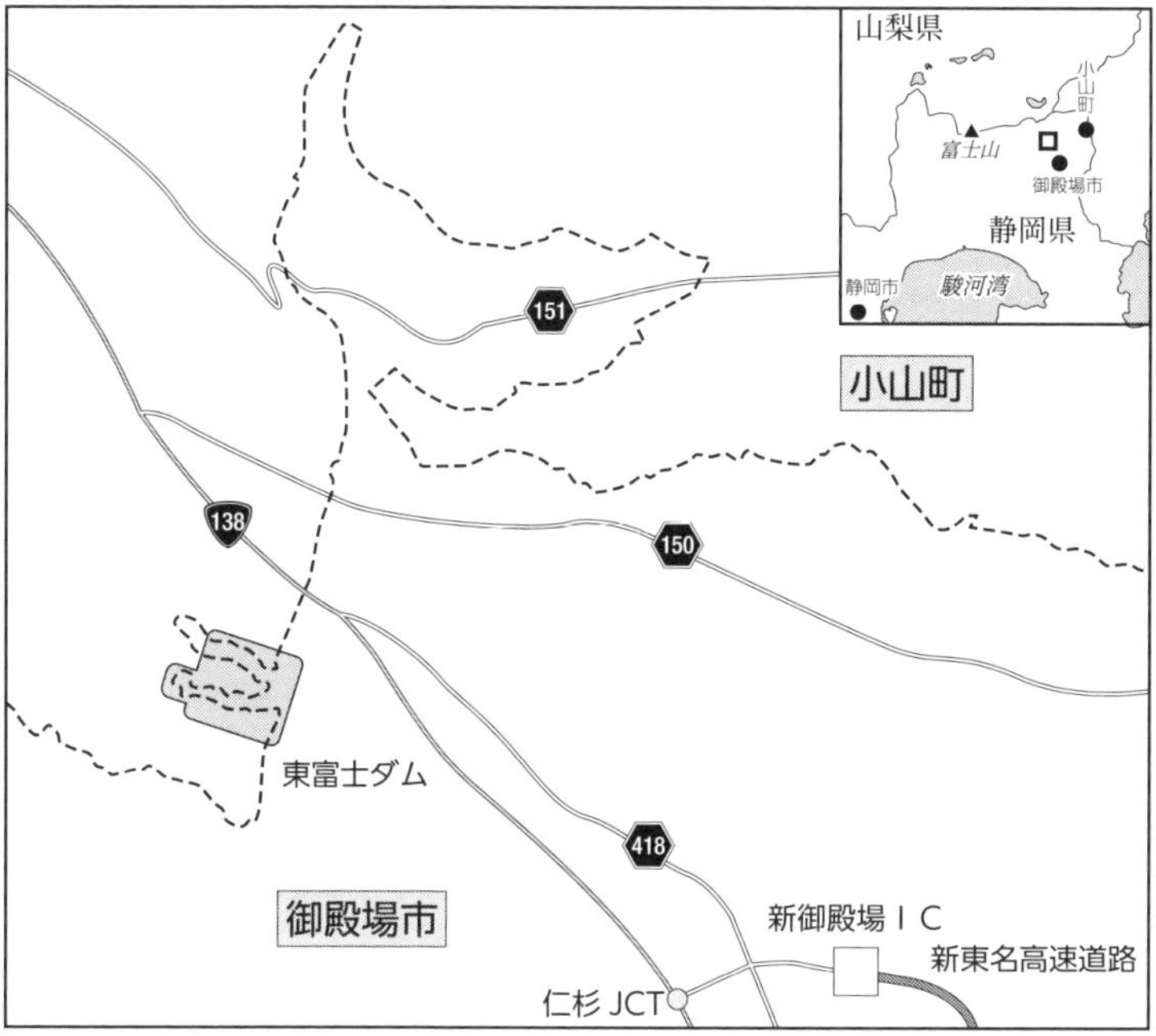

山梨県
小山町
富士山
御殿場市
静岡県
静岡市
駿河湾
151
小山町
138
150
東富士ダム
418
御殿場市
新御殿場ＩＣ
新東名高速道路
仁杉 JCT

富士山の東麓に開けている御殿場市と、その北に隣接する小山町との間に面白い形をした境界線がある。御殿場市の一部が小山町側に突き出しているが、その部分が、子犬が後ろを振り向いてヨチヨチ歩きしている姿に見えるのだ。ちゃんと2本の小さな前足もついている。その複雑怪奇な2本の前足の部分には、堤頂長約1・6キロ、全周が堤体のアスファルトフェイシングフィルダムという珍しい構造の灌漑用のダムがある。わざと複雑な境界線を選んで、そこにダムを建設したのではなさそうだ。上流からは小河川が流れてきており、ダムを建設する場所としては好適地だったのである。2本の足の形をした境界線は、村人たちの土地領有をめぐる争いの痕跡ではないかと考えられる。

また、子犬の頭の形をした境界線は、1889年（明治22）の市制・町村制で発足した高根村だったところだ。1956年（昭和31）に御殿場市が高根村を編入したことにより、現在のような珍しい形の境界線になったのである。

愛知県・名古屋市守山区×尾張旭市×長久手市
「本地が丘」は守山区、「本地ヶ原」は尾張旭市

名古屋市の東北端に位置する守山区は、1963年（昭和38）に守山市がそっくり名古屋市に編入されて発足した区である。その守山区と東に隣接する尾張旭市との境界線が、複雑怪奇というか面白い形をしている。東名高速道路のすぐ東側、矢田川の南側あたりの境界線である。守山区の一部が、尾張旭市に食い込んでいる境界線を見ていると、騎手が馬にまたがっているように見えなくもない。動物が東に向かって走っているようにも見える。「本地が丘地区」が動物の頭の部分である。動物の首は細くくびれ、最も細い部分はわずか数メートルしかない。飛び地のようだが、辛うじてつながっている。

なぜこのように奇妙な境界線になったのか確かなことはわからないが、動物の頭の部分は本地が丘と呼ばれる小高い丘になっており、そこに市営本地荘という大きな団地が造成されている。その麓は本地ヶ原という原野だったところだ。明治末期から第二次世界大戦の頃まで、本地ヶ原は陸軍によって買い占められ、陸軍第3師団の演習場として使われていた。本地ヶ原飛行場の滑走路もあったという。戦後、中国大陸などの戦地から復員してきた人々が本地ヶ原に入植し、荒れ果てた台地の開拓がはじまった。おそらく、入植者たちは本地が丘の麓まで開拓したのだろう。そこが入植者たちの村の土地として認められたものと考えられる。

本地ヶ原周辺の守山区と尾張旭市との間に直線的な境界線が多いのは、開拓した土地の境界が曖昧だったため、話し合いによって村と村との境界線をわかりやすく直線的に確定させたものとみられる。本地が丘も本地ヶ原も、現在は名古屋のベッドタウンとして人口が急増している地域で、住宅が密集していて当時の面影はない。だが、本地ヶ原にある本地原小学校のすぐ東側に、「本地ヶ原開拓記念碑」と刻んだ大きな石碑が立っており、当時をしのばせている。隣接して本地ヶ原神社が鎮座している。

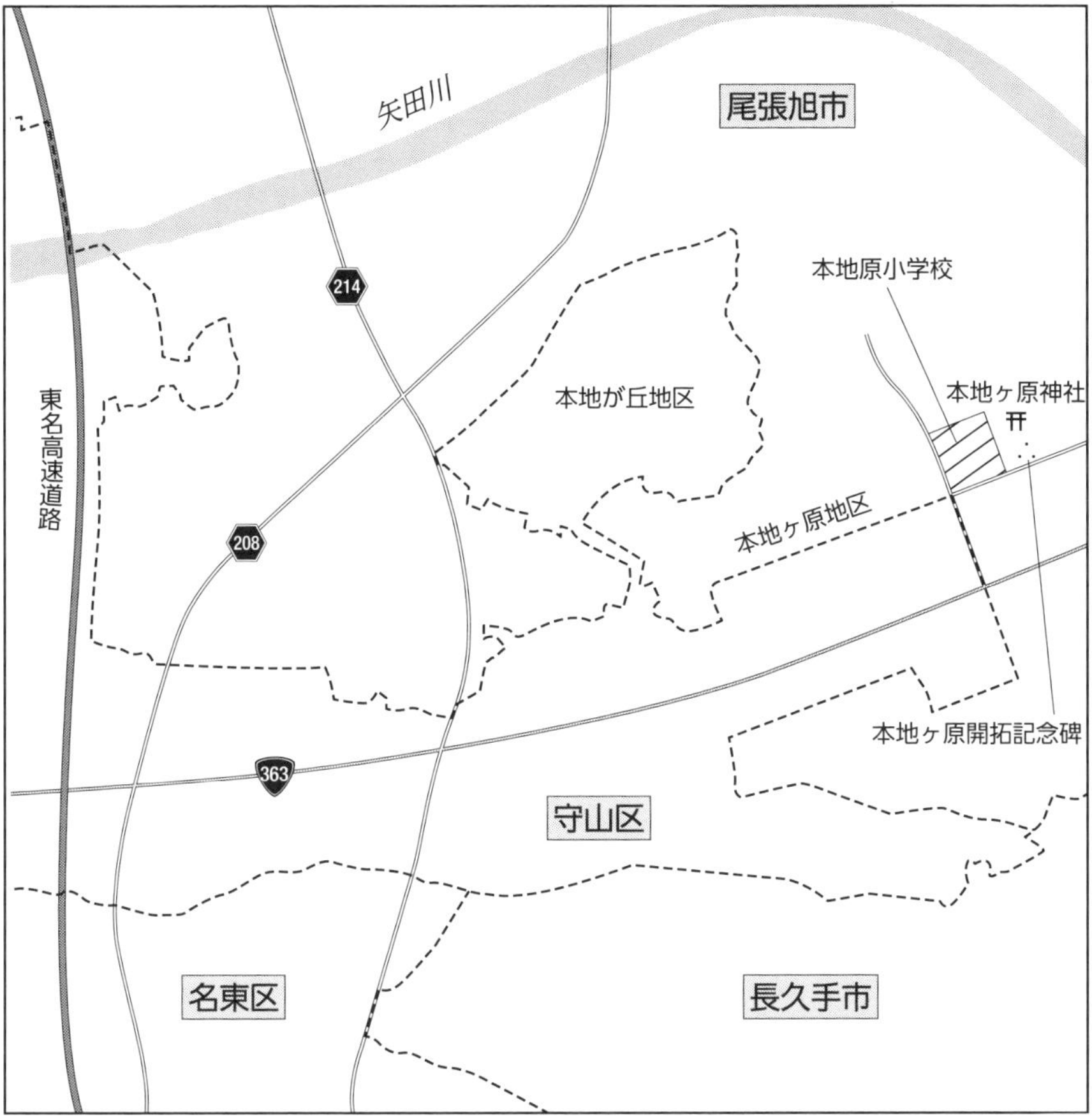

矢田川
尾張旭市
214
本地原小学校
東名高速道路
本地が丘地区
本地ヶ原神社
208
本地ヶ原地区
本地ヶ原開拓記念碑
363
守山区
名東区
長久手市

岐阜県
愛知県
瀬戸市
東海道新幹線
長久手市
名古屋駅
東名高速道路
名古屋港

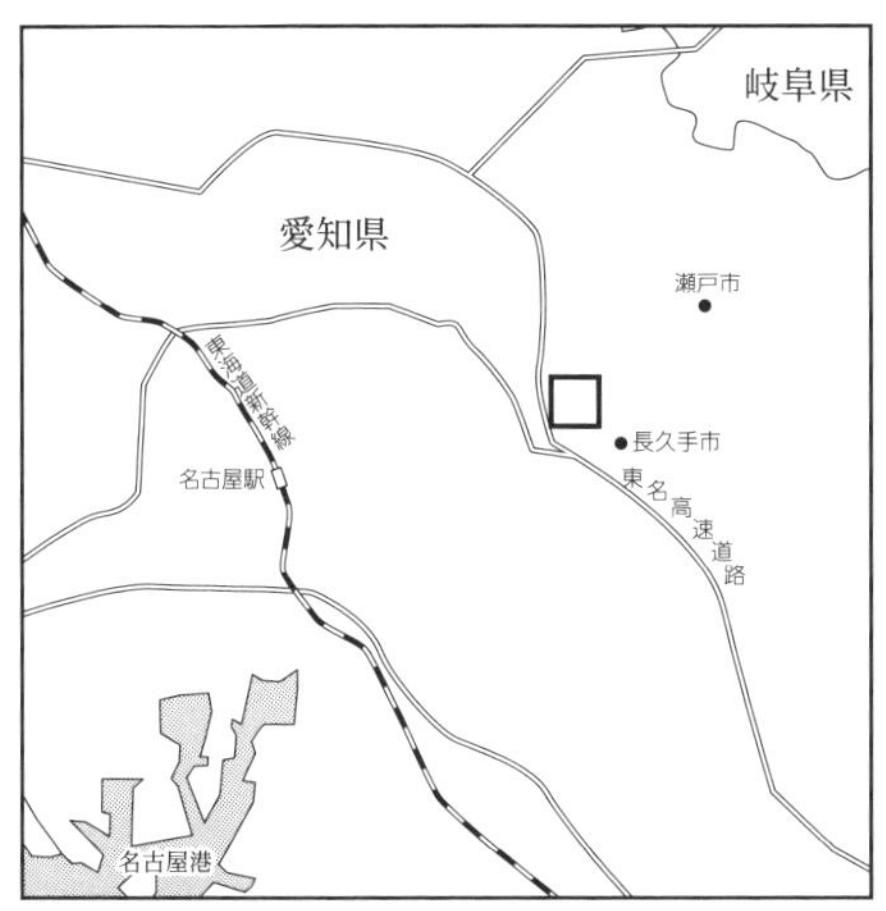

大阪府・高槻市×京都府・亀岡市×京都市西京区
動物の頭に見える高槻市の北部は京都府だった

大阪府の東北端に位置している高槻（たかつき）市は、大阪府と京都府の府境をまたいで亀岡（かめおか）市に隣接しているが、その高槻市の北端の部分が奇妙な形をして京都府に飛び出している。飛び出している部分が、左側を向いている動物の頭に見えないだろうか。その動物が2本の牙をむいているようでもある。それにしても、なぜ高槻市の北部だけがこのように奇妙な形をして京都府へ突き出しているのか、いかにも不自然な境界線である。じつは動物の頭のような形をした部分の高槻市の北部は、昭和の半ばまでは京都府の管轄下にあった。京都府南桑田郡樫田（かしだ）村だったのである。

樫田村は河川沿いに小さな集落を形成しているが、周囲を山地に囲まれた山村だった。そのような地形的な理由から、京都府の亀岡市より大阪府の高槻市との方が、文化的経済的なつながりが強い地域だったのだ。村内の交通も高槻市に依存していたし、村内の河川もほとんどが高槻市側に流れていく。そのため、早くから高槻市との合併を望む住民の声が強かった。1956年（昭和31）6月に施行された新市町村建設促進法が、高槻市との合併の流れを一気に加速させることになり、2年後の1958年4月、樫田村と高槻市との合併が実現したのである。当時としては県境をまたいで合併したケースは非常に珍しく、1947年（昭和22）に地方自治法が公布されてから、初めての越県合併になった。

高槻市の動物の頭のように見える奇妙な境界線は、じつは地形に沿って定められたごく自然な境界線だったのである。動物の後頭部にあたる部分は、蛇行する淀川水系の芥川、その上部は上流の出灰（いずりは）川の流路である。また、2本ある牙のような境界線も尾根伝いに引かれているし、右側の牙の境界線には安威（あい）川が流れている。そのほかの境界線も、おおむね山の尾根伝いに引かれている。

奇妙に見える境界線も、その地域の自然の地形に逆らわないで引かれた常識的な境界線だったのである。

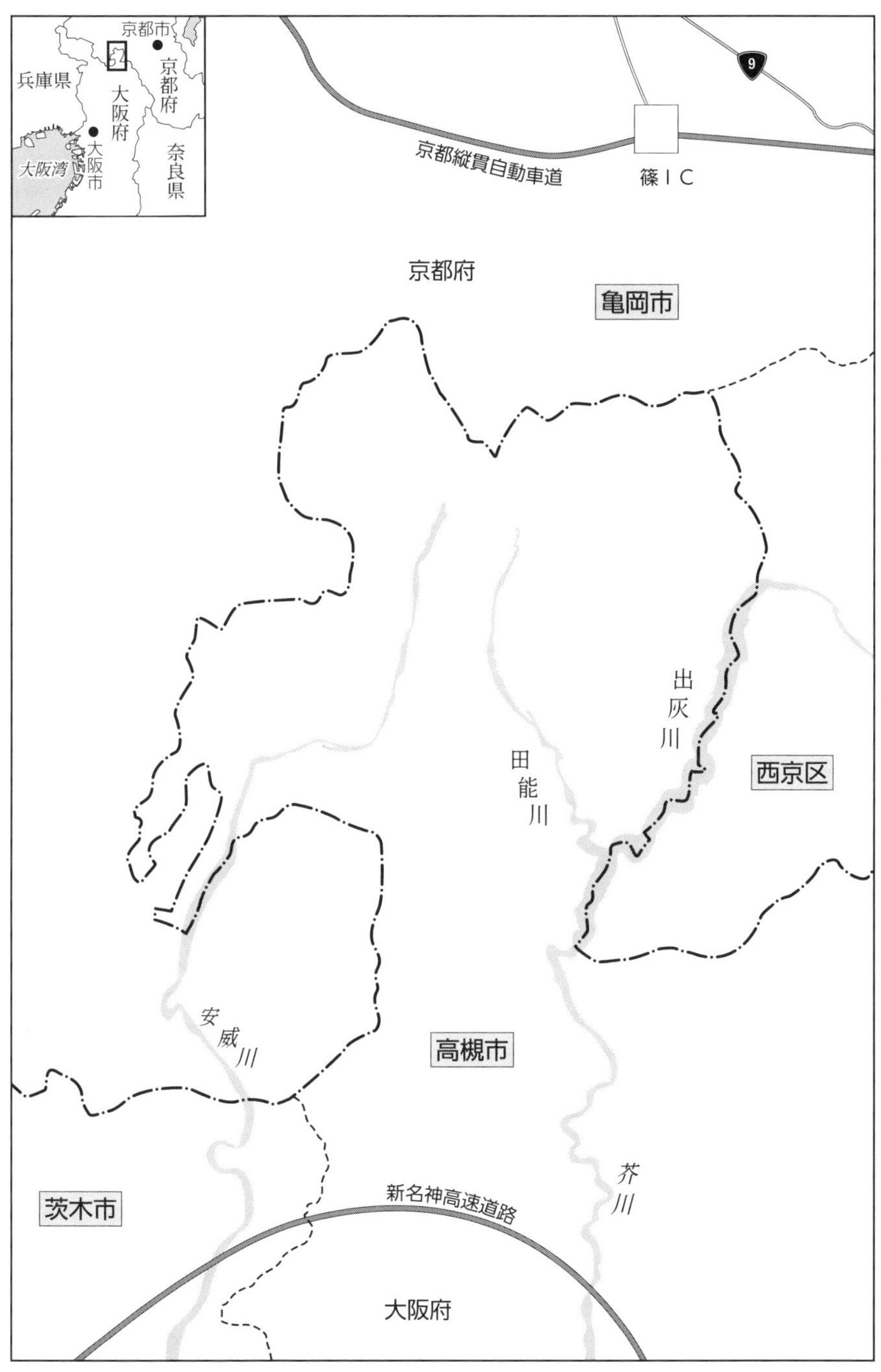
京都市
兵庫県
京都府
大阪府
大阪市
大阪湾
奈良県
9
京都縦貫自動車道
篠ＩＣ
京都府
亀岡市
出灰川
田能川
西京区
安威川
高槻市
茨木市
新名神高速道路
芥川
大阪府

静岡県・清水町×三島市×沼津市×長泉町

清水町の輪郭は岩手県にそっくり

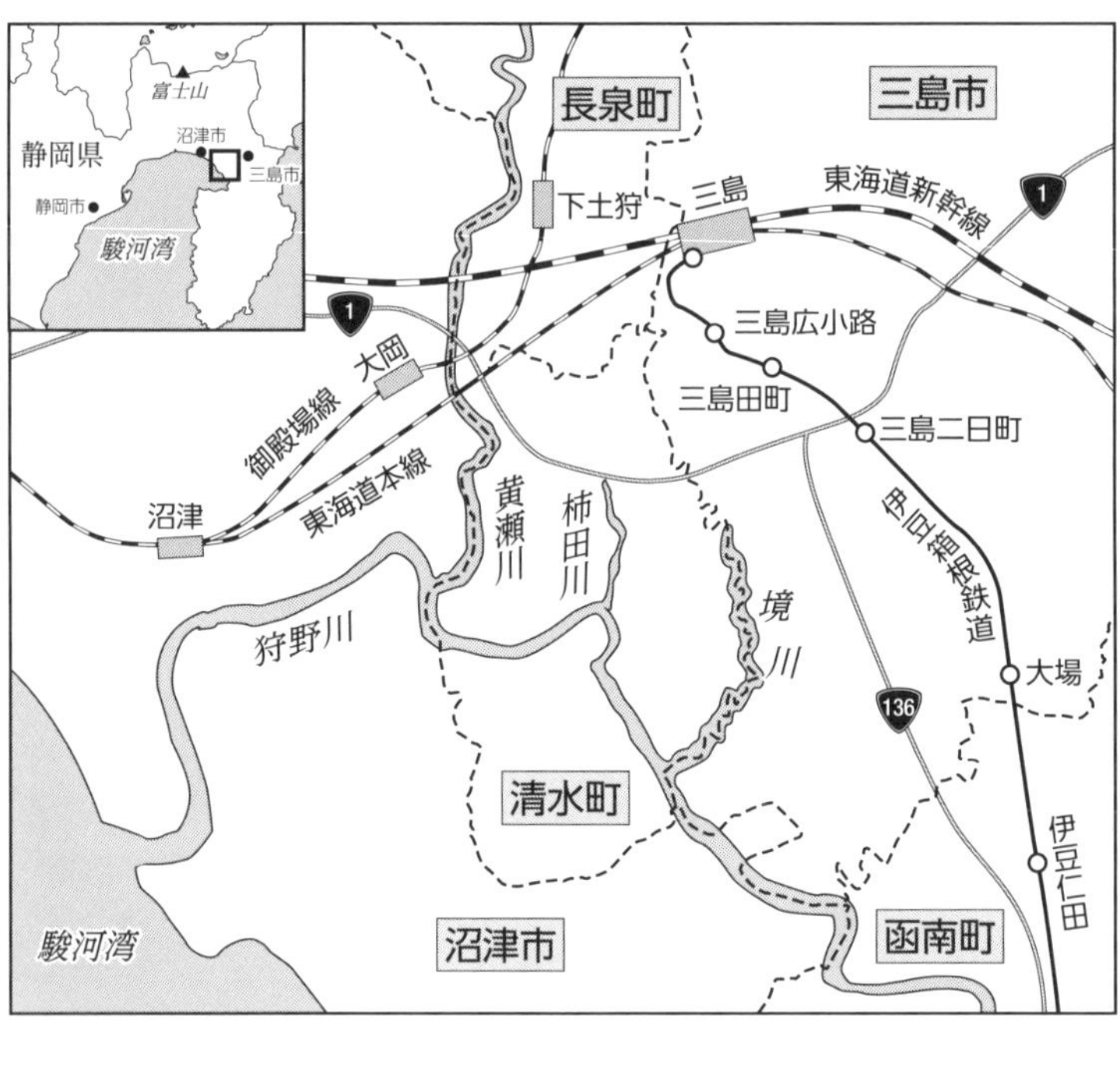

伊豆半島の付け根付近に、清水町という小さな町がある。面積わずか8・8平方キロの静岡県では最も面積が狭い自治体である。名水百選に選定されている柿田川湧水群で有名な柿田川が、町のほぼ中央で狩野川に合流している。周囲を沼津市、三島市、長泉町(ながいずみ)の3市町に囲まれているが、その境界線が何かの形に似ているとは思わないだろうか。町域の北側で、長泉町に少し突き出している部分を除けば、岩手県の輪郭にそっくりである。

ビヤ樽のように中央の幅が丸く広くなっているのも岩手県によく似ているし、東側で隣接している三島市との境界線が小刻みに入り組んでいるのは、リアス式の三陸海岸を連想させる。よく見ると、リアス式海岸のように複雑に曲がりくねっているのは、狩野川(かのがわ)水系の境川の流路である。また、西側の沼津市との境界線は、北半分は狩野川水系の黄瀬川(きせ)の流路だ。岩手県に似た清水町の輪郭は、地形に沿って引かれたごく自然な境界線だったのである。

愛媛県・宇和島市×愛南町

細々と延びる由良半島の中央に、宇和島市と愛南町の境界線

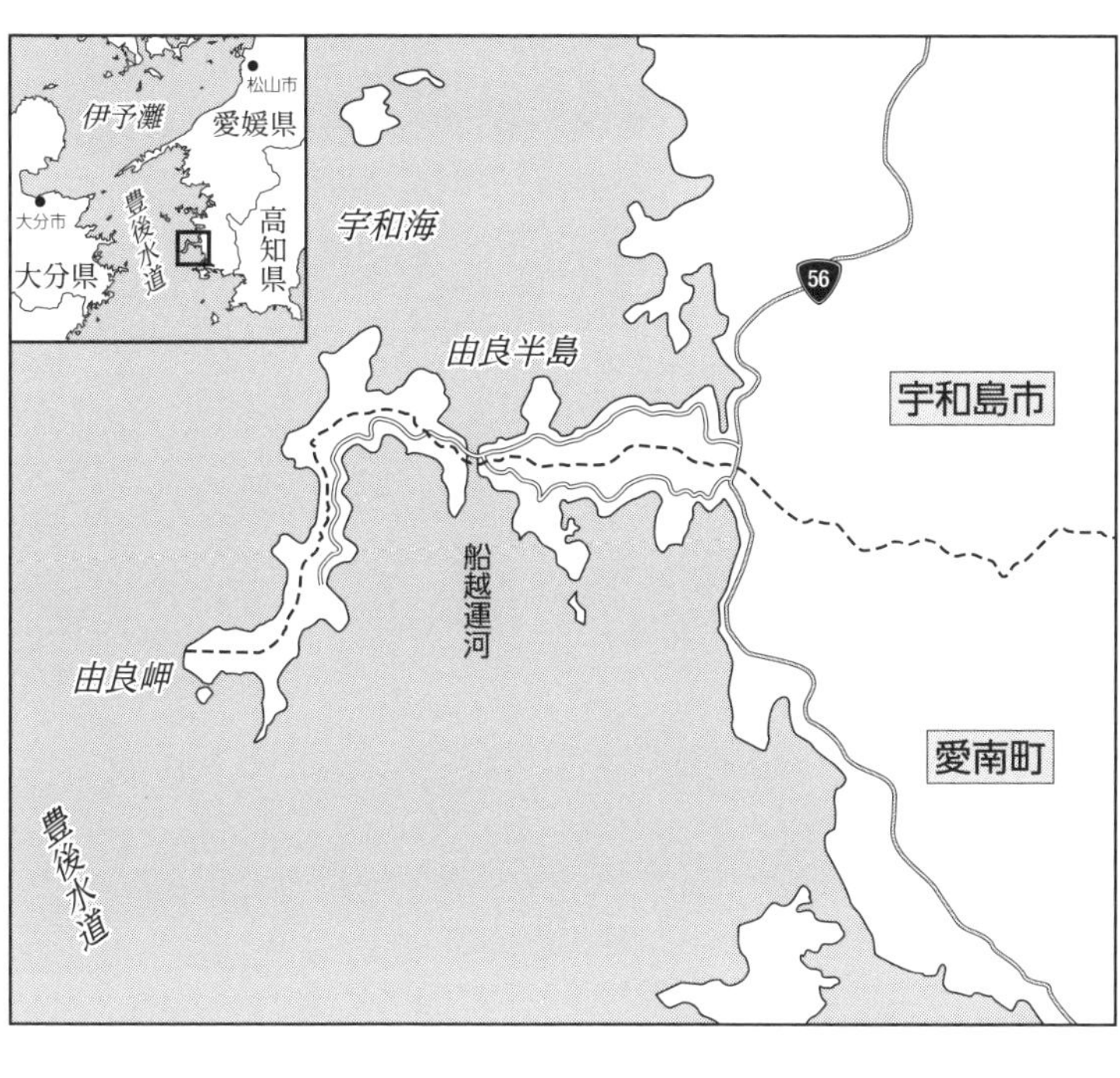

愛媛県の西部から九州に向かって突き出している佐田岬半島は、長さが約40キロもある日本一細長い半島として知られている。だが、佐田岬に勝るとも劣らない細長い半島が同じ愛媛県にある。佐田岬半島から南側の海域は宇和海といい、半島、岬、入江が複雑に入り組む典型的なリアス式海岸である。そこに、長崎くんちの龍踊りを連想させる細長い半島がある。宇和島市と愛南町の境界から曲がりくねりながら、豊後水道に突き出している由良半島である。

半島の基部から先端の由良岬まで、長さがおよそ13キロもあるのに、最狭部は200メートルほどしかない。半島の中央に稜線が連なっており、そこに宇和島市と愛南町の境界線がある。これほどの細長い市町村境は、全国でも極めて珍しいのである。昔は小型漁船が半島を回り込むのに長い時間を要したので、船を陸揚げして半島を越えることもあったという。その不便さを解消するため、半島の中央部に1966年（昭和41）、船越運河が開削された。

高知県・高知市×南国市

高知市と南国市の境界線はまるで迷路のようだ

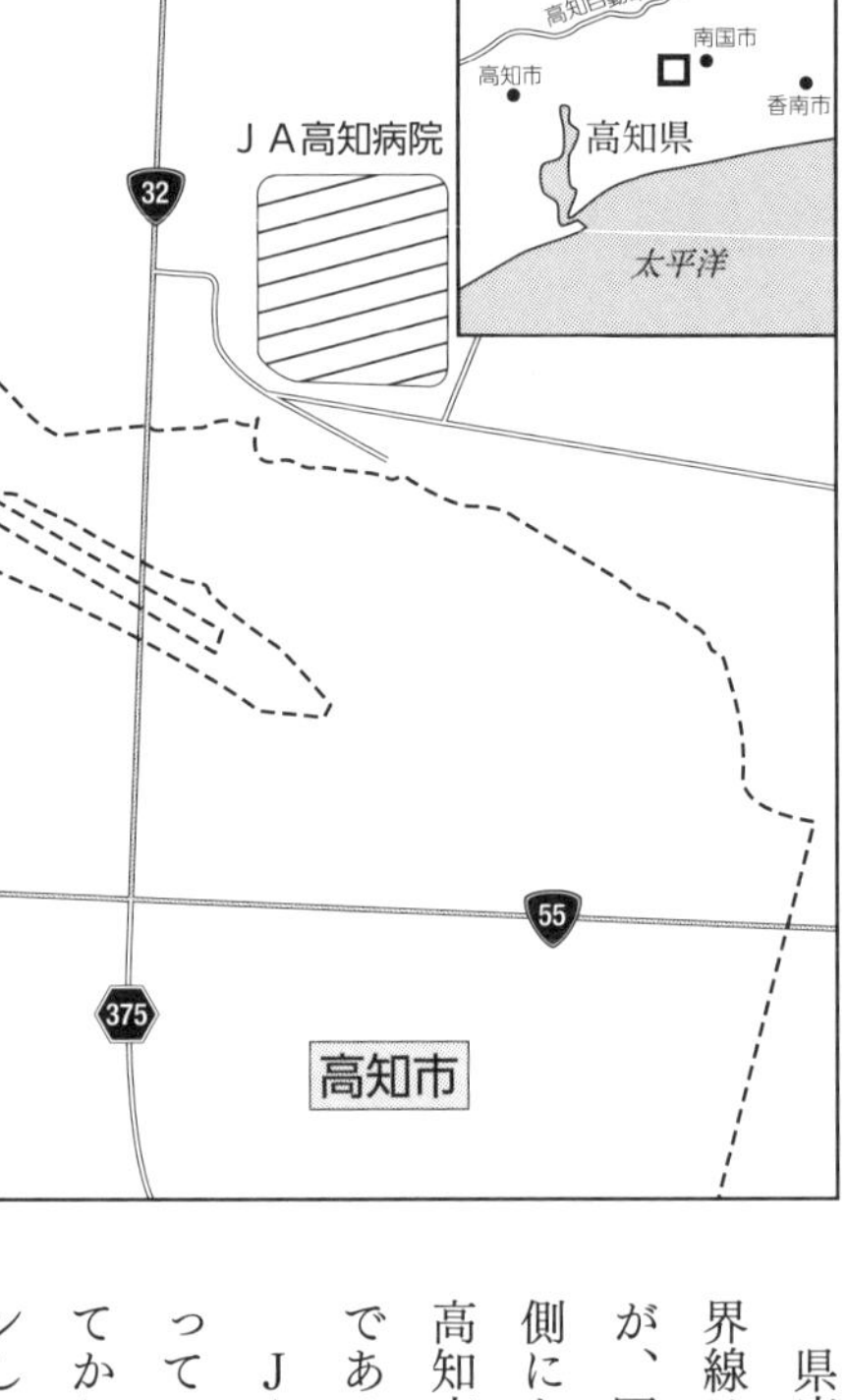

県庁所在地の高知市と、東に隣接している南国(なんこく)市との境界線は実に複雑である。なかでも、何とも不思議な境界線が、国道55号の終着点と国道32号が交わる交差点のすぐ北側にある。複雑怪奇とはまさにこのことをいうのだろう。高知市と南国市との境界線は、まるで迷路のような複雑さである。

JA高知病院のすぐ南側に南国市と高知市の境界線が通っているが、そこから国道32号を渡り、少し北へ突き出してから南東に向きを変えて再び国道32号を横切り、Uターンしてまた国道32号を横断したと思ったら、鋭角に方向転換して4度目の国道32号越えである。これだけではとどまらない。またまた方向転換して国道32号を横切る。国道32号を100メートルほど行く間に、南国市と高知市の境界を5度横切ることになる。複雑怪奇な境界線はまだ続く。なぜこのような境界線が生まれたのか、当時の史料が残されていないため不明である。

長崎県・長崎市×長与町
長崎市と長与町の境界線で浦上水源地が4分割

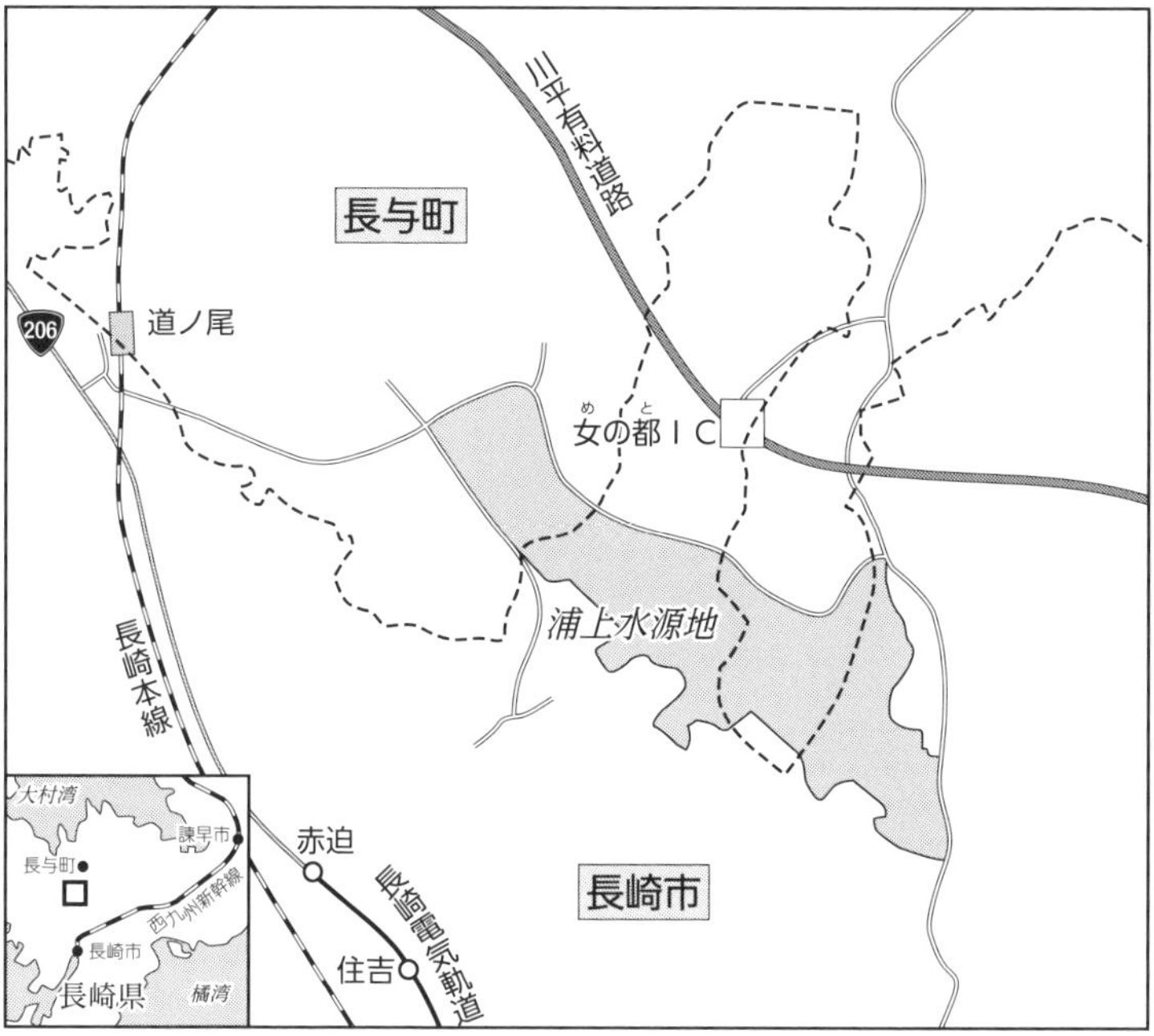

長崎市の北側にちょっと変わった境界線がある。長崎市と北に隣接する長与町の境界線が、互いに相手の陣地に侵入しているかのように大きく湾曲しているのだ。これだけであれば、特に珍しいわけでもない。両市町の境界線は谷と尾根に沿って引かれていることからみても、境界をめぐる争いがあったわけではない。珍しいのは、長崎市と長与町にまたがっている浦上水源地という貯水池が、両市町の境界線で4分割されているということである。

湖沼がいくつもの自治体に分割されているのは、ここだけの話ではない。日本一大きい湖の琵琶湖は10の自治体に、霞ケ浦も9の自治体に分割されている。だが、2つの自治体で4分割されているのは全国で唯一、浦上水源地だけである。しかも、他の湖のように後から境界が決まったわけではなく、浦上水源地は豪雨が多いこの地域の治水対策として、長崎市と長与町の境界線にまたがって、1945年（昭和20）2月に築造されたものである。

福岡県・朝倉市×東峰村

奇妙に見えるが、奇妙ではない朝倉市と東峰村の境界線

筑紫平野の北東部に位置する朝倉市の東部は、標高500メートル前後の山々が連なる山岳地帯で、東峰村に隣接している。東峰村は筑後川支流の大肥川と、その支流の宝珠山川沿いに集落が点在している小さな山村である。その朝倉市と東峰村との境界線が、複雑に屈曲している。大肥川に沿って走っている国道211号の西側あたりの境界線である。東峰村側から朝倉市に向かって、半島のように細長い境界線が何本も突き出している。境界を決めるにあたって、激しい攻防が展開されたのだろうかと思わせるような不自然な境界線である。

だが地形図で確認してみると、朝倉市と東峰村の境界線は、高度が同じ地点を結んだ等高線に沿って引かれていることがわかる。東峰村の細長く突き出している部分が谷で、朝倉市側は山である。東峰村の谷側は開墾され、民家も点在しているが、朝倉市側は森林地帯。別に奇妙な境界線ではなかったのである。

熊本県・合志市×菊陽町×大津町
細長く延びる合志市と菊陽町の境界線に河川と山脈が

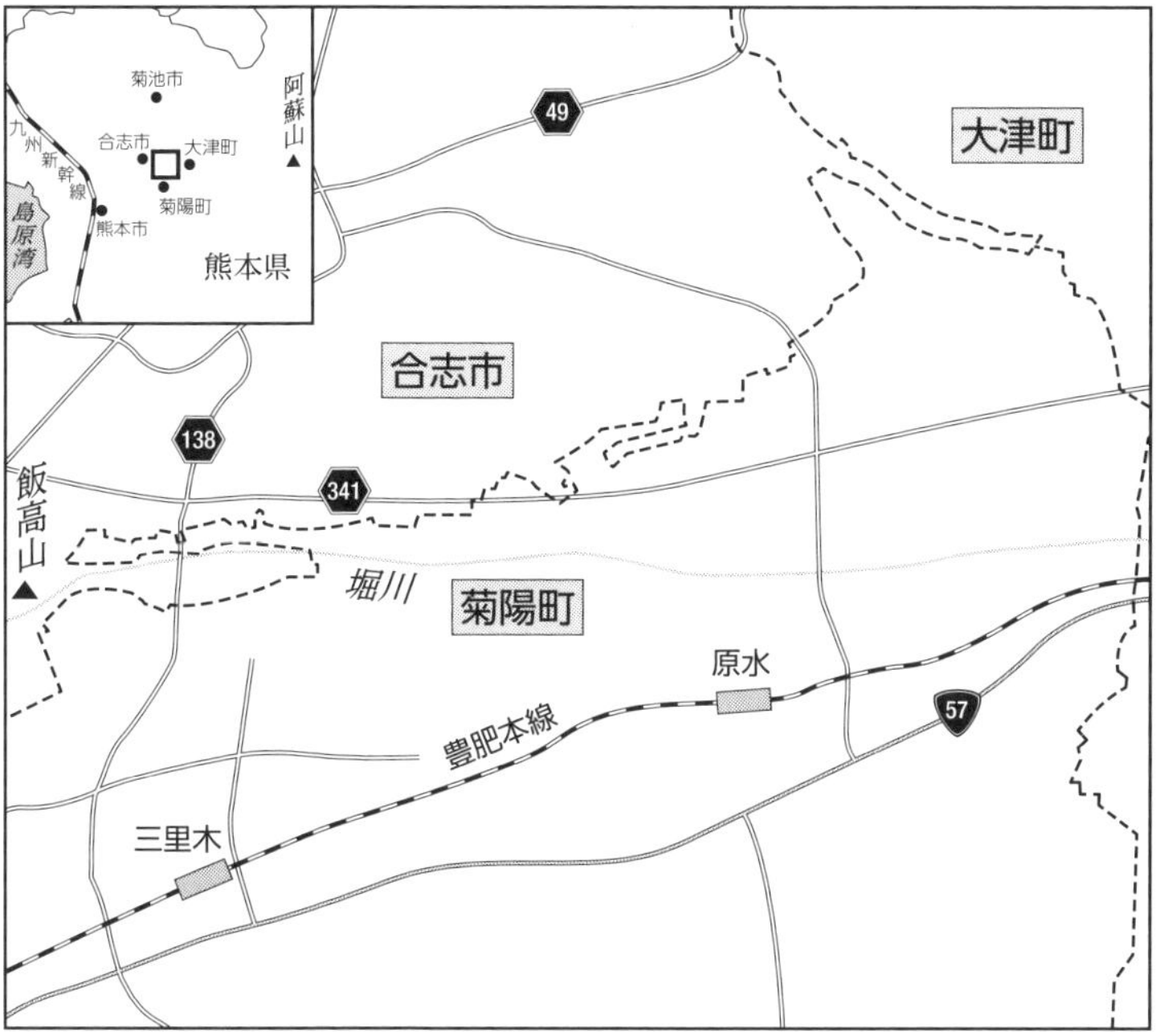

熊本市の北東部に隣接している合志市と菊陽町は、熊本市のベッドタウンとして人口が急増している都市だが、両市町の間に何かわけがありそうな境界線がある。合志市役所から1キロほど南にそびえる飯高山（125メートル）の麓から菊陽町の町域を割り裂くように、合志市の一部が東に向かって細長く延びているのだ。菊陽町側から見れば合志市の市域に突き刺さるように西に向かって延びている。

奪われたら奪い返すといった雰囲気を感じさせる境界線だが、合志市の細長く延びた市域には白川水系の堀川が流れており、菊陽町の細長い町域は標高が100メートル余りの小さな山脈だ。奇妙に見える境界線も、地形に沿った極めて常識的な境界線だったのである。また、合志市の東端から菊陽町と大津町の境界を割り裂くように、合志市の細長く延びる境界線にも、合志川支流の日向川が流れており、その両側はなだらかな丘陵になっている。ここも、地形に基づいたごく自然な境界線だったのである。

宮崎県・都農町×川南町
都農町の突き出た部分は、高鍋藩の領地の名残り？

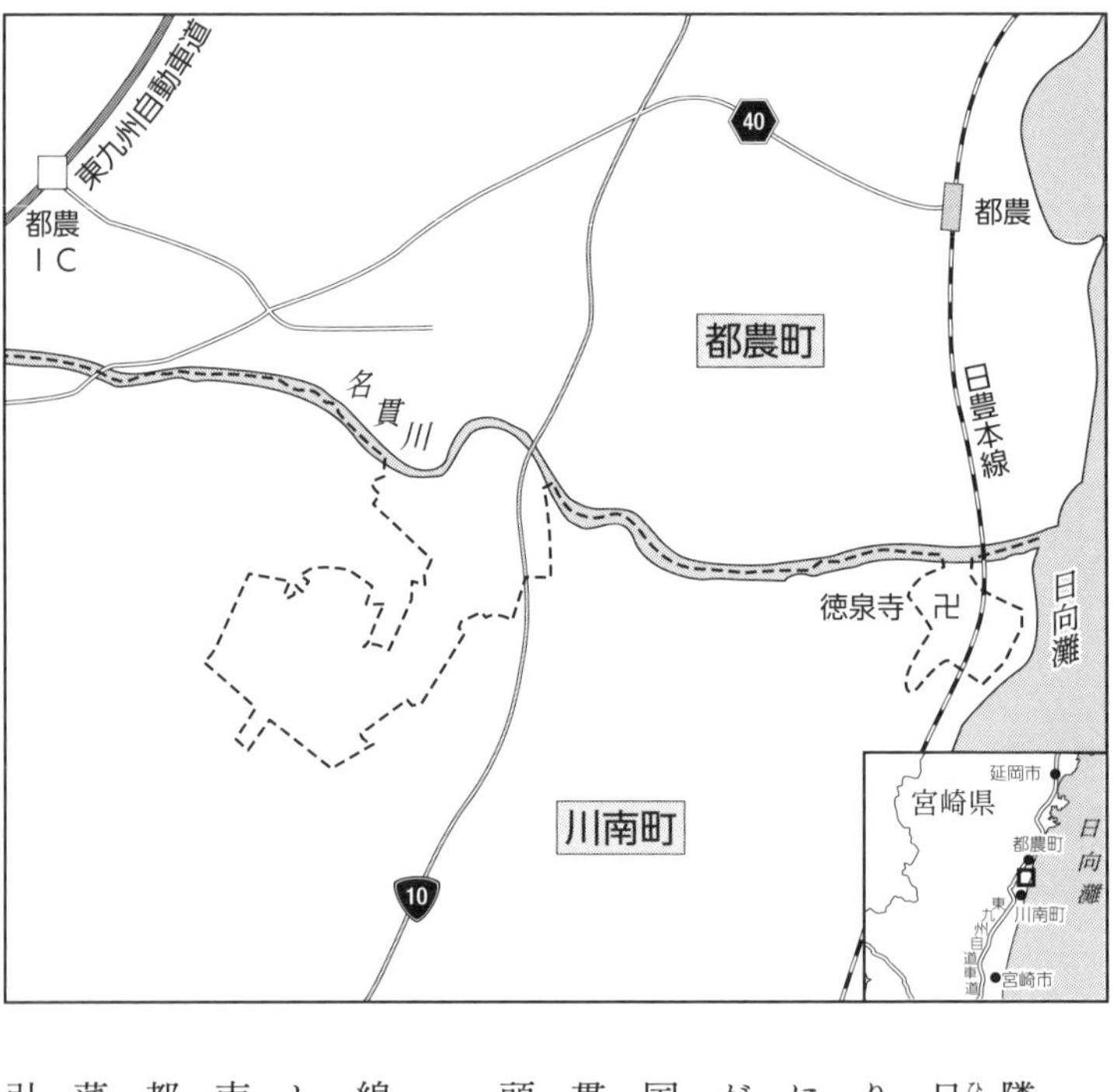

宮崎県の中央付近で日向灘に面している都農町と、南に隣接する川南町との間に不自然な境界線がある。１つは、日向灘の沿岸を走っているＪＲ日豊本線が走っているあたりだ。都農町の一部が名貫川を飛び越えて、川南町の町域に突き出しており、そこに徳泉寺という寺院と小さな集落がある。もう１つは、ここから名貫川を２キロほど遡った国道10号が通っているあたりだ。やはり都農町の一部が名貫川を越えて、対岸の川南町側に突き出している。人間の頭のような形をした奇妙な境界線である。

この地域は平野部なので、地形に基づいて生まれた境界線でないことは確かだ。だが、境界線をめぐる争いが発生したという記録はない。この地域が高鍋藩だった時代、川南町側へ突き出している２ヵ所の部分は川北郷といった。都農町側の村人たちが、名貫川を越えて開墾した地が高鍋藩の領地となり、そのまま村と村との境界となって現在に引き継がれてきたと考えられる。

宮崎県・西都市×新富町
西都インターチェンジを挟んで、北と南に細長く突き出た境界線

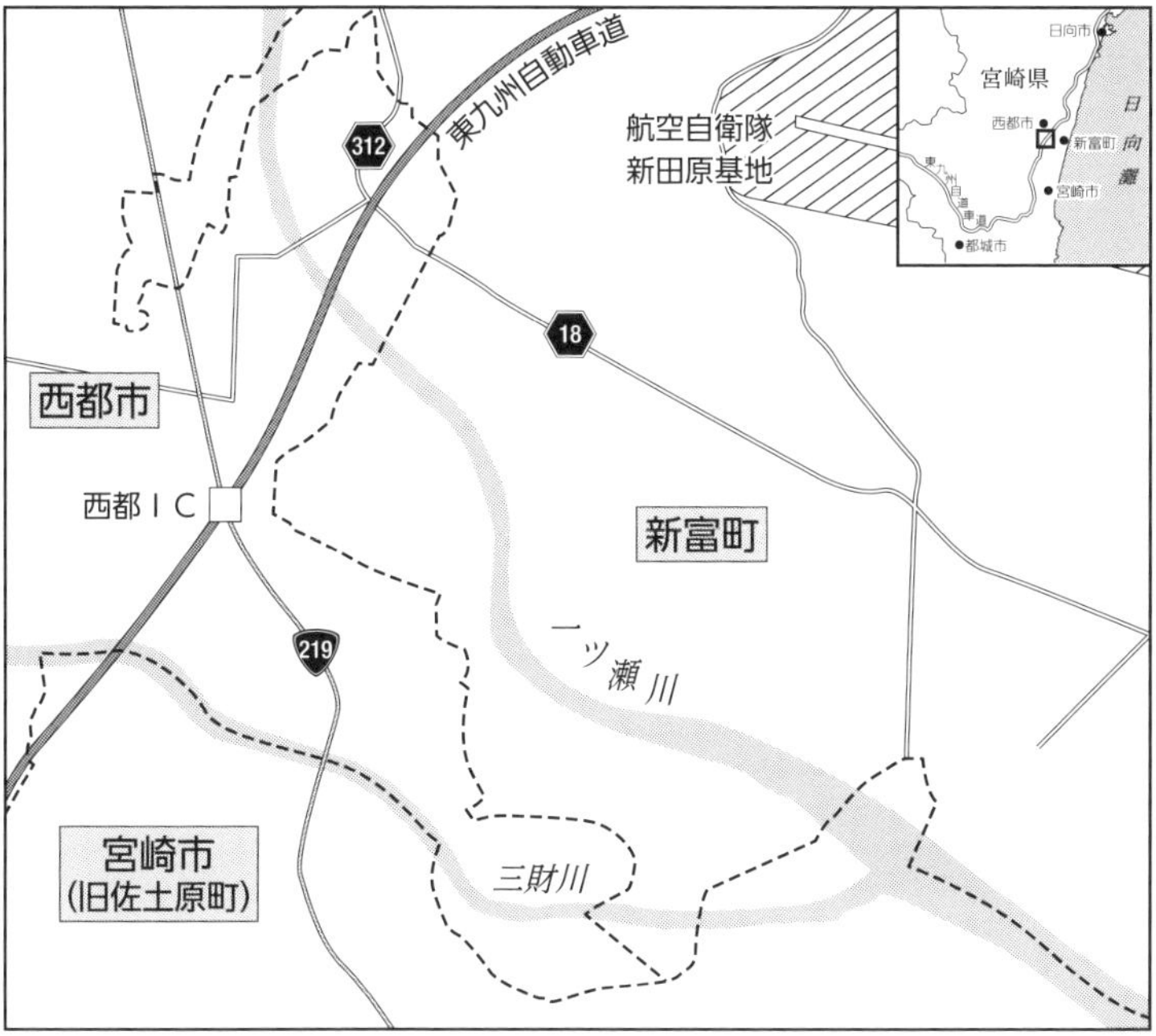

九州山地を発して日向灘に注ぐ一ツ瀬川が、宮崎市と北に隣接する新富町の境界になっているが、一ツ瀬川と支流の三財川流域に奇妙な境界線がある。新富町の真ん中にある航空自衛隊新田原基地の西側を東九州自動車道が走っているが、西都インターチェンジの周辺に不自然な境界線がある。西都インターチェンジの北側には、新富町側から一ツ瀬川を越えて西都市に向かってデコボコした細長い境界線が突き出している。長さは2キロ近くもある。

西都インターチェンジの南側では、今度は逆に西都市側から新富町と佐土原町（現・宮崎市）の境界に割り込む形で、南東方向に突き出している。三財川が境界になっている部分もあるが、そうでないところも多い。だが、境界線をめぐる争いがあったという形跡はない。宮崎平野北部の水利に恵まれた地域なので、村人たちが盛んに開墾し、その開墾地の境界が村の所有地となり、やがて村と村との境界になったのではないだろうか。

鹿児島県・霧島市×宮崎県・小林市×高原町×都城市

鹿児島県の亀の頭に集まる4市町の境界線

鹿児島県と宮崎県にまたがって、霧島山と呼ばれる火山群が横たわっている。両県の県境は、霧島山火山群のほぼ中央を横切っているが、そこに不可解な境界線がある。鹿児島県の一部が、まるで亀の頭のように宮崎県側に突き出しているのだ。亀の頭の先には、天孫降臨神話で知られる高千穂峰がそびえている。霧島火山群では最高峰の韓国岳（１７００メートル）に次いで2番目に高い、標高１５７４メートルの成層火山である。山頂は宮崎県側にあり、鹿児島県は山頂まで５００メートルほど足りないのだ。

高千穂峰は古くから神聖な山として信仰されてきた山だっただけに、鹿児島県も何とか高千穂峰の山頂を領有したかったのだろう。そう思わせる不可解な県境である。山頂までは達することはできなかったが、御鉢と呼ばれる火口だけは獲得できた。県境が亀の頭のように丸みを帯びているのは、火口に沿って県境が引かれたからである。宮崎県にしてみれば、鹿児島県との県境が宮崎県側に食い込み、御鉢を鹿児島県側に持っていかれたことに納得できなかったのだろう。

昭和初期、当時の宮崎県知事相川勝六は、陸軍参謀本部陸地測量部に、史料を根拠に県境の訂正を求めたが、「我が国が世界の国境を変えようとしているときに、宮崎県と鹿児島県の県境に誤りがあったとしても、それごときに構ってはいられない」と却下されたという。

もう1つ境界線で奇異に感じるのは、鹿児島県の亀の頭の部分に、宮崎県の小林市、高原町、都城市、それに鹿児島県霧島市の4市町の境界が集まっていることだ。それに、高千穂峰の山頂を挟んで東西1・5キロほどの間が境界未定地になっていること、さらに、高千穂峰の東麓にある御池という火口湖を挟んで、2キロほどの間が境界未定地になっていることだ。なぜここに境界未定地があるのか、天孫降臨神話の高千穂峰と関係があるのか、その理由は定かでない。

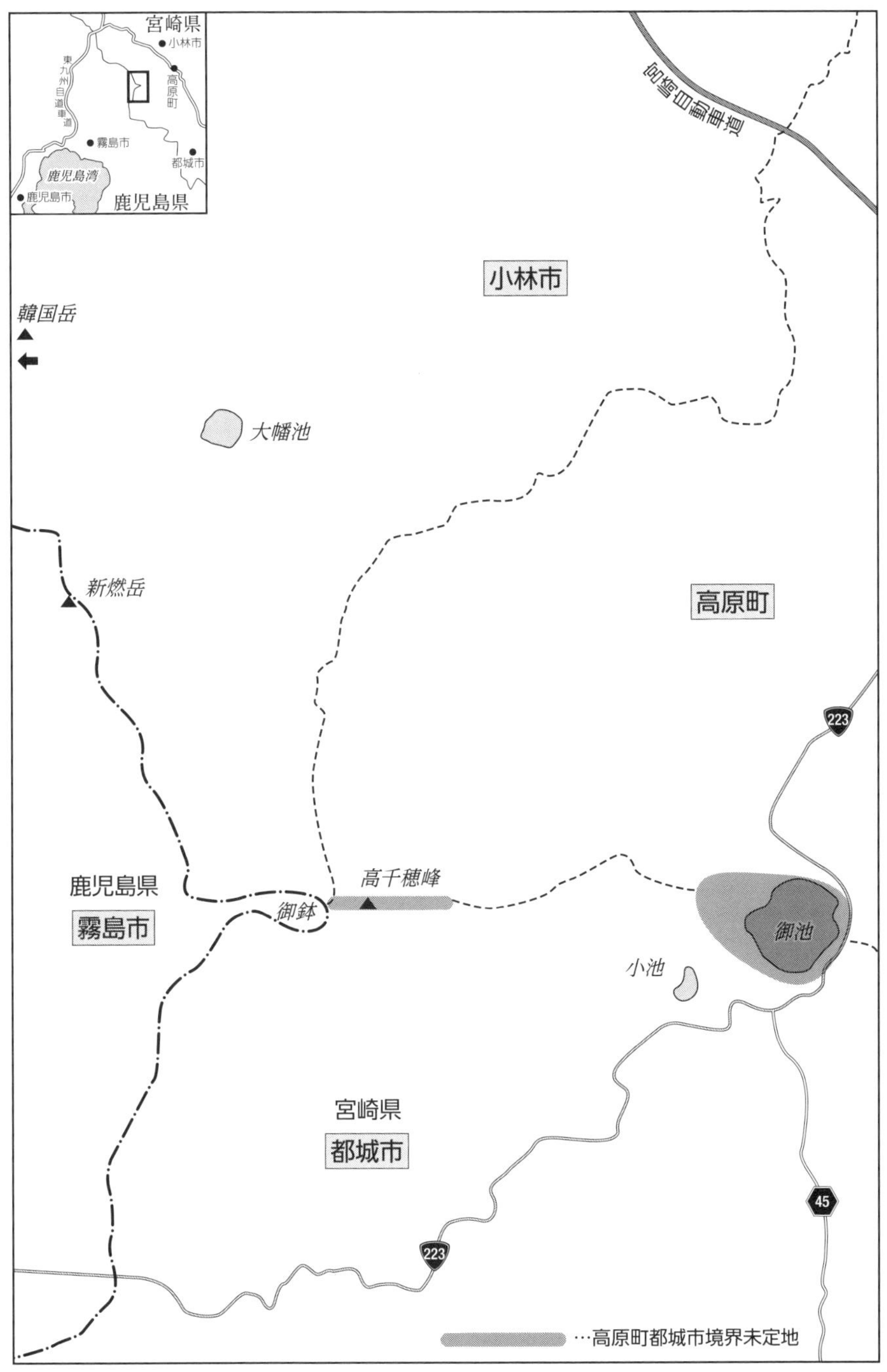
宮崎県
小林市
東九州自動車道
高原町
霧島市
都城市
鹿児島湾
鹿児島市
鹿児島県
宮崎自動車道
小林市
韓国岳
大幡池
新燃岳
高原町
223
鹿児島県
霧島市
高千穂峰
御鉢
御池
小池
宮崎県
都城市
45
223
…高原町都城市境界未定地

鹿児島県・東串良町×肝付町×鹿屋市
肝属川流域のたんこぶのような境界線

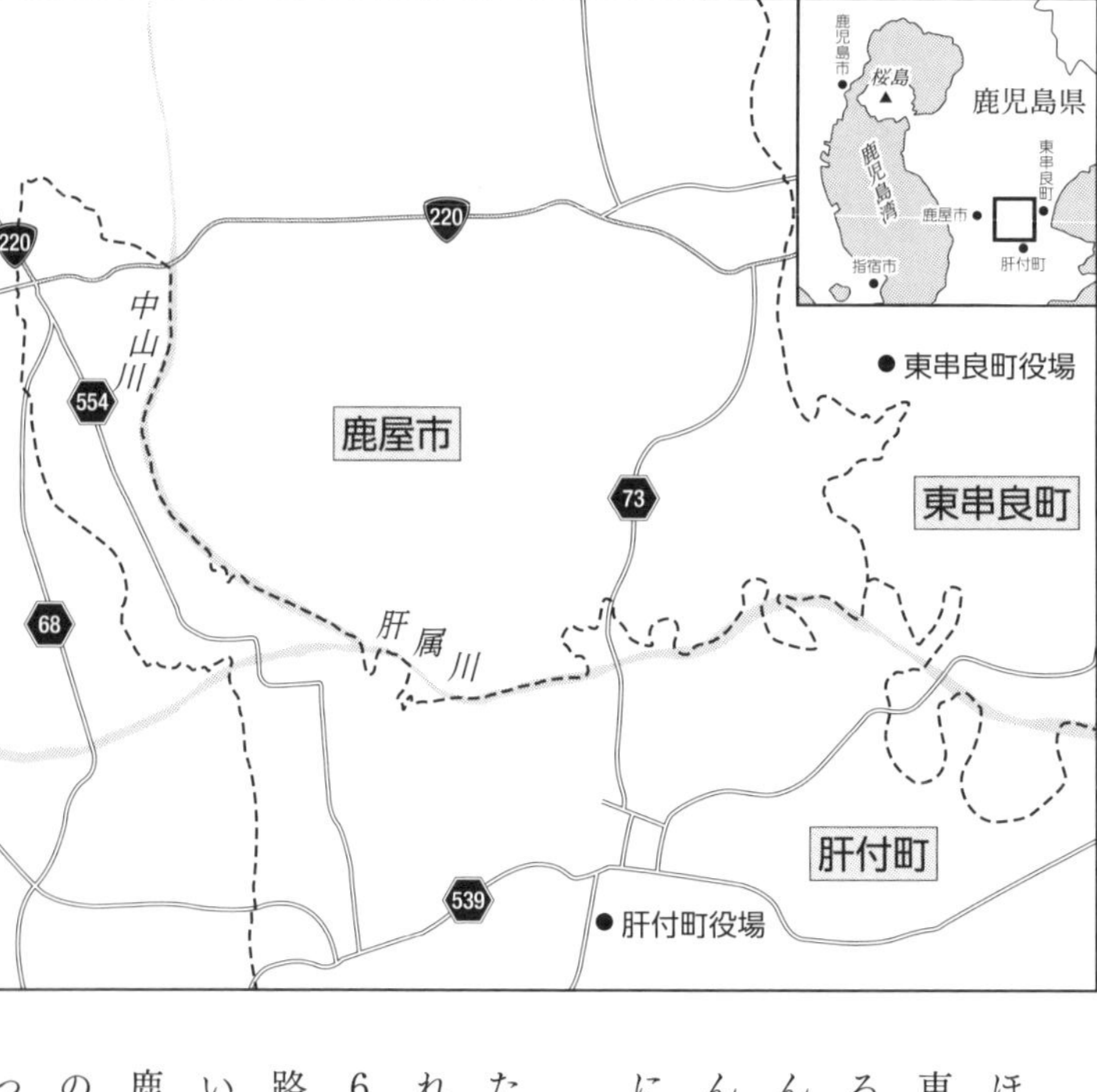

九州の南端から南に向かって突き出している大隅半島のほぼ中央を、肝属川が東串良町と肝付町の境界を西から東に向かって流れながら、志布志湾（太平洋）に注いでいる。その肝属川沿いに複雑に入り組んだ境界線がある。たんこぶのような丸みを帯びた奇妙な境界線が、肝属川を挟んでいくつもあるのだ。いかにも不自然な境界線だが、特に不思議がるような境界線ではなかったのである。

肝属川は明治時代まで、蛇行の激しい河川だった。そのため大雨が降るたびに氾濫し、流域は大きな被害に見舞われた。そこで大正時代の頃から改修工事が始められ、1963年（昭和38）に河川の直線化工事が完成して現在の流路になった。たんこぶのような境界線は、激しく蛇行していた肝属川の旧流路だったのである。肝付町の北西部から鹿屋市域に向かって突き出している境界線も、肝属川支流の中山川などの小河川が流れている。これらは、地形に沿って自然に生まれた境界線である。

第三章　全国各地に点在する飛び地

北海道・日高町×平取町

北海道にある日本一大きな飛び地

行政区画の一部が、他の行政区画の中に飛び離れている土地を「飛び地」というが、全国には大きな飛び地から小さな飛び地まで無数に存在している。小さな飛び地は住宅1軒分ほどしかないものもあるが、何千人もの人が住んでいるとてつもなく大きな飛び地もある。

日本一大きい飛び地は北海道にある。日高振興局管内にある日高町の飛び地だ。面積は563・9平方キロと、東京23区で一番小さい台東区の55倍以上もの広さがある巨大な飛び地である。日高町の総面積は992・7平方キロ。ということは、飛び地が日高町の総面積の56・8％を占めていることになる。常識的に考えれば、本体より飛び地の方が大きいなんて馬鹿な話はないが、あくまでも面積の広い方が飛び地なのである。なぜこのような、本体より大きい飛び地が生まれてしまったのか。日高町の飛び地は、平成の大合併で発生した極めて新しい飛び地である。

当初は沙流(さる)郡の3町（門別町、平取(びらとり)町、日高町）で合併協議を進めていた。太平洋に面する門別町、内陸にある日高町、両町の中間に位置する平取町の3町である。3町が予定通り合併していれば、飛び地が発生することはなかった。だが、平取町がこの合併構想に待ったをかけたのである。

3町による合併が実現しなかった最大の原因は、3町の人口のアンバランスにあった。合併を目前にしていた2005年（平成17）3月時点の3町の人口は、門別町が1万2717人、平取町は6231人、日高町は2053人。平取町は日高町との合併を望んだ。人口が少ない日高町との合併であれば、平取町が主導権を握って町政を運営することができるが、門別町が加わると人口が圧倒的に多い門別町に主導権を握られる恐れがある。そのため、平取町はこの合併協議から離脱し、門別町と日高町との2町の合併となった。新町名こそ「日高町」になったが、役場は旧門別町に置かれた。旧・日高町が、新しく発足した日高町の飛び地になったというわけである。

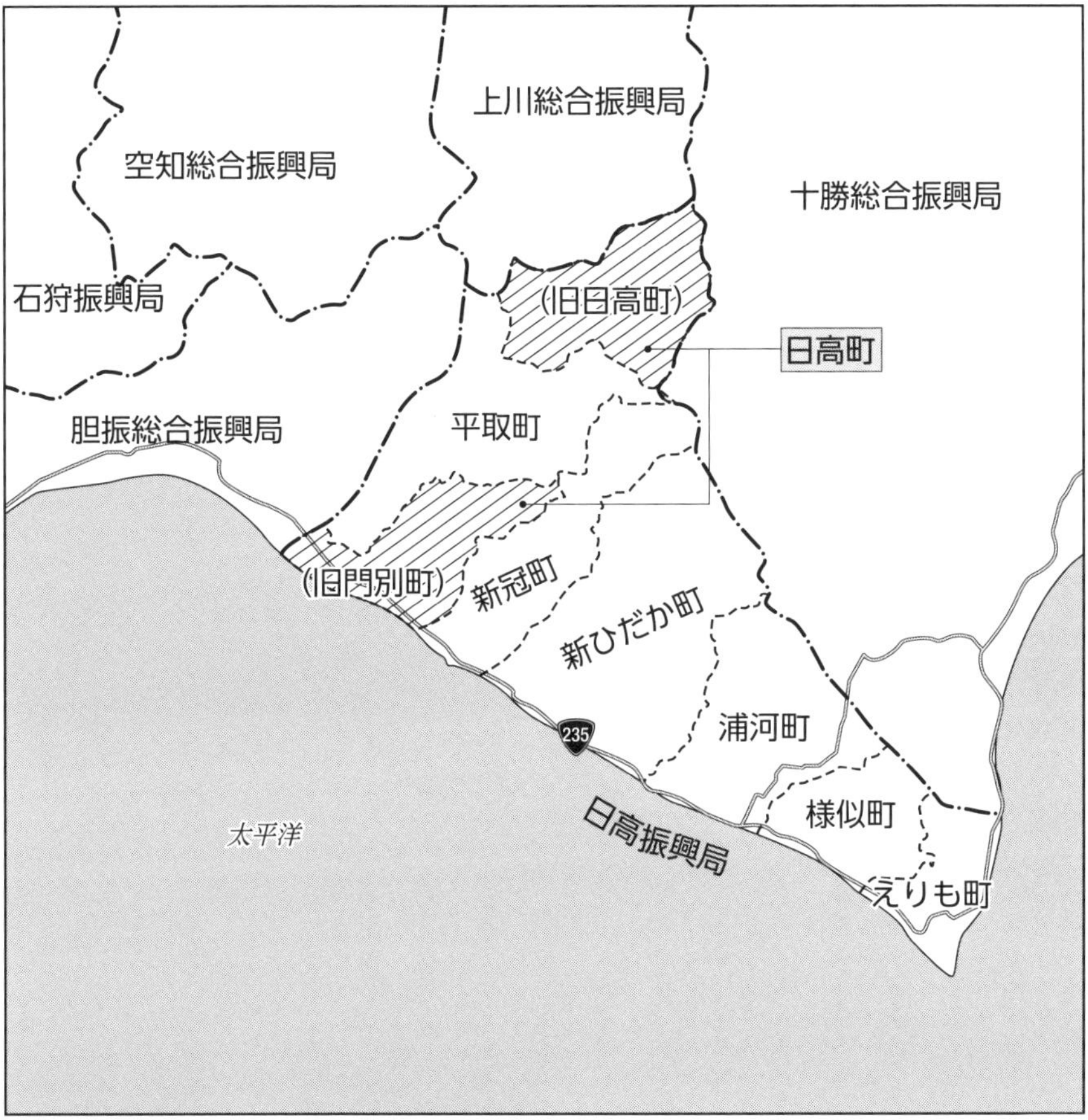
上川総合振興局
空知総合振興局
十勝総合振興局
石狩振興局
(旧日高町)
日高町
平取町
胆振総合振興局
(旧門別町)
新冠町
新ひだか町
235
浦河町
太平洋
日高振興局
様似町
えりも町

オホーツク海
日本海
北海道
大雪山（旭岳）
岩見沢
札幌市
帯広
室蘭
浦賀
太平洋
函館

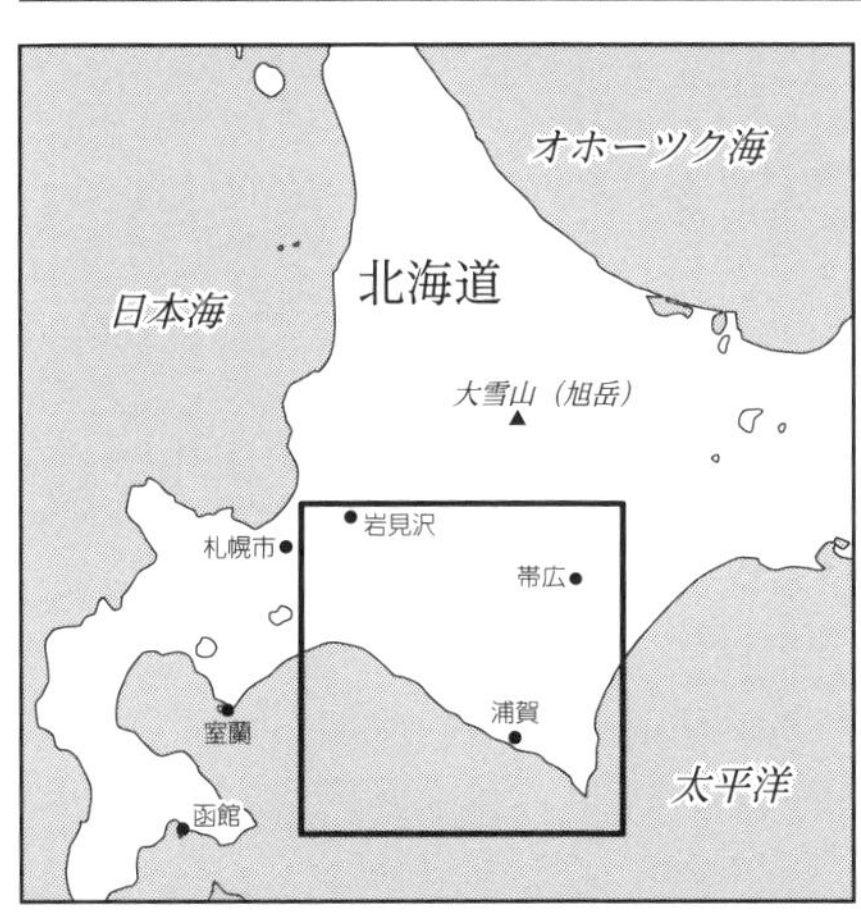

茨城県・龍ケ崎市×牛久市
女化神社だけがなぜ飛び地？

茨城県の南部にある牛久沼は、鰻丼の発祥地だと言われている。牛久沼の周辺には多くのウナギ料理店がある。だが、牛久沼は牛久市ではなく、全域が龍ケ崎市の管轄である。その龍ケ崎市の小さな飛び地が、牛久市の中にある。約200メートル四方の小さな飛び地で、この一画だけが龍ケ崎市馴馬（なれうま）町なのである。この小さな飛び地の中に、女化（おなばけ）神社という奇妙な名前の神社がある。

なぜ神社の一画だけが飛び地なのか不思議だが、この周辺は女化ヶ原と呼ばれる入会地、すなわち周辺の村々の人たちが、薪や木の葉などを採取するために利用する公共の場だった。女化ヶ原には女化神社が鎮座し、周辺の村人たちから信仰を集めていた。ところが、江戸末期頃に社殿が焼失。馴馬村（現・龍ケ崎市）の松田次左衛門の寄進により再建され、同じ村の來迎院が管理した。その関係から明治になってからも、女化神社の一画だけは馴馬村の管轄、つまり龍ケ崎市の飛び地になったというわけである。

栃木県・那須塩原市×那須町
山奥にある秘湯だけがなぜ飛び地？

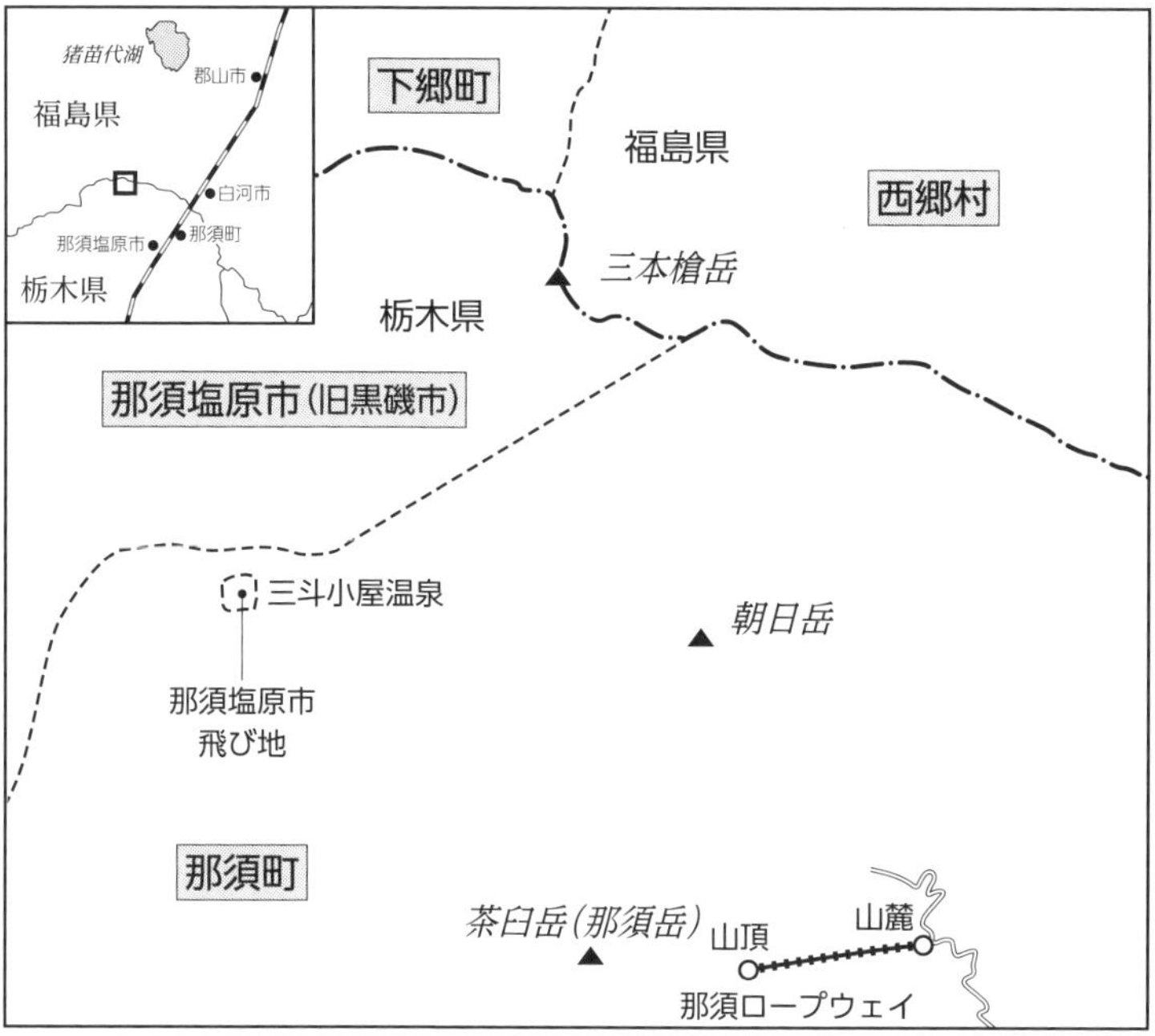

栃木県の最北端、福島県との県境近くに「三斗（さんど）小屋」という温泉がある。那須連峰の朝日岳（1896メートル）西側の山深い奥地にある温泉で、この温泉へ行くには、那須ロープウェイで山頂駅まで上り、そこから徒歩2時間でやっとたどり着けるという秘湯中の秘湯である。電気も通じていなければ郵便も届かない。温泉の住所は那須塩原市（旧・黒磯市）だが、周囲はすべて那須町。つまり、三斗小屋温泉だけが那須塩原市の飛び地なのである。

なぜ温泉だけが飛び地なのか。その原因は明治の町村合併にある。1889年（明治22）に市制・町村制が施行され、三斗小屋温泉がある地域は高林村（現・那須塩原市）として発足した。だが、高林村と隣接する那須村（現・那須町）の境界が曖昧だったため、両村の間で協議が行われた。その結果、那須村側の主張が全面的に通り、温泉周辺の山林はすべて那須村の領域になった。そのため、三斗小屋温泉だけが高林村の飛び地になったというわけである。

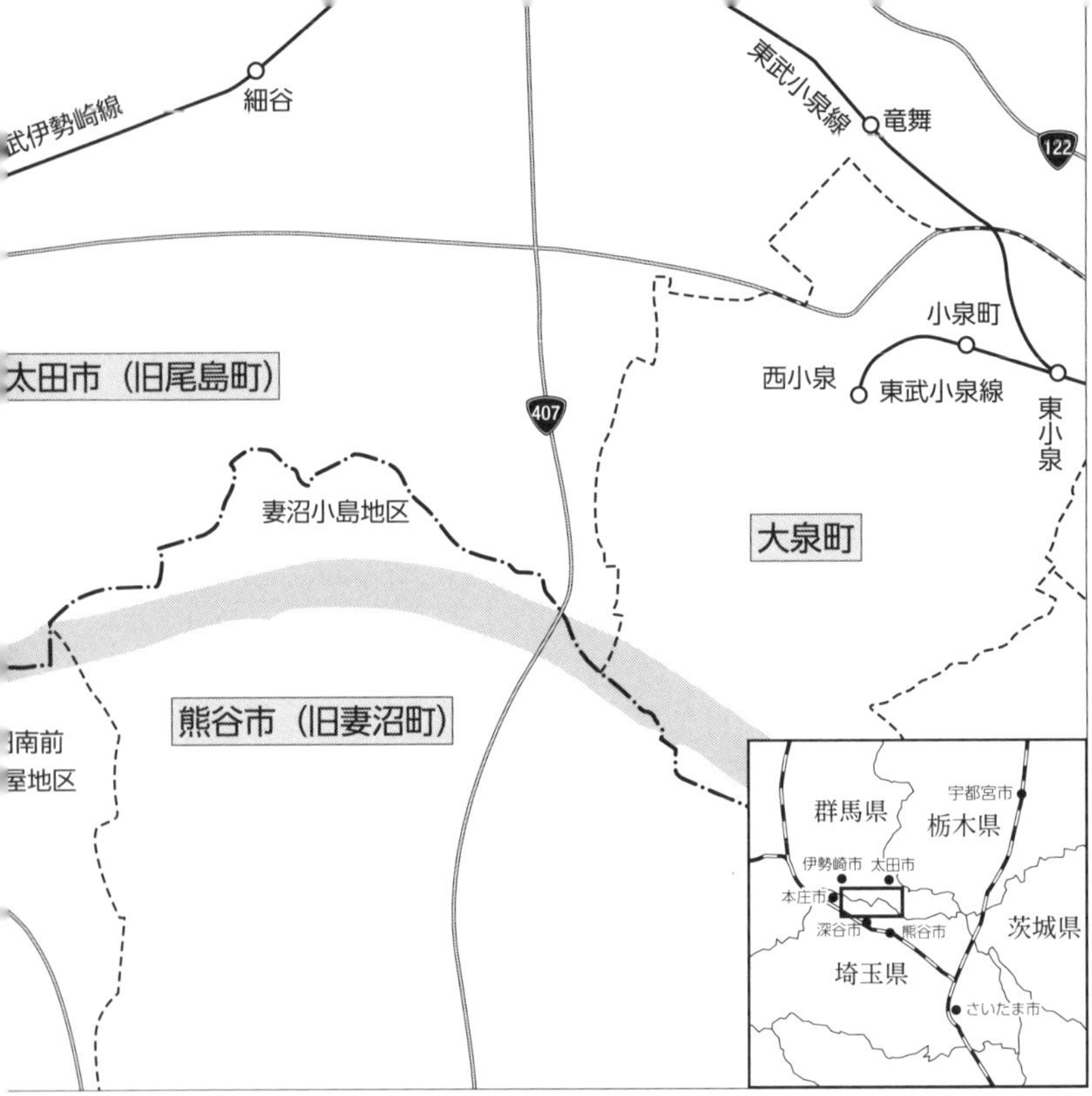

群馬県・太田市×埼玉県・熊谷市、群馬県・伊勢崎市×埼玉県・本庄市および深谷市

利根川を挟んで、群馬県と埼玉県の河川飛び地

日本一の大河川として有名な利根川は、上流は群馬県を流れているが、中流では群馬と埼玉の県境を流れている。明治時代に利根川の流路が群馬と埼玉の県境に定められたが、利根川はしばしば氾濫し、流域に大きな被害をもたらした。そのため、これまで幾度となく河川改修が行われてきた。大正時代にも、利根川の流路の直線化工事が行われている。これによって、群馬県と埼玉県の県境は流路と一致しなくなり、県境が何度も利根川を横断して北岸と南岸を行ったり来たりしている。群馬県の一部が埼玉県側に、埼玉県の一部が群馬県側に取り残されることになったのである。これを「河川飛び地」といっているが、河川飛び地は行政に支障をきたすばかりではなく、住民の日常生活にも支障が出てくるので望ましいことではない。そこで、群馬県と埼玉県の間で、幾度となく飛び地を解消するための協議が行われている。

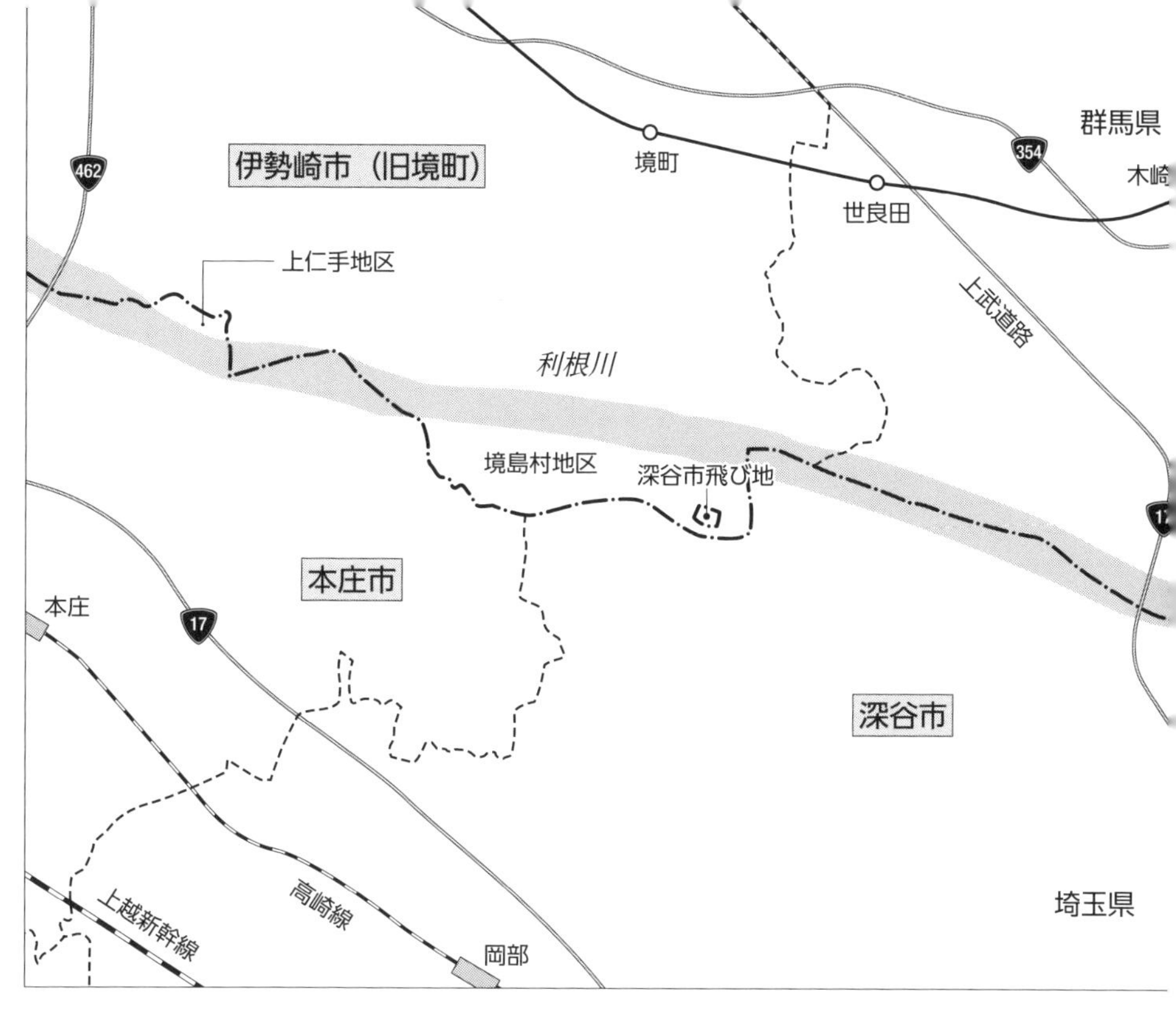

２０１０年（平成22）には、利根川の南岸にあった群馬県太田市（旧・尾島町）の南前小屋地区が埼玉県深谷市に編入され、深谷市の一部が太田市に編入されて河川飛び地が解消している。だが、現在でも群馬県と埼玉県との間には、人が住んでいる河川飛び地が３ヵ所ある。１ヵ所は埼玉県熊谷市の妻沼（めぬま）小島地区が利根川北岸の太田市に、１ヵ所は埼玉県本庄市の上仁手（かみにって）地区が利根川北岸の群馬県伊勢崎市に、そしてもう１ヵ所は伊勢崎市境島（さかいしま）村地区が利根川南岸の深谷市側にある。

しかも、深谷市側にある伊勢崎市の河川飛び地には、深谷市の小さな飛び地まである。デコボコした面積２・４ヘクタールの小さな飛び地で、そこに30人ほどが住んでいる。なぜ飛び地が発生したのか定かではないが、群馬県の飛び地の中に埼玉県の飛び地があるというわけだ。河川飛び地は完全な飛び地とはいえないかもしれないが、見方によっては県の二重飛び地だとも言える。このような例は、他では見られない極めて珍しい飛び地である。

埼玉県・熊谷市×行田市
熊谷市にある行田市の複雑な飛び地

利根川の南岸に位置する熊谷市は、埼玉県北部で最大の都市である。2018年（平成30）7月には、41・1℃と日本最高気温を観測しており、「日本一暑い町」を標榜している。熊谷市の東に隣接している行田（ぎょうだ）市は、県名の発祥地として知られる県内で最も歴史の古い都市で、埼玉（さきたま）古墳群には日本最大の円墳（丸墓山古墳）がある。行田市の奇妙な形をした飛び地が、国道125号と熊谷バイパス（国道17号）が合流する付近の熊谷市の中にあるのだ。

よく見ると飛び地は4つに分かれており、一番大きな飛び地は四角張っているところもあれば、三角に突き出しているところもあるといったように、複雑に入り組んでいるが1つにつながった飛び地である。このひと固まりになった飛び地のほかにも、少し離れたところにも飛び地があり、この飛び地近くの熊谷市と行田市の境界線もデコボコしていて、いかにも不自然である。

どうしてこのように複雑な飛び地があるのか。また、両市の境界線はなぜデコボコしているのか。その原因は「昭和の大合併」にあった。かつて熊谷市と行田市の間に、星宮村という農村が存在していた。1953年（昭和28）10月に施行された町村合併促進法により、全国規模で市町村合併が推し進められたが、財政が脆弱な町村は、隣接する市町村との合併を余儀なくされた。星宮村もその1つだ。

だが、星宮村は熊谷市とも行田市とも古くから地域的なつながりがあったため、どちらの市と合併するか住民の意見は2つに分かれ、村議会では収拾がつかない有様だった。そのため県が調停に乗り出し、いったん行田市と合併することで決着。ただし、行田市との合併が成立した後に、熊谷市との合併を望んでいた地区を行田市から切り離し、熊谷市へ編入するという条件付きの合併であった。その結果、このように奇妙な飛び地と境界線が生まれたというわけである。行田市に残った地域より、熊谷市への編入を希望する地区が圧倒的に多かったことを物語っている。

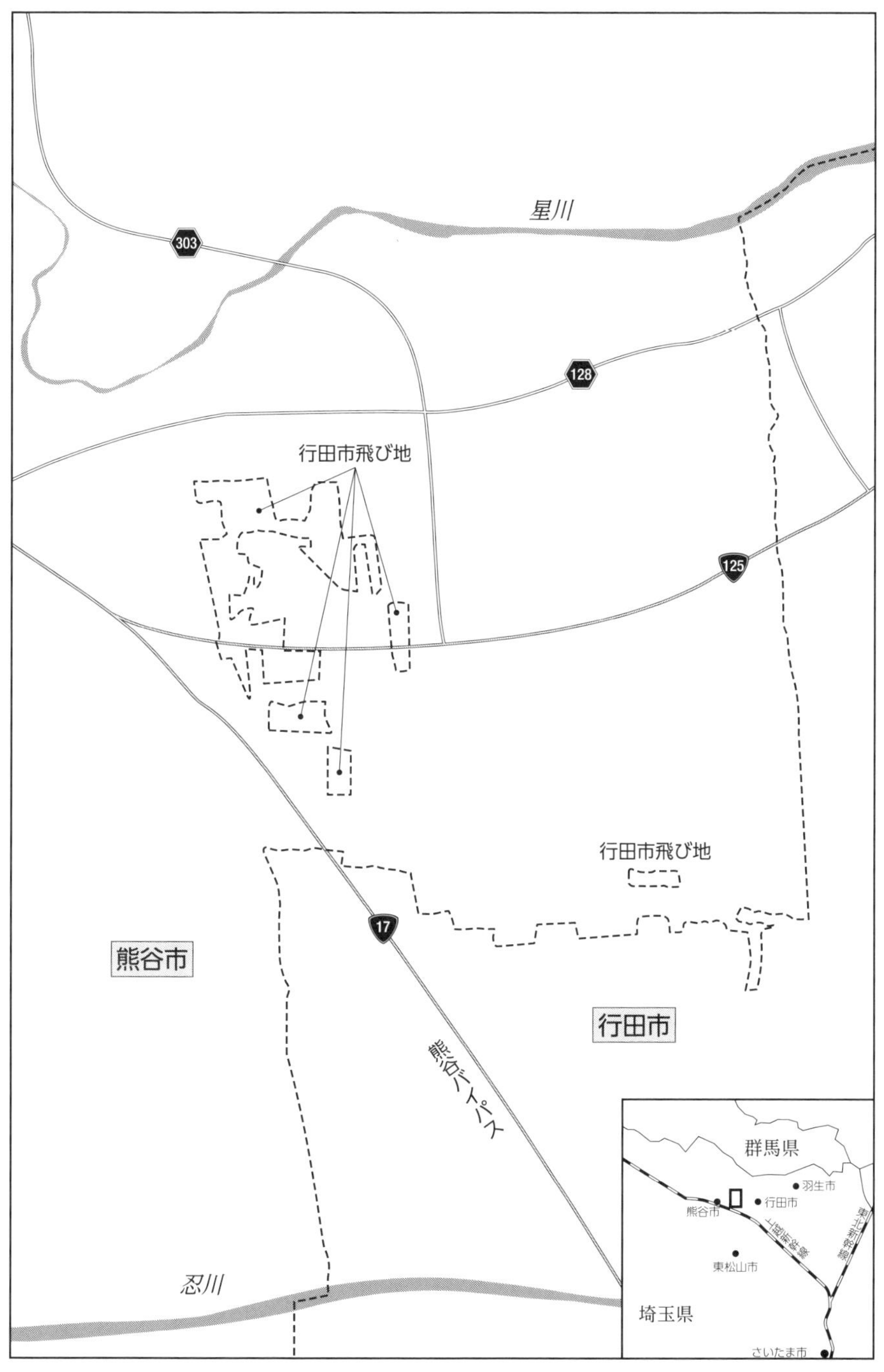
星川
303
128
行田市飛び地
125
行田市飛び地
17
熊谷市
行田市
熊谷バイパス
忍川
群馬県
羽生市
熊谷市
行田市
上越新幹線
東北新幹線
東松山市
埼玉県
さいたま市

東京都・練馬区×埼玉県・新座市

新座市の隣の家は練馬区、その隣はまた新座市

東京にも有名な飛び地がある。一辺の長さが50～60メートルほどという、あまりにも小さな飛び地である。埼玉県新座（にいざ）市の中に、練馬区の一画が飛び離れているのだ。周囲はすべて新座市である。とはいっても、練馬区の本体からわずか60メートルほどしか離れていない。この小さな飛び地の中に、13軒の民家が連なっている。飛び地は長方形ではなく、片側が凸凹になっているので、新座市の家の隣の家が練馬区で、その隣が再び新座市というように、奇妙な現象が起きているのだ。

自治体が異なるわけだから、当然のことながら行政サービスも異なってくる。練馬区の飛び地に住んでいる人たちは、上下水道は新座市からサービスを受け、水道料金も新座市に納めているが、住民税は練馬区に納め、ゴミの収集も練馬区からサービスを受けている。そのため、ゴミの収集日や収集時間も異なっている。新座市のゴミ収集車は、練馬区の飛び地に住んでいる人のゴミを回収することなく、横目で見ながら通過していくことになる。その逆もあって、練馬区のゴミ収集車は新座市のゴミには見向きもしない。

郵便も新座市と練馬区の飛び地とは、別々の時間に配達されている。郵便番号も新座市は（３５２）、練馬区は（１７８）というように異なっている。では、電話の市外局番も飛び地と新座市とでは異なっているのかというとそうではなく、練馬区の飛び地の市外局番は東京の（03）ではなく、新座市と同じ（０４８）なのだ。このように、行政サービスが異なると支障が出てくるので、行政レベルでは練馬区の飛び地を、新座市に編入することで合意している。だが、住民がウンと言わないのだ。飛び地の住民にとって、「東京」というブランドを手放したくないようだ。それもそのはず、同じ並びの家でも、新座市と練馬区とでは資産価値が異なるらしい。飛び地が生まれた理由は定かではなく、１９７４年（昭和49）にこの地域が宅地開発されて、初めて飛び地であることが判明したという。

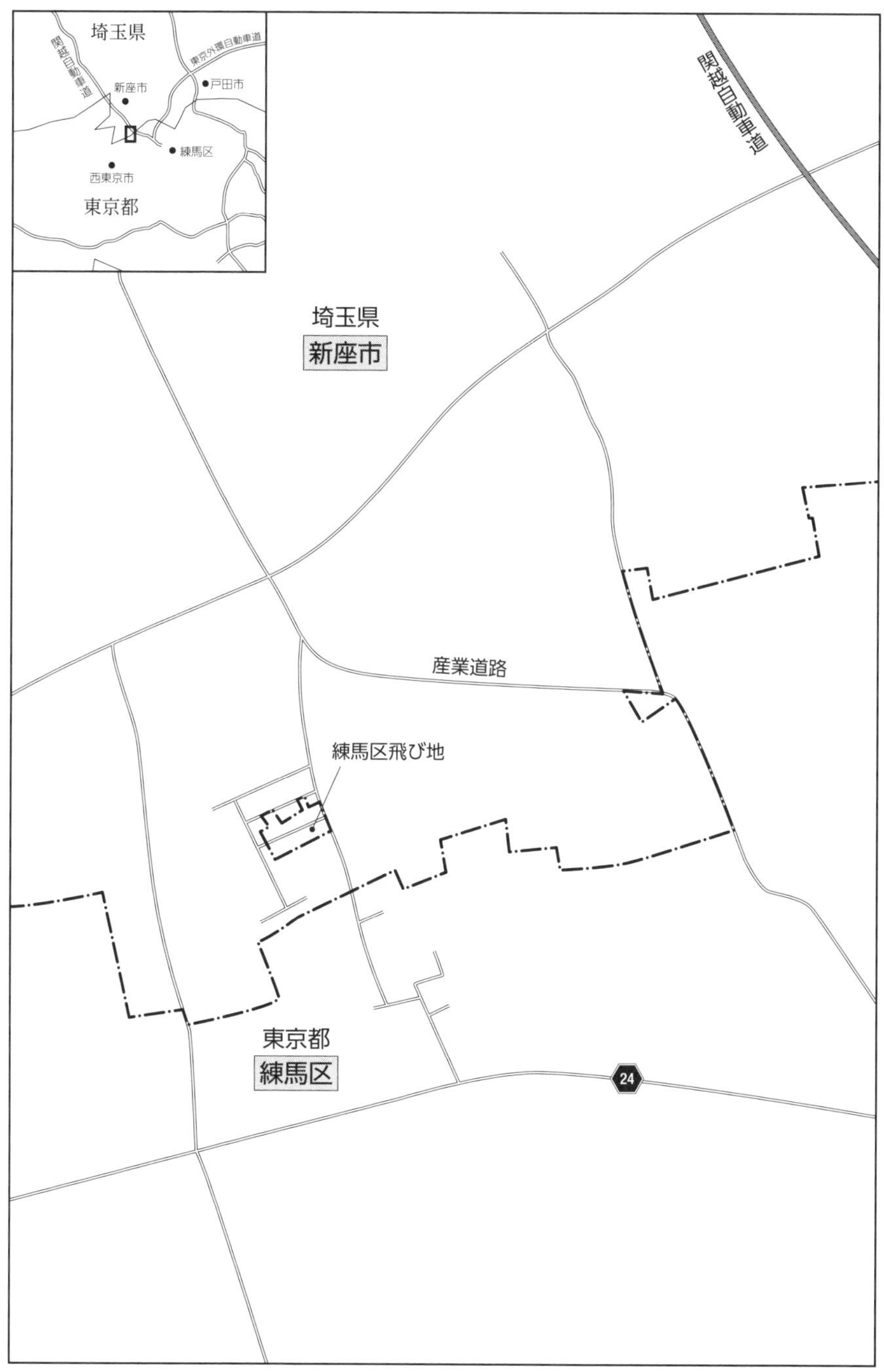
埼玉県
関越自動車道
東京外環自動車道
新座市
戸田市
練馬区
西東京市
東京都
関越自動車道
埼玉県
新座市
産業道路
練馬区飛び地
東京都
練馬区
24

東京都・稲城市×神奈川県・川崎市多摩区
よみうりランドにある東京都の飛び地

調布市と相模原市を結んでいる京王相模原線に、「京王よみうりランド」という駅がある。いうまでもなく、東京近郊のレジャーセンターとして人気があるよみうりランドの最寄り駅である。駅の所在地は東京都稲城（いなぎ）市だが、よみうりランドは川崎市多摩区にある。いや、厳密にいえば東京都稲城市にもかかっている。そう、よみうりランドは東京と神奈川の都県境にまたがる一大レジャーセンターである。遊戯施設のほとんどは川崎市にあるが、よみうりランドの住所は「稲城市矢野口（やのくち）」になっている。よみうりランドの本社ビルが、稲城市側に建っているからだ。明治の中頃までは矢野口村という寒村だった。

それはともかく、よみうりランドの中に稲城市の小さな飛び地がある。その飛び地はジャイアンツ球場のすぐ西側にあり、球場ほどの大きさしかない。居住者は誰もいないので行政上の支障はないが、かつて、そこに読売ジャイアンツの屋内練習場が建っていたことから、厄介な事件が起きたことがある。そこで盗難事件が発生したのである。そのため警視庁と神奈川県警が同時に出動し、現場が大騒動になった。というのも、屋内練習場が稲城市と川崎市の境界に建っていたからだ。

飛び地といっても、稲城市の本体からわずか十数メートルしか離れていない。だが、まぎれもなく東京都の飛び地である。なぜここに飛び地があるのかは定かではないが、明治初期に作成された公図で、すでに飛び地が存在していたことが確認できる。おそらく、矢野口村の地主が所有していた土地ではなかったのだろうか。その当時の境界が現在まで引き継がれてきたものと思われる。観覧車や絶叫マシン、ゴーカート、遊泳プールなど、ほとんどの遊戯施設が川崎市側にあることから、よみうりランドの住所は稲城市でも、よみうりランドの市外局番は稲城市の（042）ではなく、川崎市の（044）である。この点は練馬区の飛び地とよく似ている。

南武線
19
9
三沢川
東京都
124
京王相模原線
京王よみうりランド
稲城市
ジャイアンツ球場
稲城市飛び地
神奈川県
ゴンドラ　スカイシャトル
川崎市多摩区
よみうりランド
よみうりランド入口
東京都
府中市
多摩川
中央自動車道
調布市
稲城市
多摩市
川崎市
町田市
神奈川県

新潟県・刈羽村×柏崎市×長岡市

刈羽村の飛び地は、小学校の移転による住民感情のもつれが原因

新潟県の中央部に、刈羽（かりわ）村という周囲を柏崎市に囲まれた小さな村がある。柏崎刈羽原子力発電所で知名度はあるが、その刈羽村に大きな飛び地があることは余り知られていない。刈羽村の東部は山地だが、その山の向こう側に刈羽村の飛び地があるのだ。面積5・5平方キロとかなり大きく、刈羽村の本体とは1・5キロほど離れている。なぜこのような飛び地が存在するのか不思議に感じるだろうが、それは小学校の移転問題に原因があったようだ。

かつて、刈羽村と刈羽村の飛び地の間に中通（なかどおり）村という小さな村が存在していた。1901年（明治34）に、油（あぶら）田（でん）村など4村が合併して発足した村である。中通村は貧しいながらも、まとまりのあるのどかな農村だった。だが、昭和の大合併が始まる数年前、中通村の油田地区にある小学校の移転問題で、村民が激しく対立する事態が発生したのである。校舎が老朽化したため同じ場所に小学校を建て直すのか、これを機に交通至便な国道8号沿いの五十土（いかづち）地区に移転するかで紛糾した。村は五十土地区への移転を強行したのである。

1953年（昭和28）から始まった昭和の大合併で、財政力の弱い中通村は、隣接する市町村と合併しなければならない運命にあった。普通であれば、生活圏が同じ柏崎市との合併が自然なのだが、住民感情のもつれが尾を引き、村民はいがみ合い、とても村民の意思統一が図れる状態ではなかった。これまで1つにまとまっていた中通村が、バラバラに分裂するという最悪の事態を招いてしまったのである。

一部の地域は柏崎市と合併し、北条（きたじょう）村（現・柏崎市）と合併した地区もある。油田地区は隣接する大積（おおづみ）村（現・長岡市）との合併を望んだが、それは実現しなかった。結局油田地区は、柏崎市を飛び越えて刈羽村と合併することになったのである。そのため、油田地区が刈羽村の飛び地になってしまったというわけだ。

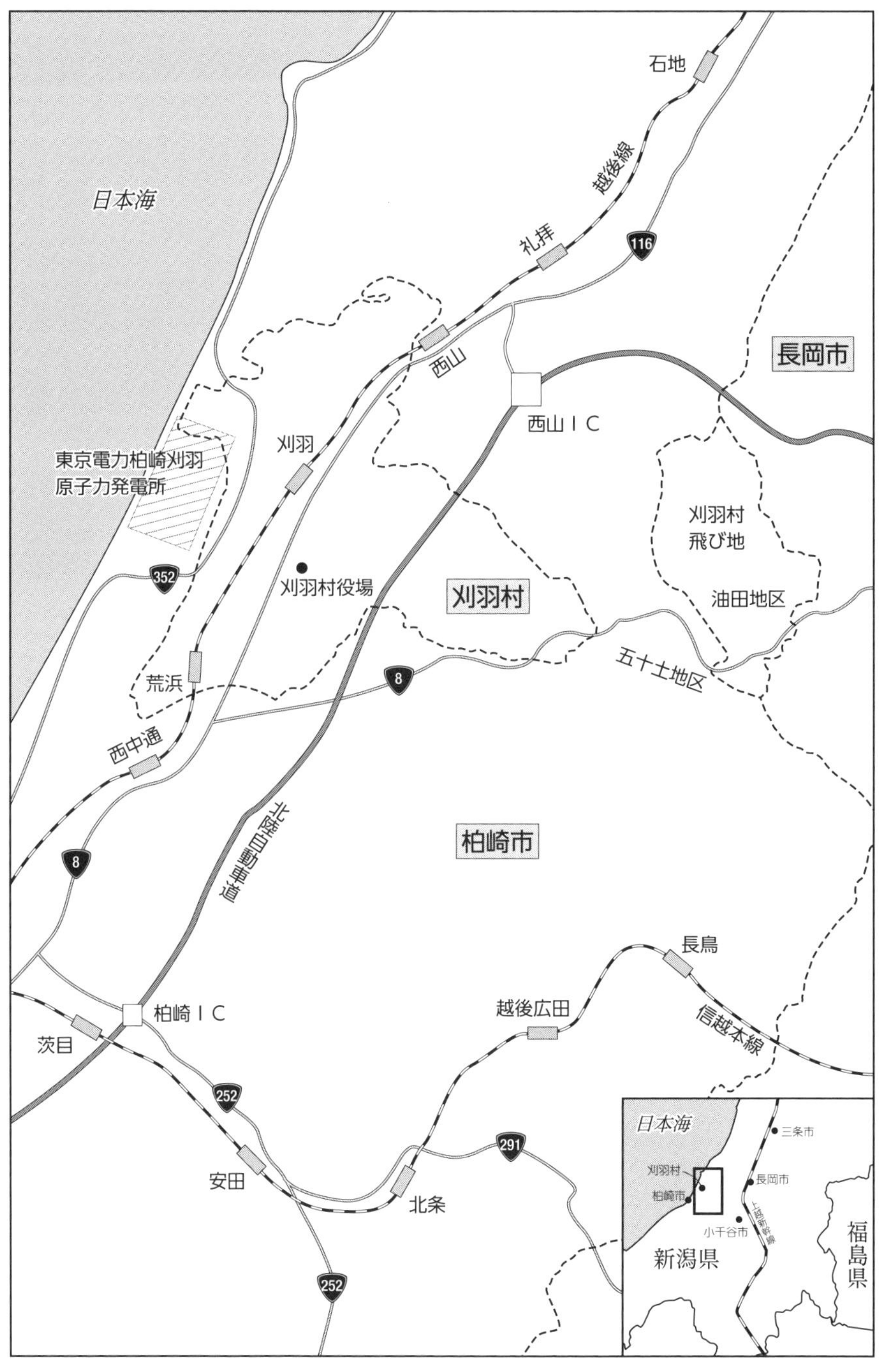
日本海
石地
越後線
礼拝
116
西山
長岡市
西山ＩＣ
刈羽
東京電力柏崎刈羽
原子力発電所
刈羽村
飛び地
352
刈羽村役場
刈羽村
油田地区
荒浜
8
五十土地区
西中通
北陸自動車道
柏崎市
8
長鳥
越後広田
信越本線
柏崎ＩＣ
茨目
252
日本海
三条市
291
刈羽村
長岡市
柏崎市
上越新幹線
小千谷市
安田
北条
福島県
新潟県
252

福井県・美浜町×若狭町
三方五湖にある2つの飛び地

福井県の若狭湾沿岸に「三方五湖」という景勝地がある。若狭湾国定公園に指定されている湖沼群で、久々子湖、日向湖、水月湖、菅湖、三方湖の5つの湖から成る、水産資源に恵まれた美しい湖沼群である。水月湖、菅湖、三方湖の3つの湖は若狭町にあり、日向湖は美浜町に、久々子湖だけが美浜町と若狭町にまたがっている。また、久々子湖と水月湖は浦見川（浦見運河）でつながっているが、浦見川を挟んで左右に美浜町の飛び地がある。飛び地が浦見川によって、左右に分断されているといった方がいいのかもしれない。なぜ景勝地の三方五湖に飛び地が存在するのか不可解だが、気になるのは美浜町にも若狭町にも、「気山」という地名があるということだ。

　飛び地には人は住んでいない。すべて山林である。久々子湖と若狭湾に挟まれた地域に、久々子という集落があるが、かつては山の中に集落を形成していたという。だが、人口の増加で宅地が不足し、生活が苦しくなってきたため、江戸時代に現在の若狭湾沿岸に移り住んだという歴史がある。移住地は平坦地なので農耕に適し、漁業にも恵まれていた。だが、燃料などにする木材が不足していた。その木材の調達地として山は欠かせなかった。そのため、移住してからも山を手放すことはできなかった。

　では、なぜ山が飛び地になったのかというと、それは1889年（明治22）の町村合併にある。このときの合併で西郷村が発足した。同時に八村も発足している。この地域には気山という集落もあったが、気山には7つの小字があった。そのうちの一部が西郷村（現・美浜町）になり、残りの6つの小字が八村（現・若狭町）に加わった。気山が西郷村と八村に分立してしまったのである。気山という地名が、美浜町と若狭町の双方にあるのはそのためで、久々子地区の住民が所有する山は、気山の6つの小字側にあったのだ。もし気山がすべて西郷村に加わっていれば、飛び地が発生することはなかった。

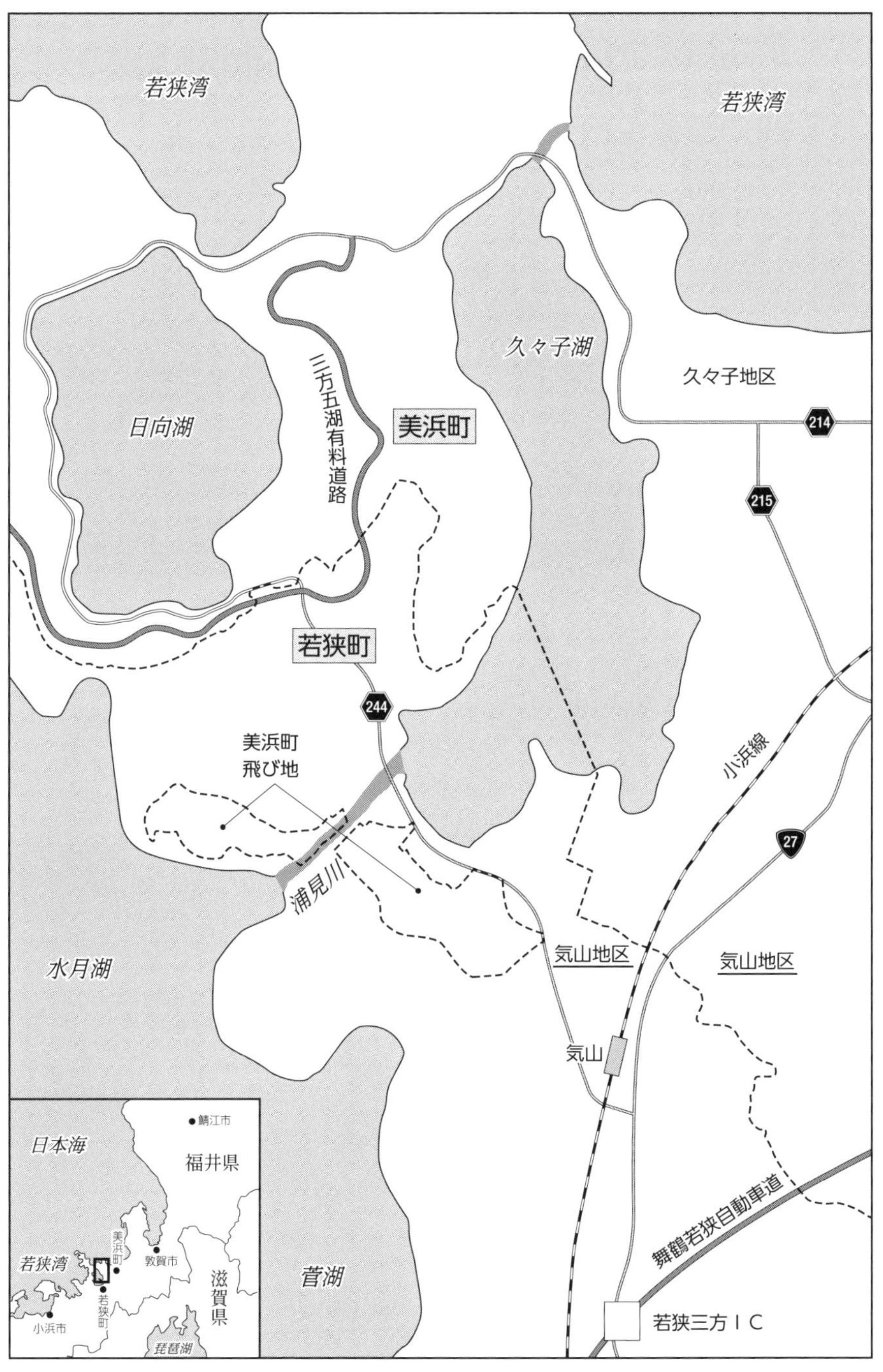
若狭湾
若狭湾
久々子湖
久々子地区
三方五湖有料道路
美浜町
日向湖
214
215
若狭町
244
美浜町
飛び地
小浜線
27
浦見川
水月湖
気山地区
気山地区
気山
日本海
鯖江市
福井県
美浜町
敦賀市
若狭湾
滋賀県
若狭町
小浜市
琵琶湖
菅湖
舞鶴若狭自動車道
若狭三方ＩＣ

山梨県・富士吉田市×富士河口湖町

富士山麓の富士急ハイランド北側にある富士吉田市の飛び地

日本のシンボルとして親しまれている富士山の北麓に、富士五湖という美しい5つの湖がある。日本の代表的な景勝地として多くの観光客で賑わっている。富士五湖の1つ、河口湖の近くに富士急ハイランドという大きなレジャーランドがある。その富士急ハイランドは、富士吉田市と富士河口湖町の境界線上に広がっているが、そのすぐ北側に、非常に複雑な形をした大きな飛び地がある。どこからどこまでが富士吉田市で富士河口湖町なのか、なかなか見極めるのが難しいのだ。

複雑に入り組んだ境界線のエリアは、富士河口湖町の中にある富士吉田市の飛び地である。蟹のハサミのようにも見える。飛び地の南縁に沿って中央自動車道が走っており、飛び地を出たところには河口湖インターチェンジがある。飛び地の中を富士急行河口湖線も走り抜けているが、富士急ハイランド駅は富士吉田市の本体と飛び地に挟まれた、富士河口湖町の狭い町域に設置されている。

それにしても、なぜこんなところに富士吉田市の飛び地が存在するのか。それは江戸時代の新倉（あらくら）村（現・富士吉田市）と船津（ふなつ）村（現・富士河口湖町）の境界が、そのまま反映された形になっている。新倉村の土地はほとんどが溶岩原野であった。岩の割れ目から水が抜けてしまい保水性に乏しいことから、耕作地には向いていなかった。そのため、新倉村の人々は耕作地を求めて、船津村の未開墾地を開発したのである。領主は新倉村の人々の開発意欲を高く評価し、開墾地を新倉村の土地とすることを認めた。

だが、船津村の人たちがそれを快く思うはずはなく、新倉村が開墾した土地をめぐって、両村の間でしばしば争いがあったようである。明治の町村合併では新倉村が開墾した土地が、そのまま新倉村と船津村の境界線に定められたため、新倉村（富士吉田市）の飛び地が発生したものとみられる。富士吉田市の飛び地の中には、富士河口湖町の飛び地もある。

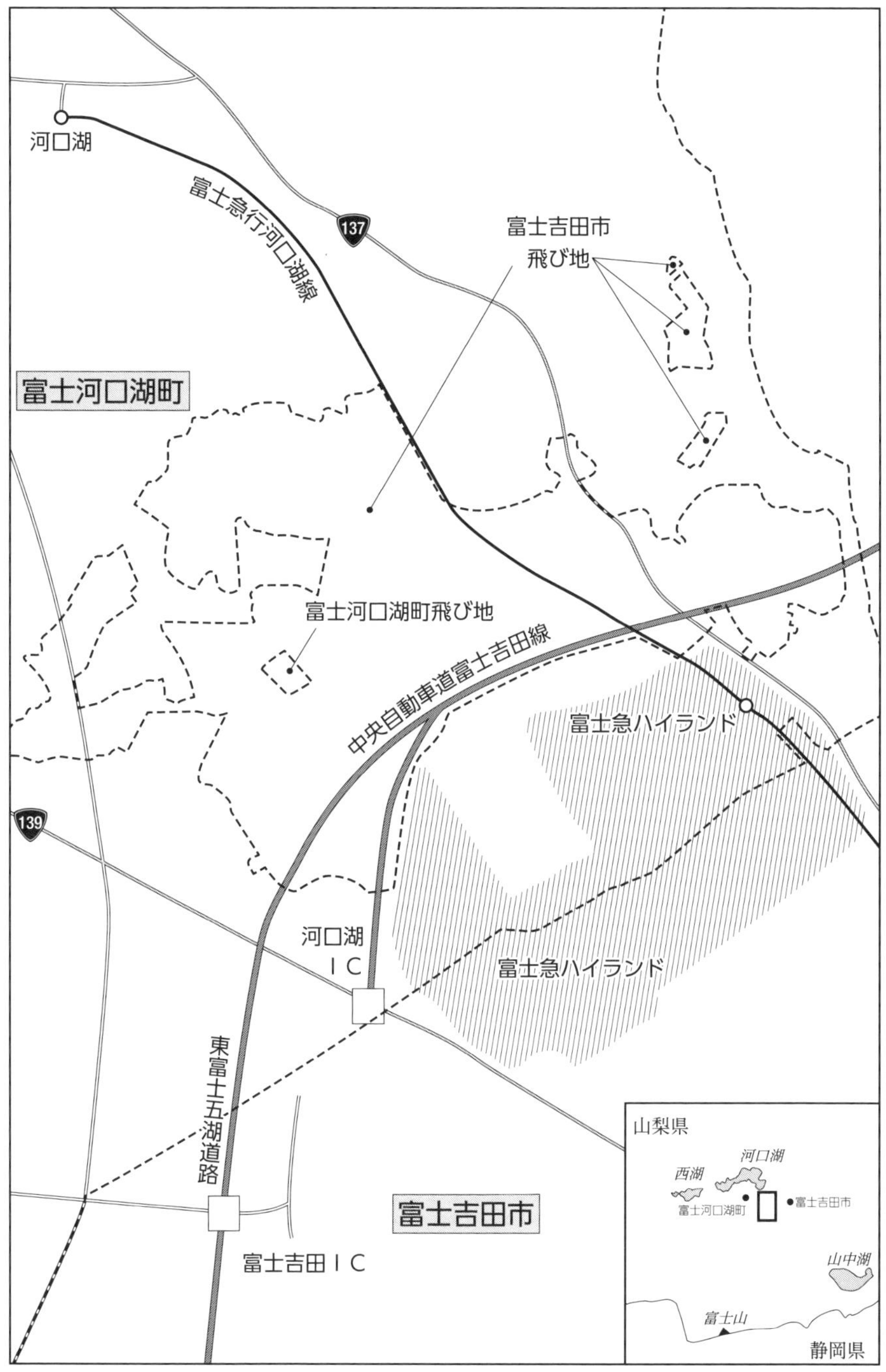
河口湖
富士急行河口湖線
137
富士吉田市
飛び地
富士河口湖町
富士河口湖町飛び地
中央自動車道富士吉田線
富士急ハイランド
139
河口湖
ＩＣ
富士急ハイランド
東富士五湖道路
富士吉田市
富士吉田ＩＣ
山梨県
河口湖
西湖
富士河口湖町
富士吉田市
山中湖
富士山
静岡県

山梨県・身延町×早川町
七面山の飛び地は身延山久遠寺の寺有地

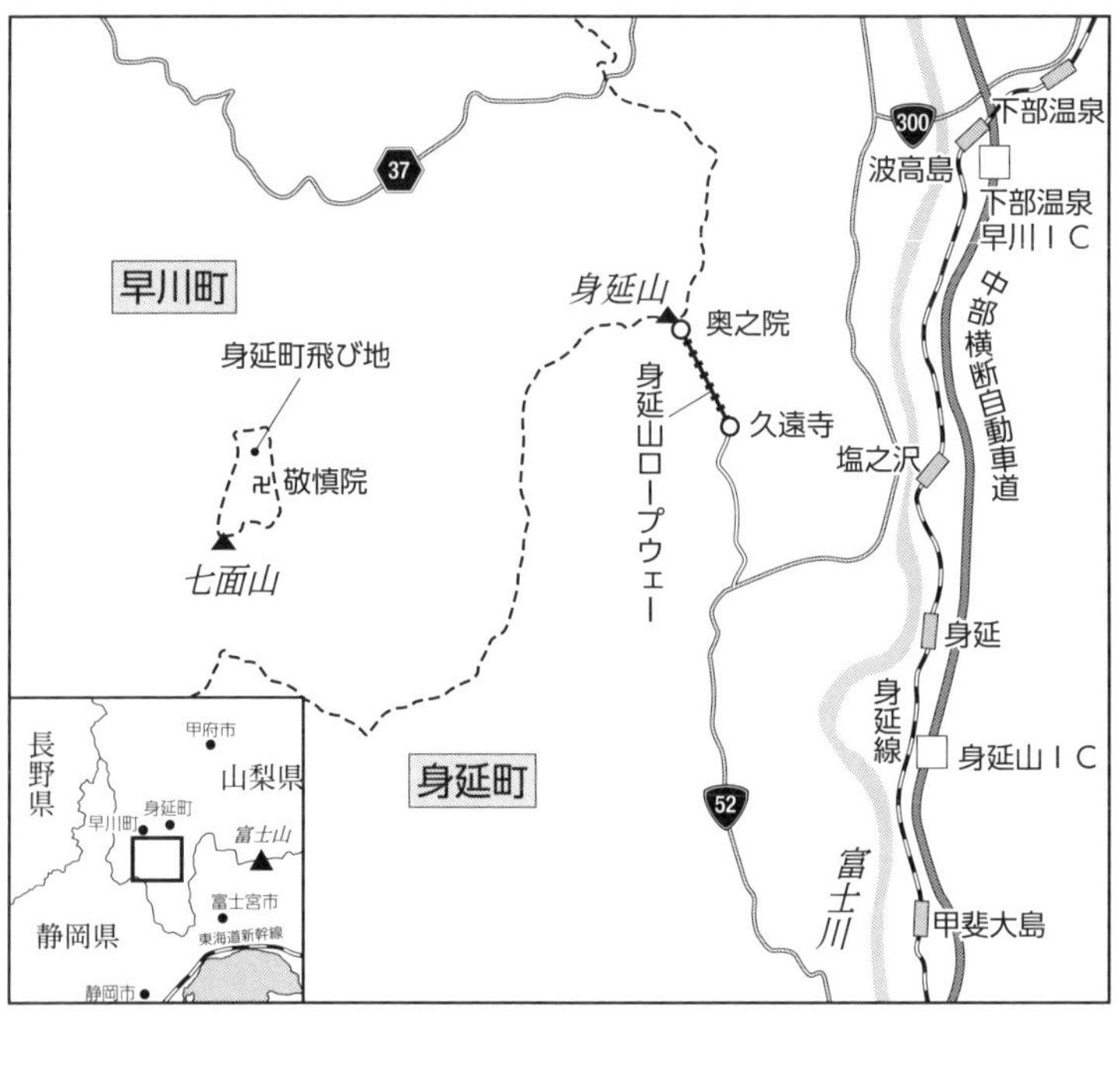

全国各地に点在している飛び地の中には、信仰の対象になっている神社や寺院、および寺社の所有地だけが飛び地になっているというケースがしばしば見受けられる。山梨県の南西部から、静岡県の北部にかけて連なる身延(みのぶ)山地の七面山(しちめんさん)（１９８９メートル）もその１つである。七面山の山頂近くには、身延山久遠寺(くおんじ)に属する敬慎院(けいしんいん)があり、登拝する人々で賑わっている。

七面山が法華経信仰の聖地になったのは１２７４年（文永11）、日蓮宗開祖の日蓮聖人が身延山に入山してからのことで、敬慎院には身延山の守護神として信仰の厚い七面大明神が祀られている。七面山の北東斜面の一画が飛び地になっているのだ。面積は約０・７平方キロという狭い範囲だが、七面山にある飛び地は久遠寺の寺有地なのである。周辺は早川町だが、飛び地だけは久遠寺がある身延町の領域である。七面山は富士山の好展望地として知られ、ご来光に訪れる人が多い。

長野県・南箕輪村×伊那市

木曽山脈にある日本一大きい無人の飛び地

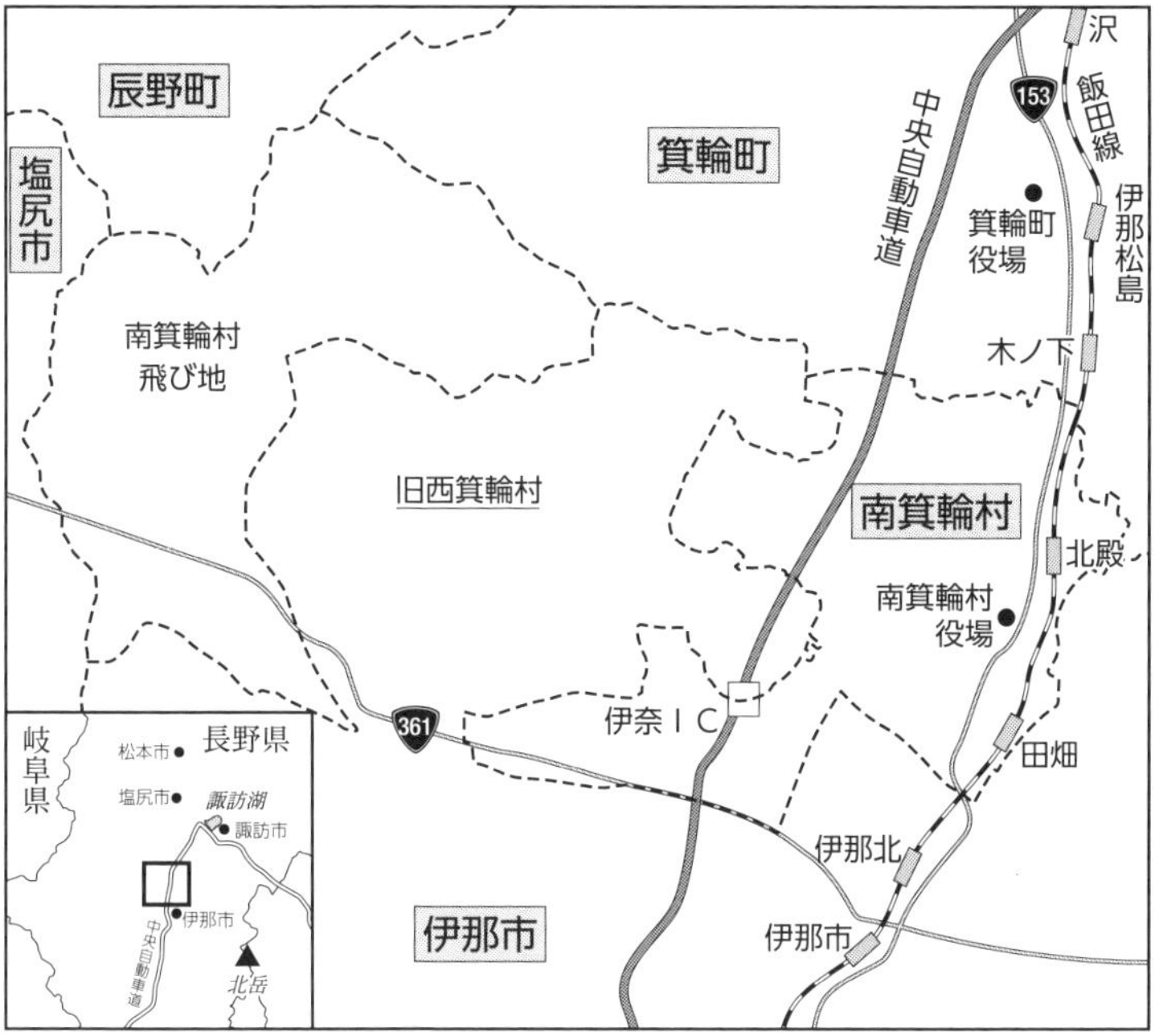

大合併構想が破談になって、1つの自治体がそっくり飛び地になったケースは別にして、飛び地は概して小さいものである。ところが、面積が20平方キロ以上もある飛び地が、木曽山脈の山中にある。天竜川の河岸段丘に開けている南箕輪村が、伊那市の西箕輪地区によって東西に分断されているのだ。どちらが本体でどちらが飛び地なのか戸惑うが、東側の地域に役場があり、市街地も形成されている。だが、南箕輪村の西側の村域はすべて山林で人口はゼロ。

じつは山林におおわれている南箕輪村の飛び地は、周辺の村人たちの入会地だったのである。江戸時代の中頃、入会地にも年貢が課せられるようになった。明治中期、南箕輪村と西箕輪村（現・伊那市）との間で、入会地の領有をめぐる争いが発生したが、入会地に課せられた年貢を南箕輪村が納めていたことから、裁判で南箕輪村の領有が認められた。それが無人の飛び地としては日本一大きい、南箕輪村の広大な飛び地である。

京都府・笠置町×木津川市
悪魔が忍び寄ってくるような笠置町の飛び地

京都府の南端を走っているJR関西本線の沿線に、これほど複雑怪奇な境界線があるのかと、唖然とさせられるような飛び地がある。まるで悪魔が手を広げて忍び寄ってくるような不気味さである。木津川市（旧・加茂町）の東のはずれに隣接する笠置町の一部が、飛び地となって木津川市の中に入り込んでいるのだ。よく見ると、笠置町の飛び地は途切れることなく、1つにつながっていることがわかる。それにしても、なぜこのように奇妙な形の飛び地が生まれたのだろうか。

この地域は江戸時代、「四ヶ村山」と呼ばれる入会地だった。入会地とは、ある地域の住民に特定の権利が与えられ、燃料や肥料などにする材木、薪、落ち葉などを採取するために、入会権を持った住民たちが共同で利用する土地をいう。また、四ヶ村とは里村、兎並村、北村、南笠置村の4村のことで、4村の住民たちには、入会地の一部が私有地として認められていた。したがって、入会地には私有地と公有地が混在していたのである。だが、1889年（明治22）4月に施行された市制町村制で、入会地はいずれかの市町村の管轄下に置かれることになった。市町村境を明確にする必要があったからである。

そのため入会地は、4つの村に分割されることになった。入会地のうち、公有地を4等分して分割した土地を、私有地を所有する者の居住地の村にくっつけるように配分された。4村のうち、里村、兎並村、北村の3村は加茂村（→加茂町→木津川市）となり、南笠置村（明治9年に笠置村になる）は現在の笠置町の管轄になった。入会地のうち、公有地は3対1に配分されたが、私有地はそれぞれ別々の村の住民が所有していたため、このように複雑な境界線を生むことになってしまったのである。笠置町の飛び地が1つにつながっているのは、これまで仲良く入会地を利用してきた4村が2つの村に分かれることになったため、1つの村がバラバラにならないための措置だった。

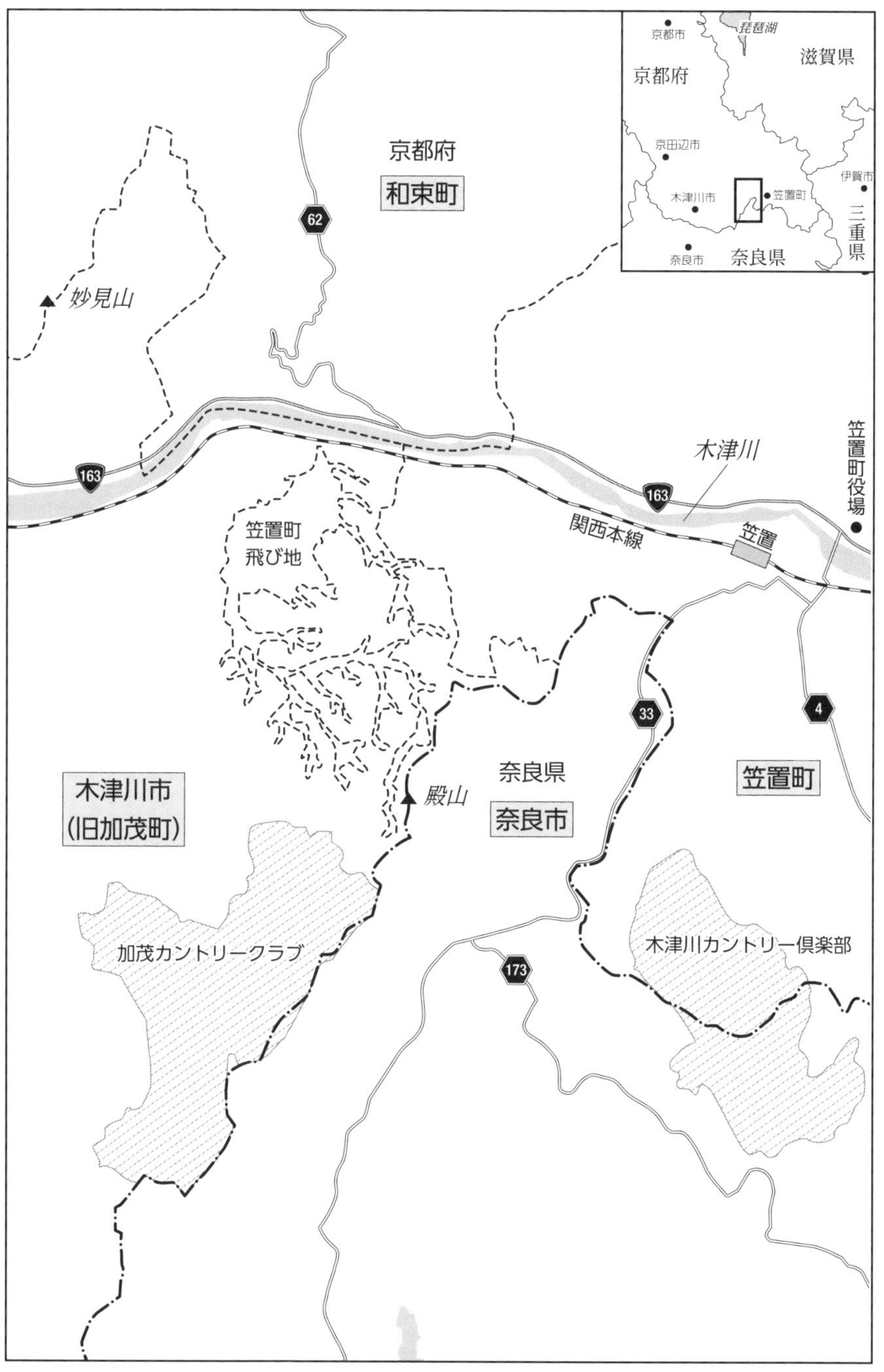
京都市
琵琶湖
滋賀県
京都府
京田辺市
伊賀市
木津川市
笠置町
三重県
奈良市
奈良県
京都府
和束町
62
妙見山
163
木津川
163
笠置町役場
関西本線
笠置
笠置町
飛び地
33
4
奈良県
笠置町
木津川市
(旧加茂町)
殿山
奈良市
加茂カントリークラブ
木津川カントリー倶楽部
173

兵庫県・宝塚市×川西市
満願寺の一画だけが飛び地になった

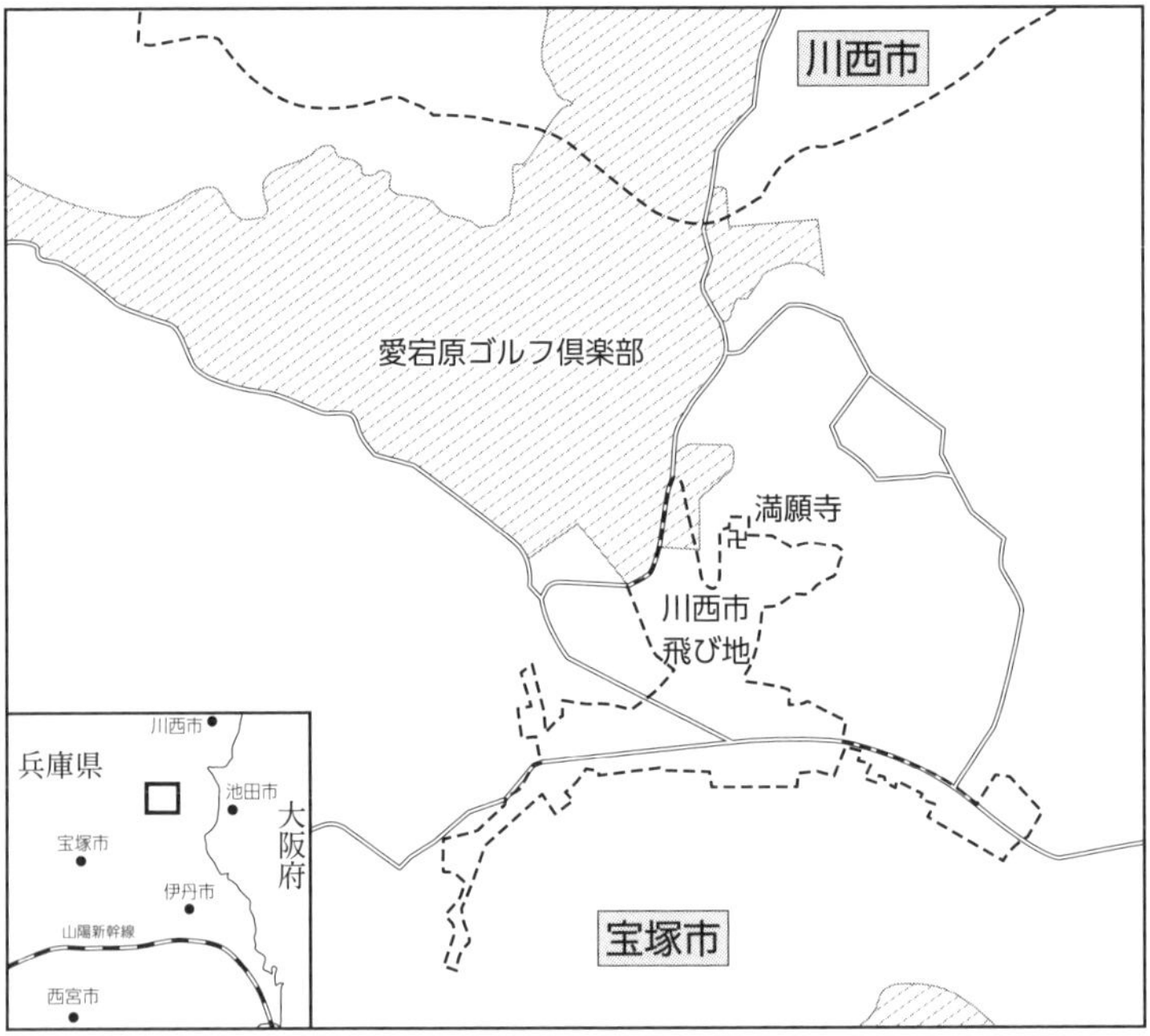

宝塚歌劇団があることで知られる宝塚市の東部丘陵地に、奇妙な境界線がある。馬が駆けていく姿にも見えるその境界線は、東に隣接する川西市の飛び地なのである。その飛び地に、満願寺という古刹がある。奈良時代に聖武天皇の勅願により、勝道上人（しょうどうしょうにん）が摂津国の満願寺として開基したもので、のちに多田院を創建した源満仲が帰依して源氏一門の祈願所になった。

では、なぜ満願寺がある一画だけが飛び地になったのか。かつて満願寺がある長尾山の周辺は、周辺の村人たちが燃料にする薪や落ち葉などを採取する入会地だった。その入会地が、太閤検地で切畑村の所有地になった。１８８９年（明治22）の市制・町村制施行で、切畑村は周辺12村と合併して西谷村（にしたに）（現・宝塚市）として発足した。だが満願寺がある一画（満願寺村）は、多田院と密接な関係にあったことから、多田院がある多田村（現・川西市）に属することになったのである。飛び地にはそのような経緯があった。

広島県・大竹市×廿日市市
県道沿いに点在する大竹市の飛び地

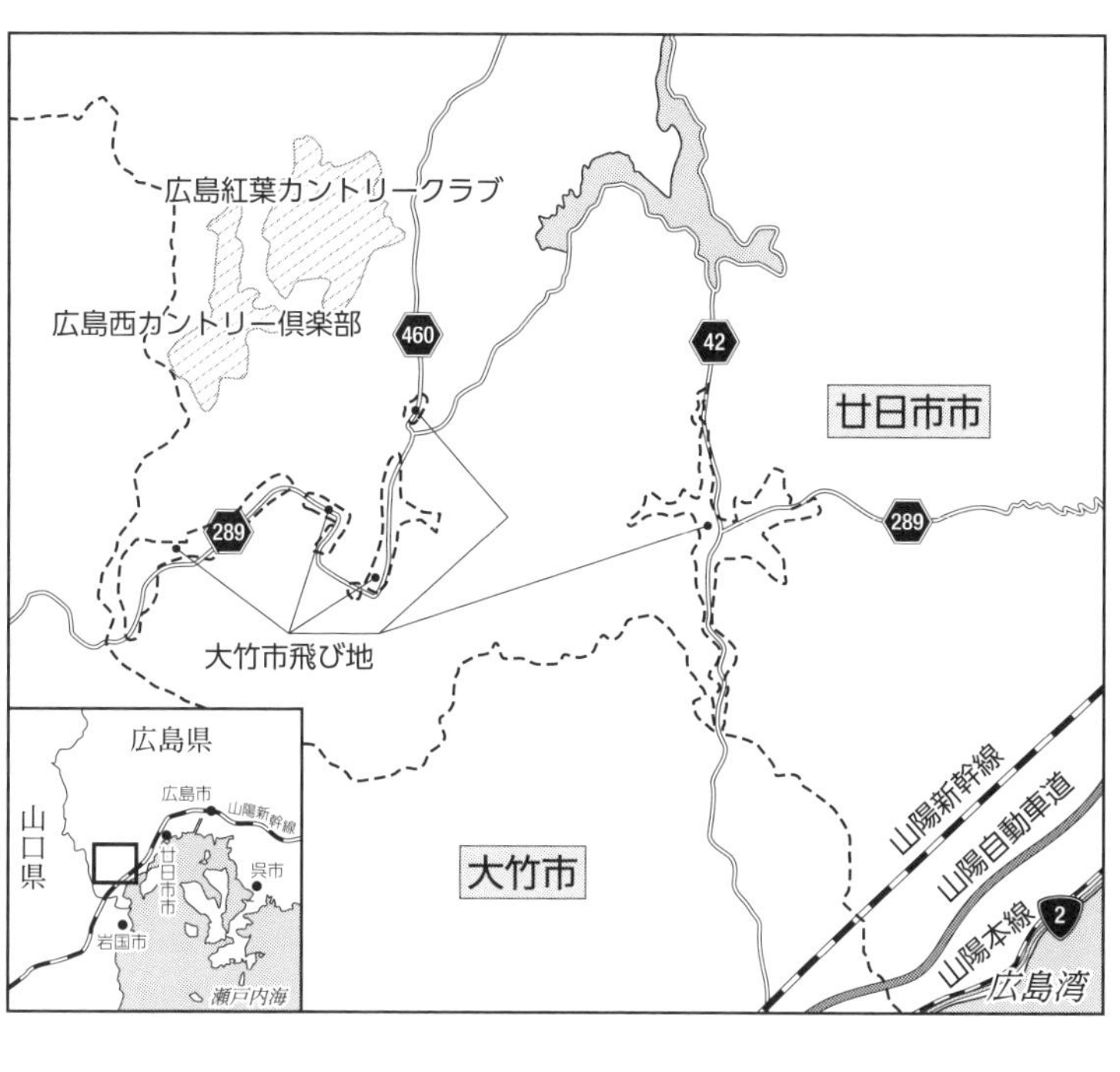

広島湾の西岸に、石油化学コンビナートで知られる大竹市という工業都市があるが、大竹市に隣接する大野町（現・廿日市市）に飛び地がいくつも点在している。すべて大竹市の飛び地である。大きな飛び地は1平方キロ以上もある。また、飛び地はすべて広島県道289号栗谷大野線、460号栗谷河津原線、42号大竹湯来線の3本の県道沿いに点在している。しかも細長く延びた飛び地には、川が流れている。つまり飛び地は、すべて水利と耕作地に恵まれた谷だったのである。

川沿いに早くから人が住み着いたのだろう。明治の初め頃までは、小さな飛び地ながらも奥尻谷村、後原村、松ヶ原村など、それぞれ独立した1つの村を形成していた。飛び地の周囲は山林地帯だった。昭和の大合併で大竹市が発足し、飛び地はすべて大竹市に編入されたが、山林地帯を町域としていた大野町はどことも合併しなかったため、大野町の中に大竹市の飛び地が発生したというわけである。

和歌山県・北山村および新宮市
全国で唯一、村が丸ごと県境を飛び越えた

全国にある飛び地のほとんどは市町村の飛び地である。ところが、1つの村がそっくり県境を越えて隣の県に飛び離れているという珍しい飛び地がある。和歌山県の北山村である。1つの自治体が丸ごと県境を越えて飛び地になっているというケースは、全国で唯一北山村だけである。北山村は紀伊半島の南部、奈良県と三重県に挟まれた山の中に開けた山村で、和歌山県の本体から切り離されている。

それにしても、なぜ北山村は奈良県と三重県に挟まれて、和歌山県とは遠く離れているのに和歌山県なのか。北山村と奈良県の境界は山岳地帯である。そのため村の約97％が山林で、林業を主産業としている。三重県との県境は、熊野川（新宮川）の支流の北山川である。伐採した木材は筏を組んで北山川を下り、熊野川河口の新宮市まで運ばれていた。北山村が飛び地になった原因の1つは、木材の集散地として栄えていた新宮市との経済的結びつきの強さにあったと言える。

1871年（明治4）7月に断行された廃藩置県で、紀伊国にあった和歌山藩、田辺藩、新宮藩は和歌山県、田辺県、新宮県になったが、新宮県は分割されて一部が度会県（現・三重県）に編入された。現在の三重県紀北町、尾鷲市、熊野市、御浜町、紀宝町の5市町が紀伊国だった。同年11月には、和歌山、田辺、新宮の3県は和歌山県として発足し、紀伊国と大和国（現・奈良県）の国境が和歌山県と奈良県の県境に定められた。だが、和歌山県と度会県との境界は旧国境ではなく、北山川の流路が県境になった。そのため、旧国境と北山川の流路に挟まれた地域が、和歌山県の飛び地になってしまったのだ。それが北山村である。本来なら北山村は奈良県の管轄になるべきだが、陸路が未発達だったため、奈良県との交流はほとんどなく、筏流しで経済的なつながりが深かった新宮市と同じ和歌山県になることを望んだのである。熊野川町（現・新宮市）の飛び地もある。

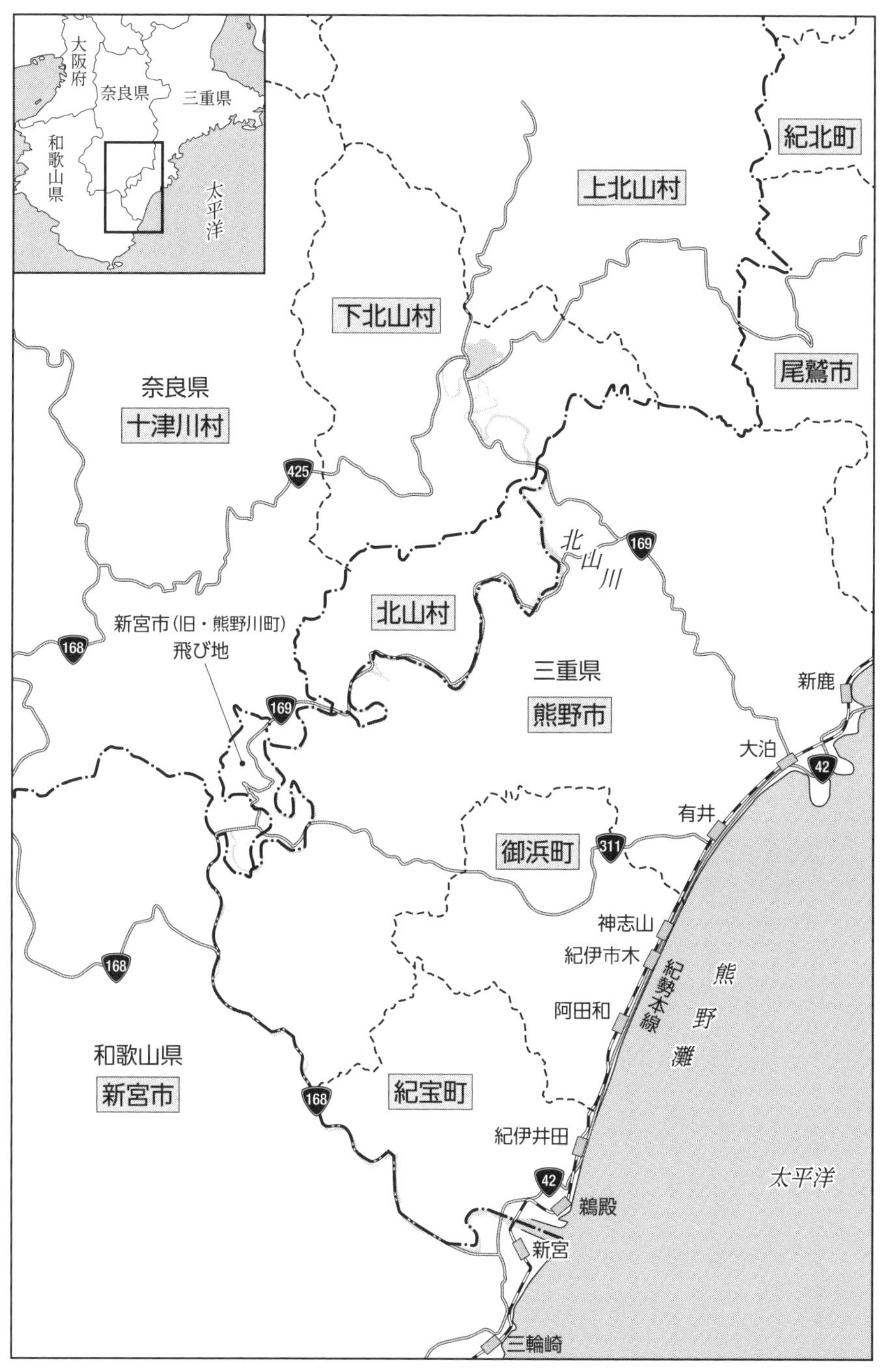
大阪府
奈良県
三重県
和歌山県
太平洋
紀北町
上北山村
下北山村
尾鷲市
奈良県
十津川村
425
169
北山川
北山村
新宮市（旧・熊野川町）
飛び地
168
三重県
熊野市
新鹿
169
大泊
42
有井
御浜町
311
神志山
紀伊市木
紀勢本線
熊野灘
168
阿田和
和歌山県
新宮市
168
紀宝町
紀伊井田
太平洋
42
鵜殿
新宮
三輪崎

福岡県・大牟田市×熊本県・荒尾市
熊本県の3つの飛び地が、県境を越えて福岡県に

飛び地は全国各地に数えきれないほどあるが、そのほとんどが市町村の飛び地で、県境を飛び越えた飛び地はごくまれである。そのごくまれな飛び地が、福岡県と熊本県との間にある。熊本県の北西端に位置する荒尾市の一部が、福岡県南西端の大牟田市の中に飛び離れているのだ。大牟田市と荒尾市は、三池(みいけ)炭田の炭鉱都市として発展し、同じ都市圏を形成している。大牟田市と荒尾市の市街地は県境を挟んで連続しているため、どこからが大牟田市で荒尾市なのか、ここに福岡県と熊本県の県境が走っていることをまったく感じさせないのである。

荒尾市の飛び地は、大牟田市の市街地の中に3ヵ所あるが、いずれも小さく、最も大きな飛び地でも100平方メートルほどしかない。それにしても、なぜ県境を飛び越えて3ヵ所の飛び地が、それぞれ500～800メートル離れて存在しているのか不思議だが、この飛び地には350年ほどの歴史が刻まれているのだ。

この地域には大きな河川が流れていない。そのため、農民たちはしばしば水不足に苦しめられてきた。当然のことながら、農作物も大きな被害を受ける。それを解消するために、1673年（寛文13）、三池藩（福岡）と肥後(ひご)藩（熊本）との間で覚書が取り交わされた。熊本県の南関(なんかん)町を発し、荒尾市から大牟田市を経て有明海に注ぐ全長24キロほどの諏訪川（熊本県内では関川という）が流れている。その水を三池藩内の田畑に供給するため、関川に堰を設け、三池藩領の水不足を解消しようというものである。その代償として、三池藩の土地を肥後藩に割譲するという取り決めがされた。3ヵ所の飛び地は、三池藩から肥後藩に割譲された土地なのである。

3ヵ所の飛び地にはいずれも居住者がいる。飛び地の居住者は、住民税や固定資産税などの税金は荒尾市に納め、上下水道やゴミ、消防、救急などの行政サービスは大牟田市から受けているが、特に支障はないという。

柳川市
福岡県
大牟田市
九州新幹線
熊本県
荒尾市
有明海
熊本市
789
788
諏訪川
福岡県
大牟田市
208
荒尾市
飛び地
787
29
鹿児島本線
熊本県
荒尾市
荒尾
グリーンランド
ゴルフコース

山口県・田布施町×柳井市×岩国市×光市

田布施町の飛び地は、村落の石高を平均化するため

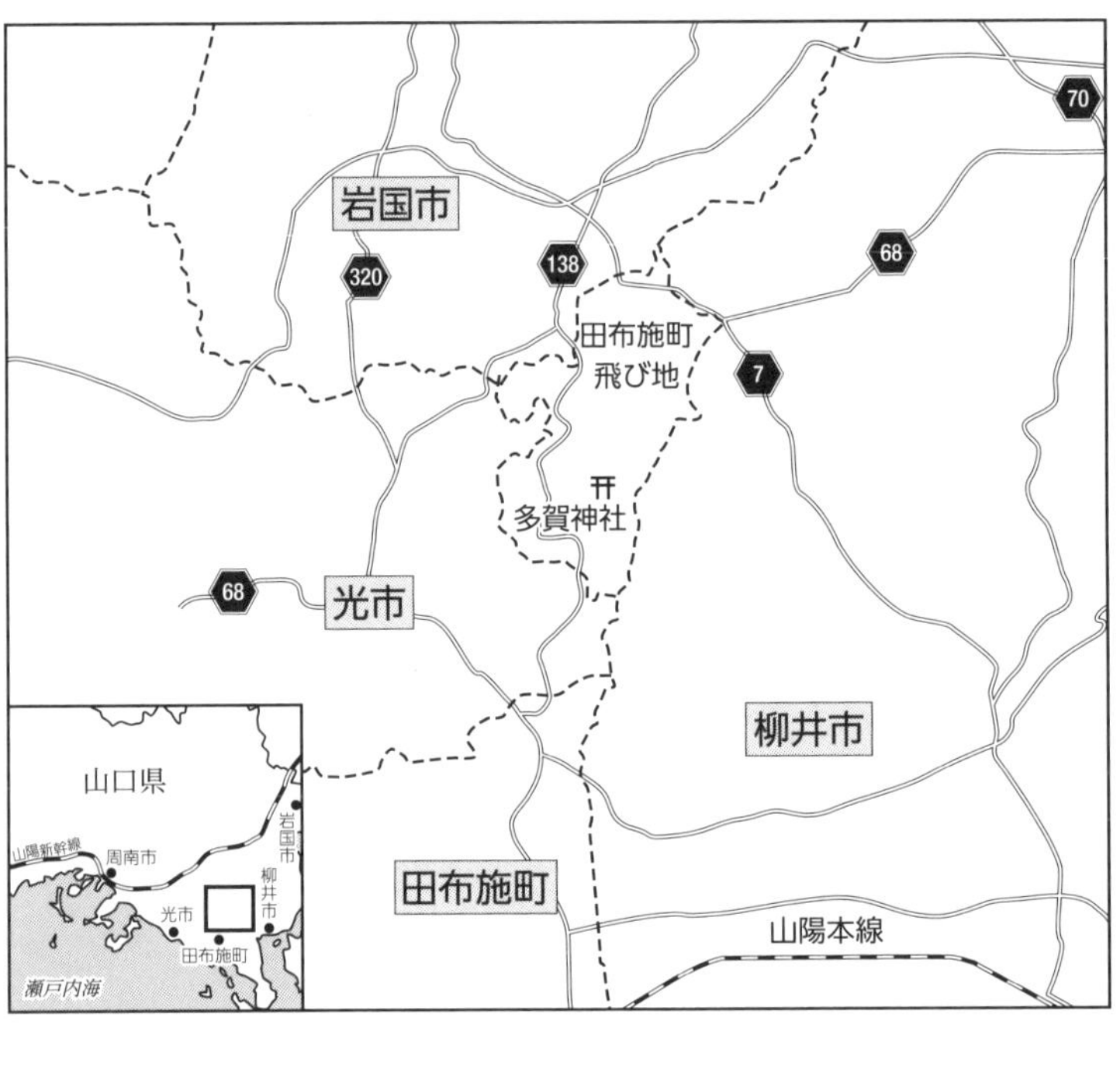

瀬戸内海に突き出している室津(むろつ)半島の付け根にある田布(たぶ)施(せ)町は農漁業が盛んな町だが、町の北端から1キロほど離れた丘陵地に、大きな飛び地が1つある。飛び地は岩国、柳井、光の3市に囲まれており、面積は3平方キロ余りある。なぜこんなところに飛び地が存在するのか不可解だが、飛び地は田布施川の上流域に開けたのどかな農村地帯で、多賀神社という由緒ある神社も鎮座している。かつては飛び地だけで小行司(こぎょうじ)村という1つの村を形成していた。現在も飛び地になっている地区では、毎年「小行司むら祭り」が開催されている。

この地域は萩藩領に属していた。藩は行・財政上の問題から、江戸後期になると村落の統廃合を盛んに行った。各村の石高を平均化するため、小行司村を隣接する塩田(しおた)村(現・光市)と合併させるより、少し離れているが、石高の少ない大波野(おおはの)村(現在の田布施町の北部地域)に併合した方が都合よかったのである。

第四章　複雑な境界線と飛び地の交錯地帯

山形県・新庄市×大蔵村

新庄市と大蔵村の境界に入り乱れる飛び地

山形県の北東部に、新庄（しんじょう）市という人口3万人余りの都市がある。最上川の中流域に広がる新庄盆地の中心都市で、江戸時代は戸沢氏の城下町として、また羽州街道の宿場町として栄えた。現在は山形新幹線が通り、陸羽西線と陸羽東線が交わる交通の要地として発達している。新庄市の南側は舟形（ふながた）町と大蔵（おおくら）村に隣接しているが、大蔵村との境界線が非常に複雑なのだ。大蔵村の一部が新庄市側に大きく食い込んでいる境界線を見ていると、ワニが大きな口を開けて、獲物を食べようとしているところに見える。今にも食べられそうな獲物が、新庄市の中にある大蔵村の飛び地の1つである。

さらにワニの頭の上の方には、大蔵村の飛び地がいくつも点在している。その中で最も大きな大蔵村の飛び地の中に、新庄市の一部が取り残されている。新庄市にある大蔵村の飛び地の中に、新庄市の飛び地があるのだ。つまり新庄市と大蔵村の二重飛び地なのである。見方によっては、余り形のよくないドーナッツの形をした大蔵村の飛び地だとみることもできる。飛び地は最上川の支流の新田川の流域に集まっている。大蔵村の飛び地は少し離れたところにもあるので、全部で7つ確認できる。大蔵村の中にも新庄市の大きな飛び地が1つある。

飛び地はほとんど農地なので行政上の支障はないが、それにしても、なぜこうも複雑に飛び地が入り乱れているのだろうか。おそらく江戸時代の他の藩の領地が、そのまま飛び地として残り、現在まで引き継がれてきたものと考えられている。藩政時代には大名や旗本に対して、その功績に応じて土地が領地として分け与えられた。当時は小さな飛び地がいたるところに点在していたが、土地の交換などによって1ヵ所にまとめられて大きな塊になったのだろう。土地は自分の領地内ばかりとは限らない。居住地から遠く離れた土地もあった。その土地が飛び地として残ったものとみられている。

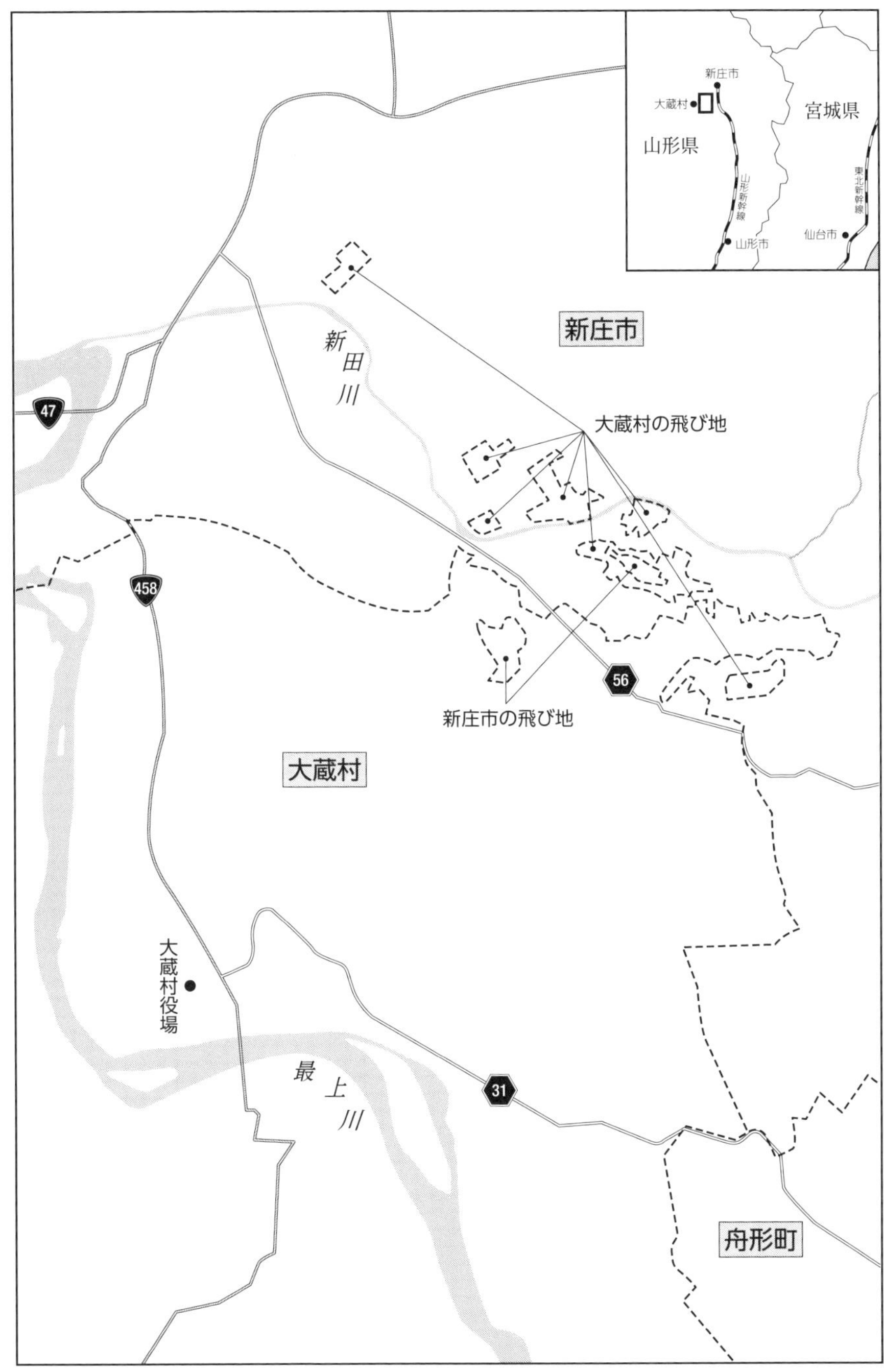
新庄市
大蔵村
山形県
宮城県
山形新幹線
東北新幹線
山形市
仙台市
新庄市
新田川
47
大蔵村の飛び地
458
56
新庄市の飛び地
大蔵村
大蔵村役場
最上川
31
舟形町

山形県・寒河江市×大江町

最上川の左岸にあるガラスの破片のような飛び地

福島県と山形県の県境に横たわる吾妻山系を発し、山形県内を南北に貫流して日本海に注いでいる最上川は、日本三大急流の1つに数えられる急流河川で、いたるところで蛇行している。山形盆地の西に位置している寒河江市はサクランボの一大産地で、最上川と支流の寒河江川との間に市街地が広がっている。最上川を挟んで西に隣接している大江町は最上川の舟運で栄えてきた町で、玄関口の左沢駅は山形市から延びてきているJR左沢線の終着地になっている。

左沢線と最上川の間に、寒河江市と大江町の境界線が入り組んでいる。じつは、複雑に入り組んでいる境界線はすべて寒河江市の中にある大江町の飛び地である。パッと見たところ、いくつもの飛び地がガラスの破片のように散りばめられているように見えるが、よくよく見ると東側の飛び地は複雑に入り組みながら1つにつながっている。1つにつながっている飛び地の中央に、寒河江市の細長い飛び地がある。つまり二重飛び地になっているのだ。

なぜこのように奇妙な飛び地ができたのか定かではないが、江戸時代に検地が行われたときに山形盆地では、耕作地をその土地を耕作していた人に所有させた。その際に、他村への出作地がそのまま飛び地として残ったのではないかとみられている。

耕作地は村の領域を越えて、遠く離れたところにも散在していた。当時、大江町の住民たちは最上川を回り込んで、最上川の左岸にある寒河江に所有する耕作地まで出掛けて田畑を耕し、農作物を収穫していたのだろう。17世紀の初め、年貢を算定するための検地が実施されたが、その際に村の境界を定める「村切り」が行われた。だが、各地に散らばっている耕地にまで目が行き届かず、整理が十分に行われなかったことが、飛び地として残った原因ではないかと考えられている。山形市と大江町を結んでいる左沢線は、大江町の飛び地の中を走り抜けている。

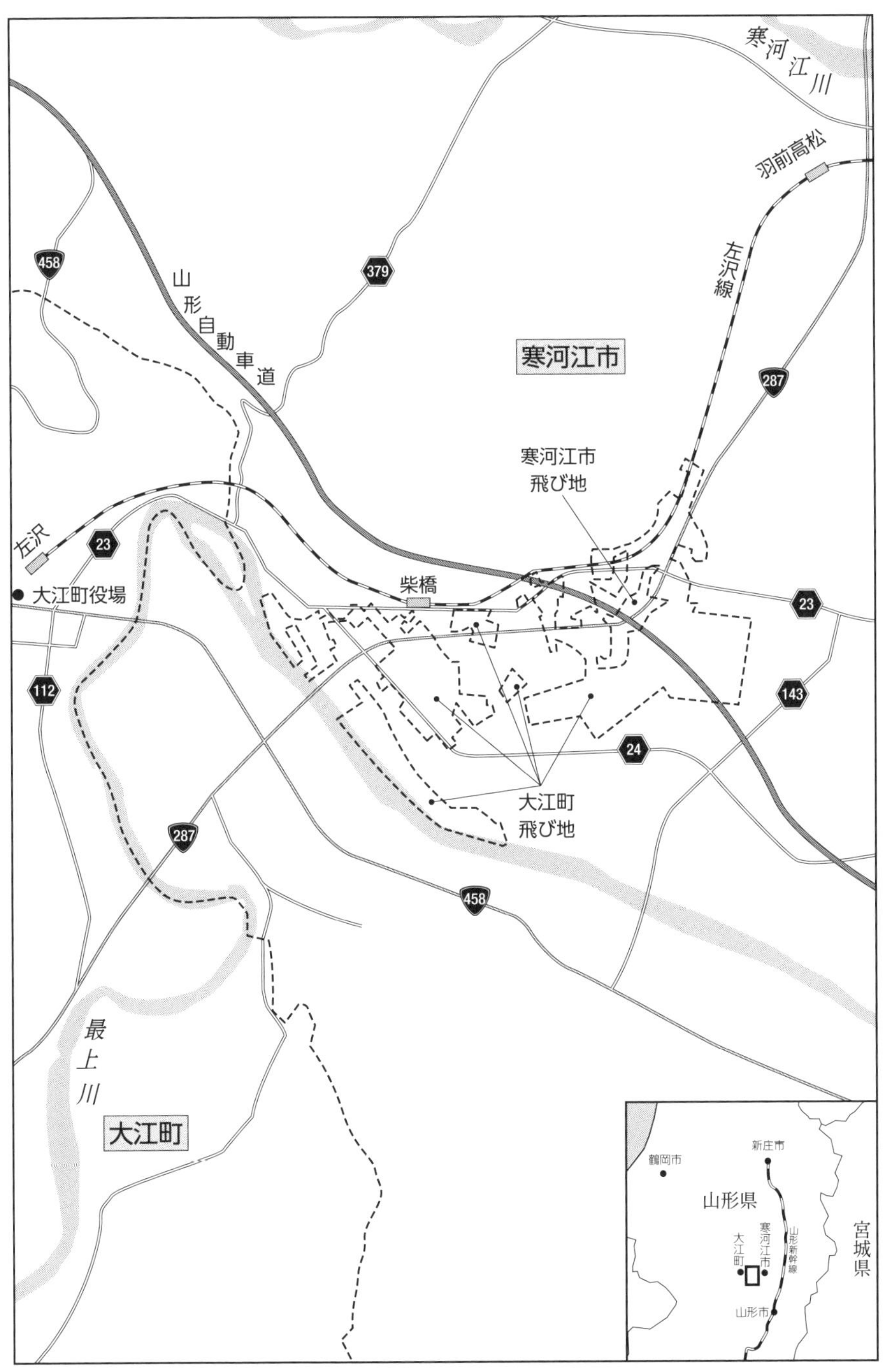
寒河江川
羽前高松
左沢線
458
379
山形自動車道
寒河江市
287
寒河江市
飛び地
左沢
23
大江町役場
柴橋
23
112
143
24
大江町
飛び地
287
458
最上川
大江町
新庄市
鶴岡市
山形県
大江町
寒河江市
山形新幹線
宮城県
山形市

山形県・南陽市×川西町

南陽市と川西町の境界線はまるで子供の落書き

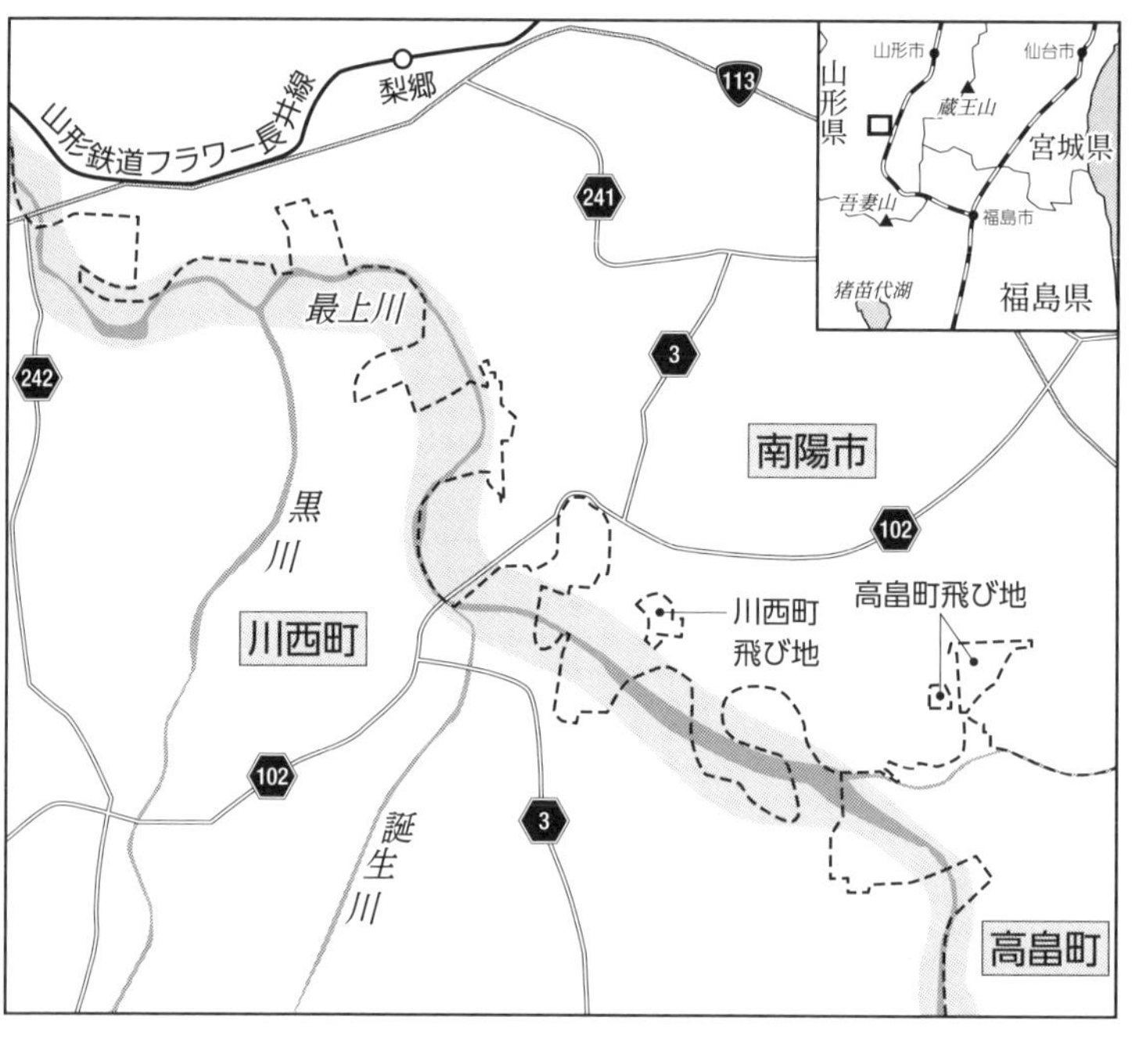

米沢盆地の北部に開けている南陽市は、市の南西部で川西町と隣接している。南陽市と川西町の境界線が、まるで子供の落書きのように、あるところでは人間の頭のように丸くなり、あるところでは角張っているというように、誰が境界を決めたのか理解できないような複雑に入り組んだ境界線が続いている。しかも飛び地まである。

南陽市と川西町の境界に最上川が流れているが、かつては蛇が地面を這いずっているように蛇行しながら流れていた。そのため、最上川の両岸にある梨郷村（現・南陽市）と大塚村（現・川西町）はしばしば氾濫に見舞われ、流路が変わって両村の境界が曖昧になったことから、境界争いが発生したという歴史的な経緯もある。その後、氾濫を防ぐために流路を直線化する河川改修が行われている。南陽市と川西町の屈曲した境界線は、最上川の旧流路なのである。川が直角に流れるはずはなく、角張っている境界線や飛び地は、境界線をめぐる争いの痕跡だとみられる。

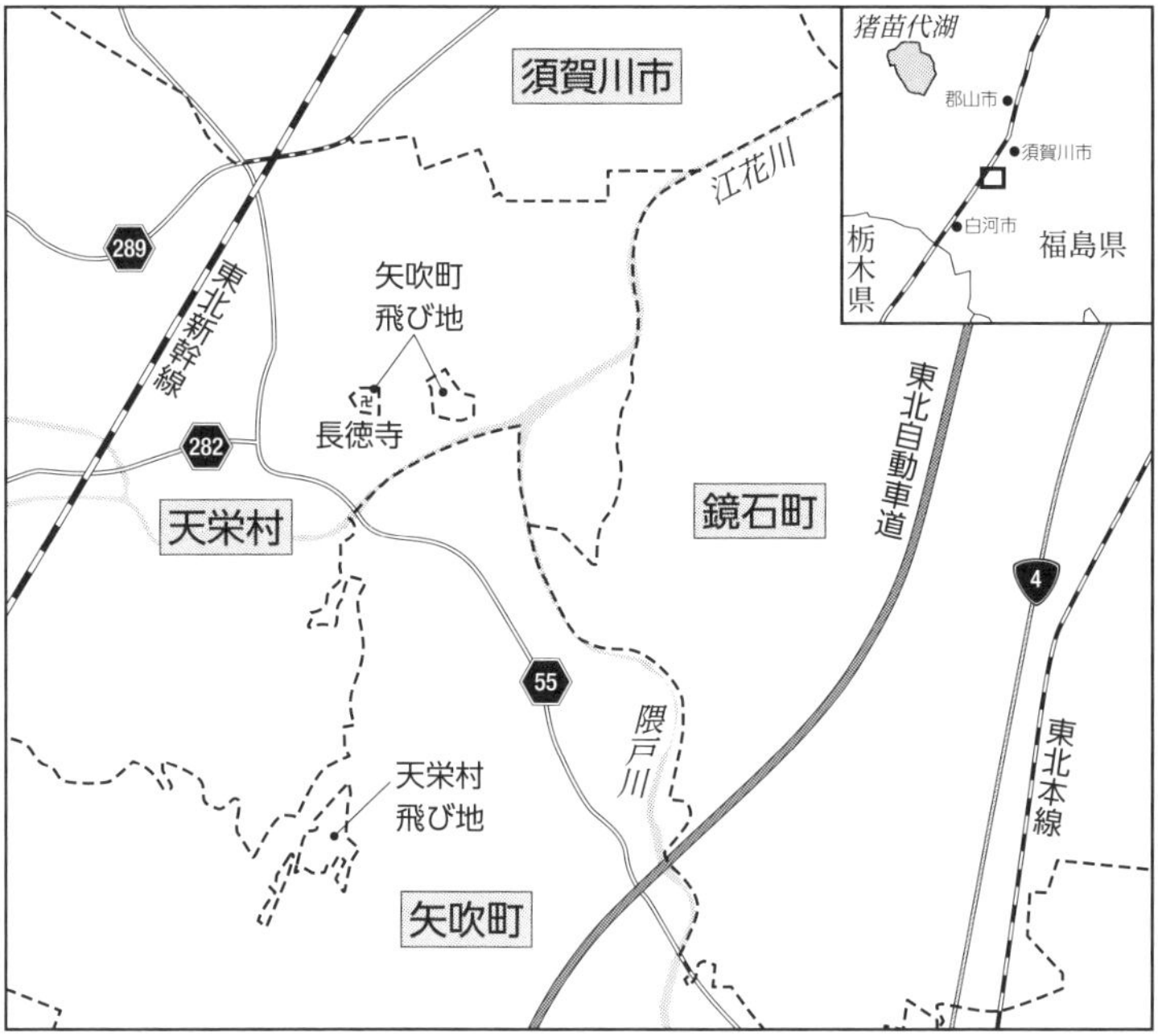

福島県・矢吹町×天栄村×鏡石町

矢吹町と天栄村の複雑な境界線は寺院の影響

福島県の南部、阿武隈川の上流に広がる矢吹原台地に開けている矢吹町は、戦後に大規模な国営開拓事業が行われた地域で、青森県十和田市、宮崎県川南町とともに「日本三大開拓地」の1つに数えられている。現在はJR東北本線と東北自動車道が通る交通の要地になっているが、矢吹町の北西部に隣接している天栄（てんえい）村との境界線が複雑に入り組んでいる。境界が複雑なばかりではなく、飛び地まである。天栄村の飛び地が矢吹町の中に2つあり、逆に矢吹町の飛び地が天栄村の中に2つある。

なぜ矢吹町と天栄村の境界は複雑で飛び地もあるのか。それは、両町村の境界付近にあった広戸村が分村して、集落ごとに矢吹町と天栄村に分かれて合併したためだ。天栄村の中にある矢吹町の小さな飛び地には、長徳寺という寺院が鎮座している。この寺院の檀家が多く住んでいた集落が矢吹町と合併したため、このように歪な境界線と飛び地が発生したものとみられている。

茨城県・下妻市×八千代町
八千代町に突き出した人間の頭のような下妻市

茨城県の南西部にある下妻市と、西に隣接する八千代町との境界線がこれまた面白い形をしている。下妻市の一部が八千代町に向かって突き出しているが、それが人間の頭のような形をしているのだ。なぜこのように奇妙な境界線ができたのか。それは市制町村制が施行された1889年（明治22）、すなわち明治の大合併に起因している。

人間の頭の部分は下妻市（旧・千代川村）の村岡という地域だが、明治の大合併前までは村岡村だった。村岡村は当初、西側にある東蕗田村や大間木村、芦ケ谷村、栗山村などと合併して安静村として発足する予定になっていた。だが土壇場になって、村岡村はこの枠組みから離脱し、南側にある鎌庭村、五箇村、皆葉村などと合併して大形村になったのだ。そのため、人間の頭のような形の境界線が生まれたわけである。筑波サーキット北側にある八千代町の2つの飛び地は、土地の所有者が現在の八千代町に住んでいたからだとみられる。

茨城県・古河市×坂東市
古河市と坂東市の入り組んだ境界線は耕作地の境界か？

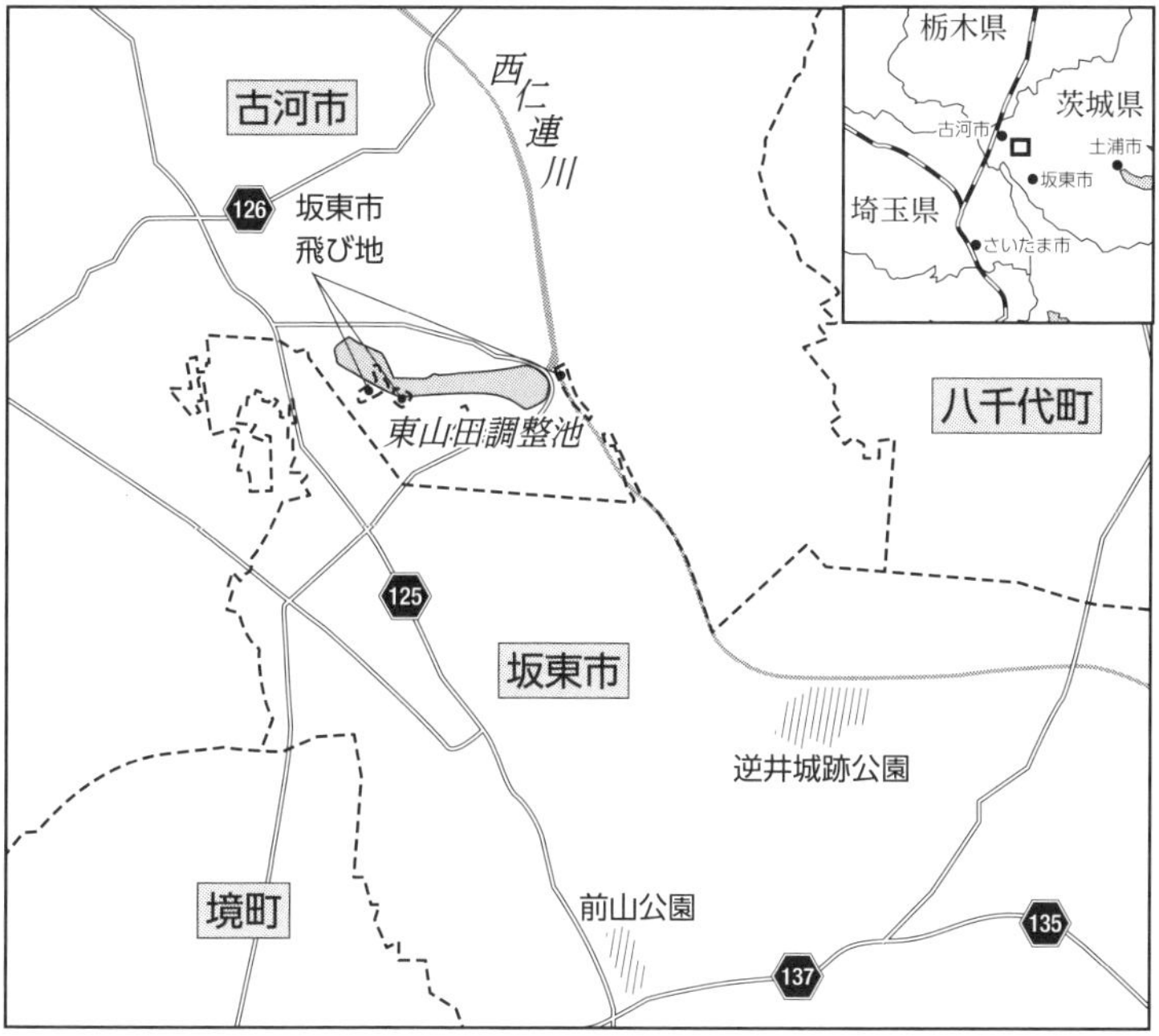

茨城県最西端の古河市と、利根川北岸の岩井市は20キロほど離れていた。だが、古河市は2005年（平成17）に総和町および三和町と合併して市域を広げ、岩井市は猿島町と合併して坂東市として発足した。これにより、古河市の南東端と坂東市の北西端が隣接することになった。隣接することになった古河市（旧・三和町）と坂東市（旧・猿島町）の境界線が、非常に複雑に入り組んでいるのだ。その境界線が、馬がいなないている姿にも見える。また、西仁連川と東山田調整池の中に飛び地まである。

複雑に入り組んでいる境界線を決めるにあたって、争いがあったという記録はない。この周辺には、利根川支流の小河川が幾筋も流れているので、水利には恵まれている。おそらく、村人たちは開墾地を広げようと、一生懸命働いたに違いない。開墾した土地がそのまま村の所有となり、村と村との境界になったものとみられる。境界線が直線なのは、耕作地だったからではないだろうか。

茨城県・坂東市×境町
坂東市と境町の飛び地が交錯する

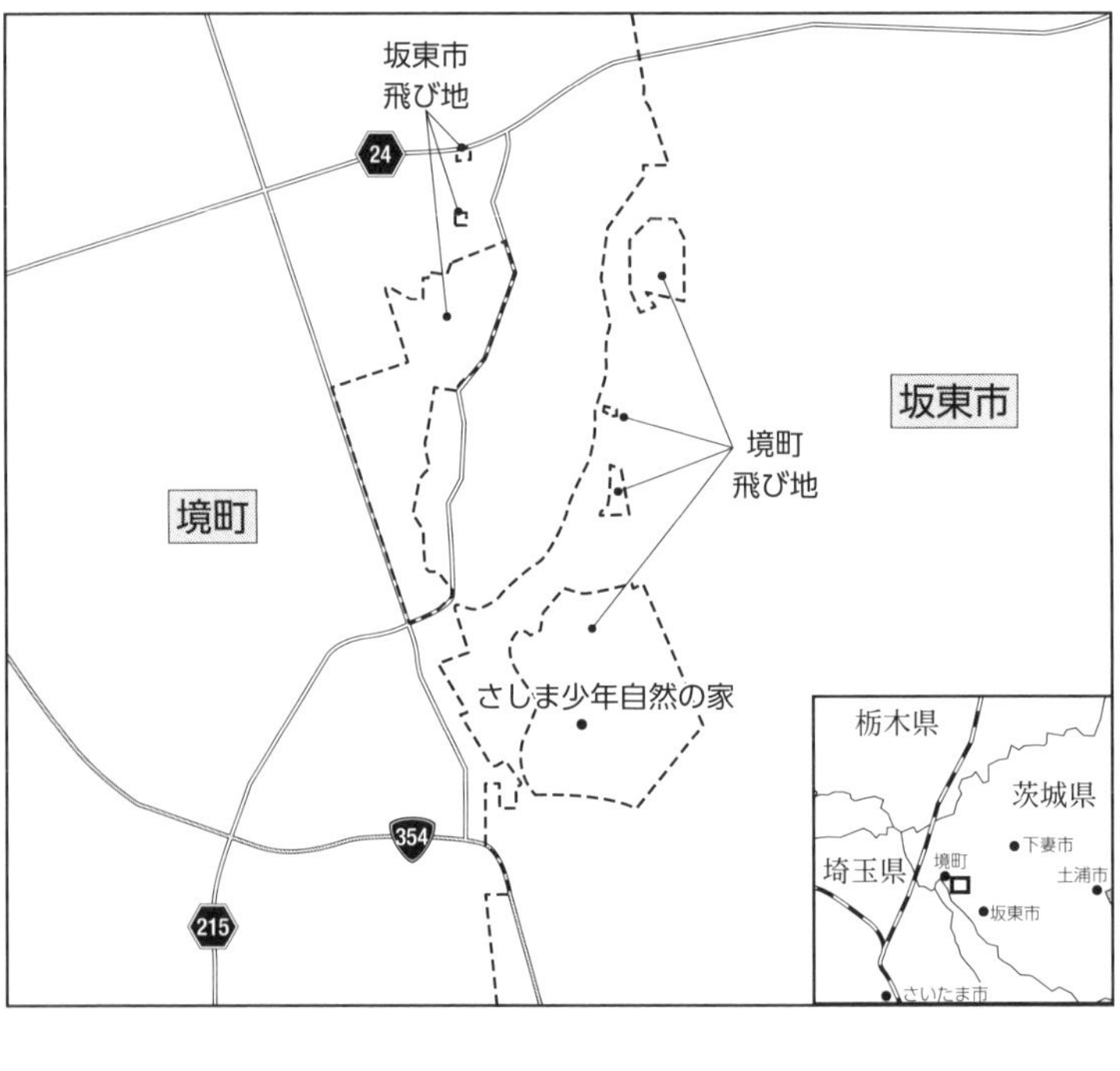

利根川左岸に位置する境町と坂東市との間にも、興味をそそられるような不可解な境界線がある。境界線自体はそれほど複雑ではないが、両市町の飛び地が交錯しているため、複雑に入り組んでいるように見えるのだ。まず、坂東市の市域に境町の複数の飛び地が点在している。一辺が300メートルほどの四角い形をした飛び地の中には、さしま少年自然の家がある。また、境町の中には坂東市の飛び地が複数ある。大きな飛び地は南北の長さが800メートルほどあり、それが冠を被った女性の横顔のようにも見える。そのすぐ上に、一辺が20メートルほどしかない小さな飛び地が2つある。

このように奇妙な境界線がどうしてできたのか、理由は不明だが、地形が少なからず関係しているようにも見える。というのも、坂東市と境町の境界には小さな川が流れていたり、川と川に挟まれた地域には小高い丘がある。早くから開墾された土地が隣村との境界になったのではないか。

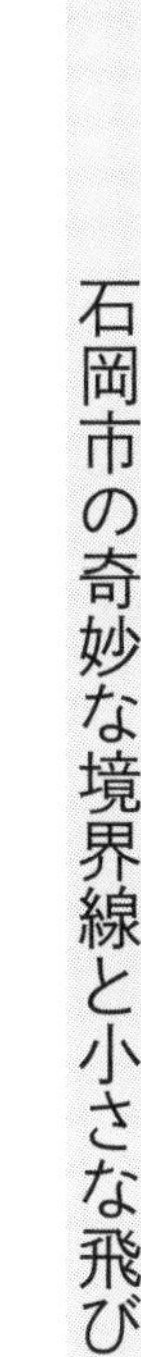

茨城県・石岡市×かすみがうら市
石岡市の奇妙な境界線と小さな飛び地

琵琶湖に次いで全国で2番目に大きい湖の霞ケ浦北岸に、レンコンの産地として知られるかすみがうら市がある。2005年（平成17）、千代田町と霞ヶ浦町が合併して発足した都市だが、かすみがうら市の旧千代田町と、隣接する石岡市との間に奇妙な境界線がある。その奇妙な境界線は、常磐自動車道の千代田石岡インターチェンジから北東へ1キロほどのところにある。

石岡市の一部がかすみがうら市（旧・千代田町）に向かって飛び出しているのだが、飛び地のようで飛び地ではなく、首の皮一枚でつながっている。くびれている部分の幅は20メートルほどしかない。ここから南東方向へ200メートルほど行ったところには、石岡市の小さな飛び地が2つある。境界線はすべて直線的であるのが特徴だ。なぜこのような境界線が生まれたのかは定かではないが、村人たちが開墾した土地と土地の境界線が、そのまま受け継がれてきたものと思われる。飛び地は出作地だったのだろう。

埼玉県・春日部市×さいたま市岩槻区

まるで迷路のように複雑な春日部市と岩槻区の境界線

県庁所在地のさいたま市は2001年（平成13）5月に、浦和市と大宮市、与野市の3市が合併して発足した都市だが、それから4年後の2005年4月には岩槻市を編入している。現在の岩槻区である。その東に隣接する春日部市は、東武伊勢崎線と野田線が交差する交通の要地として発展している。この春日部市と岩槻区の境界線が、まるで迷路のように複雑に入り組んでいて、どこからどこまでが春日部市の領域で、どこからどこまでが岩槻区なのか、判別できないほどの複雑さなのである。東武野田線の東岩槻駅の北側一帯の境界線がそれである。

春日部市の一部が岩槻区側に突き出しており、突き出た部分の内側、すなわち春日部市側に岩槻区の飛び地が2つある。その飛び地の形もデコボコしていて、人為的に引かれた境界線であることは明らかだ。このデコボコした境界線には、過去にこの地域で土地をめぐる争いがあったことをうかがわせるような不自然さがある。事実、1795年（寛政7）に道口蛭田村（現・春日部市）と、徳力村（現・岩槻区）の間で、芝地の境界をめぐる激しい争いがあったことが記録に残されている。この争いを鎮めるため、幕府の役人が調停に乗り出したこともあり、村境を定めてそこに杭を立てるという事件もあった。

どうも紛争のもとになった芝地は、入会地だったようである。入会地とは、ある地域の住民が特定の権利を持って、薪炭や肥料用の落葉などを採取するため共同で利用していた土地のことである。この周辺一帯の村落は中世には1つの郷村だったが、近世になってから道口蛭田村、徳力村、花積村などに分村された。各村の境界が曖昧だったため、領有をめぐる紛争に発展したようだ。1889年（明治22）に市制・町村制が施行されて現在に至っているが、この地域の耕作地には出作や入作が複雑に入り乱れていたことから、現在の春日部市と岩槻区の複雑怪奇な境界線になったようである。

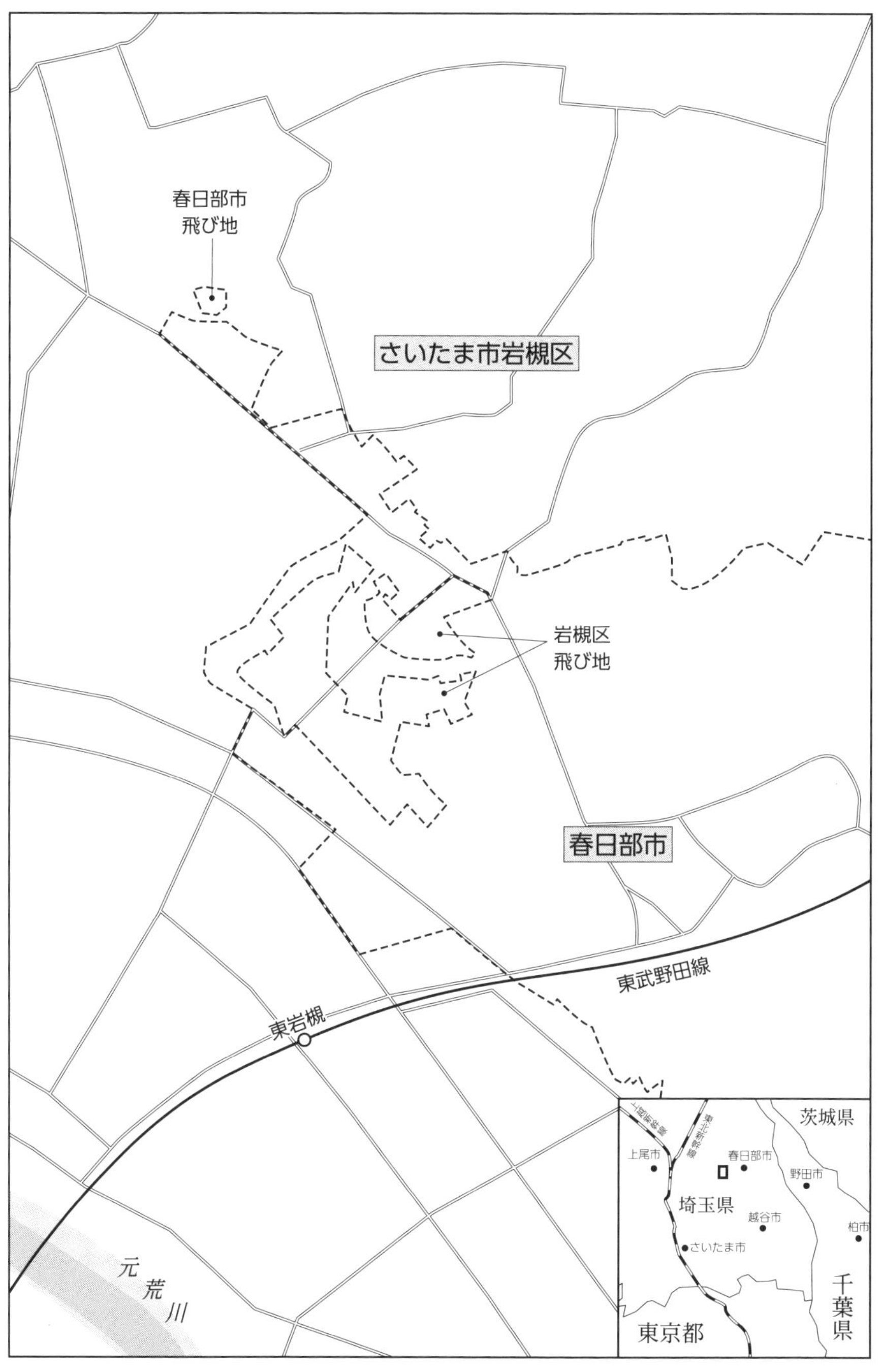
春日部市
飛び地
さいたま市岩槻区
岩槻区
飛び地
春日部市
東武野田線
東岩槻
元
荒
川
茨城県
上尾市
春日部市
野田市
埼玉県
越谷市
柏市
さいたま市
千
葉
県
東京都

埼玉県・さいたま市西区×上尾市×川越市
さいたま市と上尾市の摩訶不思議な境界線

さいたま市は2001年（平成13）、県庁所在地の浦和市と北に隣接する大宮市、その間に挟まれた与野市が合併して発足した都市である。さいたま市の北側に位置する上尾市と接しているのは大宮市、現在の西区である。さいたま市西区と上尾市の境界線は、摩訶不思議と言えばいいのか複雑怪奇と言えばいいのか、「なんだこれは！」と誰もが驚くような奇妙な境界線である。

上尾市の一部が西区（旧・大宮市）に向かって複雑な形で突き出しており、その最南端の動物の頭に似た部分には三京かまぶろ温泉という宿泊施設がある。その北側にはカニのハサミのような形をした境界線もあり、すべて上尾市の本体とつながっている。それにしても奇妙な境界線である。だが、決して土地の争奪戦が繰り広げられて、このように奇妙な境界線が生まれたわけではない。その原因は、合併による境界変更にあった。

昭和40年代に上尾市大字平方領々家字滝沼地区を、大宮市に編入しようという動きがあった。理由は市役所や学校までの距離が遠くて不便であったことだ。そのため上尾市に居住していながら、大宮市にある指扇小学校へ通学している児童もいた。そういう事情もあって、1972年（昭和47）に地元住民から滝沼地区を大宮市に編入する請願書が出され、上尾市の定例市議会で採決された。1975年には、上尾市長から大宮市長に対し境界変更の申し入れが行われた。

それから幾度となく協議を重ね、1982年（昭和57）に滝沼地区が大宮市に編入され、境界変更が行われた。「平方領々家」という地名が、上尾市と大宮市（現・さいたま市西区）の双方に存在するのはそのためである。上尾市に残った地区もあったため、現在のように複雑怪奇な境界線が生まれたのである。荒川の西岸には上尾市の飛び地もあるが、これは平方領々家の清真寺が鎮座していたところで、1638年（寛永15）に現在地に移っている。

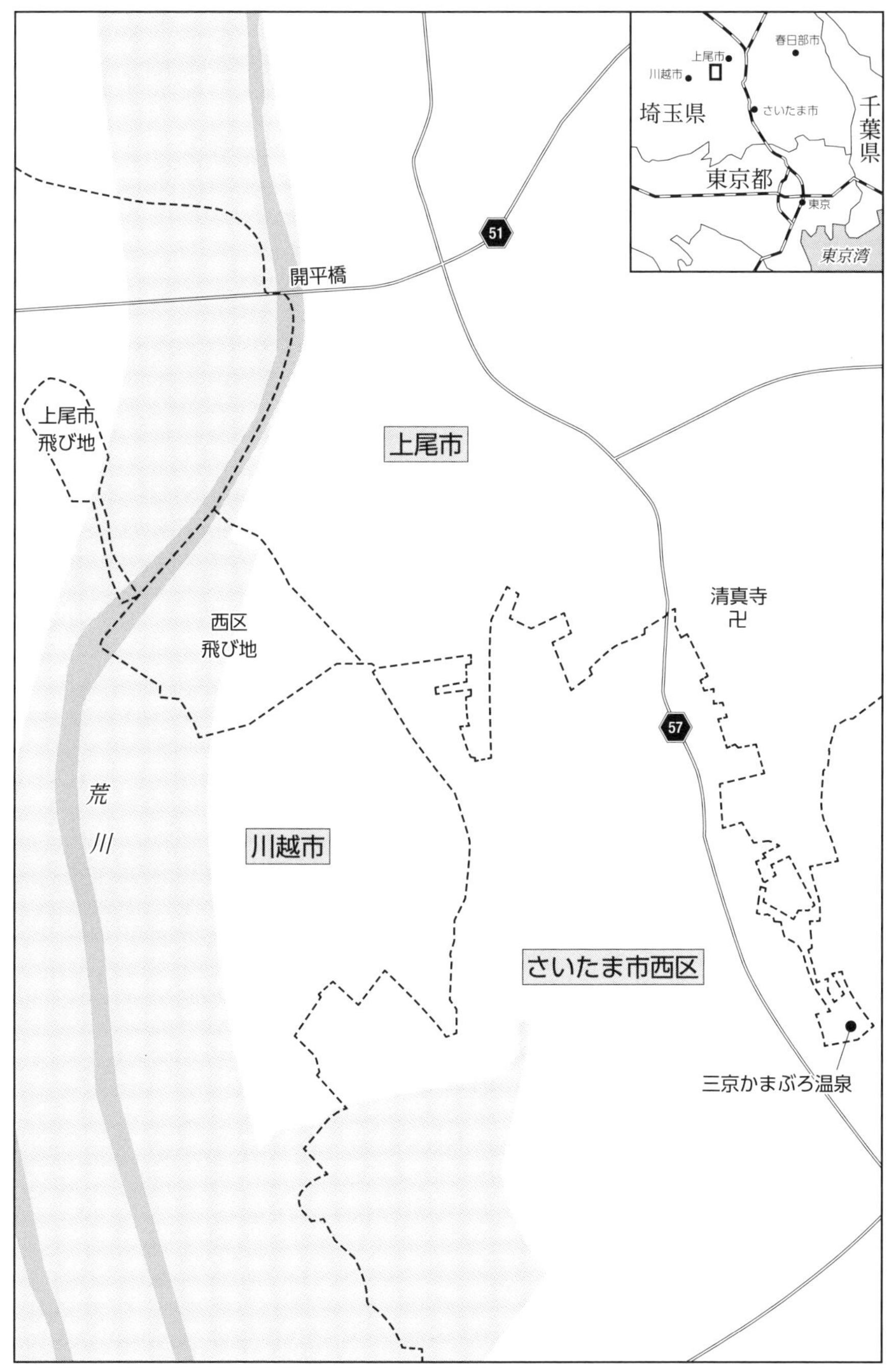
春日部市
上尾市
川越市
埼玉県
さいたま市
千葉県
東京都
東京
東京湾
51
開平橋
上尾市
飛び地
上尾市
西区
飛び地
清真寺
卍
57
荒
川
川越市
さいたま市西区
三京かまぶろ温泉

群馬県・桐生市×みどり市
桐生市とみどり市の凸凹の境界線は何を意味する？

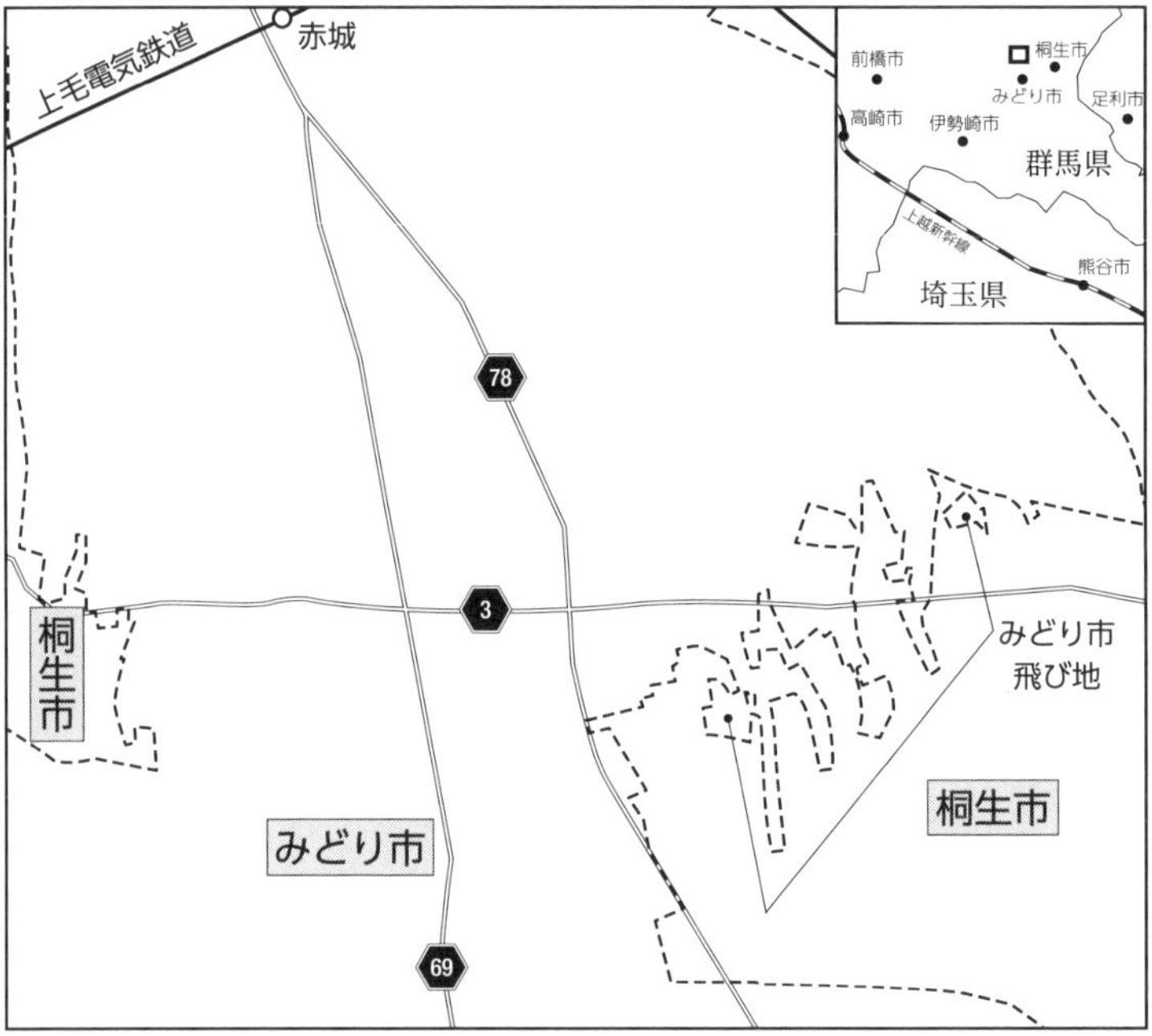

絹織物の産地として知られる群馬県桐生市は、渡良瀬川沿いに市街地が形成されているが、2005年（平成17）に大間々町（現・みどり市）を飛び越えて黒保根村と新里村を編入したため、この2村が広大な飛び地になってしまった。桐生市の本体と飛び地に挟まれているみどり市は、市域の南部で首のように細くくびれている。その細くくびれた首の付近で、桐生市とみどり市の境界線が実に複雑に入り組んでいるのだ。

みどり市が桐生市側に細長く突き出しているかと思えば、逆に桐生市がみどり市側に突き出している。よく見ると飛び地もある。境界線はすべて直線的である。境界線の周辺には住宅が密集しており、家と家の間に境界線が通っているところもある。地形によって境界が定まったわけではないことは明らかだ。なぜこのような境界線になったのか確証はないが、おそらく領地をめぐって激しい争いがあったのだろうと思われる。

千葉県・東金市×九十九里町
東金市にある九十九里町の幻の飛び地

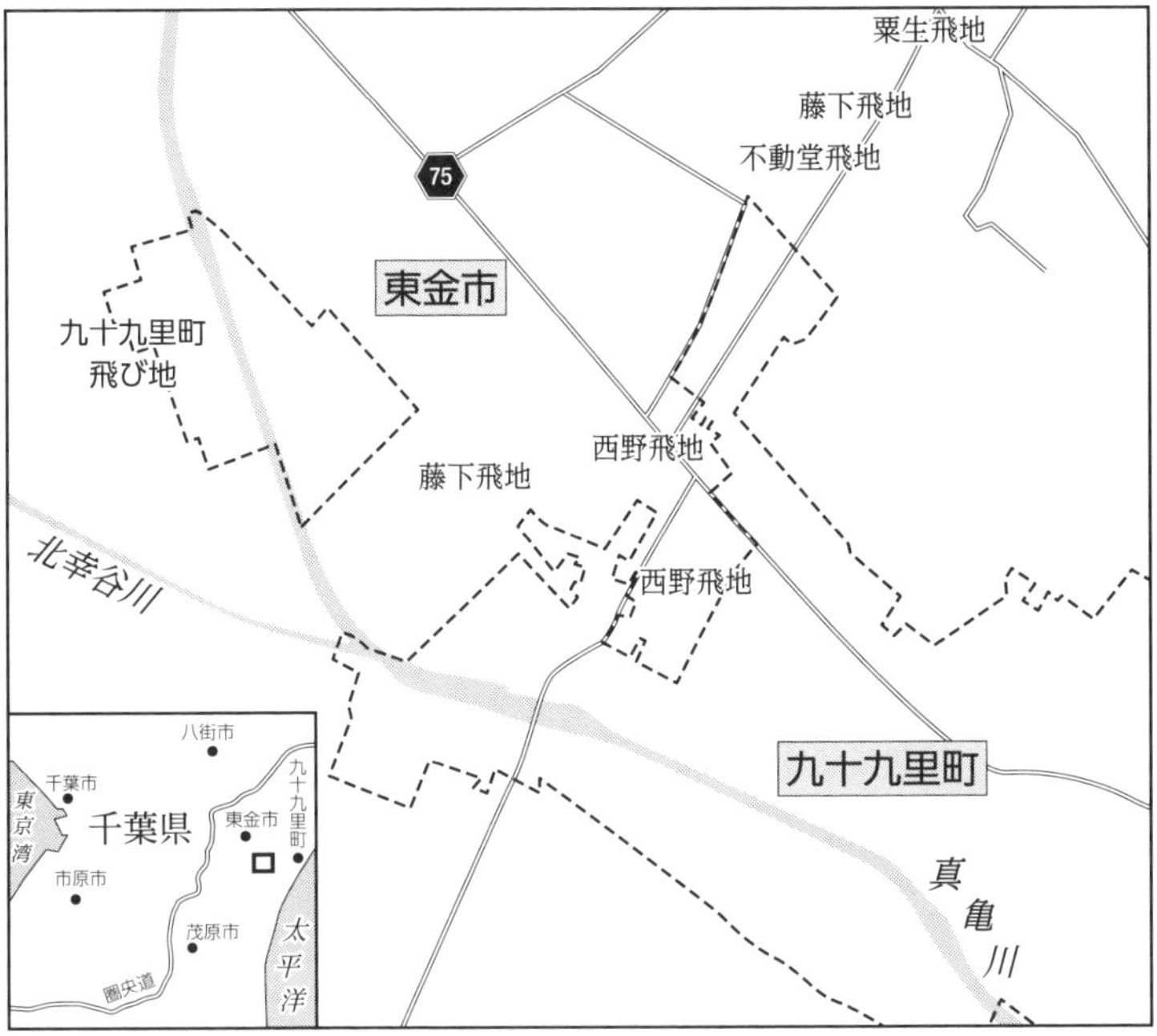

東金市には、東に隣接する九十九里町との間にも奇妙な境界線がある。九十九里町の境界線はどこも角張っており、曲線を描いている境界線はほとんどない。九十九里町の南西部から東金市に突き出している境界線も同様で、まるで田畑のあぜ道に境界線を引いて土地を分けたような感じである。また、九十九里町の尖った境界線の先には、飛び地が東金市の中に1つあるが、その飛び地もノコギリの刃のようにギザギザしている。

ただ、この地域で不思議なのは、飛び地ではないのに堂々と飛び地を名乗っている地名があるということだ。東金市に「粟生飛地」、「西野飛地」、「藤下飛地」、「不動堂飛地」という地名があるが、そこに飛び地は存在していない。これらの地名は九十九里町にもある。つまり、飛び地の地名は九十九里町の粟生、西野、藤下、不動堂という地域の飛び地だったのだ。これらの飛び地が東金市に編入されてからも、飛び地が地名としてそのまま残っているのである。

千葉県・東金市×山武市×八街市
女性の顔をした東金市に点在する山武市の飛び地

千葉県内にある市町村は、全国でも特に境界線が複雑に入り組んでいるところだが、そのなかでも九十九里平野の西縁にある東金市ほど面白い形をした境界線の自治体もないだろう。東金市は周囲を千葉市、八街市、山武市、九十九里町、大網白里市の5市町に囲まれているが、東金市の北部から八街市と山武市の境界を割って裂くように北に向かって突き出している部分がある。その東金市の境界線が、まるで女性が左を向いている横顔のような形をしているのだ。女性の頭は東金市の極楽寺、上布田地区にあたる。

女性の髪の毛はふさふさしているが、後ろ髪がやや乱れている。それは東金市と山武市の境界線が複雑に入り組み、さらに両市の境界線を挟んで飛び地も点在しているからである。山武市の中に東金市の飛び地が複数あり、東金市の中に山武市の飛び地も複数あることが確認できる。

女性の鼻は高く、顎を突き出し、目はやや窪んでいる。また、首は細くて今にも折れそうだが、体と辛うじてつながっている。首の太さは50メートル足らずしかない。もしここが切り離されていたとしたら、女性の顔全体が大きな飛び地になっていた。また顎の下あたりから、細々とした手を前に差し出している。このように、様々な形を想像させてくれる極めて珍しい東金市の境界線である。

珍しいのは形だけではなかった。顔の中央には、これまた奇妙な形をした飛び地がいくつも点在している。東金市の中にある山武市の飛び地である。なかでも極め付きは、中央にある飛び地の中に、さらに小さな飛び地が2つあることだ。東金市の中にある山武市の飛び地、その中にさらに東金市の飛び地がある、いわゆる二重飛び地なのだ。誰のイタズラなのか、それにしても興味深い珍しい境界線である。特に境界をめぐる争いがあったわけではなく、土地の所有者が山武市に住んでいる人だったのか、東金市に住んでいる人だったのかによって、飛び地が生じたものだと思われる。

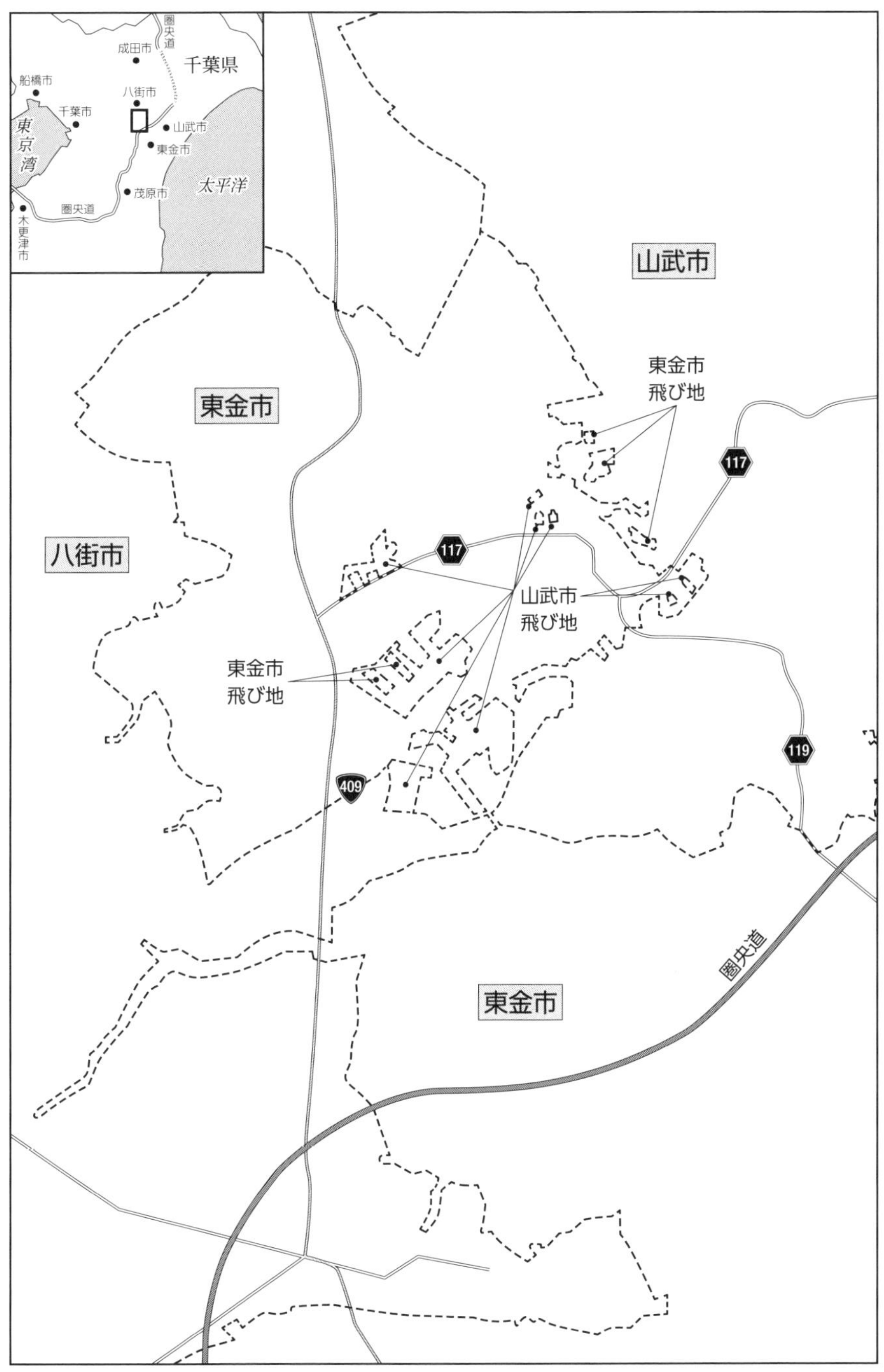
圏央道
成田市
千葉県
船橋市
八街市
千葉市
山武市
東京湾
東金市
太平洋
茂原市
圏央道
木更津市
山武市
東金市
東金市
飛び地
117
八街市
117
山武市
飛び地
東金市
飛び地
119
409
圏央道
東金市

千葉県・船橋市×鎌ケ谷市

船橋市の大きな飛び地と不自然な境界線

千葉県の北西部に位置する船橋市は、東京のベッドタウンとして目覚ましい発展を続けている。人口60数万人を有する千葉県第2の都市である。その船橋市の北西部に大きな飛び地がある。船橋市の丸山地区である。地名が示すように丸山は小高い丘状の地形で、周囲を鎌ケ谷市に囲まれている。丸山地区がそっくり船橋市の飛び地になっているのだ。飛び地の面積は1平方キロ以上あり、1万人以上の人が住んでいるという人口の密集地なのだ。

だが、江戸時代は水利に恵まれていなかったため、耕作地に適さず荒れ放題の土地だった。一方、丸山を取り囲んでいる鎌ケ谷市の細長い市域の道野辺(みちのべ)・馬込沢(まごめざわ)地区は、船橋市の本体と丸山に挟まれた谷間にあたる。そこには水路が流れていて、早くから開拓された地域である。だが、荒れ地だった丸山もやがて幕府の命で開墾され始め、荒れ地は耕地に生まれ変わった。そこには集落も形成されるようになった。このように、道野辺・馬込沢地区と丸山地区は村の成り立ちが異なっていたため、隣接していながら地域的なつながりはほとんどなかった。

したがって、1889年(明治22)の「明治の大合併」では、道野辺・馬込沢地区は鎌ケ谷村(現・鎌ケ谷市)と合併したが、丸山地区は道野辺・馬込沢地区を飛び越え、藤原新田や上山(かみやま)新田と合併して法典(ほうでん)村として発足。昭和に入って法典村は、船橋町などと合併して現在の船橋市になった。そのため、丸山地区は周りを鎌ケ谷市に囲まれた船橋市の飛び地になってしまったのである。その後、丸山地区を鎌ケ谷市に編入するか、鎌ケ谷市の道野辺・馬込沢地区を船橋市に編入するかを選択して飛び地を解消しようとする動きもあったが、実現には至っていない。

丸山地区の飛び地のほかにも、この周辺には奇妙な境界線が何ヵ所もある。馬込沢地区から細長く延びているところなど、いずれも水路沿いに早くから開墾された痕跡ではないかと思われる。

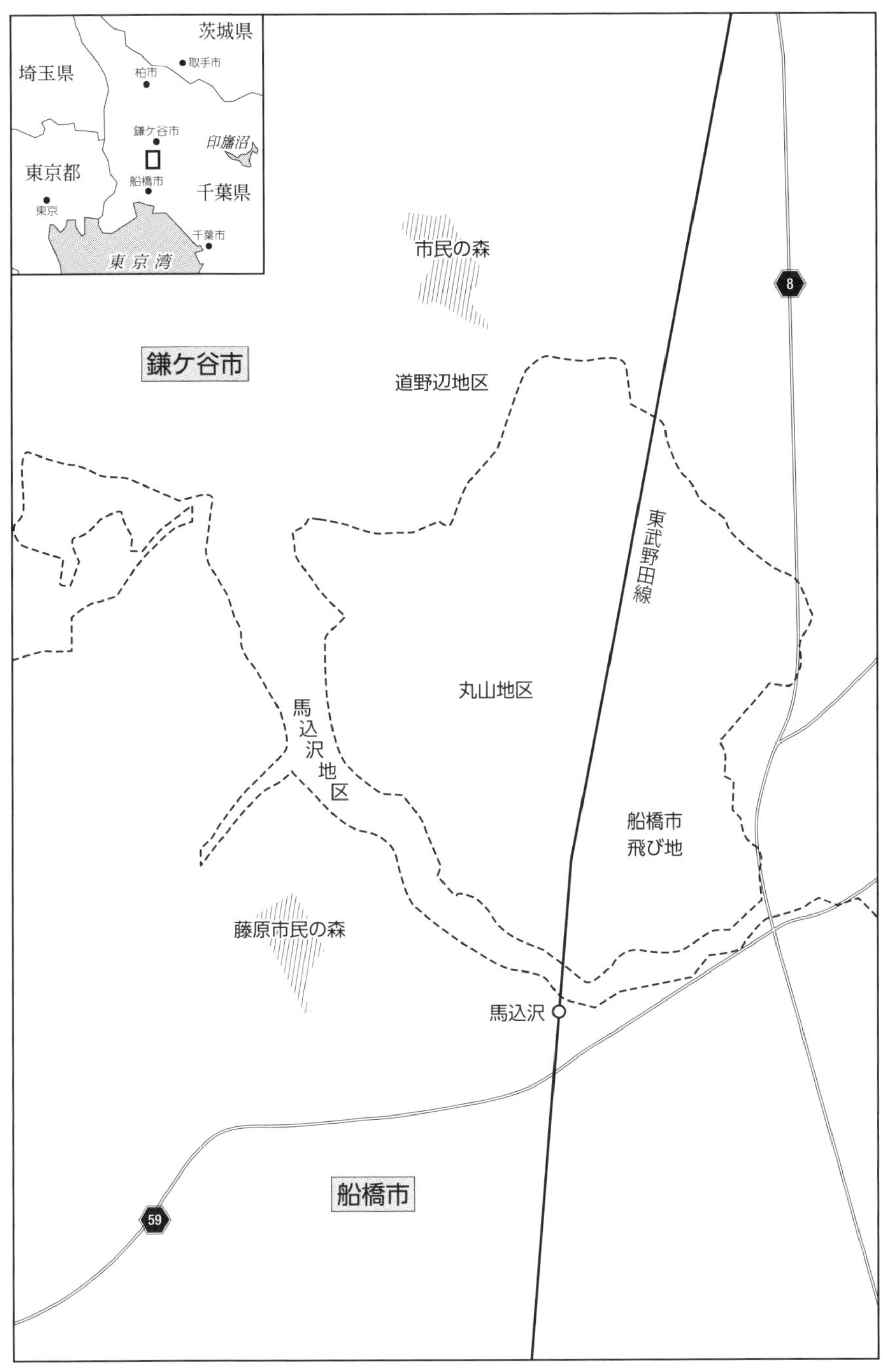
茨城県
埼玉県
取手市
柏市
鎌ケ谷市
印旛沼
東京都
船橋市
千葉県
東京
千葉市
東京湾
市民の森
8
鎌ケ谷市
道野辺地区
東武野田線
丸山地区
馬込沢地区
船橋市
飛び地
藤原市民の森
馬込沢
59
船橋市

千葉県・千葉市緑区×茂原市×市原市

茂原市と千葉市緑区の入り組んだ境界線と2つの飛び地

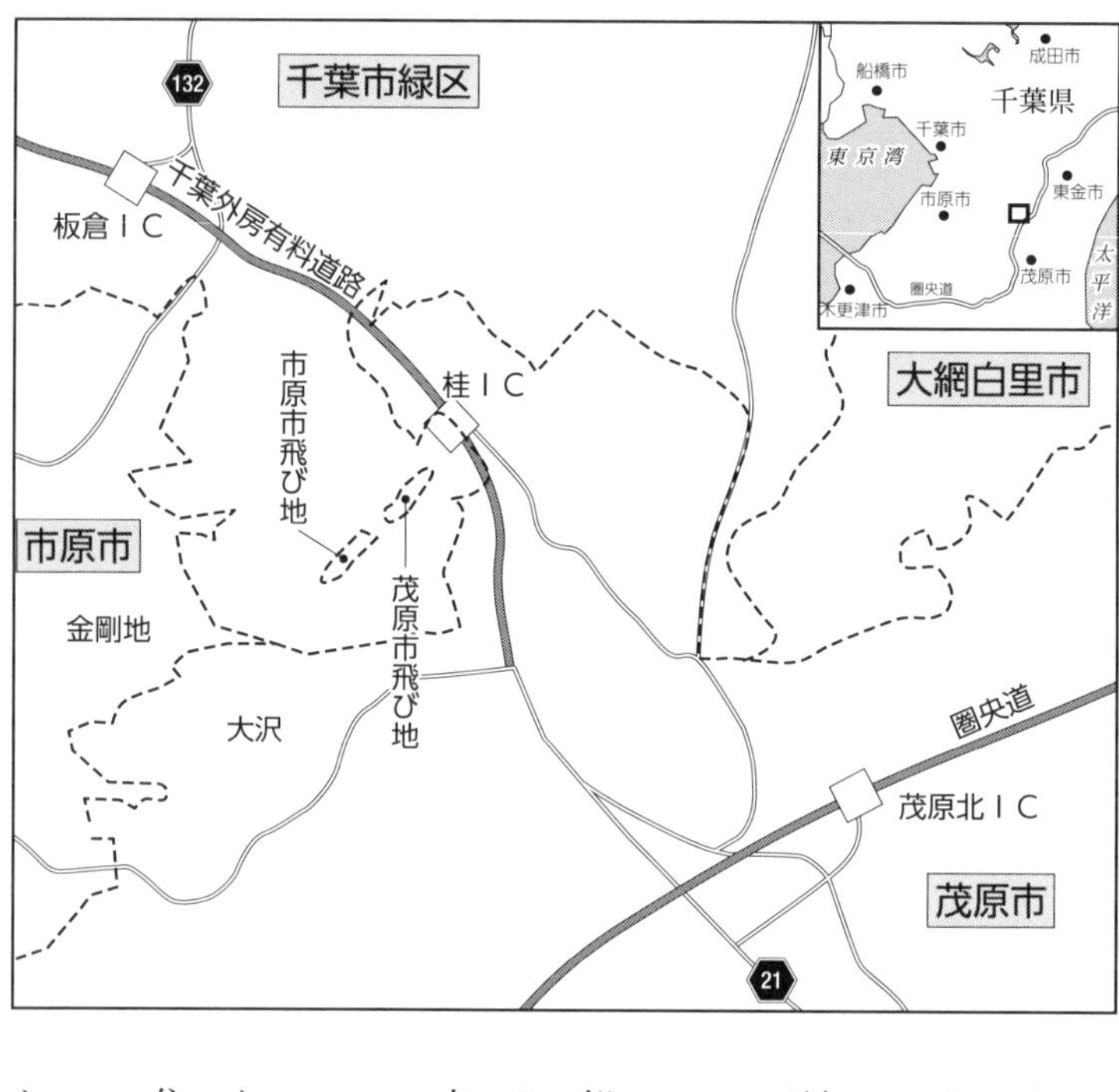

九十九里平野の南西部を占める茂原(もばら)市は、市の北西端が千葉市緑区に接している。この緑区との境界線が奇妙な形をしているのだ。茂原市の一部が緑区側に突き出しており、その形が動物の吠えているような姿に見える。その動物の頭を挟むような形で、緑区の一部が茂原市側に突き出している。緑区の右側の突起部は茂原市と大網白里(おおあみしらさと)市に挟まれており、茂原市と市原市に挟まれている緑区の左側の突起部は、逆さになった覆面をした男の顔に見える。覆面男の2つの目は飛び地で、右側が茂原市大沢の飛び地、左側が市原市金剛地(こんごうじ)の飛び地である。

なぜこのように複雑な境界線になっているのか不明だが、この地域はなだらかな丘陵地で溜め池も多いことから、早くから開墾が進んだ地だと考えられる。それぞれの地域に住む人によって開墾された地が、やがて村と村の境界になったものと思われる。2つの飛び地は、金剛地（市原市）と大沢（茂原市）に住んでいた人の出作地だったのだろう。

千葉県・茂原市×白子町×長生村×睦沢町

茂原市と白子町および長生村との境界線はデコボコの連続

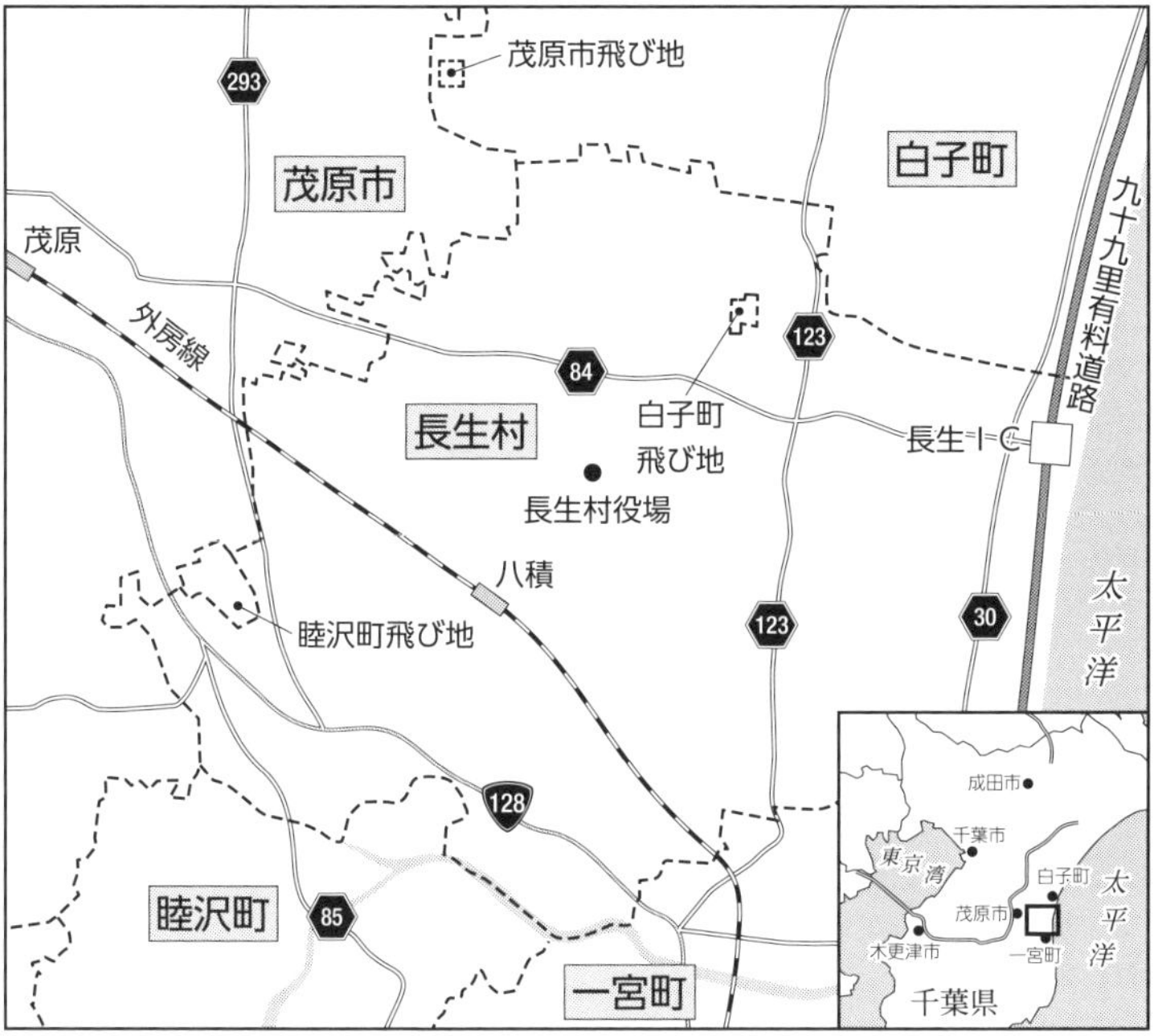

茂原市の東側は白子町と長生村に隣接しているが、茂原市とこの両町村との境界線が、デコボコの連続した複雑な境界線になっている。茂原、白子、長生の3市町村は九十九里平野の一角を占める地域で、水も得やすかったため、早くから開墾が行われていただろうと思われる。茂原という地名は奈良時代に、藤原黒麻呂が原野を開墾して成立させた藻原荘という荘園名に由来していると言われている。このことからも、この地域の歴史の古さをうかがわせている。

茂原市と白子町および長生村のデコボコした境界線は、ほとんど直線的である。これは各集落の開墾地と開墾地の境界だったのだろうと思われる。曲線の境界がないのは、この地域はほとんど起伏がない平地だったからなのだろう。白子町の中にある茂原市の飛び地や、長生村の中にある白子町の飛び地、茂原市と長生村に挟まれた睦沢町の飛び地などは、各村の出作地だったとみられている。

東京都・町田市×神奈川県・川崎市麻生区×横浜市青葉区

町田市と川崎市の都県境を小田急が何度も越える

東京都町田(まちだ)市と横浜市青葉(あおば)区との間に、非常に珍しい境界線がある。青葉区の北西端が北陸の能登半島のような形をして、町田市の中に食い込んでいる。しかも、半島の先端から半分ほどは川崎市麻生(あさお)区だ。つまり麻生区の飛び地なのである。町田市はというと、取られた分を取り返すとでもいいたげな形で、青葉区の中に割り込んでいる。このように奇妙な境界線になったのも、明治の大合併にその原因があった。

麻生区の飛び地は面積が1・5平方キロほどしかないが、かつては岡上(おかがみ)村という1つの村だった。1889年（明治22）4月に施行された市制・町村制で、周辺の村々が合併していく中にあって、岡上村はどことも合併せず、隣接する鶴川(つるかわ)村（現・町田市）を飛び越えて柿生村（現・川崎市麻生区）との間で「柿生村外一ヶ村組合」を組織。1939年（昭和14）に柿生村とともに川崎市と合併したため、旧岡上村の地域が飛び地になったのである。

この周辺の境界線が興味深いのは、飛び地があるばかりではない。飛び地近くの麻生区と町田市との境界線が不自然なのである。小田急小田原線の南側にある、あさおふれあいの丘の南側から麻生総合高校のあたりまでの境界線が、ノコギリの刃のようにギザギザになっている。小河川が境界線になっているところもあるが、おそらく村人たちが開墾した耕作地と耕作地の境界が、村と村の境界線になり、現在にまで引き継がれてきたのだろう。しかも、この境界線をまたいで人家が密集しているので、町田市の家の隣は川崎市の家という箇所がいたるところに存在している。

飛び地になっている麻生区の岡上地区と、町田市の境界線も複雑に入り組んでいるため、小田急小田原線を走る列車が2キロ余り進む間、東京と神奈川の都県境を何度も越えるという珍現象が起きている。詳細な地図でもなかなか確認できないが、多摩川を渡るところから町田駅の先で相模原市に入るまでだと、都県境を11回も越えているという。

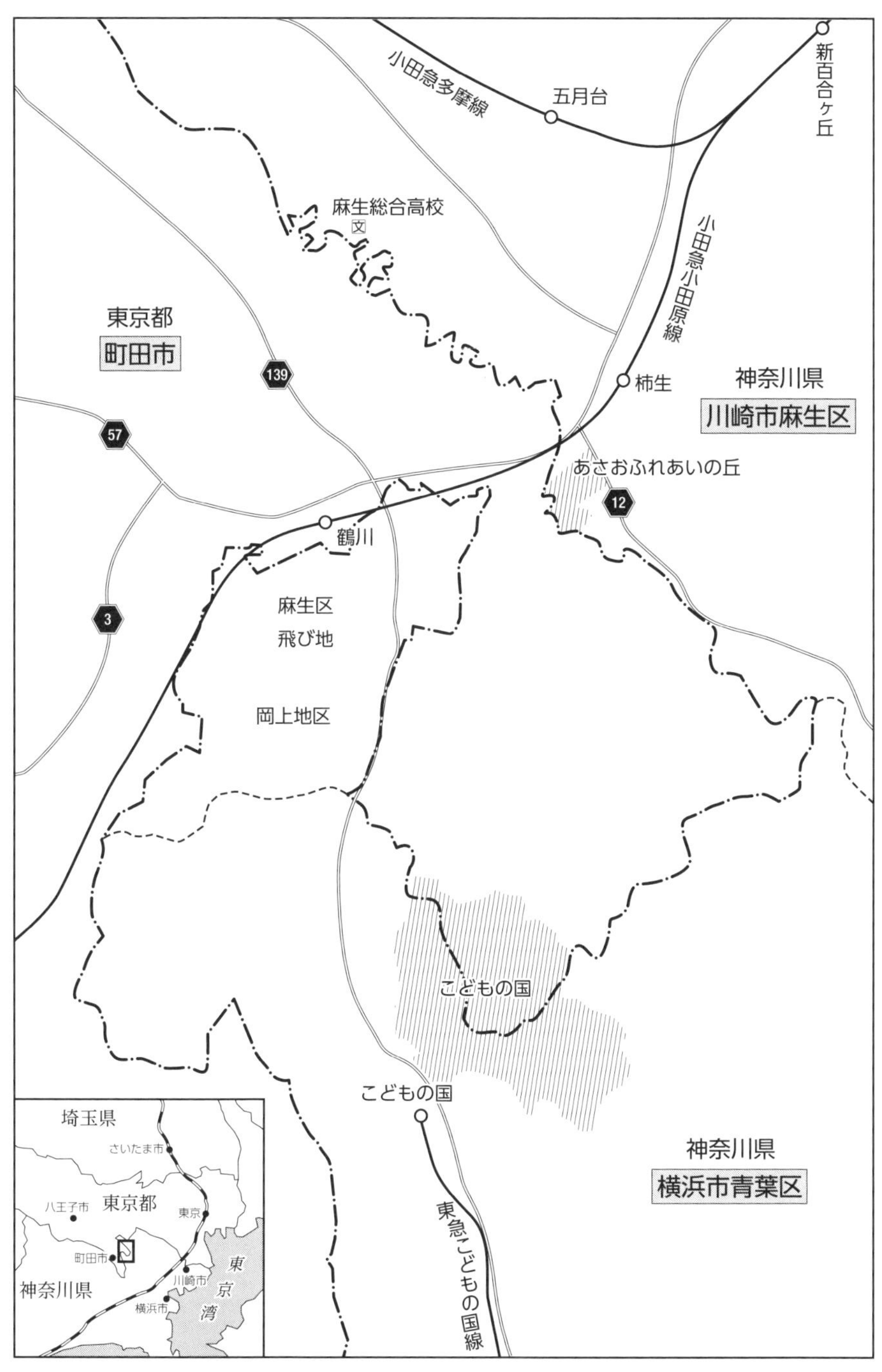

小田急多摩線
五月台
新百合ヶ丘
麻生総合高校
小田急小田原線
東京都
町田市
139
柿生
神奈川県
川崎市麻生区
57
あさおふれあいの丘
12
鶴川
麻生区
飛び地
3
岡上地区
こどもの国
こどもの国
神奈川県
横浜市青葉区
東急こどもの国線
埼玉県
さいたま市
八王子市
東京都
東京
町田市
川崎市
神奈川県
横浜市
東京湾

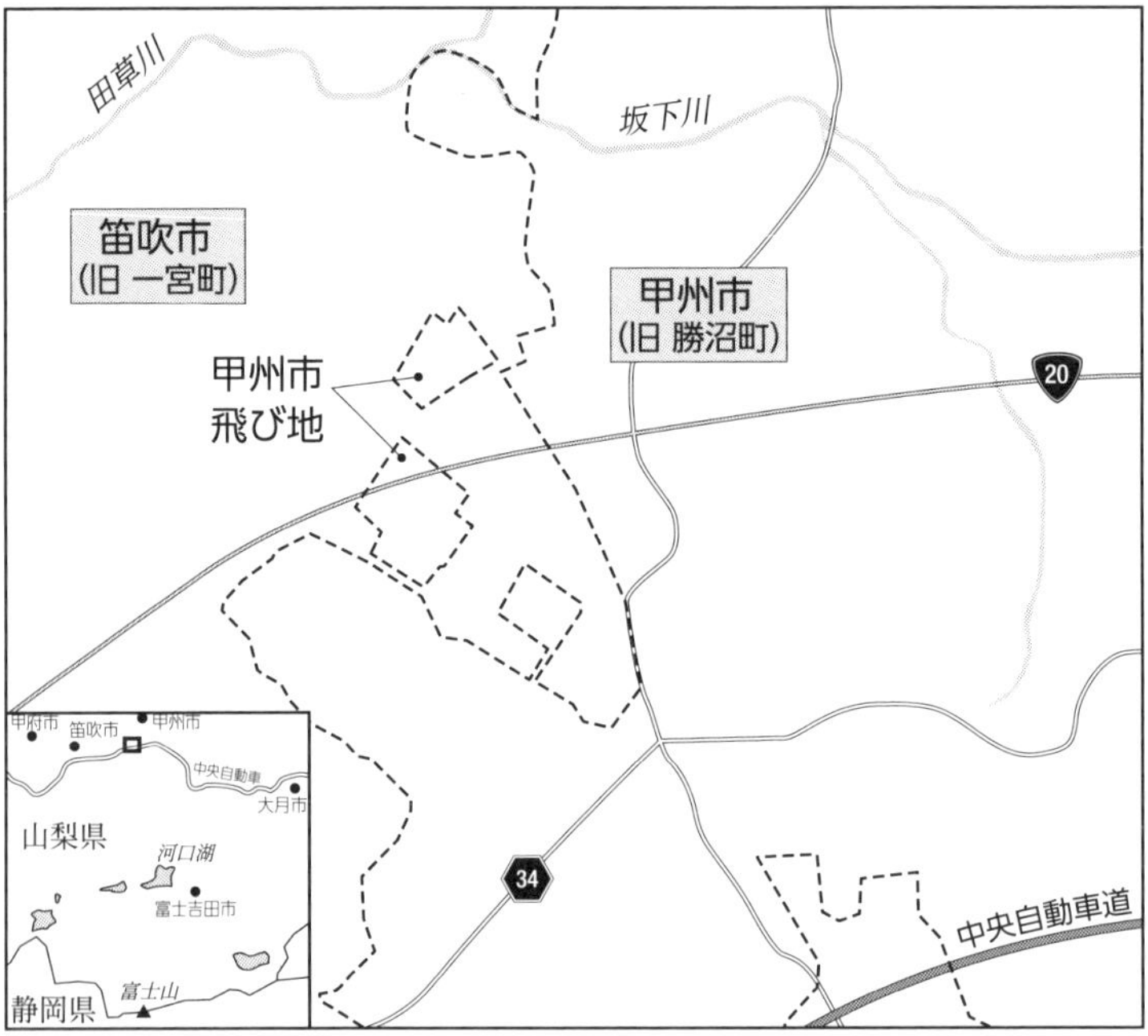

山梨県・甲州市×笛吹市

甲州市と笛吹市の境界線は複雑で飛び地もある

甲府盆地の東端にある勝沼町（現・甲州市）は、ブドウの一大生産地として、またワインの醸造が盛んな町として知られている。その西に隣接する一宮町（現・笛吹市）は日本一の桃の産地だ。この両市の間の境界線が、複雑に入り組んでいる。半島のように突き出しているところもあれば、飛び地も見られる。一宮町の中にある勝沼町の飛び地である。偶然だと思うが、複雑に入り組んでいる境界線の上を、中央自動車道と国道20号が通り抜けている。

この周辺はなだらかな丘陵地で、おそらく一宮町側の住民が開拓した土地と、勝沼町側の住民が開拓した土地の境目が、そのまま現在の境界線に引き継がれているのだろう。勝沼町に居住地を構えていた地主が、一宮町との境界線の付近に多くの土地を所有していたことが、このように複雑な境界線になった原因ではないかとみられている。一宮町に勝沼町の飛び地があるが、これも勝沼町の地主の土地だったのだろう。

岐阜県・笠松町×岐南町×各務原市
岐南町の飛び地で笠松町が切り離されそう

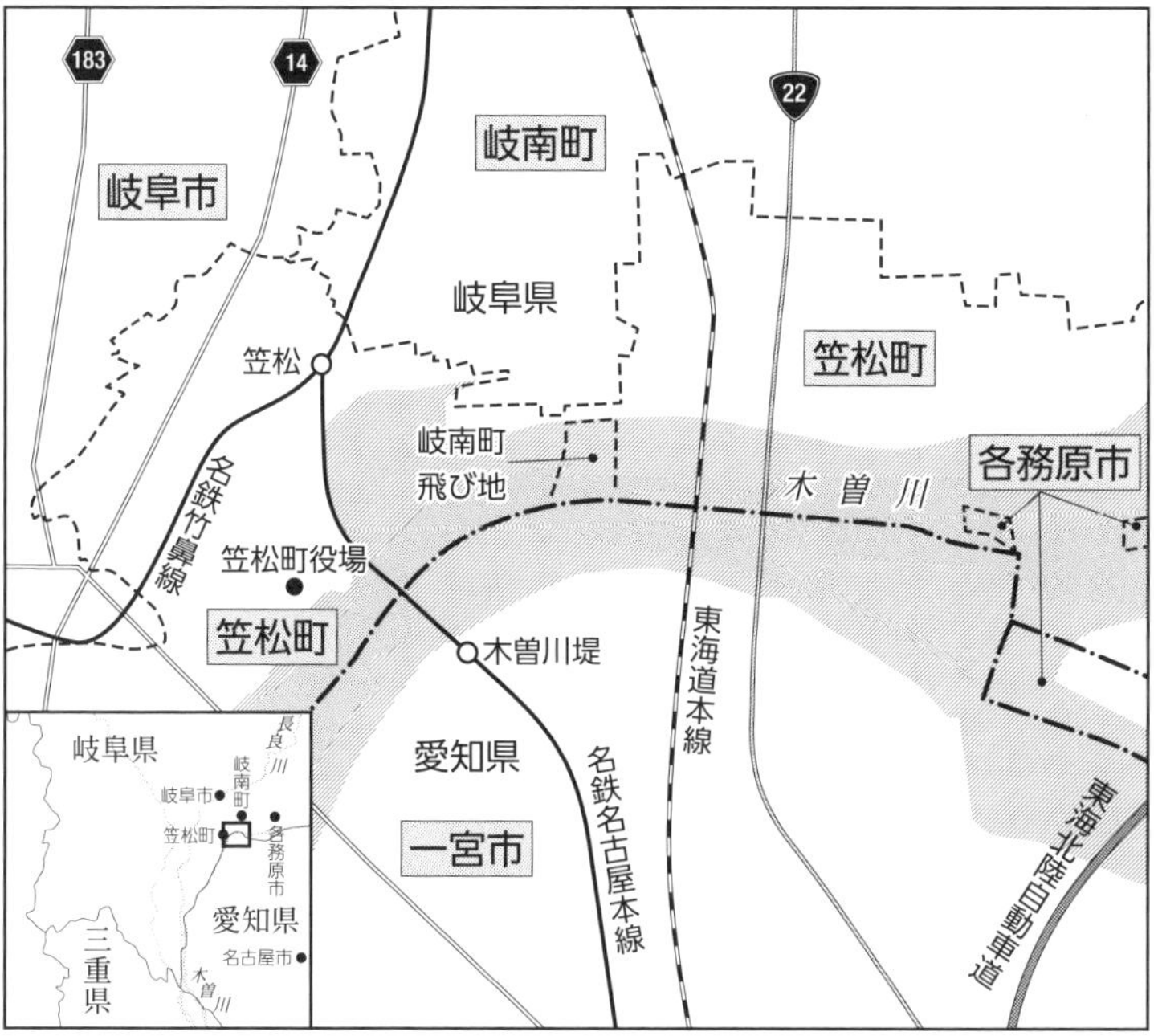

木曽川の北岸に沿って、笠松町の町域が東西に細長く延びているが、北に隣接する岐南町の飛び地で、笠松町が東側と西側に切り離されそうなのだ。その幅は約50メートルしかない。飛び地は木曽川の中なので居住者はいないが、なぜ川の中に飛び地があるのだろうか。

飛び地が発生したのは、近年になってからのことだ。笠松町は1955年（昭和30）4月に下羽栗村と合併した。切り離されそうになっている東側が、旧下羽栗村の地域である。翌年の9月には岐南村（現・岐南町）が上羽栗村と合併したのだが、笠松町の町域が岐南町によって切り離されていることが判明した。そこで岐南町と協議して、笠松町の町域が地続きになるように境界変更したのだという。

東海道本線の東側には木曽川の中に川島町（現・各務原市）の飛び地がある。これは1991年（平成3）に国土地理院が1万部の1の地形図を作成するとき、字絵図を基に境界を明確にしようとした際に飛び地が判明したのだ。

岐阜県・美濃加茂市×八百津町

美濃加茂市にあるモザイク模様の境界線は何を意味する？

木曽川と飛騨川の合流点に位置する美濃加茂市と、その東に隣接する八百津町との間に、モザイク模様のような境界線がある。飛び地なのか、それとも境界線が激しく入り組んでいるだけなのか、それを判別することも難しい複雑怪奇な境界線である。なぜこのように不可解な境界線があるのか、何か深いわけがありそうである。じつは1950年頃まで、このような境界線は存在しなかった。昭和の大合併で発生したのである。

美濃加茂市は1954年（昭和29）4月、太田町、古井町、山之上村、蜂屋村、加茂野村、伊深村、下米田村の7町村と、和知村と三和村の一部が合併して発足した。モザイク模様の境界線が生まれた原因は、和知村と三和村の一部が美濃加茂市と合併したことにある。7町村だけの人口では、市になる要件を満たすことができなかった。そのため、和知村と三和村が人口の不足分を補う形で、住民の意思を無視して半ば強制的に美濃加茂市に組み込まれたのである。三和村の残部は川辺町に編入され、和知村も人口減少により単独で自治体を維持できなくなったため、残りの地域は翌年1月、八百津町に編入された。

それを知った美濃加茂市に組み込まれた旧和知村の住民たちは、八百津町への編入を強く求めるようになった。美濃加茂市にしてみれば、和知村は市になるために利用しただけの存在だったので、八百津町への編入をあっさり認め、2ヵ月後にそれが実施された。しかも、八百津町への編入は住宅ごとに認められたため、旧和知村の地域は美濃加茂市にとどまる住宅と、八百津町への編入を望む住宅が複雑に入り組むことになった。八百津町の家の隣は美濃加茂市、その隣は八百津町というような珍現象も生まれた。また、美濃加茂市の市域の中に八百津町の飛び地が生まれたり、逆に八百津町の町域の中に美濃加茂市の飛び地が発生したりもした。モザイク模様の境界線は、このようにして生まれたのである。

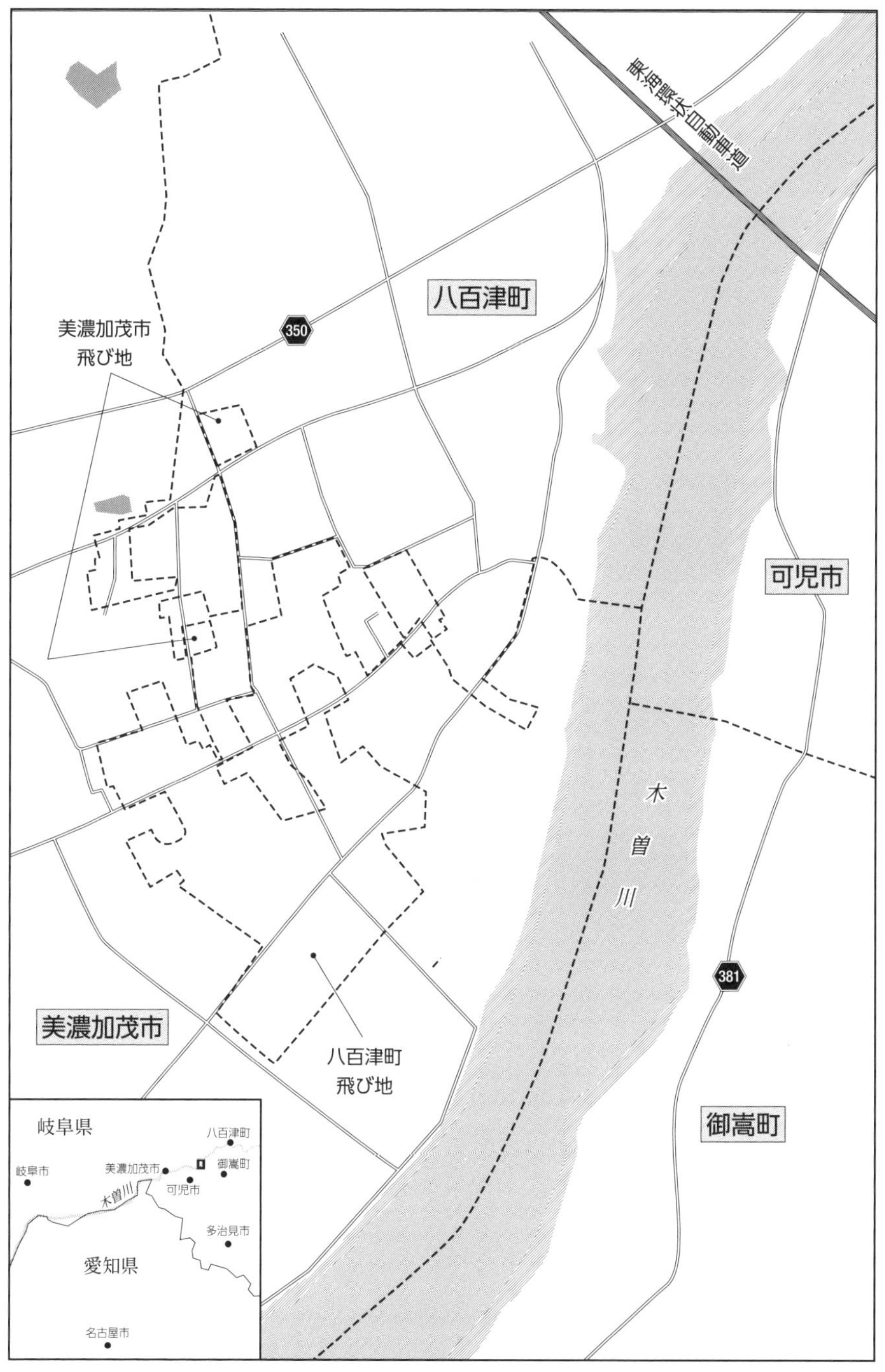
東海環状自動車道
八百津町
美濃加茂市
飛び地
350
可児市
木曽川
381
美濃加茂市
八百津町
飛び地
御嵩町
岐阜県
八百津町
岐阜市
美濃加茂市
御嵩町
可児市
木曽川
多治見市
愛知県
名古屋市

三重県・玉城町×伊勢市×明和町
大仏山公園は3市町境の交錯地帯

志摩半島の北部に位置している伊勢神宮お膝元の伊勢市の西に、玉城町と明和町が隣接している。この3市町にまたがって広がる丘陵地を活用して、大仏山公園という広大な都市公園が造成されている。その大仏山公園付近で、3市町の境界線が交わっているが、その境界線が実に奇妙な線を描いているのだ。3市町の境界線は激しく入り組んでおり、飛び地なのか地続きなのか、それを判別するのも容易ではないのである。複雑に屈曲している境界線はまるで迷路のようで、得体のしれない動物たちが戯れているような形にも見える。

大仏山公園内の東部に設けられている多目的グランドは、玉城町の飛び地である。その西側にあるテニスコートは明和町の領域だ。テニスコートの南側にある野球場や多目的広場があるところは、飛び地のように見えるが、よく見ると玉城町の本体とつながっている。それから、大仏山公園で最も大きな池の南側と北東側に小俣町（現・伊勢市）の飛び地もある。とにかく奇妙な境界線である。なぜこのような境界線になったのか理解に苦しむ。

現在のような複雑怪奇な境界線になった最大の原因は、昭和の町村合併にあった。かつて、明和町、玉城町、小俣町の3市町の境界が交わる付近、つまり大仏山公園のあたりに有田村という小さな村が存在していた。1955年（昭和30）4月の町村合併で、田丸町、東外城田村、有田村の3町村が合併して玉城町が発足したが、有田村は全村が合併して玉城町になったわけではなかった。一部の地域が分村して、小俣町と明和村に分かれて編入されたのである。住民の意見対立が紛糾したものとみられている。

それに、この地域の土地を有していた地権者の居住地が、玉城町ばかりではなく、小俣町であったり明和町であったりしたため飛び地が発生し、複雑に入り組んだ境界線になったものと考えられている。

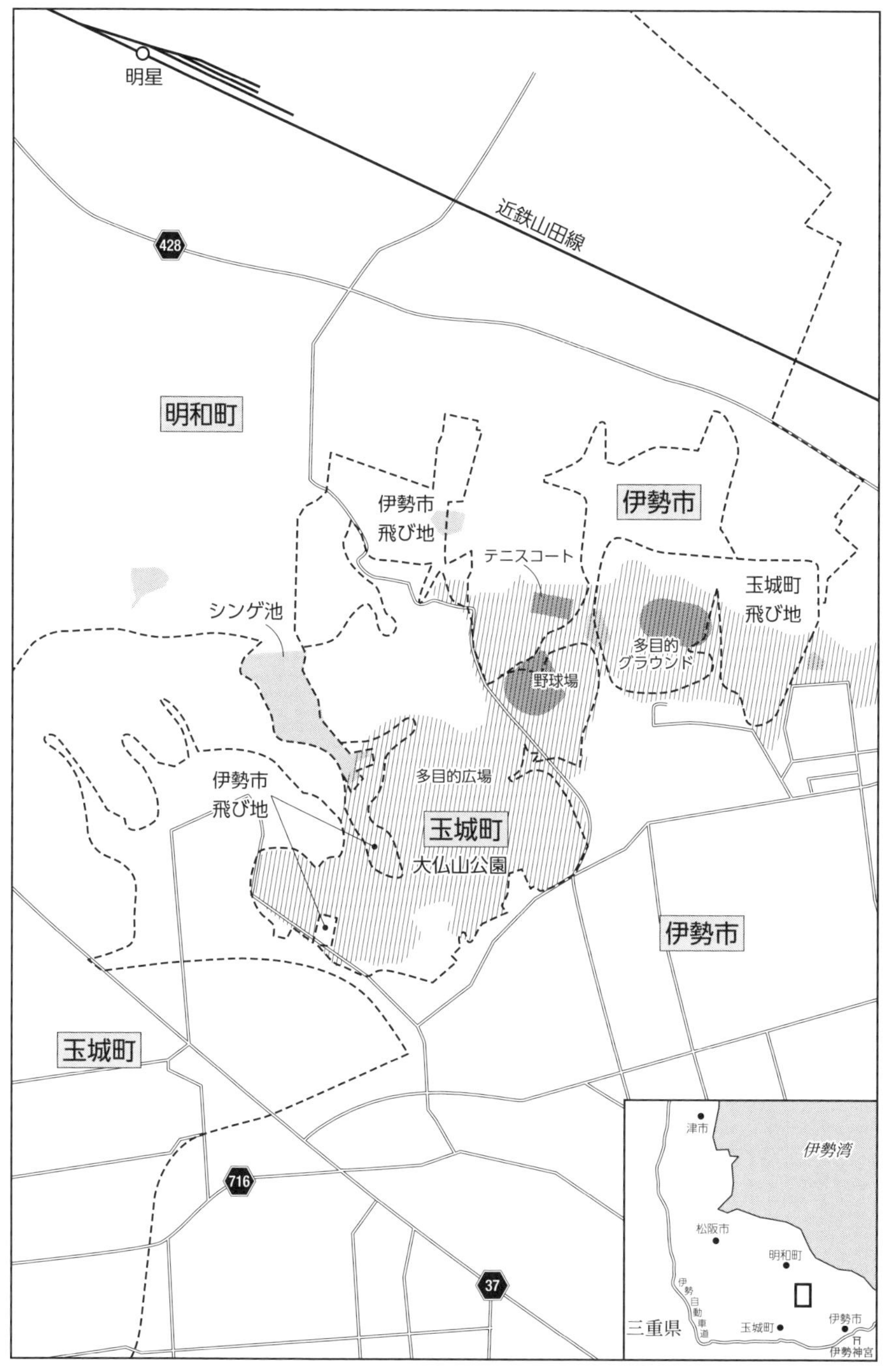
明星
近鉄山田線
428
明和町
伊勢市
飛び地
伊勢市
テニスコート
玉城町
飛び地
シンゲ池
多目的
グラウンド
野球場
多目的広場
伊勢市
飛び地
玉城町
大仏山公園
伊勢市
玉城町
716
37
津市
伊勢湾
松阪市
明和町
伊勢自動車道
三重県
玉城町
伊勢市
伊勢神宮

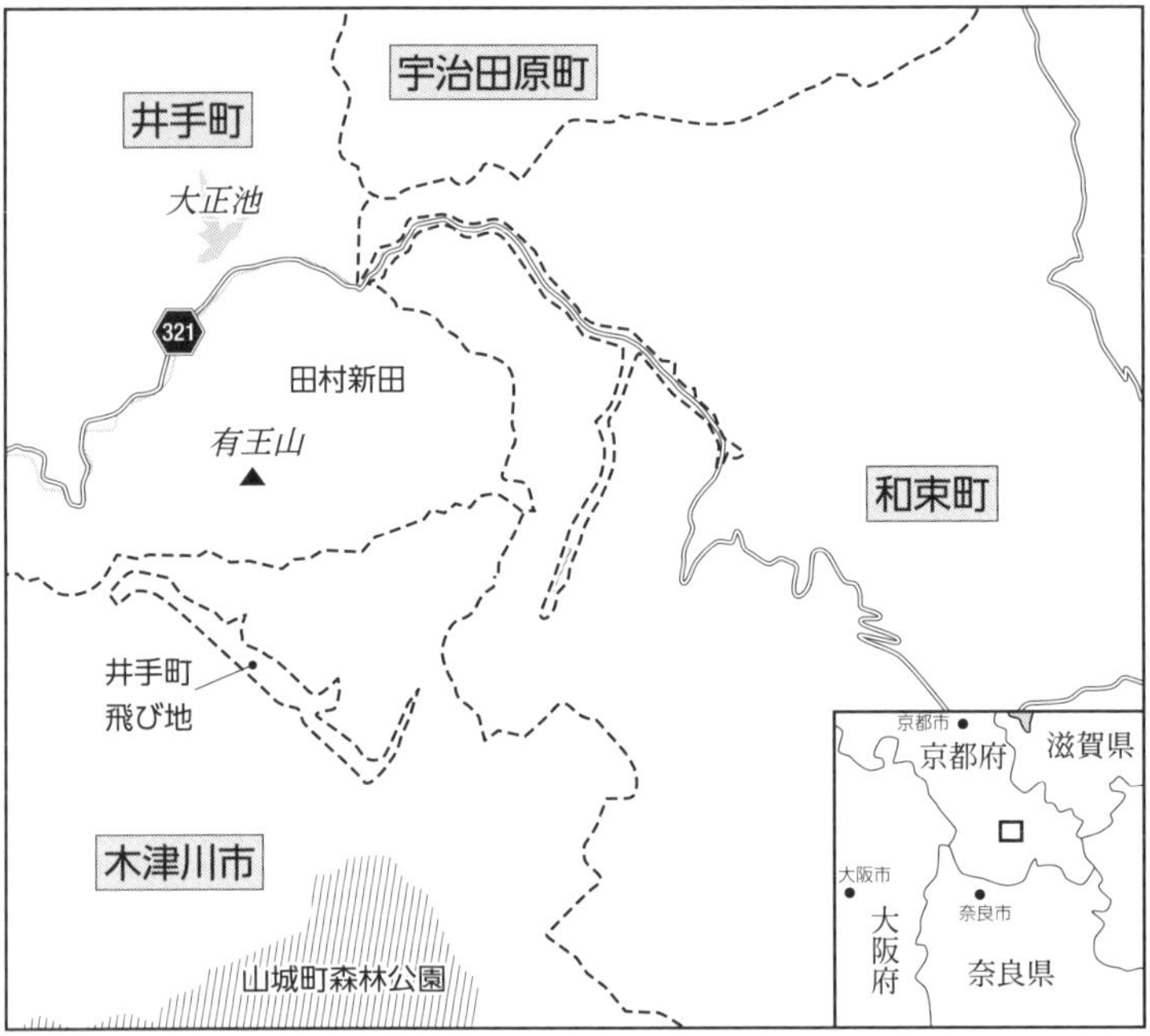

京都府・井手町×和束町×木津川市

井手町の細長い境界線と飛び地は田村清兵衛の開墾地

京都府の南部にある井手町と、東に隣接する和束町との間に、蛇が這いずっているように細々と延びる境界線がある。その長さは2キロ以上もあるのに、幅は100メートルにも満たない。細長い境界線の中央には小さな川が流れ、その両側から山地が迫っている。小さな川が流れている細長い境界線は、谷だったのである。江戸時代、田村清兵衛が京都代官所の許可を得て、この地域を開墾したのである。水に恵まれ、肥料にする木の葉も確保しやすかった谷間は耕作地に適していたのだ。

山城町（現・木津川市）にも、井手町の細長い飛び地があるが、やはりその飛び地の中央にも小さな川が流れている。ここも田村清兵衛が開墾した土地だった。和束町に隣接する井手町の東部地域を田村新田という。井手町の細長い境界線や、木津川市にある井手町の飛び地も田村新田という地名だが、これは田村清兵衛が新田開発したことに由来した地名だったのである。

大阪府・河南町×千早赤阪村
千早赤阪村に食い込んでいる河南町

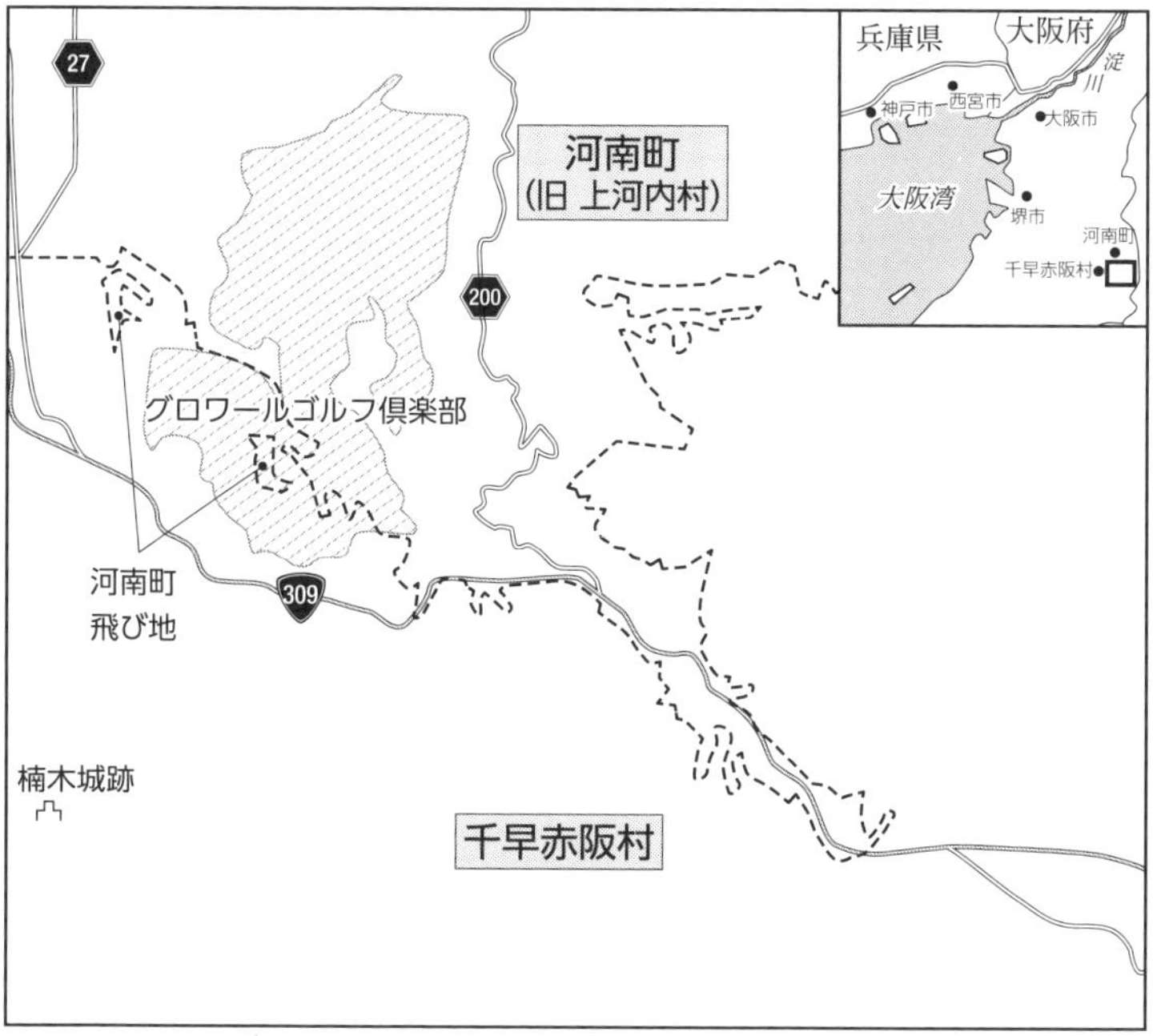

大阪府の南東部に、千早赤阪村という大阪府で唯一の村がある。大阪府と奈良県の府県境に横たわっている金剛山地の西側斜面に開けている村で、楠木正成にゆかりの史跡が数多くあることで知られている。千早赤阪村の北に隣接する河南町も、金剛山地の西麓に開けている農業を主産業としている町で、古墳や古寺社などの史跡が数多く残されている。歴史の古い地域だからなのか、両町村の境界線も複雑に入り組んでいる。

河南町から千早赤阪村に向かって細長く食い込んでいるところには水越川が流れているが、その両側には山が迫っている。この地域に集落を形成していた上河内村（現・河南町）は耕地に恵まれていなかったため、谷を開拓して田畑を耕してきた。近世になって村域が定められたときに、細長く開墾した地域が村と村の境界になったのだ。このほかにも、境界線が入り組んだところや飛び地もあるが、これは上河内村の人々が苦労して開墾した地だとみられる。

大阪府・和泉市×泉大津市
和泉市と泉大津市の境界線はなぜ幾何学模様？

大阪府の南部に位置する和泉市は、和泉国の国府所在地。その西に隣接する泉大津市は、和泉国の外港としての役割を担っていた。現在は両市とも大阪のベッドタウンとして発展しているが、どちらも歴史の古い町である。それを物語っているように、両市にまたがって池上曽根遺跡という弥生時代の環濠集落遺跡がある。その両市の境界線が信じられないような複雑さなのだ。幾何学模様とでもいえばいいのだろうか。この両市の境界線を見たら誰もが驚くに違いない。

境界線はすべて直線でデコボコしており、しかもいたるところに飛び地もある。これは江戸時代、伯太藩領と幕府の直轄地（天領）との境界が、田1枚ごとに入り組んでいたからだという。その頃の名残が現在にまで引き継がれているのだ。だが、両市の境界線がこのように複雑のままでは、行政にも支障が出てくるのは明らかだろう。かつて大阪府住宅供給公社が、泉大津市の尾井千原町地区に取得していた土地に団地を建設しようとしたところ、和泉市の飛び地があることが判明した。しかも、飛び地は団地建設用地の中央に、櫛の歯状に横たわっていたのだ。そのため、着工に待ったがかかるという事案があった。

団地の同じ棟に住む住民なのに水道料金が異なっていたり、国民健康保険料に違いがあったり、ゴミの回収日が別々の日だったりしてはトラブルが発生する恐れもある。そのため、住宅公社は飛び地の全域を泉大津市に移管するように要請したが、飛び地を失う和泉市が猛反発して実現しなかった。これらの問題を解決するには、両市の境界全体の引き直しが必要だとして、1972年（昭和47）12月、「泉大津市・和泉市行政境界適正化協議会」が設置された。飛び地を相手の市域に組み込み、飛び地と交換する土地を同面積になるように境界を修正するとか、デコボコの境界線を単純化するなど様々な案が出されたが、両市の利害が一致せず、いまだに複雑な境界線のままである。

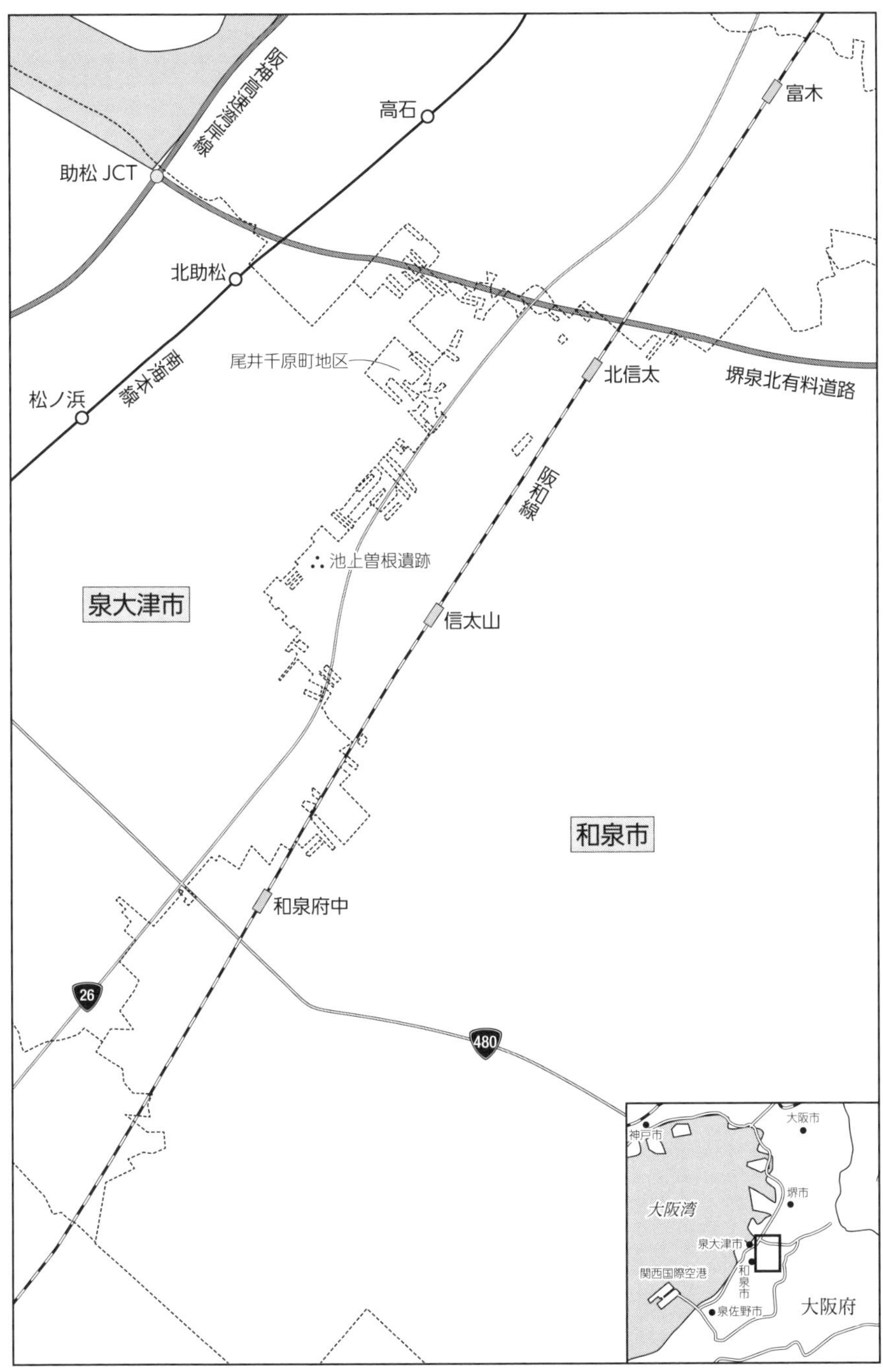
阪神高速湾岸線
高石
富木
助松 JCT
北助松
南海本線
尾井千原町地区
北信太
堺泉北有料道路
松ノ浜
阪和線
池上曽根遺跡
泉大津市
信太山
和泉市
和泉府中
26
480
大阪市
神戸市
堺市
大阪湾
泉大津市
関西国際空港
和泉市
泉佐野市
大阪府

大阪府・貝塚市×熊取町
リアス式海岸を連想させる貝塚市と熊取町の境界線

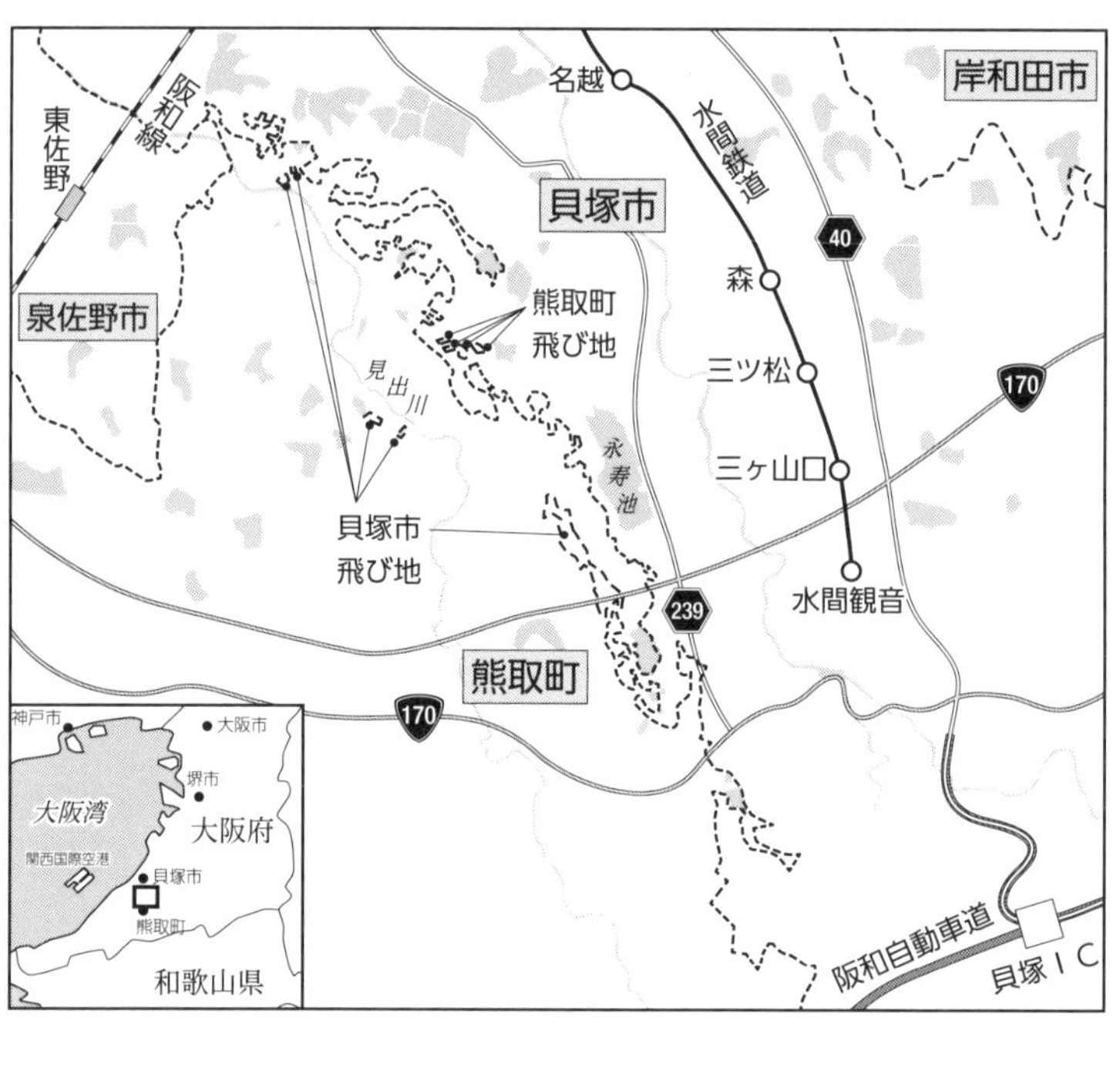

大阪府の南部に位置する貝塚市と、隣接する熊取町との境界線がこれまた凄い複雑さである。ＪＲ阪和線から阪和自動車道あたりまでの貝塚市と熊取町の境界線で、まるでリアス式海岸を連想させるほどの変化の富みようである。飛び地も点在している。飛び地はさしずめ、リアス式海岸の沖に浮かぶ小島といったところだろうか。リアス式海岸には半島あり入江あり、そして岬もあるというように激しく入り組んでいる。地図好きの人には興味が尽きない境界線だと言えるだろう。

なぜこのように複雑怪奇な境界線になったのかは定かでないが、この付近はなだらかな丘陵地である。また、複雑な境界線に並行して見出川とその支流が何本も流れており、いたるところに溜め池がある。これから見て、この地域が早くから開拓された地域であることが想像できる。村人たちの開墾した土地が、隣村との境界になったと考えられる。飛び地は出作地だったのだろう。

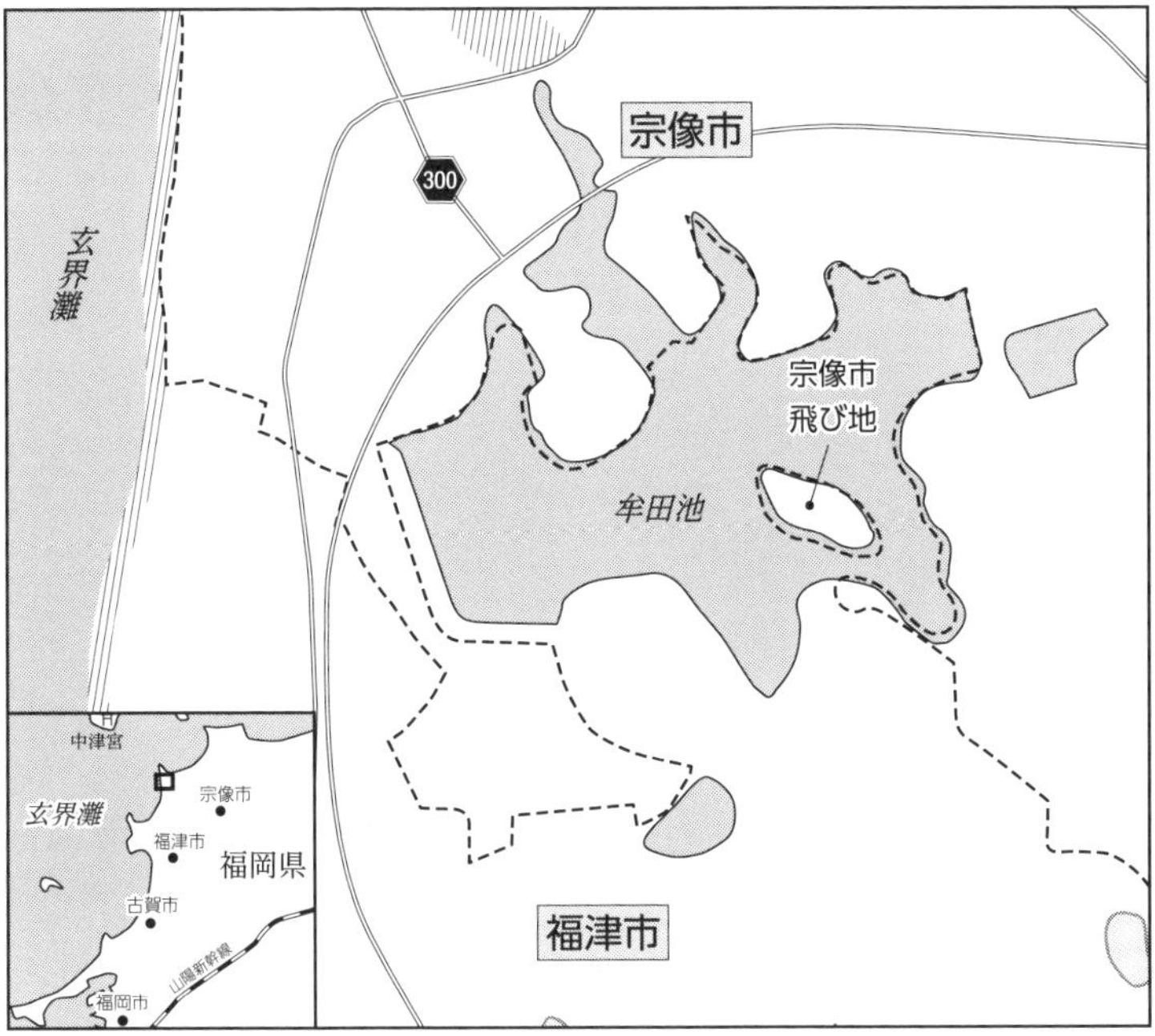

福岡県・宗像市×福津市
牟田池は福津市、牟田池に浮かぶ小島は宗像市

福岡市と北九州市の中間に位置する宗像(むなかた)神社で有名な宗像市と、南に隣接する福津(ふくつ)市との境界に、牟田池という面積13・5万平方メートルという小さな池が浮かんでいる。だが、池岸線は複雑に入り組んでおり、周囲は2・5キロほどある。牟田池のほとんどが福津市の領域だが、なぜか牟田池に浮かんでいる小さな島だけが宗像市の行政区域になっている。つまり、池に浮かぶ小島だけが宗像市の飛び地なのである。

牟田池は江戸時代、灌漑用の溜め池として築造されたもので、池に浮かぶ小島はおそらく、丘のように小高く盛り上がっていた部分だと思われる。溜め池は牟田尻(むたじり)村（現・宗像市）の土地に築造されたことから牟田池と呼ばれるようになった。だが、牟田池の水利権のほとんどを勝浦村（現・福津市）の村民が所有していたため、明治の町村制施行で、水の部分（溜め池）が勝浦村に、陸地（池に浮かぶ小島）だけが牟田尻村の管轄になったと言われている。

鹿児島県・志布志市×大崎町
平成の大合併でも解消できなかった大隅半島の複雑な飛び地

大隅半島の付け根に志布志湾（有明湾）という丸い形をした湾があるが、その湾岸に開けている有明町（現・志布志市）と大崎町との間で、飛び地が複雑に入り乱れている。まさしく飛び地の交錯地帯といった様相なのだ。東九州自動車道が大崎町の北西部を南北に通り抜けているが、野方インターチェンジの北側あたりに、有明町の飛び地が大崎町の町域の中に点在している。東九州自動車道の東側に7つ、西側に1つ、合計8つの飛び地が確認できる。飛び地の合計面積は3平方キロ弱もあり、そのうちの1つは、有明町の飛び地の中に大崎町の小さな飛び地が4つ点在している。いわゆる二重飛び地である。

そこから南東へ8キロほど行ったところにも、今度は逆に大崎町の飛び地が有明町の中にある。熊本県を逆さにしたように見える奇妙な形をした飛び地である。面積は約1平方キロあり、飛び地の中では最も大きい。だが、飛び地はこれだけではなかった。ここからさらに南東へ6キロほどいった志布志湾岸近くにも、有明町の小さな飛び地が4つ点在している。

飛び地は江戸時代からのものらしい。なぜ飛び地になったのかは定かではないが、他村にある田畑を耕作していた出作地だったところが、そのまま飛び地として引き継がれてきたものと思われる。ほとんどの飛び地に居住者がいる。したがって、行政に大なり小なり支障がある。そのため、これまでたびたび合併の協議も行われてきたが、実現には至っていない。当時存在していた野方村が、昭和の大合併で3分割されて大崎町と有明町（当時は西志布志村）、大隅町（現・曽於市）に編入されたが、飛び地の地域がすべて大崎町に編入されたため、有明町の飛び地としてそのまま残ることになった。平成の大合併でも、有明町は志布志町と松山町の2町と合併して志布志市として発足し、大崎町はこの枠組みには加わらず、自立の道を選んだため、飛び地は解消されることなく現在にいたっている。

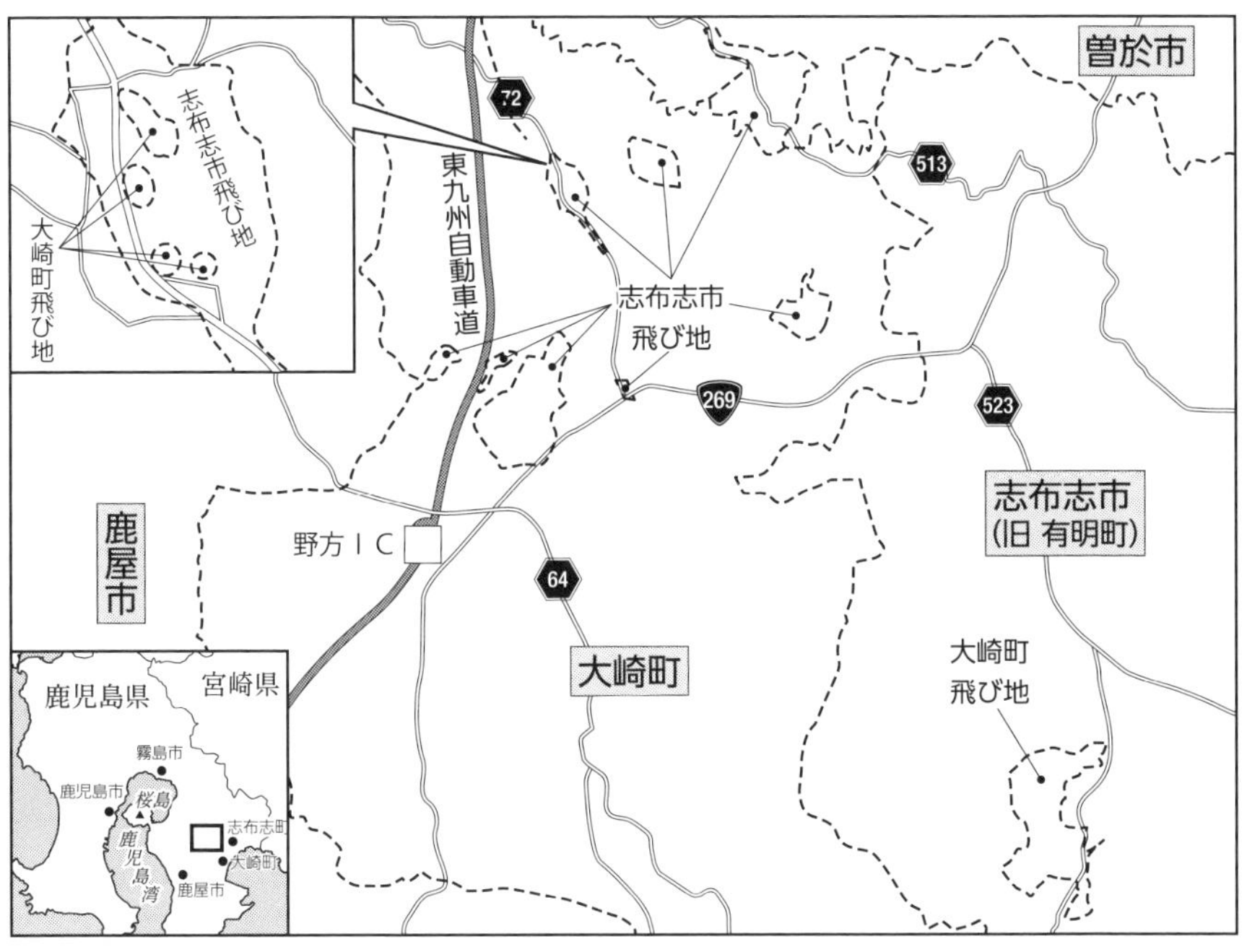
曽於市
志布志市飛び地
大崎町飛び地
東九州自動車道
志布志市
飛び地
鹿屋市
野方ＩＣ
志布志市
(旧 有明町)
大崎町
大崎町
飛び地
鹿児島県
宮崎県
霧島市
鹿児島市
桜島
鹿児島湾
志布志町
大崎町
鹿屋市

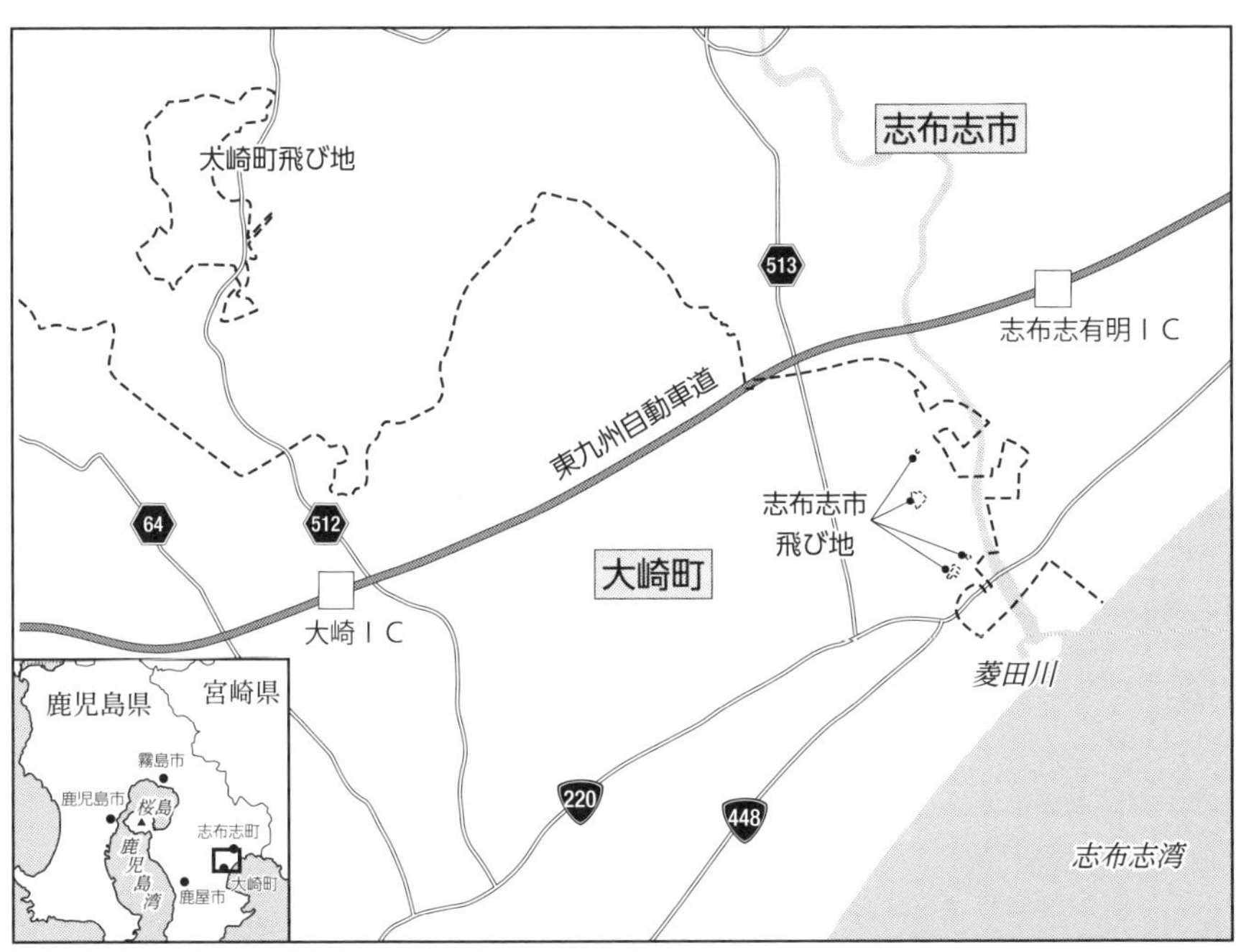
志布志市
大崎町飛び地
志布志有明ＩＣ
東九州自動車道
志布志市
飛び地
大崎町
大崎ＩＣ
菱田川
志布志湾
鹿児島県
宮崎県
霧島市
鹿児島市
桜島
鹿児島湾
志布志町
大崎町
鹿屋市

第五章　島や中洲などにも境界線がある

北海道・北見市×佐呂間町×湧別町
サロマ湖の砂州の先端だけが、なぜか北見市

北海道のオホーツク海沿岸に、サロマ湖という大きな湖がある。海水と淡水が入り混じる汽水湖で面積は１５１・８平方キロ。琵琶湖、霞ケ浦に次いで全国で3番目に大きく、汽水湖としては最大の湖である。サロマ湖は常呂町（現・北見市）側から細々と延びている砂州と、湧別町側から延びている砂州で、かろうじてオホーツク海とサロマ湖が仕切られている。

砂州の長さは全長25キロ以上あり、幅が最も広いところで1キロ余り、狭いところでは２００メートル足らずという、荒波でも押し寄せてきたら切れてしまいそうな砂州である。砂州の中央で、湖口が数百メートルほど口を開けているが、かつては、この湖口が常呂町と湧別町の境界になっていた。だが、現在は湧別町側の砂州の先端部分に、湧別町と北見市の境界線が引かれている。

サロマ湖は、湖に面している常呂町、佐呂間町、湧別町の3町の共有財産として維持管理されていたため、湖上にも境界線は引かれていなかった。だが、国土地理院が１９９１年（平成3）に地形図を作成するのを契機に、サロマ湖に面する常呂、佐呂間、湧別の3町は、サロマ湖の境界を確定させようということになった。境界が未定だと、サロマ湖の面積を3町に加えることができず、サロマ湖の面積分の地方交付税を受け取ることができないからだ。財政の厳しい自治体にとっては、地方交付税は貴重な財源になる。だが、湖上に境界線を引くとなると、漁業権にも影響をおよぼすため、境界線はあくまでも便宜的なもので、これまで通りサロマ湖は3町の共有の財産として維持管理していくという条件付きでの合意である。

湖上に引かれる境界線は、対岸との等距離を結んだ「等距離線主義」によって区分されたため、湧別町側から延びる砂州の先端部分だけが、常呂町側に組み込まれることになってしまったのである。見方によっては、湧別町に常呂町の飛び地が発生してしまったことになる。

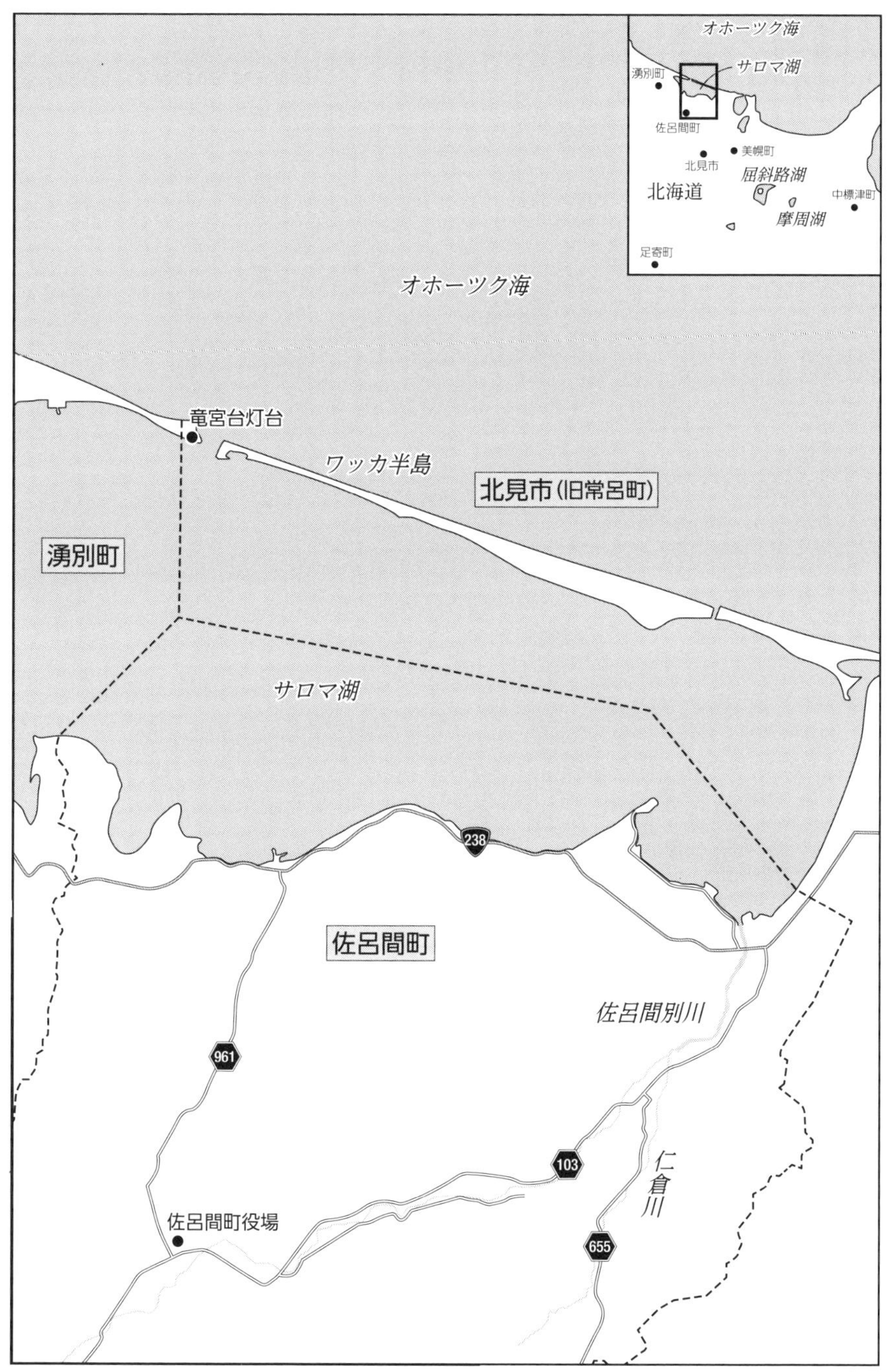
オホーツク海
サロマ湖
湧別町
佐呂間町
美幌町
北見市
屈斜路湖
北海道
中標津町
摩周湖
足寄町
オホーツク海
竜宮台灯台
ワッカ半島
北見市(旧常呂町)
湧別町
サロマ湖
238
佐呂間町
佐呂間別川
961
103
仁倉川
佐呂間町役場
655

北海道・標津町×別海町
日本一長い砂嘴に引かれた標津町と別海町の境界線

北海道の東端に、非常に珍しい形をした砂嘴がある。根室海峡に突き出している野付半島だ。全長が約28キロもある日本一長い砂嘴である。先端部分がエビのような形をしている。偶然にも、野付半島に抱かれた尾岱沼（野付湾）では、ホッカイシマエビと呼ばれる体長10センチ前後の小さなエビが生息しており、帆掛け船による打瀬網漁は尾岱沼の夏の風物詩になっている。野付半島は幅の狭いところは１００メートルそこそこしかないが、幅が広いところでは2キロ以上ある。野付半島には、トドマツが立ち枯れた「トドワラ」の荒涼とした風景が広がっている。

野付半島は標津町の南東端から、東に向かって延びている。したがって、砂嘴の全域が標津町の領域であってしかるべきだろう。ところが、地続きになっている砂嘴の3分の1ほどだけが標津町で、そこから先端まではすべて別海町の領域なのである。つまり、野付半島の先端部分は別海町の飛び地状態になっているのだ。なぜこのようなところに、標津町と別海町の境界線が走っているのか不思議だが、どうやら野付半島周辺の海域では、古くから標津村（現・標津町）と別海村（現・別海町）の間で漁業権をめぐる争いがしばしば発生していたらしいのだ。標津村は野付半島の先端部分が両村の境界であると主張し、別海村は野付半島の付け根が境界であると主張。両者の言い分は平行線をたどっていた。

そこで紛争を解決するため、１９５３年（昭和28）に根室支庁（現・根室振興局）も加わって調査を始めた。その結果、１９２３年（大正12）の「郡整理ニ関スル調書」に、東経１４５度15分を両村の境界とすることが明記されていることが判明したのである。しかも、野付半島に埋設されていた「東経１４５度15分」と記された経度標も発見された。これを根拠に、東経１４５度15分を標津村と別海村の正式な境界線とすることで両村は合意し、長く続いてきた紛争は解決にいたったのである。

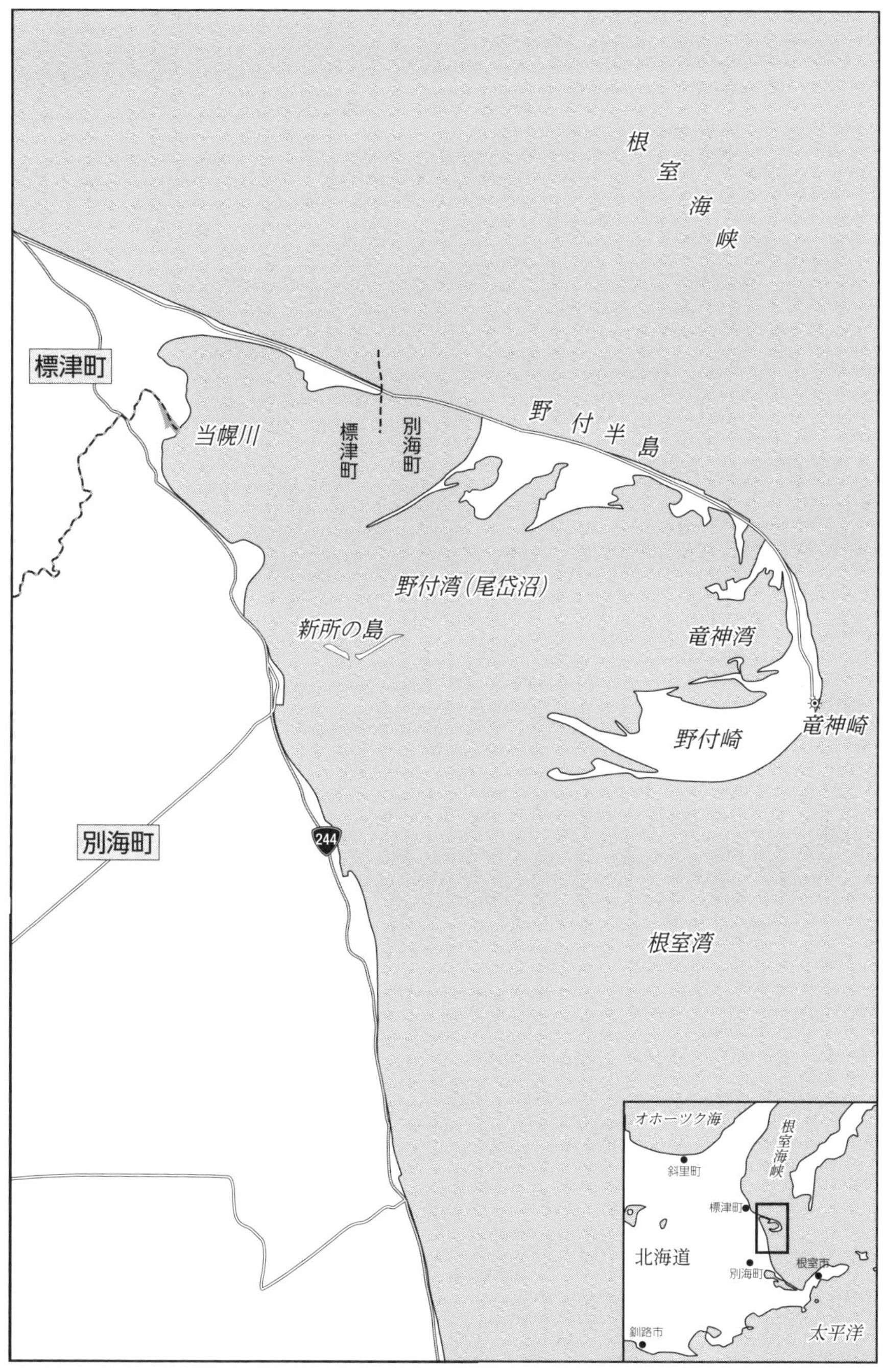
根室海峡
標津町
当幌川
標津町
別海町
野付半島
野付湾（尾岱沼）
新所の島
竜神湾
竜神崎
野付崎
別海町
244
根室湾
オホーツク海
根室海峡
斜里町
標津町
北海道
別海町
根室市
釧路市
太平洋

北海道・洞爺湖町×壮瞥町

洞爺湖に浮かぶ中島にも境界線がある

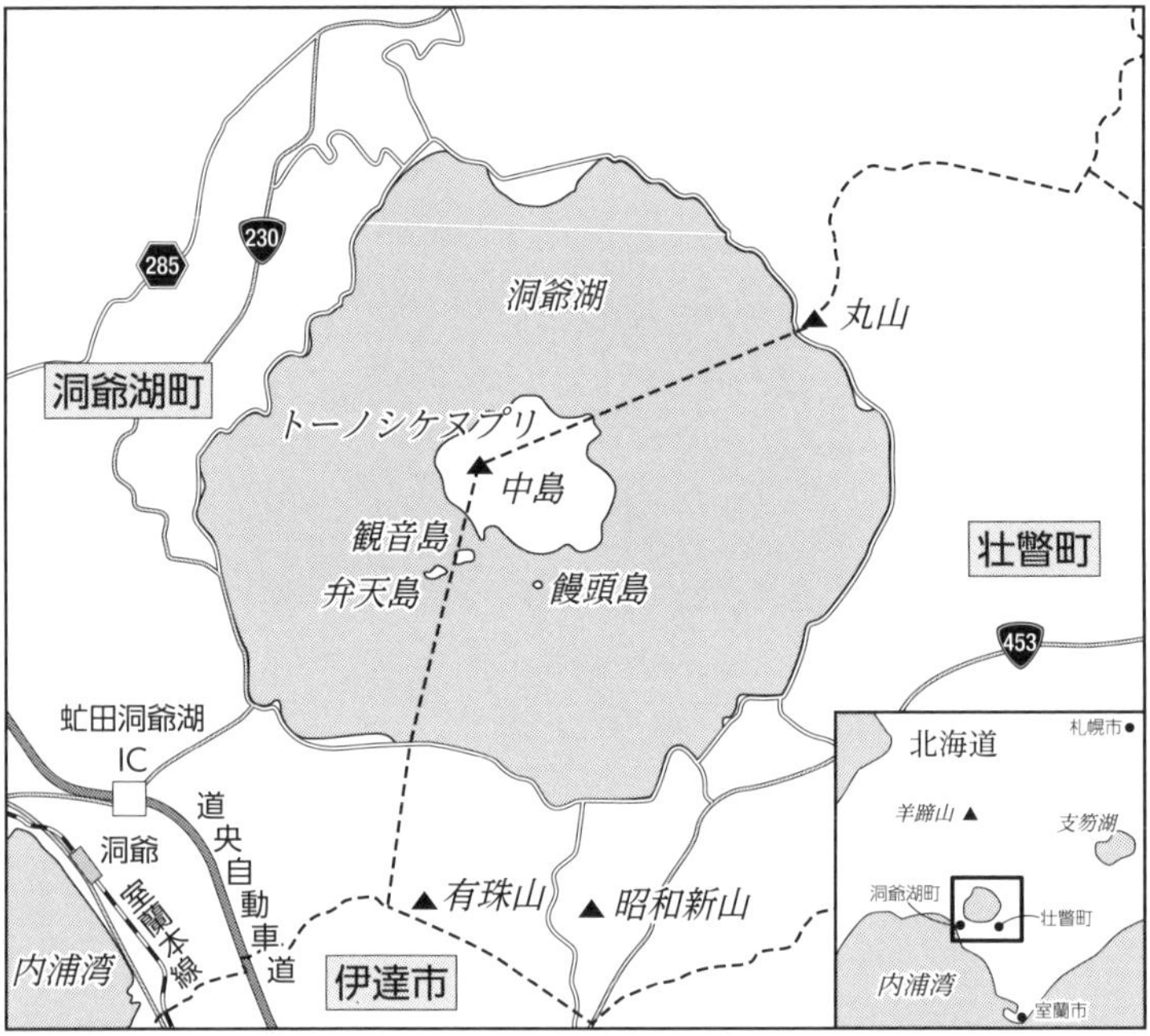

洞爺湖町
洞爺湖
丸山
トーノシケヌプリ
中島
観音島
弁天島
饅頭島
壮瞥町
285
230
453
虻田洞爺湖
IC
道央自動車道
洞爺
室蘭本線
内浦湾
伊達市
有珠山
昭和新山
北海道
札幌市
羊蹄山
支笏湖
洞爺湖町
壮瞥町
内浦湾
室蘭市

北海道の南西部に、洞爺（とうや）湖という丸い形をした美しい湖がある。支笏（しこつ）洞爺国立公園の一角にあるカルデラ湖で、湖畔からは温泉が湧き、昭和新山や有珠（うす）山などがそびえている。面積は70・7平方キロと国内で9番目、カルデラ湖としては、同じ北海道にある屈斜路（くっしゃろ）湖、支笏湖に次いで3番目に大きな湖である。

洞爺湖の真ん中に、中島（なかじま）という面積4・85平方キロの大きな島が浮かんでいる。この大島に洞爺湖町と壮瞥（そうべつ）町の境界線が通っているのだ。洞爺湖の南岸から真っすぐ北へ延びてきた両町の境界線は、中島にそびえるトーノシケヌプリ（455メートル）の山頂で右に折れ曲がって、湖岸にそびえる丸山（303メートル）まで直線で延びている。

また、大島の南側には饅頭島、観音島、弁天島という3つの小さな島が浮かんでいるが、そのうちの1つの観音島にも、洞爺湖町と壮瞥町の境界線が通っている。湖上に浮かぶ島に境界線があるのは非常に珍しいのである。

岡山県・玉野市×香川県・直島町
同じ島なのに岡山県側は石島、香川県側は井島

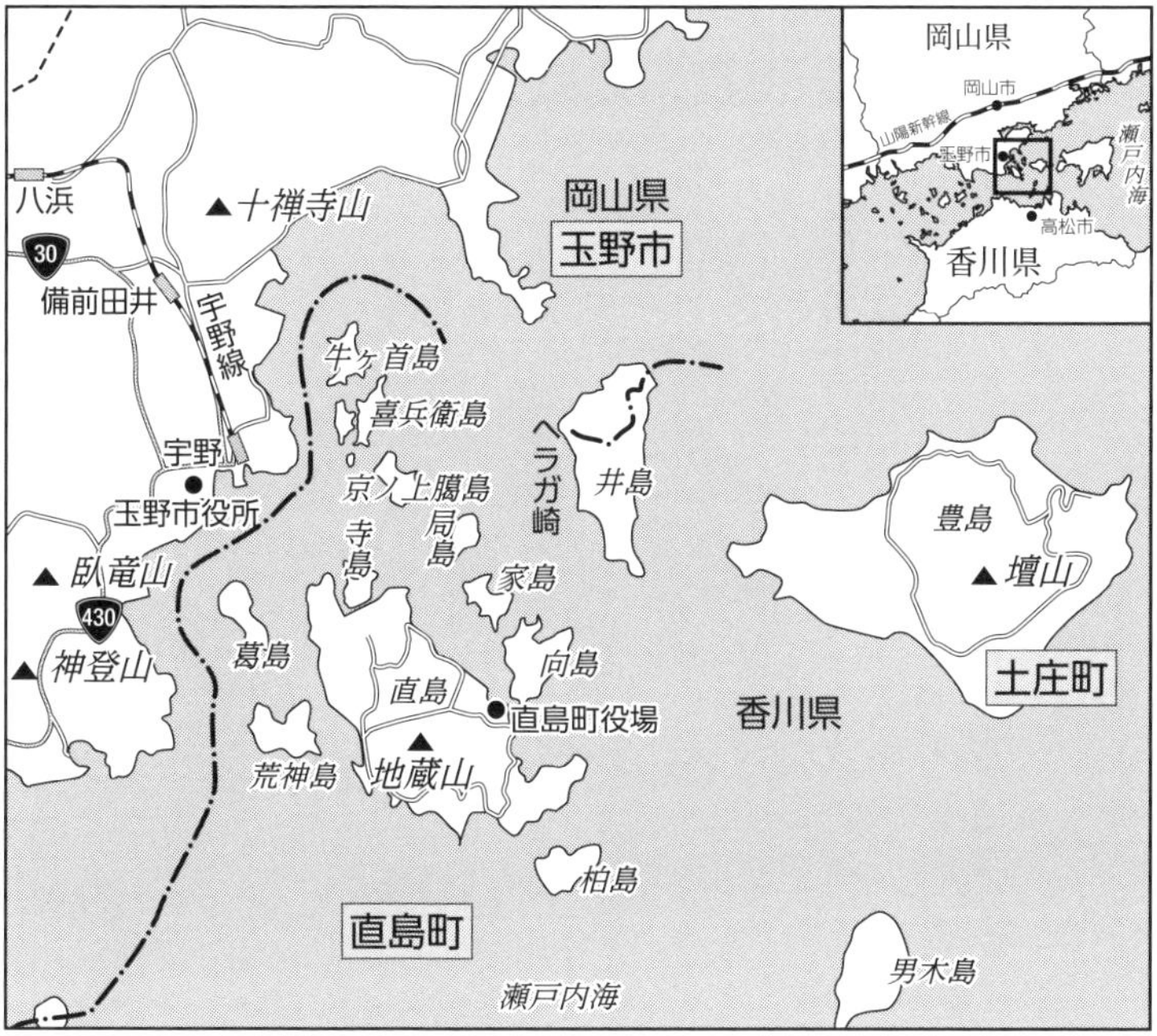

岡山県と香川県に挟まれた瀬戸内海に浮かぶ島嶼群を備讃諸島という。そのうちの直島諸島に、井島という面積約2・7平方キロの島がある。この島に岡山県と香川県の県境が引かれているが、井島の西端に突き出しているヘラガ崎から東へ150メートルほどの間が、県境の未定地なのである。

県境の北側が岡山県玉野市、南側が香川県直島町。島の約3分の2は香川県の領域で、岡山県側は3分の1ほどの面積しかない。だが、100人足らずの島民のすべてが、岡山県側に住んでおり、香川県側は無人である。また、岡山県側では石島と表記している。同じ1つの島なのに、井島と石島の二通りの名前がついているのだ。井島周辺の海域は好漁場のため、古くから漁業権をめぐる争いが絶えなかった。島内を走っている県境は、1702年（元禄15）に幕府の裁定で下された境界の名残なのである。

兵庫県・赤穂市×岡山県・備前市
赤穂港の沖に浮かぶ無人島に、なぜ兵庫県と岡山県の県境が?

兵庫県の南西端、播磨灘の沿岸に赤穂義士で有名な赤穂市という旧城下町がある。かつては塩田で栄えた港町でもある。その赤穂港の防波堤から南へ400メートルほどの海上に、取揚島という小さな無人島がある。直径が50メートルほどしかない、島というより岩礁といった方がいいほどの本当に小さな島である。この小さな島に、兵庫県と岡山県の県境が引かれているのだ。両県の県境から兵庫県側に10キロ以上も入り込んでいる小さな無人島の半分だけが、なぜ岡山県の管轄なのか。どう見ても不自然だが、これにはわけがある。

赤穂市内を走っているJR赤穂線に、備前福河駅という岡山県の旧国名の「備前」を冠した駅があることからもわかるように、赤穂市の西南端に位置する福浦地区は、かつては岡山県だったのだ。岡山県福河村の福浦地区は、赤穂市との経済的な結びつきが強く、赤穂市との合併を熱望する住民が多数を占めていた。しかし、「県境」という壁に阻まれて実現には至らなかった。昭和の大合併では、いったんは隣接する日生町と合併させられたものの、赤穂市との合併の思いを断ち切ることはできず、紆余曲折の末の1963年(昭和38)9月、福浦地区は赤穂市に編入された。

福浦地区が岡山県だった当時は、取揚島は岡山県と兵庫県との県境の延長線上にあった。取揚島の周辺海域は好漁場であったことから、漁業権をめぐる争いが頻発していた。そこで、しばしば発生する紛争を解決するため、1646年(正保3)には岡山藩と赤穂藩の双方の役人が立会って、小さな島が2つに分割された。小島のほぼ中央に、備前国と播磨国の国境線が引かれることになったのである。それから3年後には、国境線上に境界を示す塚が築かれた。それから300年余りが経ち、日生町(現・備前市)の福浦地区が赤穂市に編入された際には、取揚島に岡山県と兵庫県の正式な県境が設定された。小さな島だが、どこにでもある小島とはわけが違うのである。

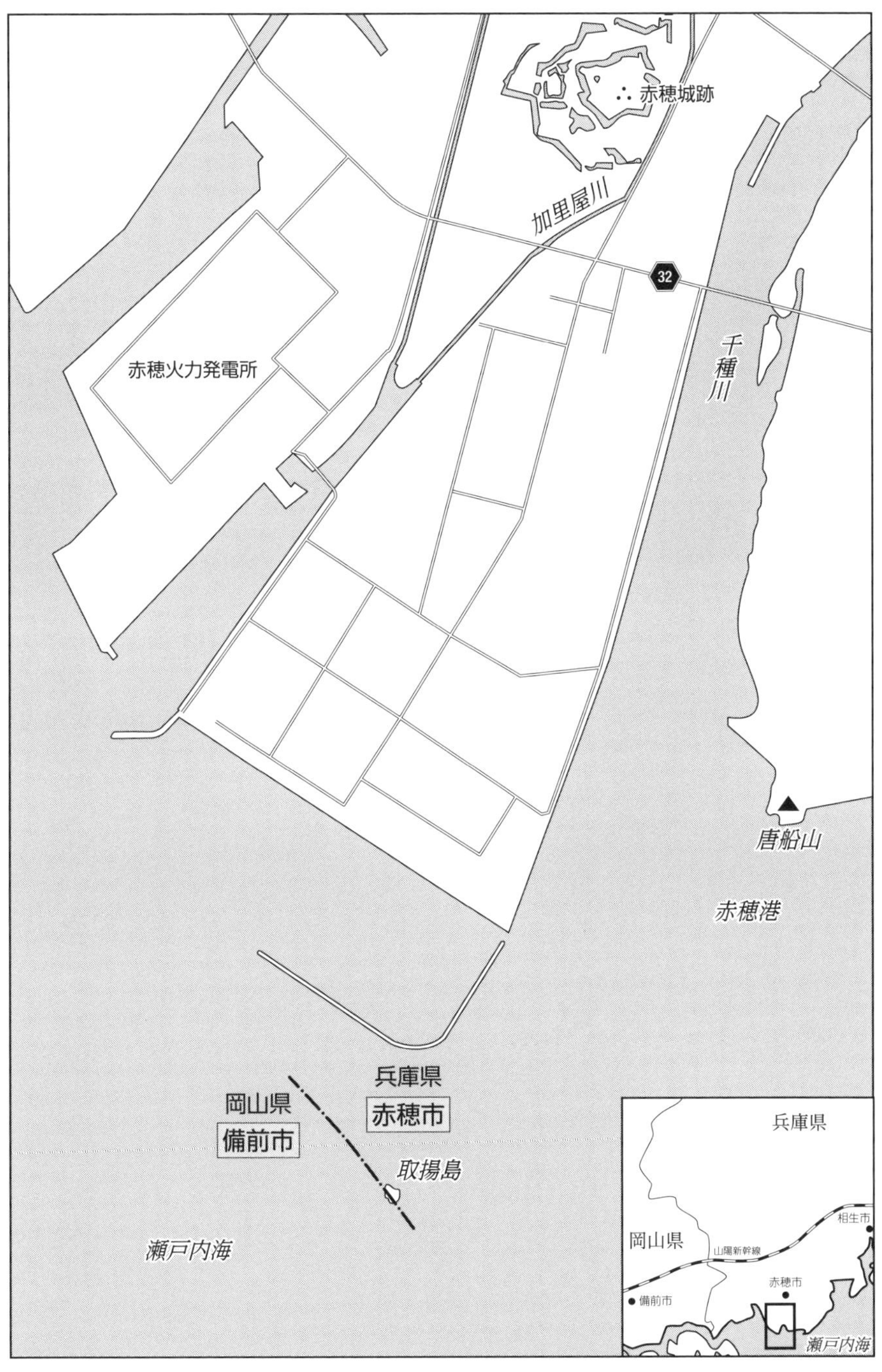

赤穂城跡
加里屋川
32
千種川
赤穂火力発電所
唐船山
赤穂港
兵庫県
赤穂市
岡山県
備前市
取揚島
瀬戸内海
兵庫県
相生市
岡山県
山陽新幹線
赤穂市
備前市
瀬戸内海

岡山県・玉野市×香川県・高松市
大槌島に走っている岡山県と香川県の県境は、漁民と漁民の争いの痕跡

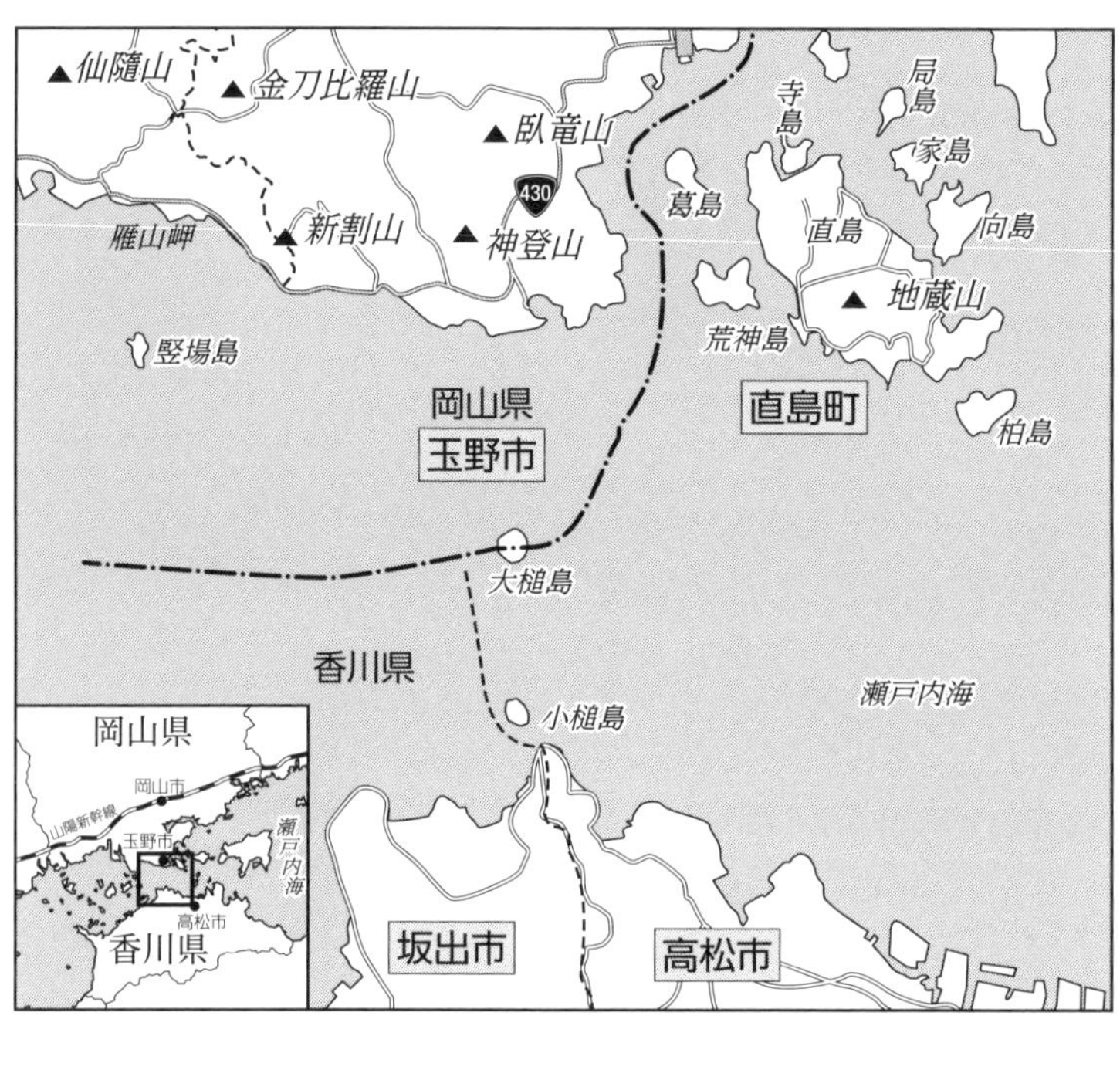

東西に細長い海域の瀬戸内海には大小800余りの島々が浮かんでおり、その美しさから「東洋のエーゲ海」とも称されている。瀬戸内海の最も狭まっているのが、岡山県玉野市と香川県高松市に挟まれた海域で、幅は7キロほどしかない。そのほぼ中央に、大槌島（おおづちじま）という無人島が浮かんでいる。本州と四国を結ぶ瀬戸大橋から10キロ余り東の地点である。面積は0・12平方キロと小さく、島全体が円錐形をした小山のようである。

大槌島の中央に、岡山県と香川県の県境が走っている。2つの県で分け合うほど価値のある島とは到底思えないが、この島の周辺の海域が好漁場なのである。そのため、古くから備前国と讃岐国の漁民が、漁場の領有をめぐって争いを繰り返してきたという歴史がある。1732年（享保17）に幕府の下した裁定が、大槌島のほぼ中央を東西に二分するというものであった。現在の県境は、漁民同士の争いの痕跡なのである。

広島県・尾道市×愛媛県・上島町
2つの岩礁の間に、広島県と愛媛県の県境が走る

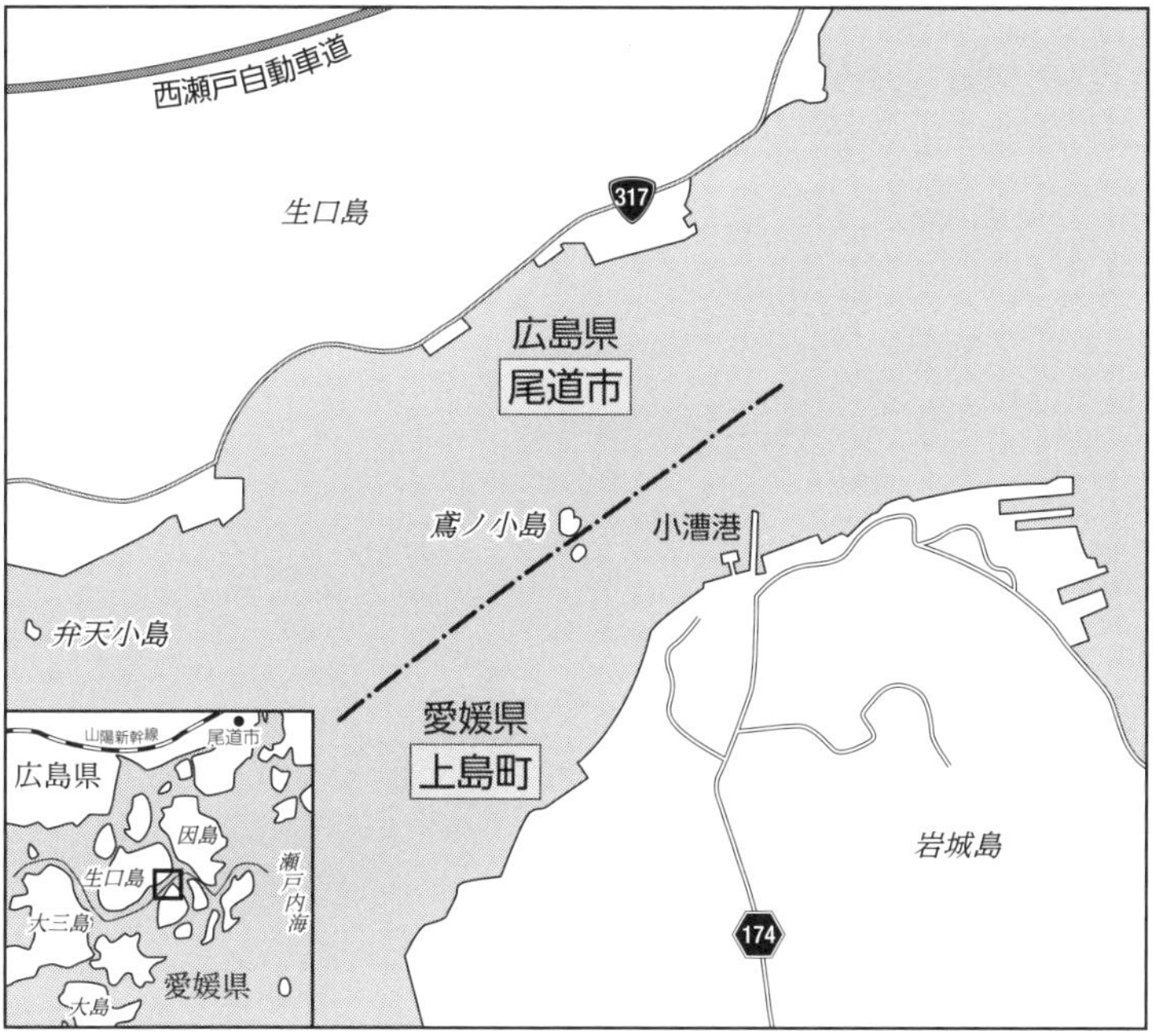

本州四国連絡橋には3つのルートがあるが、その1つに広島県尾道市と愛媛県今治市を結ぶ西瀬戸自動車道（瀬戸内しまなみ海道）がある。本州と四国との間には向島、因島、生口島、大三島、伯方島、大島などの島々が浮かび、そこに10本の橋を架けて、本州と四国を結んでいる。本州から3つ目の生口島までが広島県の管轄で、大三島から先は愛媛県である。生口島の南東部に浮かぶ岩城島は愛媛県の領域だが、生口島との間は1キロも離れていない。

その狭い海域のほぼ中間に、鳶ノ小島という2つの岩礁からなる無人島が浮かんでいる。大きい島の直径は約70メートル、小さい島は30メートルほどしかなく、両島の間は20メートルほどしか離れていない。この2つの島の間を、広島県と愛媛県の県境が通っているのだ。大きい島は広島県尾道市、小さい島は愛媛県上島町である。おそらくこの島も例外にもれず、安芸国の漁民と伊予国の漁民との間で、漁場をめぐる争いがあったのだろう。

広島県・尾道市×愛媛県・今治市
ひょっこりひょうたん島にも県境がある

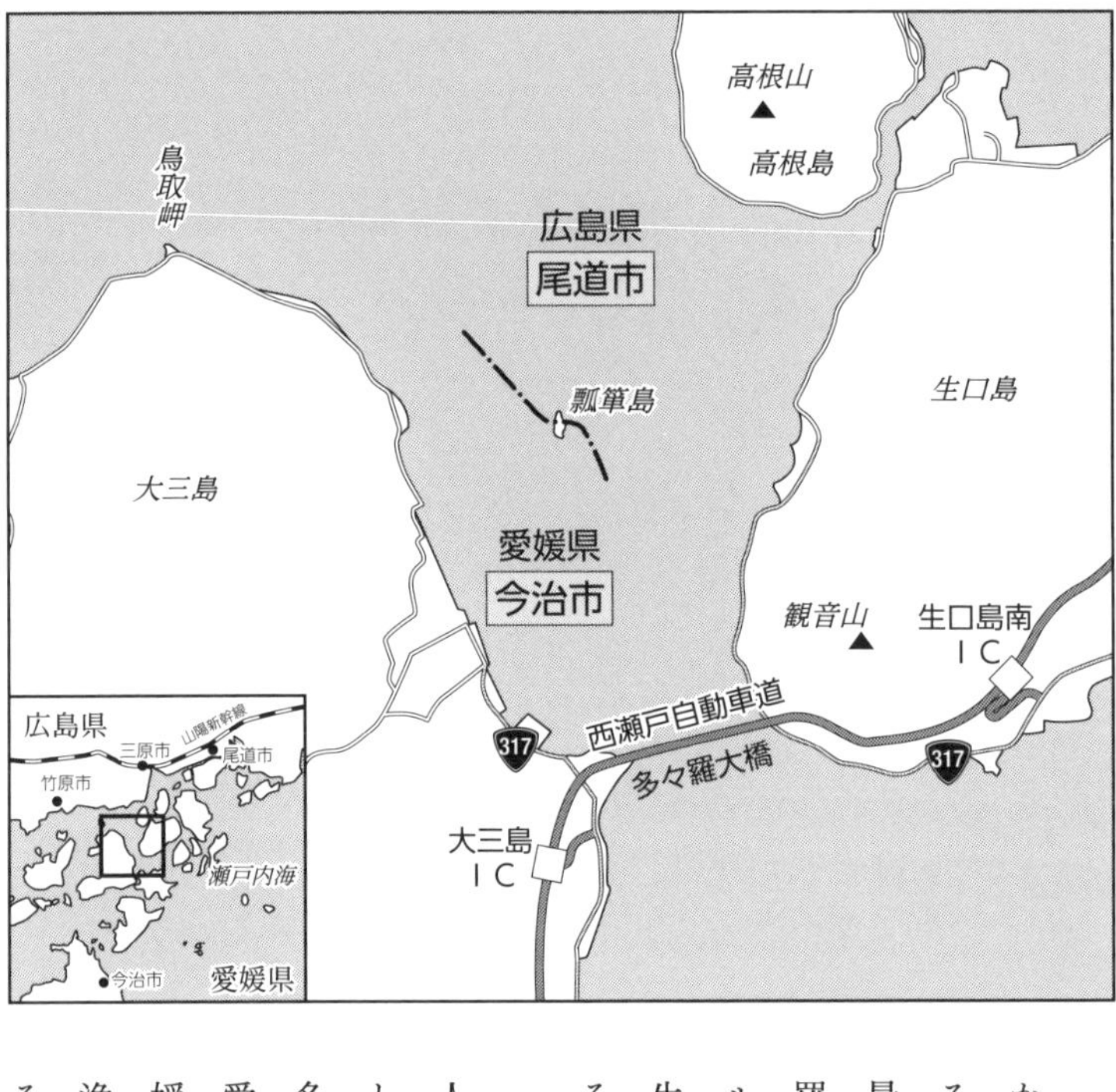

西瀬戸自動車道（瀬戸内しまなみ海道）は瀬戸内海に浮かぶ島々に、いくつもの橋を架けて本州と四国を結んでいるが、生口島と大三島との間には、多々羅大橋という日本最長の斜張橋（１４８０メートル）が架かっている。多々羅大橋から北へ３キロ余りの海上に、周囲が７００メートルほどの瓢箪島という小さな無人島が浮かんでいるが、生口島側から眺めると、ひょうたんの形に見えることからその名がある。

１９６４年（昭和39）から放映された、ＮＨＫのテレビ人形劇「ひょっこりひょうたん島」のモデルになった島だといわれ、国の登録記念物に指定されている。瓢箪島は多々羅大橋から眺めることができるが、この島に広島県と愛媛県の県境がある。北半分が広島県尾道市、南半分が愛媛県今治市である。周辺の海域は好漁場のため、古くから漁業権をめぐる争いが繰り返されてきたという歴史がある。そこには、明治時代に設置された境界石も残っている。

広島県・大竹市×山口県・岩国市
甲島の中央にそびえる鉢ケ峰の稜線が県境になる

広島湾の沖合にも、島内に県境が走っている小さな島がある。日本三景の1つとして知られる厳島（宮島）から南へ約13キロ、岩国飛行場からは、東へ7キロほどの海上に浮かぶ、甲島という周囲2キロほどの小さな無人島である。甲島の周辺海域は好漁場であったため、古くから安芸国（広島）の漁民と周防国（山口）の漁民との間で、漁場の領有をめぐる争いがしばしば発生していた。そこで甲島を二分して、広島藩と岩国藩とで領有することで決着し、紛争は沈静化していた。だが、明治に入って漁民同士の暴力事件が発生するなど紛争が再燃。内務省が介入する事態に陥ったのである。

1879年（明治12）、内務省の役人が甲島の現地調査を行い、島の中央にそびえる鉢ヶ峰（102メートル）の東西に延びる稜線を、広島県と山口県の県境とする案で合意。甲島の東北半分が広島県の小方村（現・大竹市）、西南半分が山口県の由宇村（現・岩国市）になった。

福岡県・大川市×佐賀県・佐賀市
筑後川の中洲の北側は大野島、南側は大詫間島

九州一の大河である筑後(ちくご)川の下流は、福岡県と佐賀県の県境を流れ下って有明海に注いでいるが、両県の県境は蛇のようにくねくねと曲がりくねっている。これは激しく蛇行していた筑後川の流路が、そのまま筑後国（福岡）と肥前国（佐賀）の国境になっていたからである。だが、たびたび筑後川は氾濫し、流域に大きな被害を出してきたため流路の直線化工事が行われ、筑後川の県境と流路が一致しなくなった。

ところで、筑後川の河口に大きな中洲がある。長さが約7・5キロ、幅は最も広くなっているところで2・5キロ余りもある巨大な中洲である。だが、中洲が形成され始めたのは1500年代に入ってからで、それまでは有明海の入江だったという。だが、筑後川の上流から流れてくる土砂が堆積し、天文年間（1532～55）に1つ目の中洲が形成され始め、雄島と呼ばれた。天正年間（1573～92）には、その南に2つ目の中洲が形成され、雌島と呼ばれた。その後、雄島は大野島、雌島は大詫間(おおだくま)島と呼ばれるようになった。柳川藩と佐賀藩は中洲の開拓に乗り出したが、境界が曖昧になってきたため両藩の間で、中洲の領有権をめぐる争いが頻発するようになった。

紛争の解決策として浮上したのが、千栗(ちりく)八幡宮の御幣(ごへい)を筑後川の上流から流して、その流路を国境にしようというものである。御幣は大野島の右岸を流れ下り、大詫間島に差し掛かると流路が変わって、大野島と大詫間島との間をすり抜けて、大詫間島の左岸を流れ下って行った。それが現在の県境に引き継がれているのだ。

やがて上流から流れてくる土砂が堆積して中洲は大きくなっていき、大野島と大詫間島が地続きになってしまった。中洲に県境が通っているのは、開拓地の領有争いが原因だったのである。中洲の北側の大野島は福岡県大川市、南側の大詫間島は佐賀市。人が住む河川の中洲に県境が走っているのは全国で唯一、大野島と大詫間島だけである。

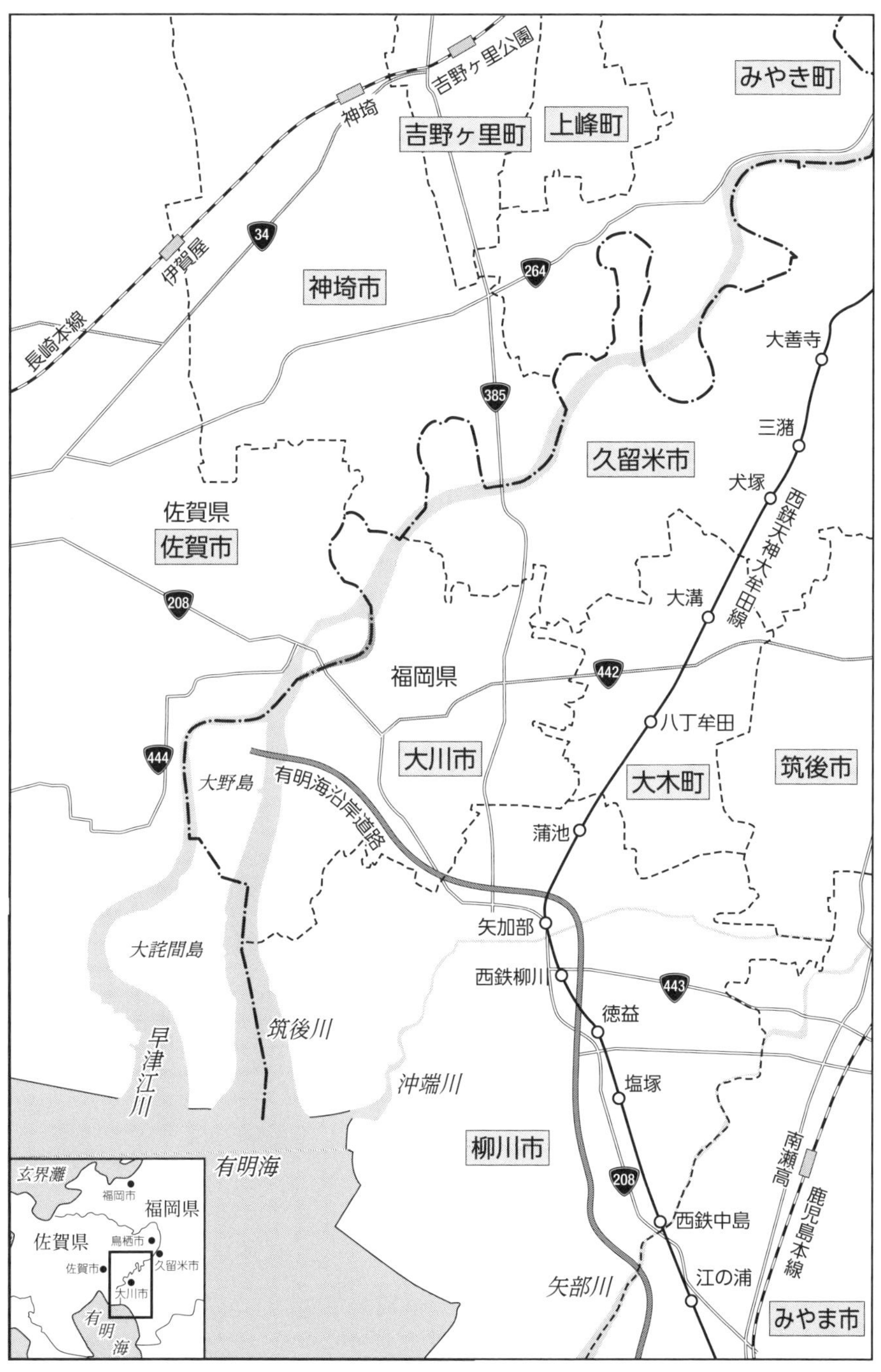
みやき町
上峰町
吉野ヶ里町
吉野ヶ里公園
神埼
伊賀屋
長崎本線
34
264
神埼市
385
大善寺
三潴
久留米市
犬塚
西鉄天神大牟田線
佐賀県
佐賀市
208
大溝
福岡県
442
八丁牟田
444
大川市
大木町
筑後市
大野島
有明海沿岸道路
蒲池
矢加部
大詫間島
西鉄柳川
443
徳益
早津江川
筑後川
沖端川
塩塚
柳川市
有明海
208
南瀬高
鹿児島本線
西鉄中島
江の浦
矢部川
みやま市
玄界灘
福岡市
福岡県
佐賀県
鳥栖市
佐賀市
久留米市
大川市
有明海

徳島県・海陽町×高知県・東洋町

伝説が残る二子島にも、徳島県と高知県の県境がある

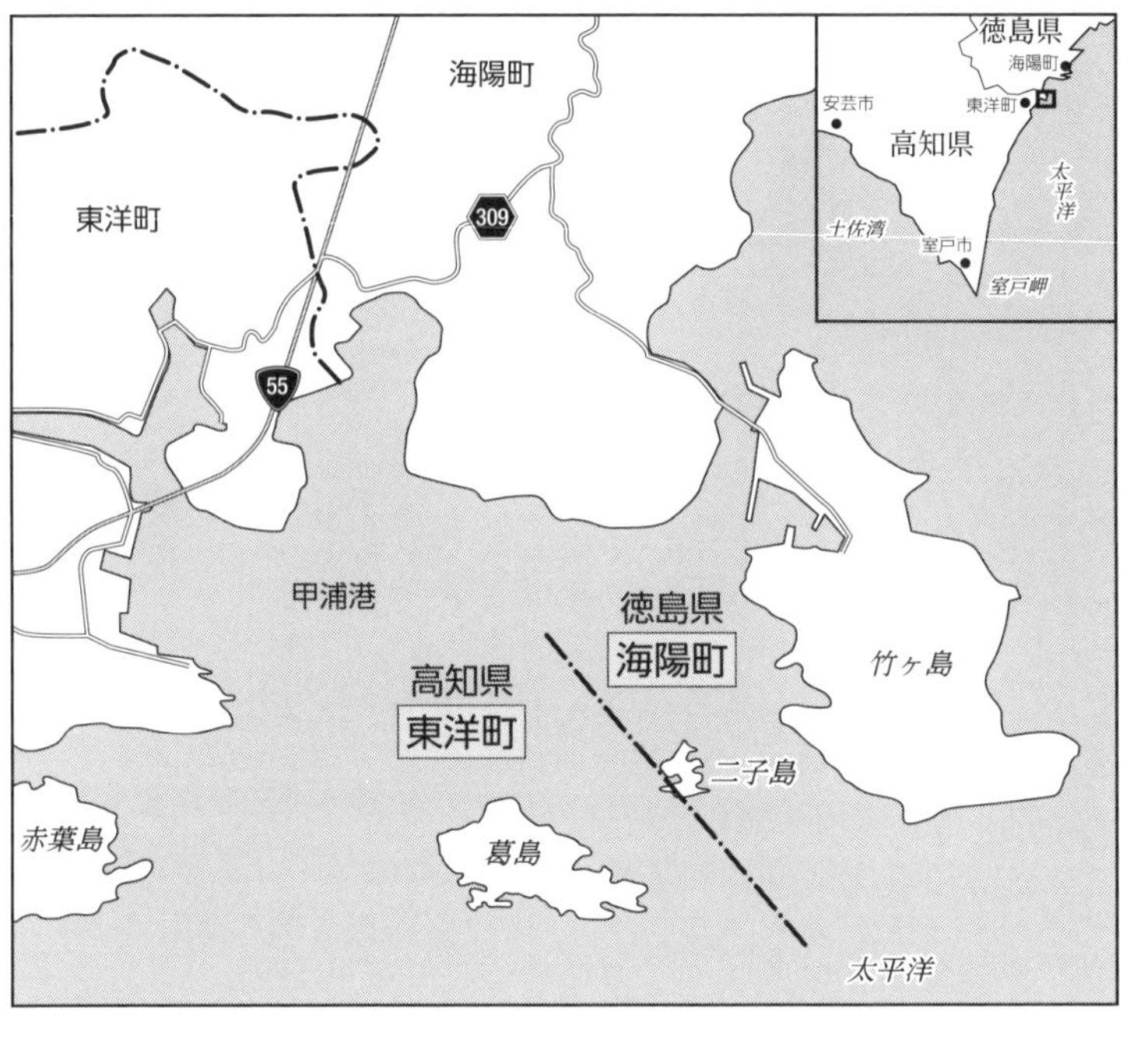

島内に県境が走っている島は全国に7島あるが、そのうちの6島までが瀬戸内海に浮かんでいる。唯一、瀬戸内海とは違う海域にある島が、徳島県と高知県の県境にある。太平洋に口を開いている甲浦港（かんのうら）の入り口に、竹ヶ島と葛島（かづらしま）という2つの島が浮かんでいるが、この2つの島の中間にある二子島（ふたごじま）が、県境が走っている小島である。島のほとんどは徳島県海陽町に属しているが、ごく一部が高知県東洋町の行政区域になっている。

二子島は1571年（元亀2）、土佐の長宗我部元親の弟、島弥九郎が京都に向かう途中に、荒波を避けるためここで停泊するが、敵軍の急襲を受けて最期を遂げた伝説の島でもある。島内に県境が通っている島で共通しているのが、その周辺の海域が好漁場であるということだ。島自体に価値がなくても、生活の基盤になっている漁場の領有権を獲得するために争いが発生し、幕府の調停を仰いで境界が引かれたというケースが多いのである。

第六章　空港、駅、建造物の中にも境界線がある

宮城県・名取市×岩沼市
仙台空港は仙台市にはない

仙台空港は東北地方では最も大きな国際空港で、乗降客数は全国で第10位にランクされている。仙台空港という名称から仙台市にある空港だと錯覚しがちだが、仙台市の南に隣接する名取(なとり)市と、その南の岩沼(いわぬま)市にまたがっている。仙台市の中心部からは十数キロ離れているのに、仙台空港と名乗っているのは、仙台市の知名度の高さにある。

名取市と岩沼市の境界線は、仙台空港のあたりで特に複雑に入り組んでいる。仙台駅と仙台空港を結ぶアクセス路線である仙台空港鉄道の仙台空港駅と、空港ターミナルビルは名取市側にあるが、1200メートルの滑走路は岩沼市に、3000メートルの滑走路は名取市と岩沼市にまたがっている。両市の境界線が空港内で複雑に入り組んでいるため、名取市の空港ターミナル前から滑走を始めた飛行機は、いったん岩沼市を通り、再び名取市に入ってスピードを上げ、岩沼市に入ってから離陸するというように、飛行機は境界線を4回またいでから飛び立っていく。

福島県・須賀川市×玉川村
全国で2番目に標高が高い福島空港

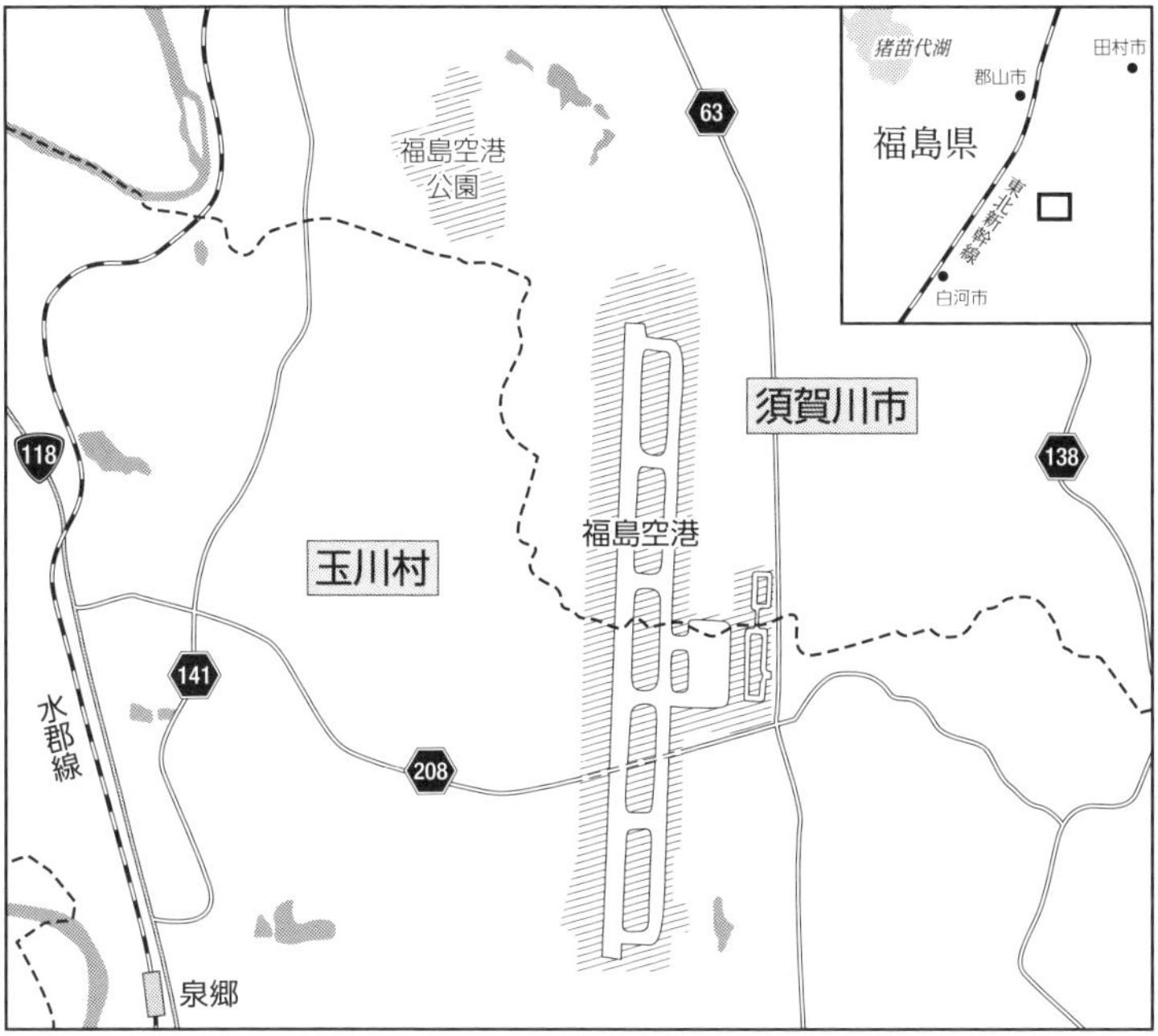

福島空港は東北地方にある9つの空港の中で、最も南の空港である。福島空港という名称から、県庁所在地の福島市内か、その近郊にある空港だと思っている人が少なくないが、福島市の中心部から南へ60キロほども離れている。しかも、県の中央に開けている郡山市の中心部からも、さらに20キロほど南にある。そのため、県の北部に位置する福島市周辺の住民は、福島空港より仙台空港を利用する人の方が多いようだ。

福島空港は郡山盆地の南に続く須賀川盆地の東側丘陵にあり、空港の標高は372メートル。長野県にある松本空港に次いで、全国で2番目に標高の高い空港である。空港は須賀川市と、その南に隣接する玉川村にまたがっている。2500メートルの滑走路のほぼ真ん中を、東西に須賀川市と玉川村の境界線が通っているが、空港ターミナルビルが玉川村側にあるので、空港の所在地は玉川村だ。1993年（平成5）に開港した歴史の新しい空港である。

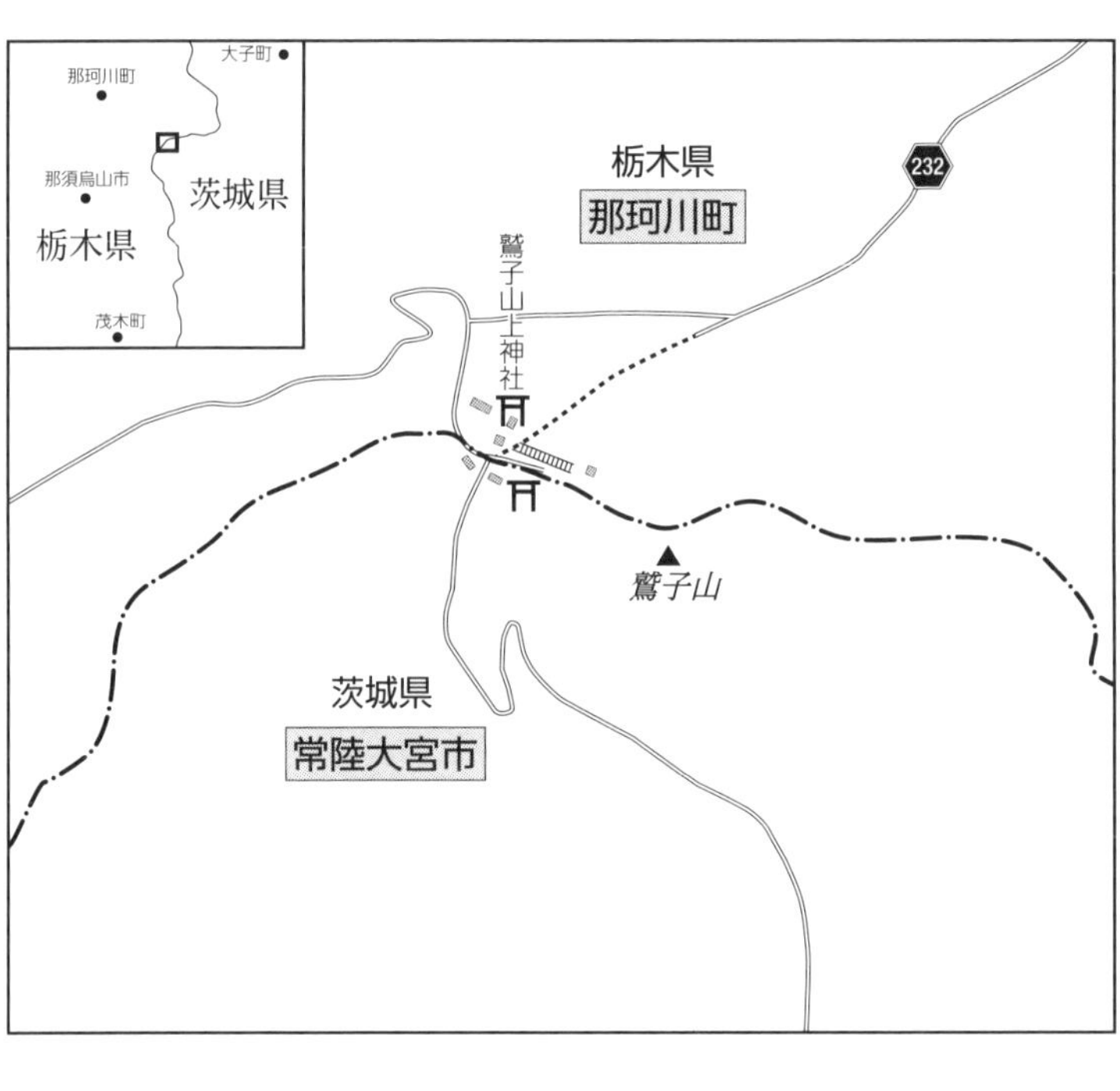

茨城県・常陸大宮市×栃木県・那珂川町

茨城と栃木の県境に建つ「鷲子さんじょう神社」と「鷲子さんしょう神社」

福島県の南部から茨城県と栃木県の県境を南北に連なっている八溝（やみぞ）山地に、鷲子（とりのこ）山という標高463メートルの小高い山がある。その山頂に、鷲子山上神社が鎮座している。茨城県側（常陸大宮市（ひたちおおみや））と栃木県側（那珂川町（なかがわ））から山頂まで、登山道が整備されている。鷲子山上神社は主祭神の天日鷲命（あめのひわしのみこと）が鳥の神であることから、「不苦労」に通じるとして「フクロウの神社」とも呼ばれている。

鷲子山上神社は山頂にあるばかりではなく、本殿が茨城県と栃木県の県境をまたいで建っているのだ。鳥居も県境の真ん中に建っているし、本殿に通じている階段も県境上にあり、県境を示す標識が階段の中央に設置されている。

そればかりではない。社務所も茨城県側と栃木県側の両方に設けられており、宮司も茨城と栃木の両県にそれぞれいる。また、神社名の読みも茨城県では鷲子山上（さんじょう）神社といい、栃木県では鷲子山上（さんしょう）神社と微妙に違う。1つの神社が2つの顔を持っているのだ。

群馬県・安中市×長野県・軽井沢町
1つの神社なのに群馬県は熊野神社、長野県は熊野皇大神社

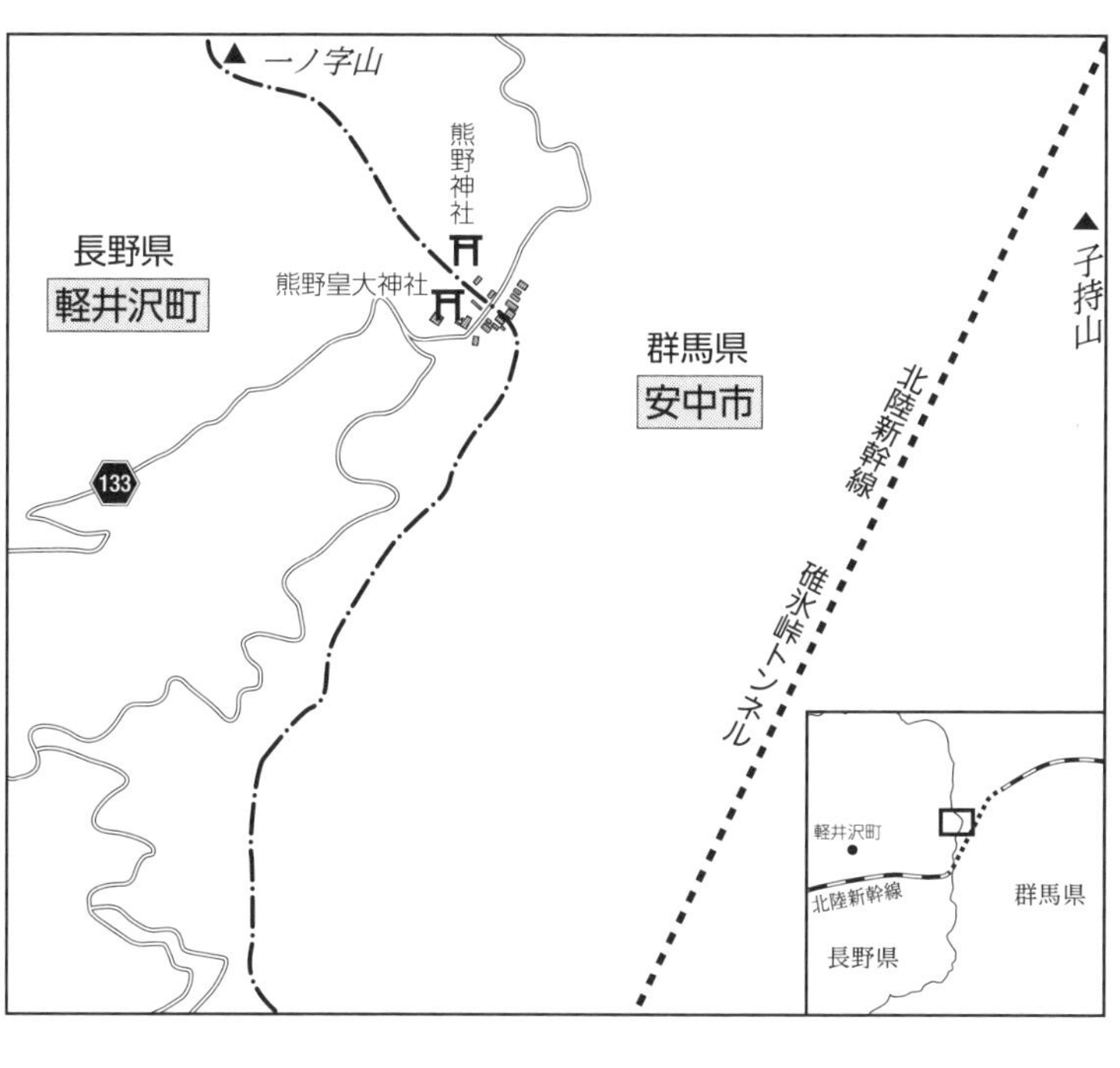

県境をまたいで建っているのは、茨城と栃木の県境上に鎮座している鷲子山上神社だけではなかった。群馬と長野の県境にも由緒ある神社が建っている。この神社の参道、鳥居、本殿の中央を群馬と長野の県境が通っているのだ。群馬県側（安中市）が熊野神社、長野県側（軽井沢町）が熊野皇大神社という。1つの神社でありながら、県境を挟んで社務所が別々に建っており、宮司も2人いる。お守りも別々、ご祈禱も別々に行われている。1つの神社なのに、2つの宗教法人が存在しているのだ。戦後、都道府県ごとに宗教法人の登記が必要になったからだという。

本宮に通じる階段には「群馬県」、「長野県」と刻まれた石が県境を挟んで埋め込まれている。この神社の面白いのは、賽銭箱が県境を挟んで2つ仲良く並んでいることである。神社前にある名物の峠の力餅を売っているお店も、群馬と長野の県境上に建っている。なにもかも県境をまたがっているのだ。

群馬県・中之条町×長野県・山ノ内町

国道の最高地点に建つ県境の宿

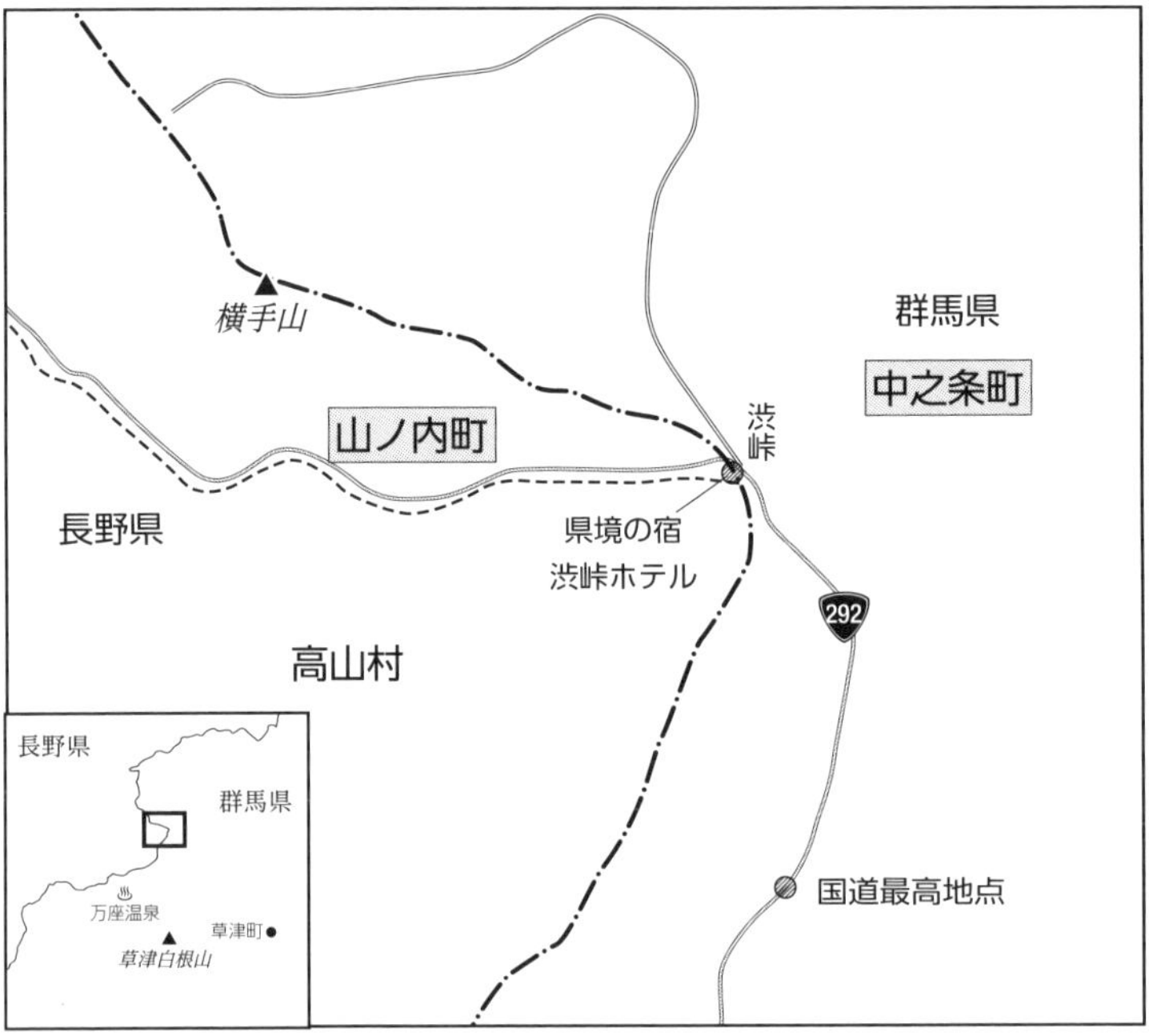

群馬県と長野県との県境に建っている建造物は、熊野神社だけではなかった。「県境の宿 渋峠ホテル」という山荘風の観光ホテルも、群馬県と長野県の県境をまたいで建っているのだ。浅間山の北東麓に位置する長野原町から、草津温泉や志賀高原などを経由し、新潟県上越市に至る国道292号の最高地点が渋峠である。標高は2171メートルもあり、日本全国に張りめぐらされている国道の最高地点でもある。その渋峠が長野県と群馬県の県境になっており、渋峠ホテルは県境をまたいで建っている。

ホテルの真ん中に県境が通り、左半分が群馬県(中之条町)、右半分は長野県(山ノ内町)。ホテルの壁面に「ぐんま」「ながの」の文字が書かれ、群馬県側と長野県側では壁面の色も異なっている。玄関も群馬県と長野県の両方にあり、玄関前から県境を示す白い点線が続いている。ホテルの中にも県境を示すラインが引かれ、カフェは群馬県、食堂は長野県というように正真正銘の県境の宿である。

群馬県・前橋市×高崎市
関越自動車道の前橋ＩＣの半分は高崎市

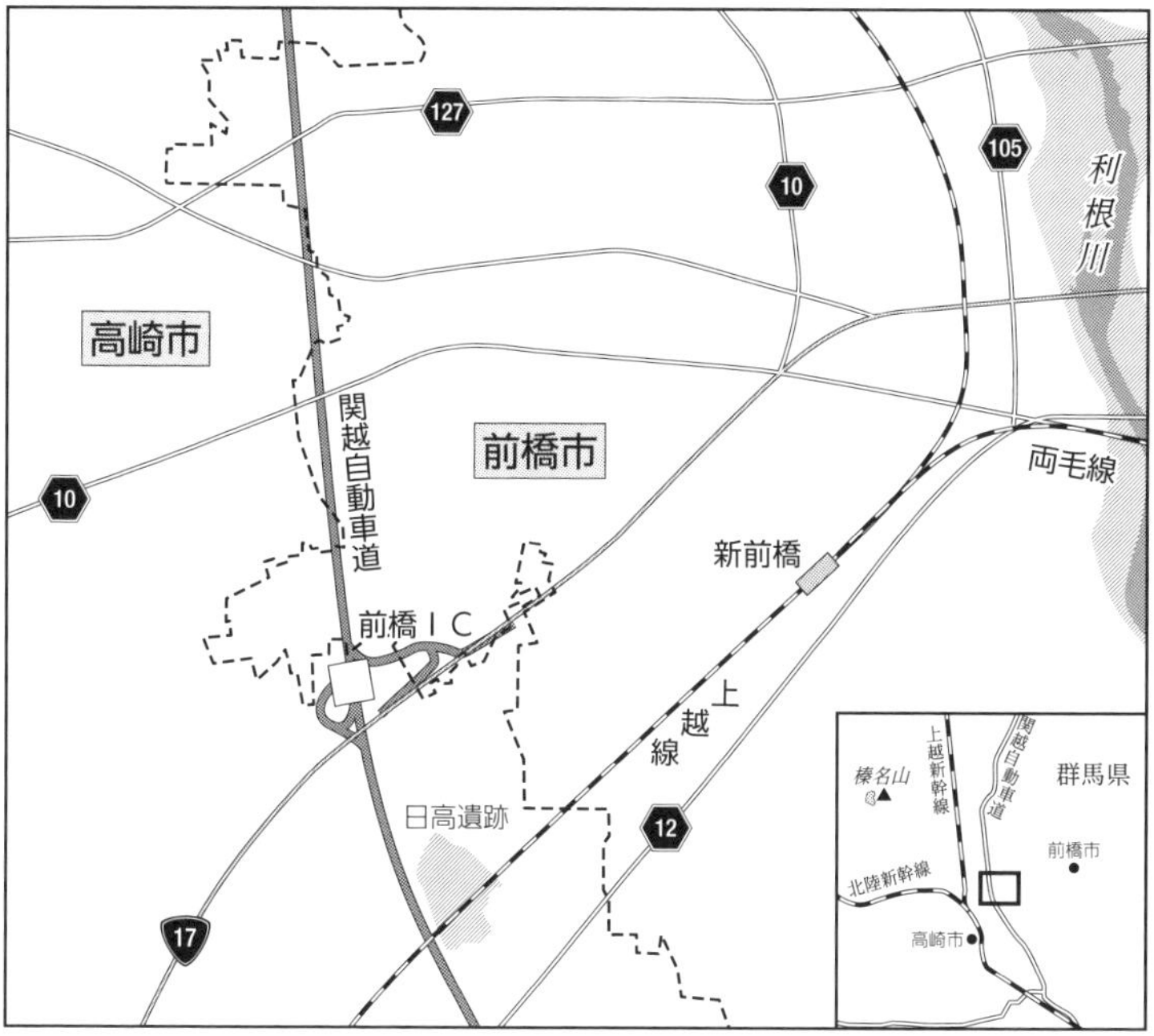

群馬県の前橋市と高崎市はライバル関係にある。ライバル関係というより、敵対関係にあるとよく言われる。明治初期に前橋と高崎の間で争った県庁移転問題が、現在にまで尾を引いているようだ。それと関係があるのか定かなことはわからないが、前橋市と高崎市の境界線が非常に複雑なのである。特に関越自動車道の前橋インターチェンジ付近の、両市の境界線の複雑さは度を過ぎている。高崎市の一部が前橋市に複雑に食い込んでいるかと思えば、前橋市の一部が高崎市に向かって突き出している。

しかも、前橋インターが前橋市と高崎市の境界にまたがって設置されているのだ。よりによってこんなところに設置しなくてもよいのに、という気がしないでもない。料金所と事務所、一般道路との接続部分の大半が前橋市側にあるので、高崎市もインターチェンジに「前橋」を名乗ることを認めざるを得なかったのだろう。最も、前橋インターの南に高崎インターチェンジが存在しているのだが。

千葉県・成田市×芝山町

成田空港に向かって延びている悪魔の手

成田空港は羽田空港の発着容量が限界に達したため、1978年（昭和53）5月に千葉県の北部に開港した日本の空の玄関である。農民や学生、労働者らの激しい建設反対運動のため、空港の計画から完成まで十数年の歳月を要している。羽田空港の東京国際空港に対して、新しく誕生する首都圏で2番目の国際空港という意味から、新東京国際空港の名で開港した。東京から50キロ以上も離れているのに、空港名に「東京」という地名を冠していることに違和感を抱いていた人も少なくなかったが、一般的には成田空港の名で親しまれてきた。2004年（平成16）に新東京国際空港公団が民営化されて、成田国際空港株式会社という組織になってからは、空港名も新東京国際空港から成田国際空港に改称された。

空港が成田市にあることから成田空港と呼ばれているが、空港のすべてが成田市に立地しているわけではない。成田空港の敷地は一部が南に隣接する芝山町(しばやま)にもまたがっているのである。しかも芝山町の町域の一部が、第一旅客ターミナルにある成田空港駅にも、第二旅客ターミナルにある東成田駅にも、まるで悪魔の手が忍び寄っているかのように、細々とした不気味な境界線が延びてきているのだ。悪魔の手は一本だけではない。2本も3本もミミズが這いずっているように、細長い芝山町の境界線が成田市に向かって延びてきている。

いかにも不自然な境界線だが、よくよく調べてみると、空港が建設される前まで、この地域は起伏がある地形で、各地に谷地田があった。谷地田とは谷間の湿地帯のことで、細々とした水路が流れていたものとみられる。谷地田はおもに水田に利用されていた。芝山の住民が水路に沿った谷を耕し、農作物を収穫していたのだろう。そこが成田と芝山の境界線になったと考えられている。決して境界をめぐって紛争があったわけではなく、この地域の地形が、そのまま境界になっただけなのである。

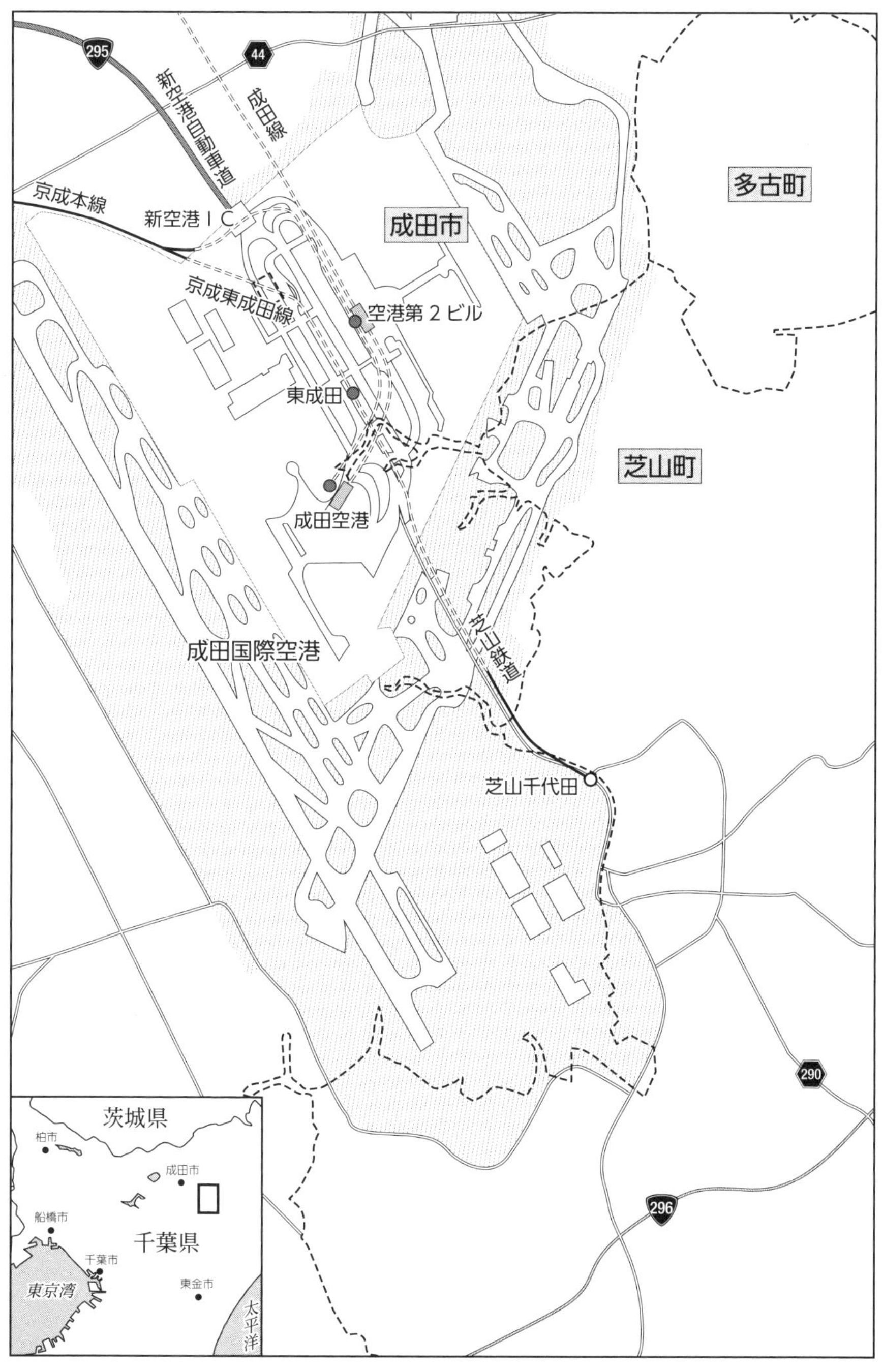
295
44
新空港自動車道
成田線
京成本線
新空港ＩＣ
成田市
多古町
京成東成田線
空港第２ビル
東成田
芝山町
成田空港
成田国際空港
芝山鉄道
芝山千代田
290
296
茨城県
柏市
成田市
船橋市
千葉県
千葉市
東京湾
東金市
太平洋

東京都・三鷹市×調布市×府中市 3市にまたがる調布飛行場

東京には東京国際空港（羽田空港）のほか、伊豆諸島に大島(おおしま)飛行場、新島(にいじま)飛行場、神津島(こうづしま)飛行場、三宅島(みやけじま)飛行場、八丈島飛行場の5つの飛行場と、多摩地区には調布(ちょうふ)飛行場がある。調布飛行場というその名称から、調布市にあることはわかるが、飛行場がそっくり調布市内にあるわけではなかった。ターミナルや管制塔など、飛行場の主要部は調布市にあるが、飛行場の敷地は調布市と府中(ふちゅう)市、三鷹(みたか)市の3市にまたがっているのだ。しかも、よりによって3市の境界線が複雑に入り組んでいるところに、飛行場が設置されている。

故意に境界線が入り組んでいる地を選んで、3市にまたがって飛行場が建設されたわけではない。昭和初期に建設計画が具体化した頃は、この一帯はススキの生い茂る武蔵野の未開地だった。したがって、飛行場を建設するための広大な土地を、比較的容易に確保することができたからなのだろうと思われる。

江戸幕府は1700年代に入って、幕府直轄の領地の新田開発を推進した。その1つが武蔵野新田である。調布市は武蔵野新田の最南端に位置し、現在の市域には深大寺(じんだいじ)新田、矢ヶ崎(やがさき)新田、上石原(かみいしはら)新田の3つの新田があった。調布、府中、三鷹の3市の境界線が入り組んでいる付近は上石原新田にあたる。当時は入会地として、上石原村などの村々で共同利用されていた。入会地とは縄張り争いの発生を防ぐため、一定地域の住民に特定の権利を与え、燃料にするための薪や木材、肥料用の落ち葉などを採取するために共同で利用できる土地のことである。

それらの土地は幕府の指示で地割されたが、上石原村が多くの土地を開墾したようだ。現在の府中市と三鷹市の境界に割り込むように、調布市が北に向かって張り出しているのがその証である。新田開発は他の地域との境界線を、複雑にする一因になったとみられている。飛び地は発生しなかったが、境界線が実に複雑で紛らわしいのである。

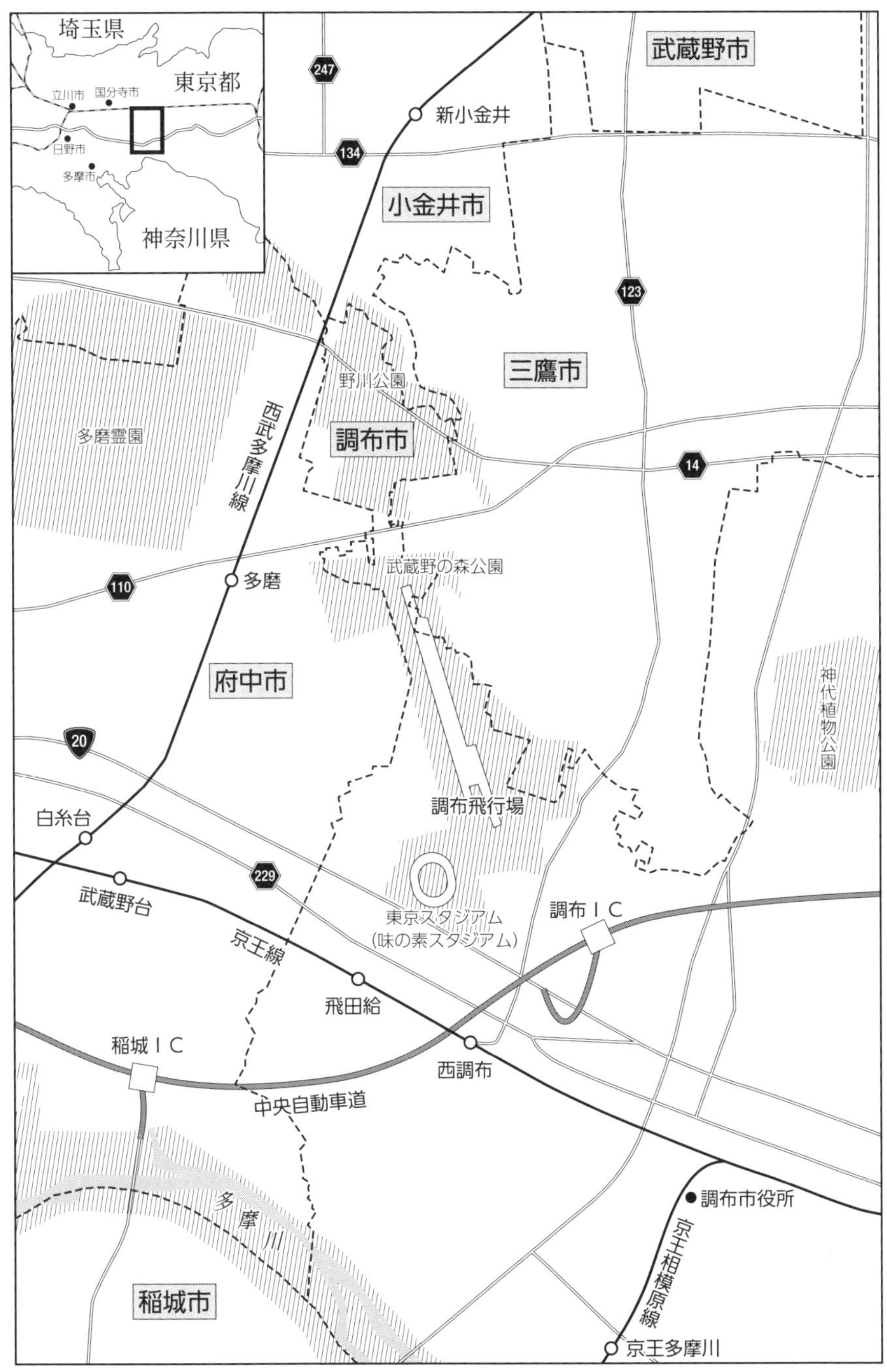
埼玉県
東京都
立川市
国分寺市
日野市
多摩市
神奈川県
武蔵野市
247
新小金井
134
小金井市
123
三鷹市
野川公園
西武多摩川線
多磨霊園
調布市
14
武蔵野の森公園
110
多磨
府中市
神代植物公園
20
調布飛行場
白糸台
229
武蔵野台
東京スタジアム
(味の素スタジアム)
調布ＩＣ
京王線
飛田給
稲城ＩＣ
西調布
中央自動車道
調布市役所
多摩川
京王相模原線
稲城市
京王多摩川

東京都・板橋区×豊島区×北区／東京都・東村山市×清瀬市×埼玉県・所沢市
3つの自治体にまたがる板橋駅と秋津駅

２つの自治体にまたがっている鉄道駅は各地にある。たとえば、東京にある日暮里駅は荒川区と台東区にまたがっているし、新宿駅は新宿区と渋谷区の境界線上にある。埼京線の浮間舟渡駅は北区と板橋区の、都営新宿線の東大島駅は江東区と江戸川区の区境をまたいでいる。このように、区と区の境界線上にある駅はさほど珍しいことではないが、東京には3つの区、あるいは3つの市にまたがっている駅があるのだ。３つの自治体にまたがって駅が設置されているのは、全国でも東京だけにしかない。

１つは埼京線の板橋駅である。その駅名から、大抵の人は板橋区にある駅だと思うに違いない。だが、板橋駅は板橋区と豊島区、北区の3区の境界線上に設置されているのだ。駅の西口は駅名と同じ板橋区板橋、東口は北区滝野川である。だが、プラットホームの3分の2ほどは豊島区上池袋にあるのだ。それなのに、駅の所在地は板橋区になっている。これは駅の心臓部とも言える駅長室が、西口の駅舎にあるからだ。板橋駅が開業したのは１８８５年（明治18）と古く、２０１５年（平成27）には板橋駅開業１３０周年の記念入場券が発売されている。

３つの自治体の境界線上に設置されているもう１つの駅は、西武池袋線の秋津駅だ。秋津駅も開業年度が１９１７年（大正6）と、１００年以上の歴史がある。西武池袋線の主要駅として乗降客も多い。その秋津駅は東村山市、清瀬市、所沢市という3市の境界線上にあるのだ。東村山市と清瀬市は東京都、所沢市は埼玉県。つまり秋津駅は都県境をまたいでいることになる。プラットホームの西半分は東村山市、東半分が清瀬市、駅の南口は東村山市で、北口とホームの一部が所沢市にある。ということは、ホームの西の端から東の端まで２００メートル余りを歩くと、東村山市、所沢市、清瀬市の3市、1都1県を歩くわけだ。プラットホームに自治体の境界を示す白線でも引かれていると面白いのだが。

都営三田線
新板橋
17
首都高池袋線
板橋区
板橋
北区
下板橋
豊島区
東武東上線
埼京線
赤羽
荒川
隅田川
十条
東京都
池袋
目白
大塚
巣鴨
駒込
田端

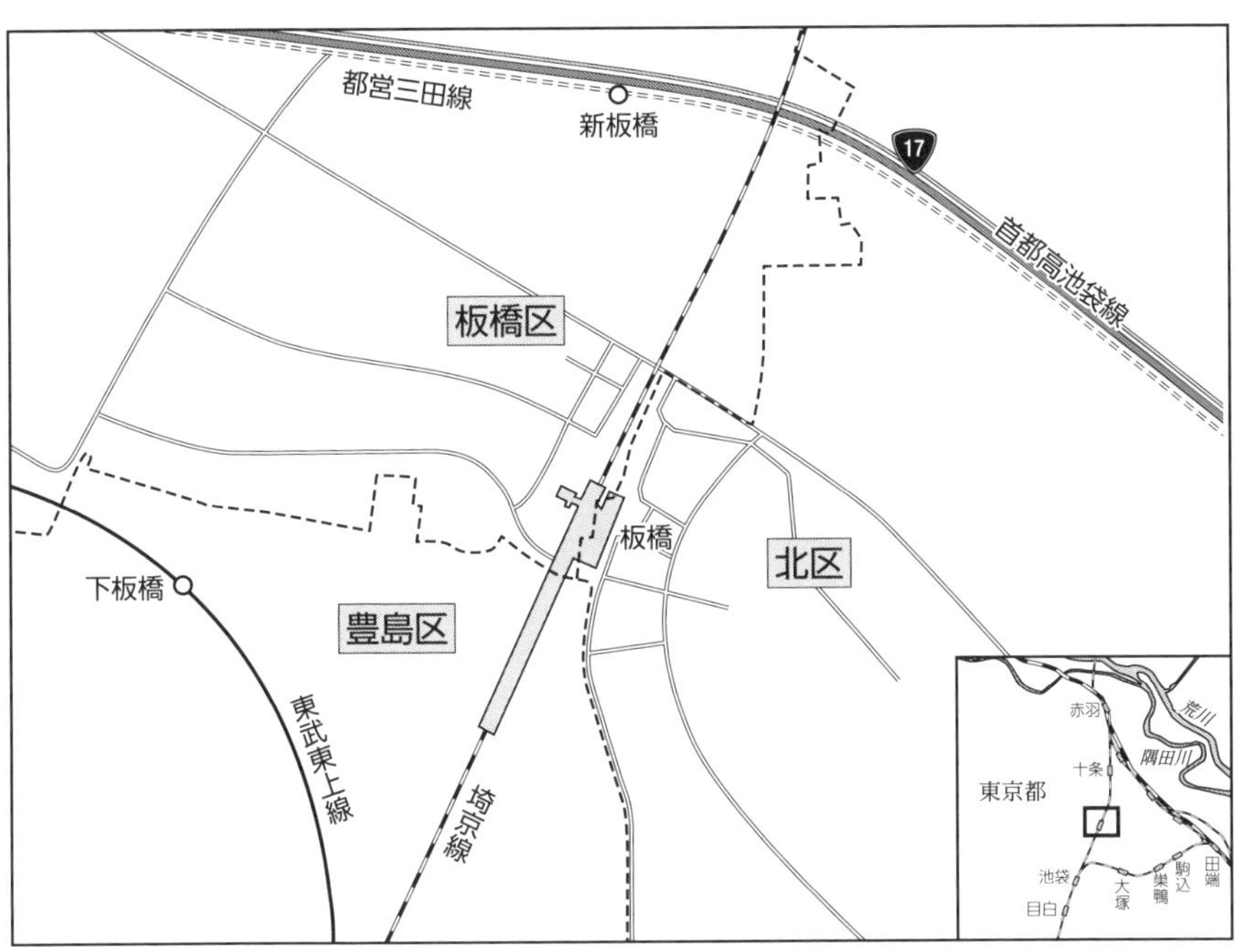

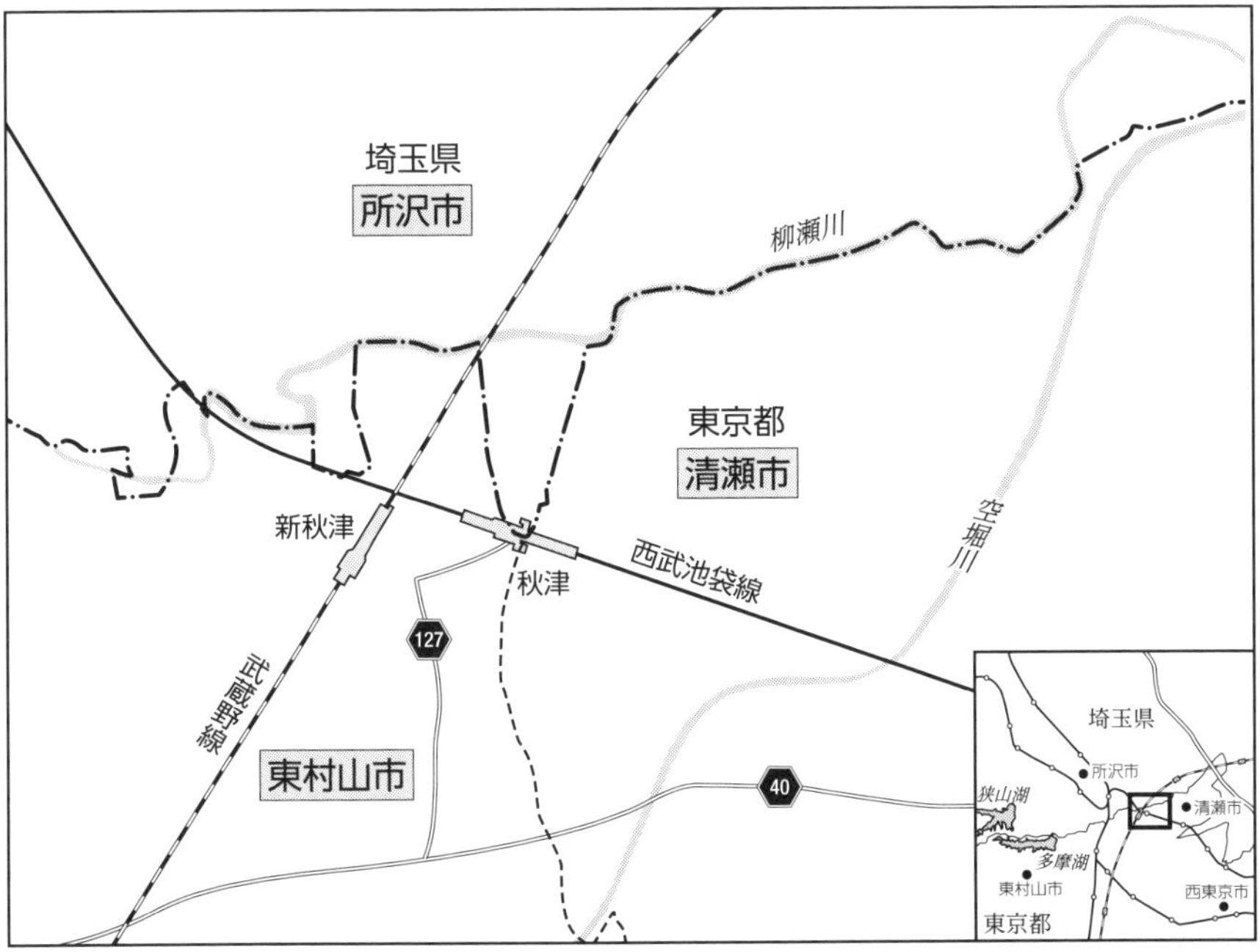

埼玉県
所沢市
柳瀬川
東京都
清瀬市
新秋津
秋津
西武池袋線
空堀川
127
武蔵野線
東村山市
40
埼玉県
所沢市
狭山湖
清瀬市
多摩湖
東村山市
西東京市
東京都

東京都・千代田区×新宿区

千代田区と新宿区の境界線が直線からS字型に

埼京線の板橋駅のように、3つの区にまたがっている駅があるかと思えば、同名の駅が独立して3つの区に設置されているという珍しい例もある。江戸城の外堀沿いにある飯田橋駅である。JR（中央本線・総武線）と東京メトロ東西線の飯田橋駅は千代田区飯田橋4丁目にあるが、東京メトロ有楽町線と南北線の飯田橋駅は新宿区神楽坂1丁目にある。また、都営地下鉄大江戸線の飯田橋駅は文京区後楽1丁目にあるというように、同名の駅が隣接する3つの区にあるのだ。待ち合わせをするときなどは、何線の飯田橋駅であるかを確認しておく必要がある。

それはさておき、千代田区と新宿区の区境が、飯田濠の付近で複雑に屈曲しているが、かつてはまっすぐな境界線だったのである。そして飯田濠には満々と水を湛え、その中央が千代田区と新宿区の境界線だった。

戦後の復興で大量の瓦礫が外堀に投げ捨てられ、高度成長期にも盛んに埋め立てられて次第に水面は失われていった。飯田濠も例外ではなかった。1972年（昭和47）から始まった再開発事業で飯田濠は埋め立てられ、そこに駅ビルが建設された。「飯田橋セントラルプラザ・ラムラ」というショッピングセンタービルである。だが、細長い駅ビルの事務棟と住宅棟の2つの建物の中を、千代田区と新宿区の境界線が通ることになるため、行政にも支障が出てくる恐れがある。そこで事務棟が新宿区に、住宅棟が千代田区の管轄になるように区境の変更が行われた。両区の面積が変わらないような形で、千代田区飯田橋4丁目の一部が新宿区に、新宿区神楽河岸の一部が千代田区に編入されたのである。その結果、まっすぐだった両区の境界線が、S字型の境界線になってしまったというわけだ。事務棟と住宅棟の両区の境界線上には「区境ホール」という多目的ホールが設けられ、床には千代田区と新宿区の境界を示すプレートがはめ込まれている。区境ホールでは定期的に音楽ライブなどが開催されている。

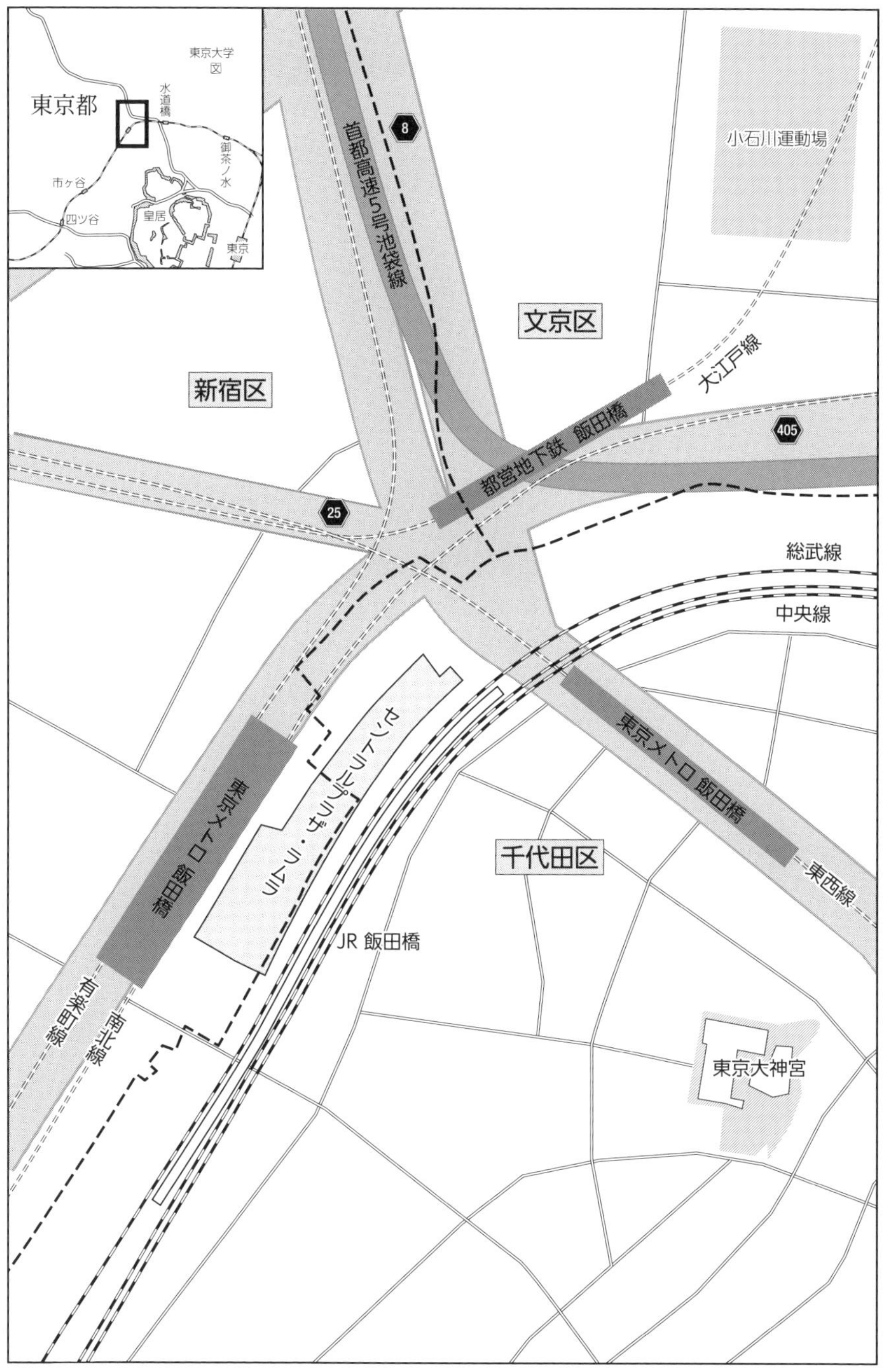
東京大学
図
東京都
水道橋
御茶ノ水
市ヶ谷
四ツ谷
皇居
東京
8
首都高速5号池袋線
小石川運動場
文京区
新宿区
大江戸線
405
都営地下鉄 飯田橋
25
総武線
中央線
セントラルプラザ・ラムラ
東京メトロ 飯田橋
東京メトロ 飯田橋
千代田区
東西線
JR 飯田橋
有楽町線
南北線
東京大神宮

新潟県・三条市×燕市

三条市と燕市の境界線上にある「燕三条駅」と「三条燕ＩＣ」

新潟県のほぼ中央に位置する三条(さんじょう)市は金物の町。信濃川を挟んで西に隣接する燕(つばめ)市は、金属洋食器の産地として有名である。両市は古くからライバル関係にある。ライバル関係というより、敵対関係にあるといった方が当たっているだろうか。両市の仲が良くない原因を知るには、江戸時代にまでさかのぼらなければならない。その理由はここでは省略するが、信濃川と分流の中ノ口川に挟まれている三条市と燕市の境界線が、ノコギリの刃のようにギザギザしているのだ。両市の根深い対立が、そのまま境界線に表れているようでもある。

それよりも興味深いのは、上越新幹線の燕三条駅と北陸自動車道の三条燕インターチェンジの関係である。上越新幹線の建設計画が具体化したとき、新潟－長岡間のルートはほぼ決まっていたが、両駅の中間に設置する駅の場所までは決まっていなかった。新潟市と長岡市のほぼ中間には、三条市と燕市がある。そこから両市の誘致合戦が始まった。両市の主張はかみ合わないまま暗礁に乗り上げ、その打開策として浮上したのが、三条市と燕市の境界線上に駅を設置するというものである。

この案に両市は納得したものの、今度は駅名をめぐって対立することになった。両市の市名を駅名に取り入れることでは合意したが、三条燕駅にするか燕三条駅にするかで激しく対立。解決のめどが立たなかったため、地元出身の田中角栄総理までが担ぎ出される始末である。協議を重ねた結果、駅長室を三条市側に置き、その見返りに駅名を「燕三条駅」とすることで合意に達した。それと引き換えに、新幹線駅の目と鼻の先に設置された北陸自動車道のインターチェンジの名称は、「三条燕インターチェンジ」とすることで合意した。だが、駅とインターチェンジの設置場所をよく見ると、燕三条駅は3分の2以上が三条市にあり、一方の三条燕インターは、出入り口付近だけが三条市で、インターチェンジの敷地のほとんどが燕市である。

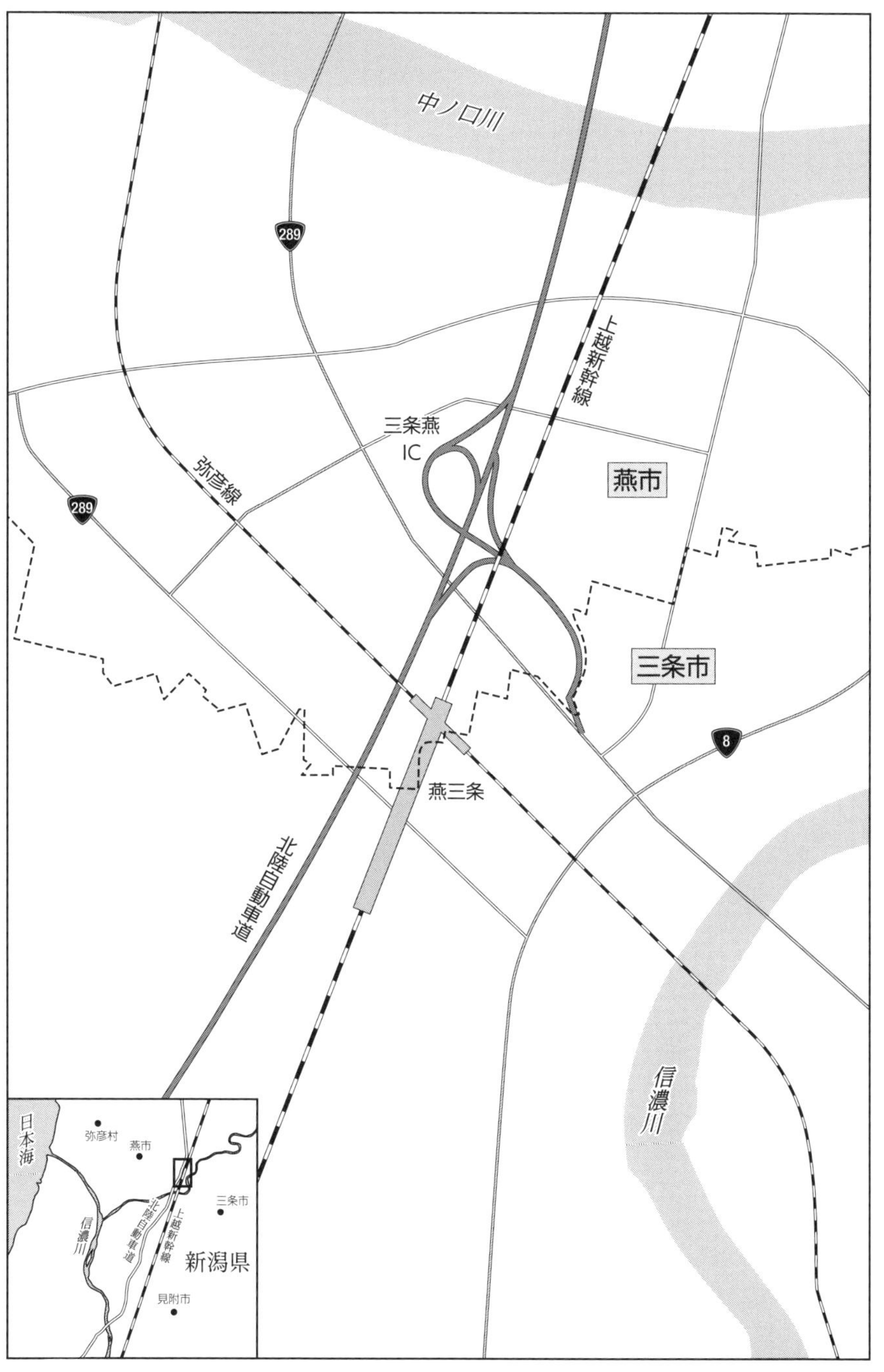
中ノ口川
上越新幹線
三条燕
IC
弥彦線
燕市
三条市
燕三条
北陸自動車道
信濃川
日本海
弥彦村
燕市
三条市
北陸自動車道
上越新幹線
信濃川
新潟県
見附市

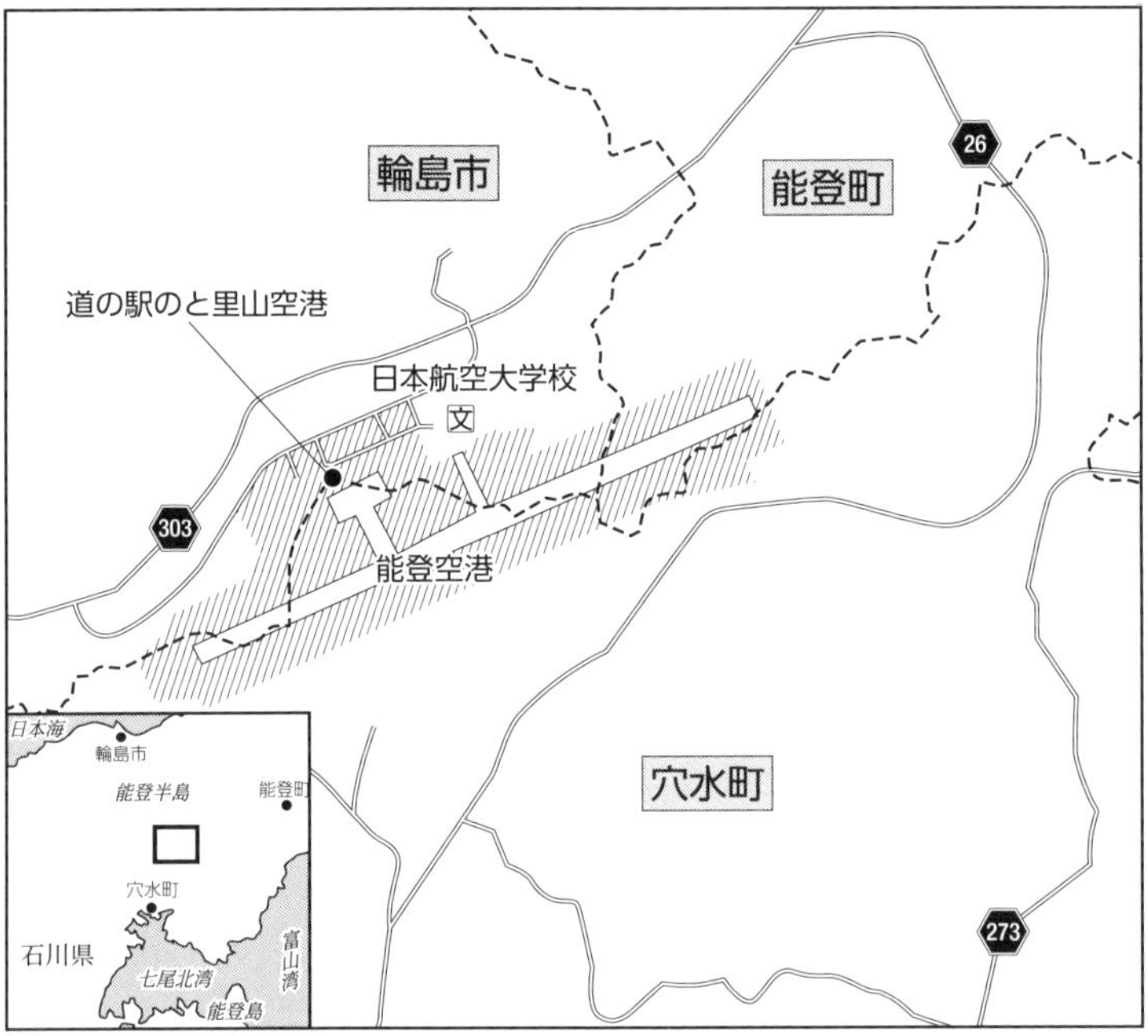

石川県・輪島市×穴水町×能登町
奥能登の里山に開港した能登空港

小松空港に次いで石川県で2番目の空港として、2003年（平成15）7月、能登空港が開港した。能登空港という名称から、能登半島にある空港であろうことは誰にでも想像できるが、どの自治体にある空港であるのかを知る人は少ない。というのも、能登空港が能登半島の北端にある輪島市と、南に隣接する穴水町、そして輪島市の東に隣接する能登町の3つの自治体にまたがっているからだ。3つの自治体にまたがる空港は、大阪国際空港や関西国際空港、熊本空港などがある。能登空港は奥能登に広がる標高200メートルほどの里山に建設されたことから、「のと里山空港」の愛称もある。

滑走路の多くの部分は穴水町と能登町で占めているが、空港の主要部が輪島市にある関係で、空港の所在地は輪島市になっている。空港に隣接して、日本航空学園輪島校（現・日本航空高等学校石川）が同時に開設された。また、空港に併設して「道の駅のと里山空港」がある。

福井県・あわら市×石川県・加賀市
県境に建つ「越前加賀県境の館」

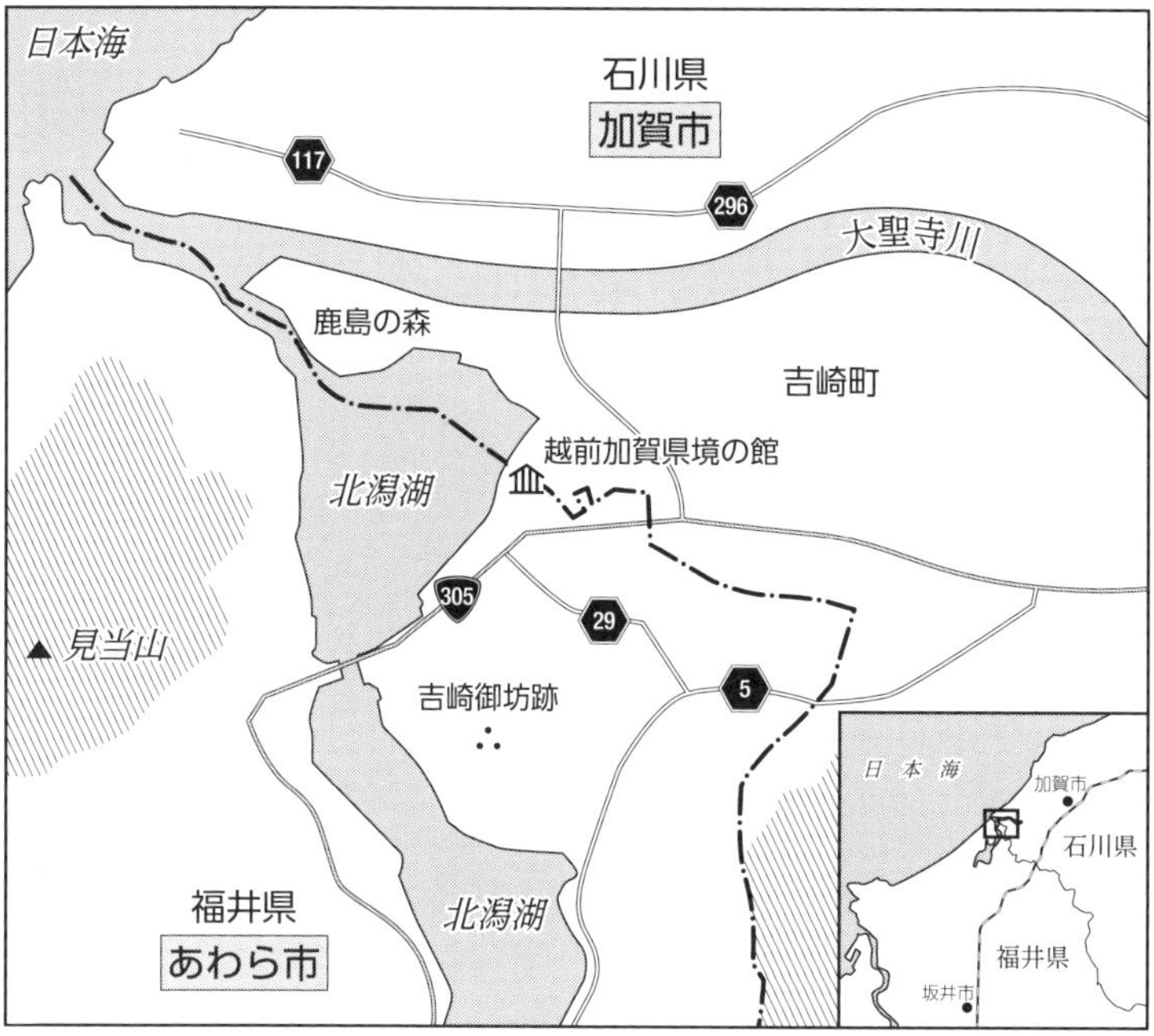

福井県と石川県の県境をまたいで、「吉崎」という小さな町がある。本願寺8世蓮如が吉崎御坊を建立し、浄土真宗の拠点として発達した寺内町で、今も多くの史跡が残っている。この町の中に県境が通っている。1884年（明治17）、北潟湖において漁業をめぐる争いが発生したことから、内務卿の山県有朋の裁定により確定した県境である。そのため、吉崎の町の中に曲がりくねった県境が通り、自分の家は福井県だが隣の家は石川県、母屋は福井県だが裏庭は石川県だというケースもある。

2015年（平成27）、福井県と石川県の県境をまたいで「越前加賀県境の館」という、いかにも境界線らしい施設が建てられた。なんと、県境の館の玄関中央が県境なのだ。玄関の石段には、「福井県」「石川県」という文字が刻まれているし、館内の床も両県で色分けされ、境界線の左側に「福井県あわら市吉崎2丁目」、右側に「石川県加賀市吉崎町」という文字が記されている。

愛知県・小牧市×豊山町×春日井市×名古屋市北区
全国で唯一、4つの自治体にまたがる県営名古屋空港

名古屋の近郊に立地する名古屋飛行場は、県営名古屋空港の名で親しまれている。2005年（平成17）に中部国際空港が知多半島沖に開港する前までは、中部圏の空の玄関口として、国内線はもとより多くの国際線が発着していた。だが、現在は大部分の路線が中部国際空港に移り、正式な名称が名古屋空港から「愛知県名古屋飛行場」に改称された。設置者も国土交通省から愛知県に移管され、第二種空港から「その他の飛行場」に変更されている。

大阪国際空港が伊丹空港とも呼ばれているように、県営名古屋空港も空港の所在地から小牧空港とも呼ばれてきた。だが地図をよく見ると、県営名古屋空港の敷地の大部分は、名古屋市と小牧市に挟まれた豊山町が占めている。それなのに小牧空港と呼ばれてきたのは、1944年（昭和19）に陸軍航空部隊の小牧陸軍飛行場として運用が開始されたという歴史的な背景がある。また、1959年（昭和34）には小牧基地が開設された。県営名古屋空港は小牧基地の中にある空港なのである。現在は航空自衛隊小牧基地が、滑走路を県営名古屋空港と共用している。

県営名古屋空港の中央部分は豊山町だが、滑走路の北側の一部が小牧市にまたがり、南側の一部は春日井市にまたがっている。さらに、敷地の一部は名古屋市北区にもかかっている。つまり、県営名古屋空港は4市町にまたがっているのだ。4つの自治体にまたがっている空港は、全国で唯一県営名古屋空港だけである。

豊山町と小牧市、春日井市の3市町が交わっている付近の境界線が複雑に入り組んでいる。また、豊山町と春日井市、名古屋市の3市町が交わっている付近の境界線も複雑に入り組んでいるが、ここは広大な濃尾平野なので、地形に沿って引かれた境界線でないことは明らかだ。おそらく、村社会の時代の名残で、それぞれの村の人たちの開墾した土地の範囲が、そのまま村と村の境界線になったのだろうと思われる。

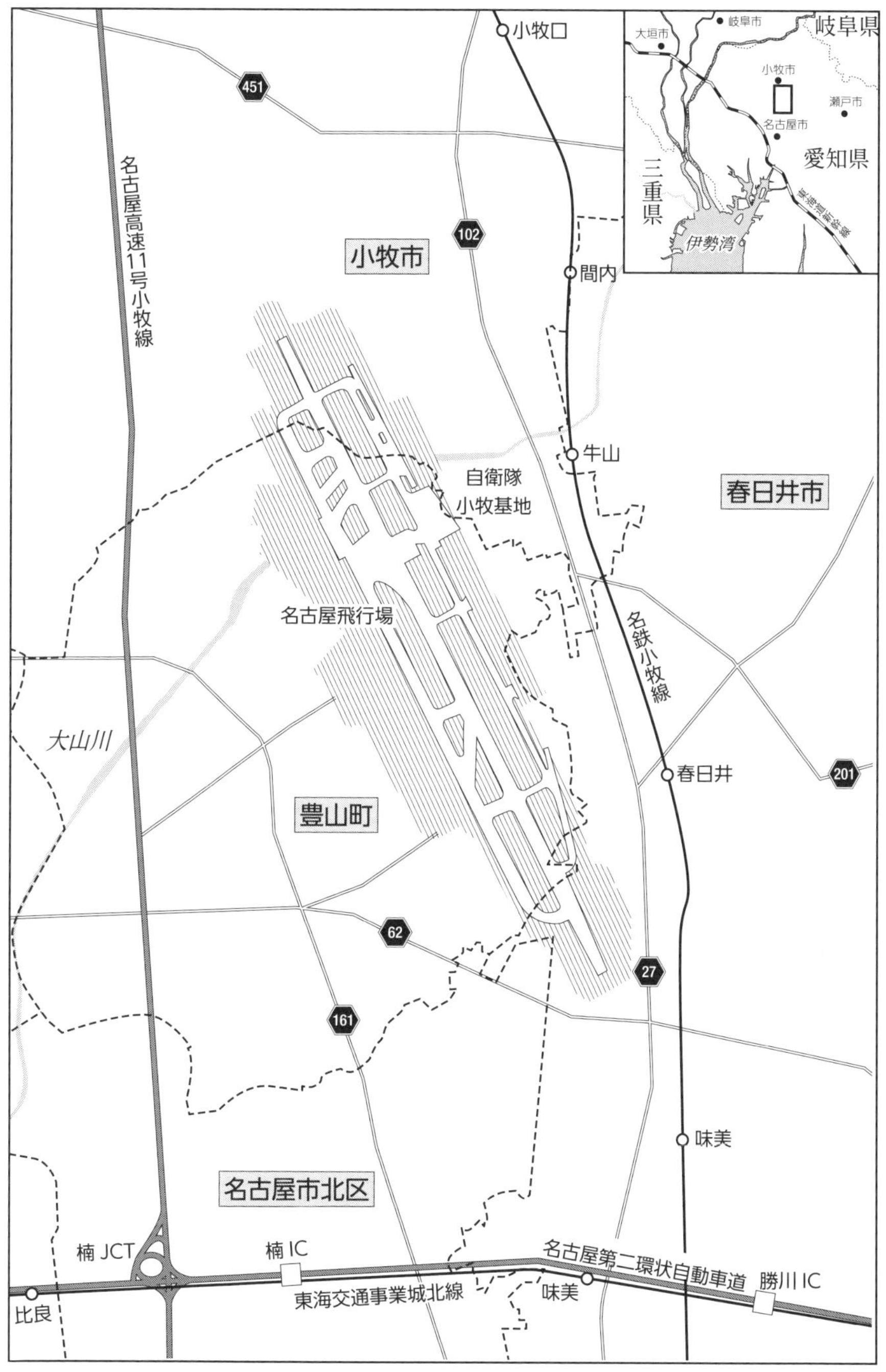

小牧口
451
岐阜市
岐阜県
大垣市
小牧市
瀬戸市
名古屋市
愛知県
三重県
伊勢湾
名古屋高速11号小牧線
102
小牧市
間内
牛山
自衛隊
小牧基地
春日井市
名古屋飛行場
名鉄小牧線
大山川
春日井
201
豊山町
62
27
161
味美
名古屋市北区
楠 JCT
楠 IC
名古屋第二環状自動車道
勝川 IC
比良
東海交通事業城北線
味美

大阪府・泉佐野市×田尻町×泉南市
関西国際空港は何市にあるか

1994年（平成6）9月、大阪湾南部の泉州沖に開港した関西国際空港は、何市にある空港かと聞かれたら、なんと答えるだろうか。おそらく○○市だと、即座に答えられる人はいないだろう。関西国際空港は複数の市と町にまたがっているからだ。陸地から5キロほどの海上に人工島が造成され、そこに本格的な空港が建設された。それが関西国際空港である。100％埋め立ての人工島に開港した空港としては、世界で初めてのケースだという。

人工島は大阪府南部の海岸線と、ほぼ並行に横たわっている。人工島の両端を直角に延長して陸地と結ぶと、その範囲内には泉佐野市と田尻町、泉南市の3市町が含まれる。空港の存在は、各自治体にとって大きな財源になるだけに、喉から手が出るほど欲しいはずだ。そこで、空港は泉佐野市、田尻町、泉南市の3市町に権利があるとして、陸地側の市町の境界線をそのまま平行に延長して線引きする「平行線比例案文方式」によって3分割されることになった。

陸地と人工島は関西国際空港連絡橋で結ばれているので、泉佐野市は連絡橋で地続きになっているが、田尻町と泉南市の空港部分は飛び地になる。また空港の住所は泉佐野市が「泉州空港北」、田尻町は「泉州空港中」、泉南市が「泉州空港南」である。JRと南海電鉄が乗り入れている関西空港駅は、泉佐野市と田尻町の境界線に設置されている。第一ターミナルビルも泉佐野市と田尻町の境界に建っているが、第二ターミナルビルは田尻町にある。また、北ウイングは泉佐野市、南ウイングは田尻町、地方合同庁舎は泉南市というように、それぞれ所在地も異なる。

A滑走路がある人工島の北側に、第二期工事として2007年（平成19）にB滑走路を備えた人工島が造成され、同じように3市町で分割された。そのため、第2人工島に泉佐野市の飛び地も生じた。これで3市町の飛び地が、関西国際空港に存在することになったのである。なお、滑走路はA、Bとも3市町で仲良く分け合っている。

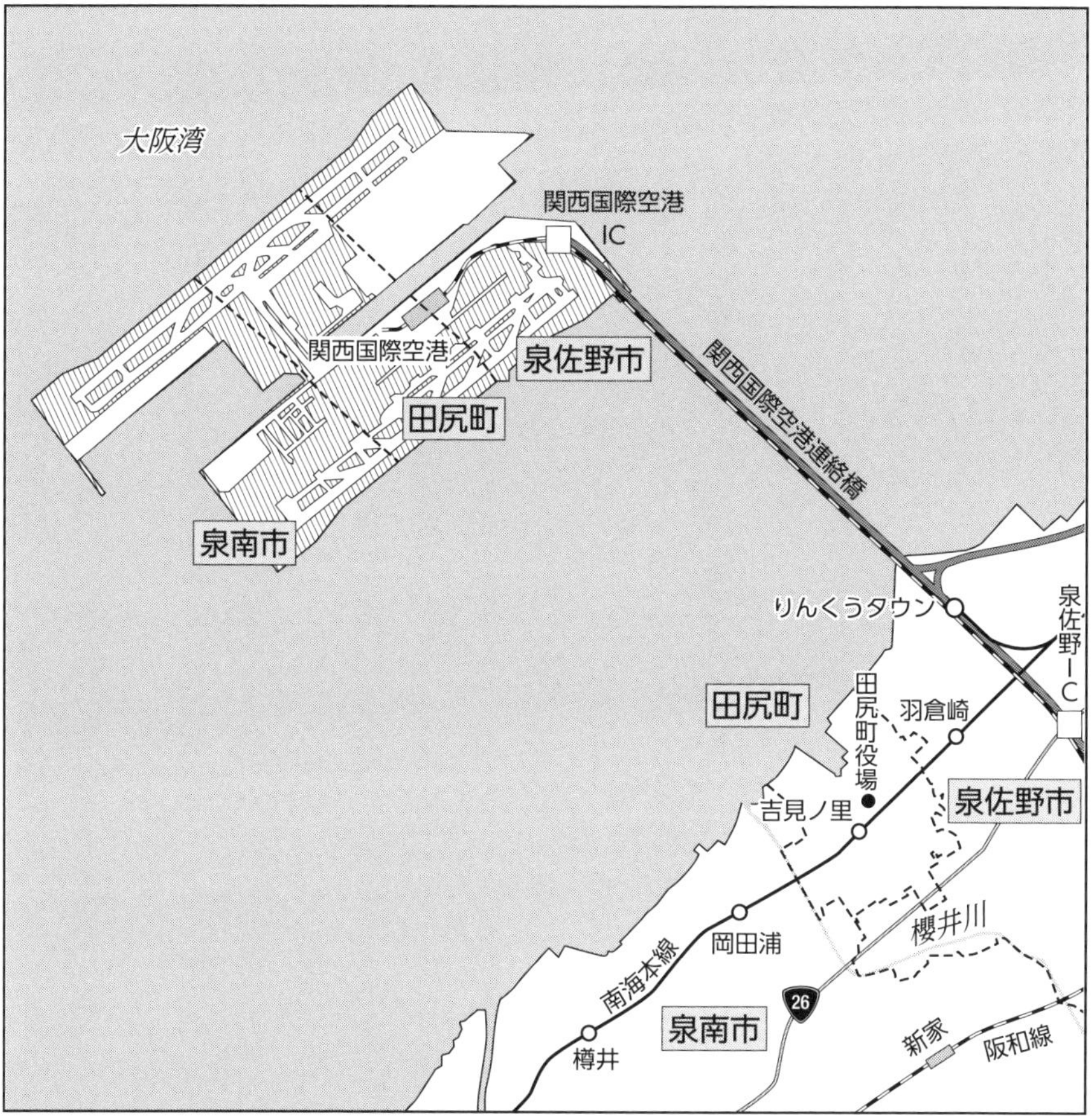

大阪湾
関西国際空港
IC
関西国際空港
泉佐野市
田尻町
泉南市
関西国際空港連絡橋
りんくうタウン
泉佐野IC
田尻町
田尻町役場
羽倉崎
吉見ノ里
泉佐野市
岡田浦
樫井川
南海本線
26
泉南市
樽井
新家
阪和線

兵庫県
神戸市
明石市
大阪湾
淡路島
淡路市
岸和田市
貝塚市
泉佐野市
田尻町
大阪府
泉南市

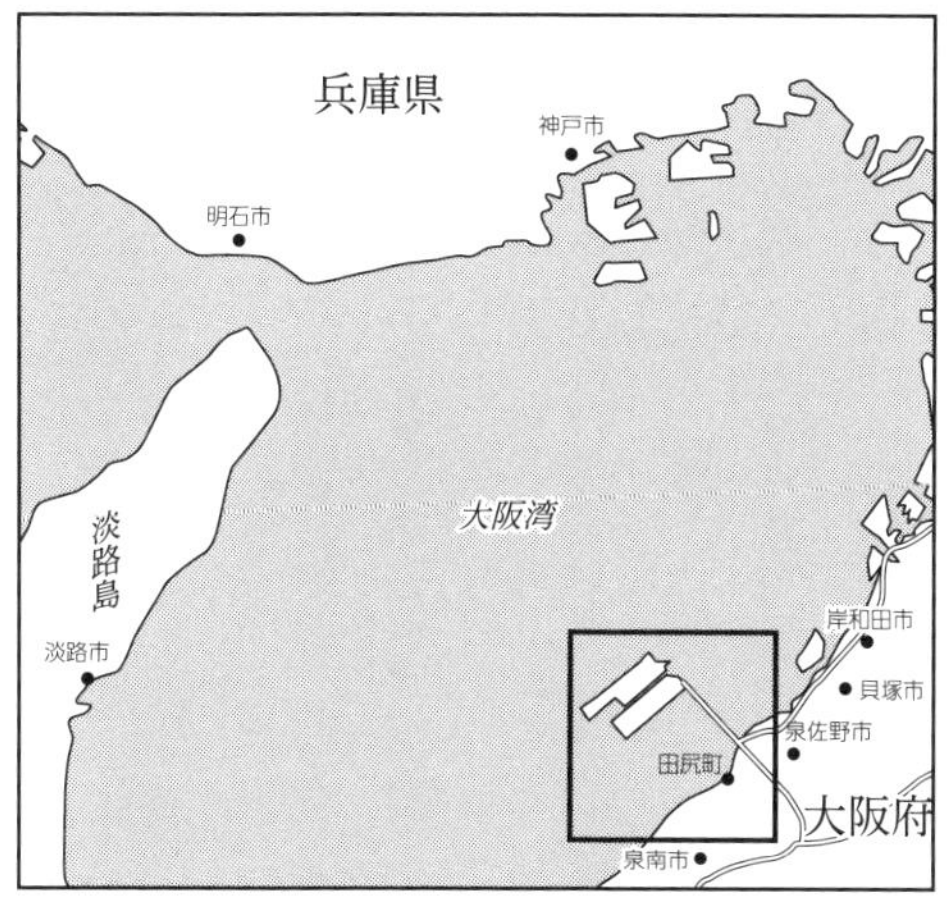

大阪府・豊中市×池田市×兵庫県・伊丹市
空港ターミナルビルの中に県境と市境、飛び地まである

大阪国際空港ほど複雑な境界線上に建設された空港もないだろう。空港ターミナルビルが大阪府の豊中市と池田市、および兵庫県伊丹市の2府県3市にまたがっており、ターミナルビルの中に飛び地まである。詳細な地図でなければ確認できないほど、小さな飛び地ばかりである。豊中市の中に池田市の飛び地が6ヵ所もある。そのうち4ヵ所が空港ターミナルビルの中にあるか、飛び地の一部がターミナルビルにかかっている。池田市の飛び地の中に、豊中市の飛び地があるという二重飛び地まである。また、伊丹市の飛び地が、府県境を越えて池田市の飛び地の中にある。これも二重飛び地だ。

大阪国際空港は敷地の70％余りを兵庫県伊丹市が占めていることから伊丹空港とも呼ばれているが、空港の所在地は大阪府の豊中市になっている。ターミナルビルの事務所が豊中市側の南ターミナルにあるからだ。空港の住所が豊中市なので、空港内にある郵便局は豊中南郵便局大阪国際空港内分室である。また、空港の敷地が大阪府と兵庫県にまたがっているため、大阪府豊中警察署空港警備派出所と、兵庫県伊丹警察署空港警備派出所が空港ターミナルビルの中に常駐している。北ターミナルは伊丹警察署、南ターミナルビルは豊中警察署の管轄である。

それにしても、なぜ空港ターミナル周辺の境界線は、これほど複雑なのか、いや、これほど境界線が複雑なところに空港ターミナルビルを建てたのか理解に苦しむ。境界線が直線的になっているのは、村人たちの耕作地の境界が、その村と隣村との境界になったものとみられる。飛び地は出作地だったのだろう。出作とは他村にある土地を耕作することをいう。やがてその耕作地が自分たちの村の土地になった。建物の中に県境が通っているだけならまだしも、空港ターミナルビルの中で市と市の境界線が複雑に入り組み、しかも飛び地まである。おそらくこれほど珍しい建造物は、全国のどこを探してもないだろう。

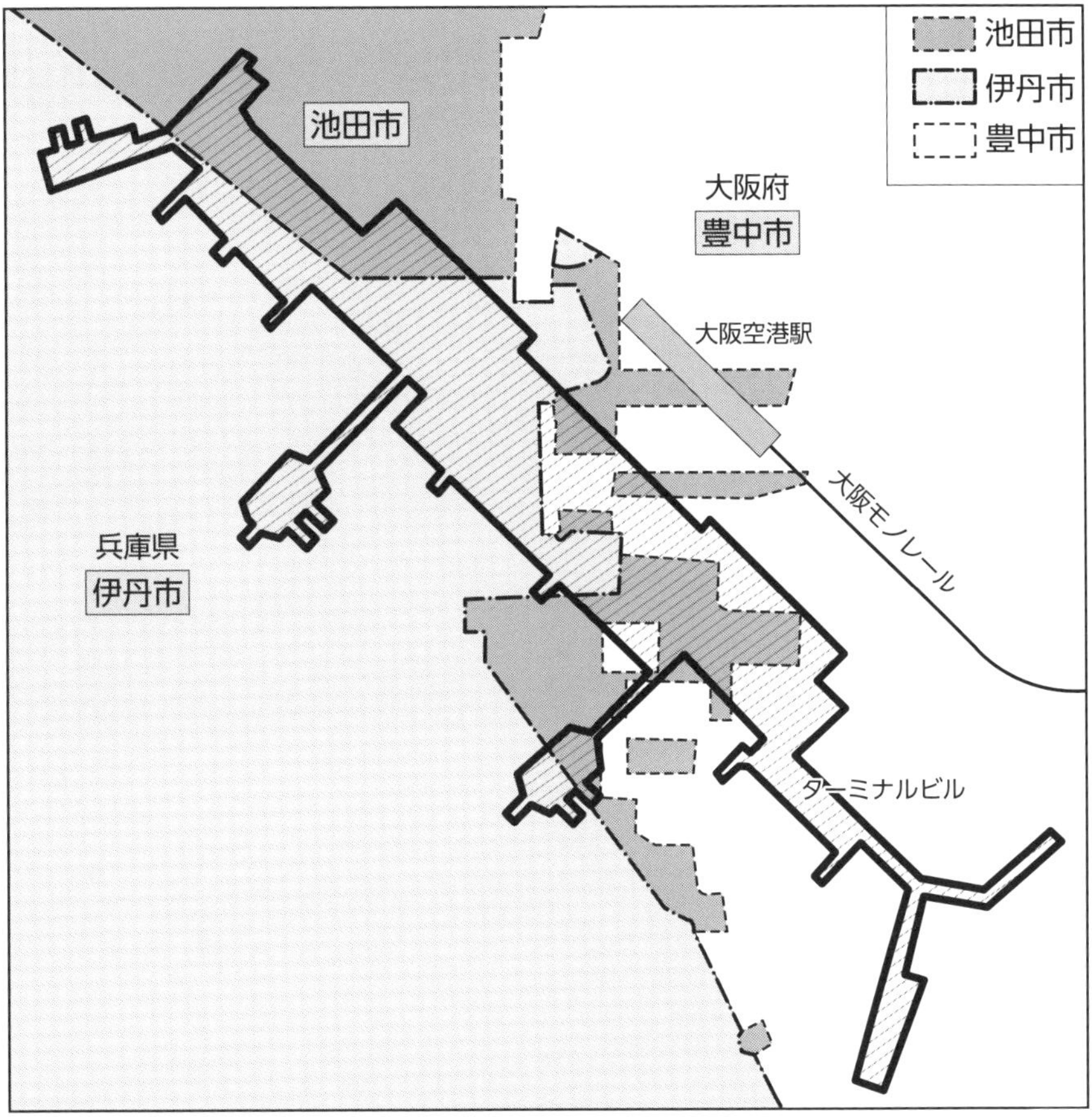

池田市
伊丹市
豊中市
池田市
大阪府
豊中市
大阪空港駅
大阪モノレール
兵庫県
伊丹市
ターミナルビル

中山寺
中国池田 IC
宝塚 IC
中国自動車道
北伊丹
兵庫県
大阪府
大阪
国際空港
伊丹
阪神高速池田線
山陽新幹線
豊中 IC
塚口
新名神高速道路
尼崎 IC
甲子園口
尼崎

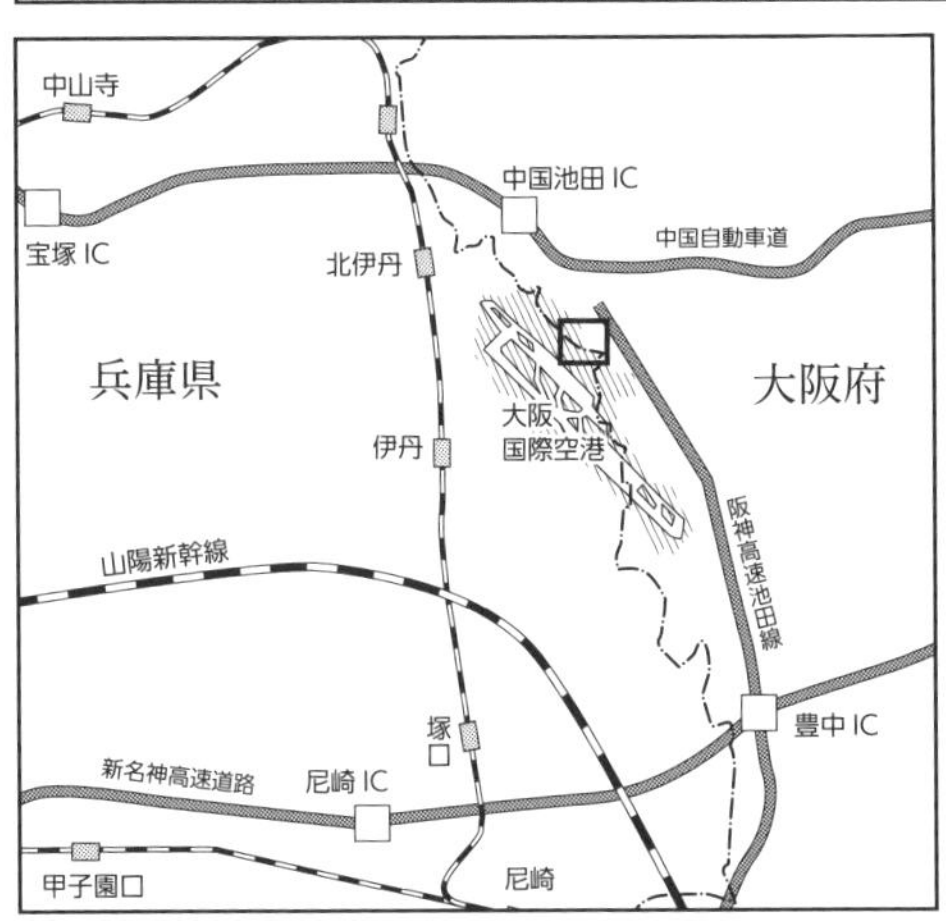

静岡県・牧之原市×島田市
静岡空港の地下を東海道新幹線が走る

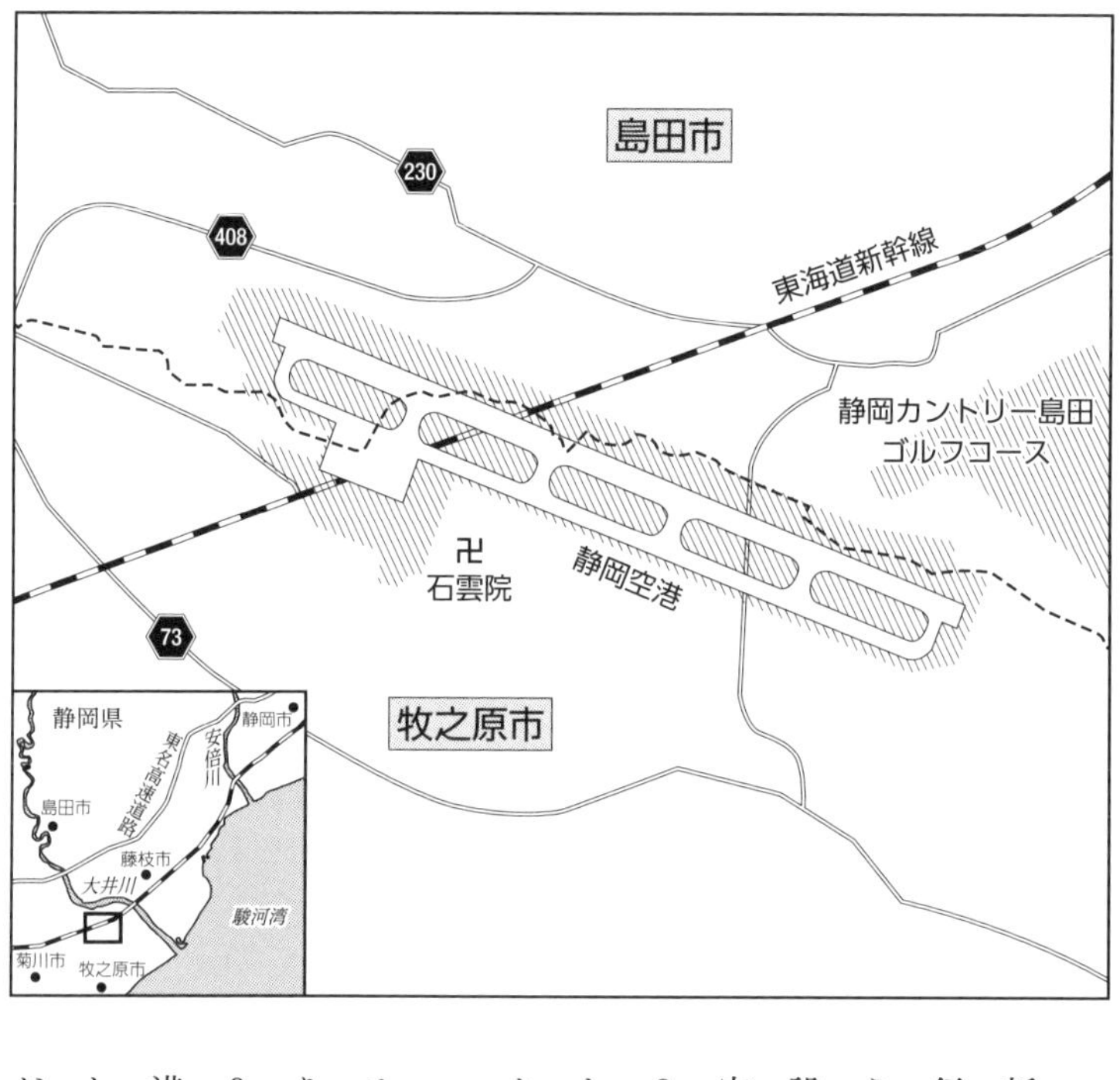

静岡県は東京と名古屋の中間に位置し、県内には東海道新幹線の駅が6つもある。県庁所在地の静岡市から東京へ行くのも、名古屋へ行くのも1時間以内で到達できるという利便性の良さから、空港の必要性は極めて低く、空港建設に反対する意見が根強くあった。そのため、空港建設予定地が決定してから20年以上の歳月を要し、紆余曲折の末、2009年（平成21）6月、やっと牧野原（まきのはら）台地に建設された。静岡市から南西へ約30キロも離れているので、交通アクセスが良いとは言い難い。

空港は牧之原市と島田市の境界をまたいで建設されている。旅客ターミナルなど、空港の主要部は牧之原市側にあり、空港の所在地も牧之原市になっている。だが、2500メートルの滑走路の3分の1ほどは島田市側にある。空港の地下を東海道新幹線が通っているため、地元では空港と直結した新幹線の駅を建設する構想が持ち上がっているが、実現するには至っていない。

京都府・木津川市×奈良県・奈良市
京都と奈良の府県境に建つ大型ショッピングセンター

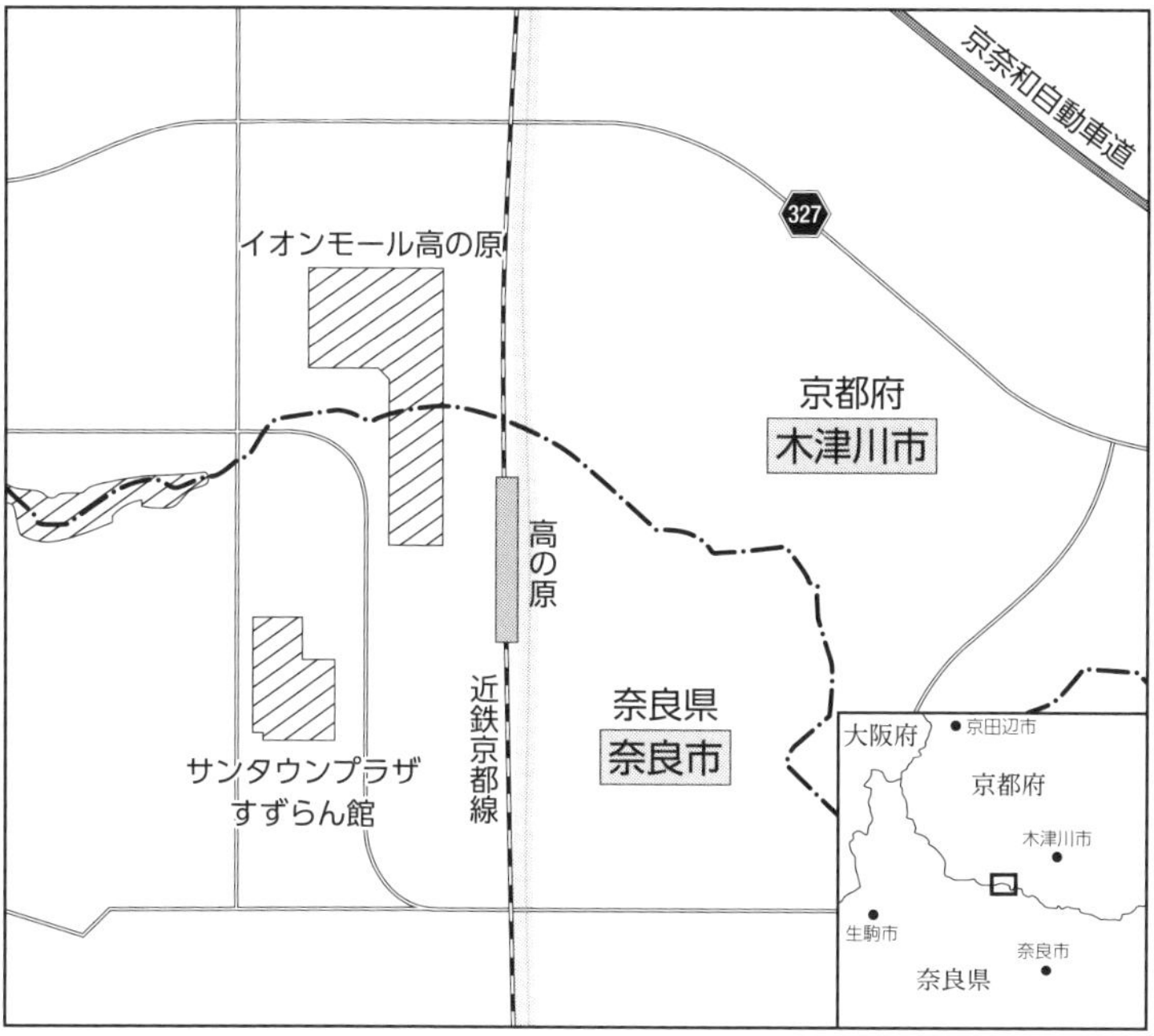

京都府と奈良県の府県境をまたいで、平城(へいじょう)・相楽(そうらく)ニュータウンという大規模な住宅団地が広がっているが、その中心的な商業施設が「イオンモール高の原」という大型のショッピングセンターである。イオンモール高の原の事務所と正面玄関が京都府側にあり、敷地面積も70％以上が京都府であるため、ショッピングセンターの住所は京都府木津川(きづがわ)市になっている。だが、イオンモールに直結している近鉄京都線の高の原駅は奈良市にある。

また、警察の管轄がテナントごとによって異なっている。そのため、事件などの発生場所を明確にする必要性から、店舗内の床に府県境を示す線が引かれている。たとえば、1階のフロアには白の点線が引かれており、2階は茶色の実線、3階と4階はオレンジ色の実線、屋上と屋外は黄色の点線というように、各階ごとで線の色を変えている。店舗内の府県境はイベントなどにも活用され、この地域のちょっとした観光スポットでもある。

鳥取県・境港市×米子市
米子空港があるのは境港市

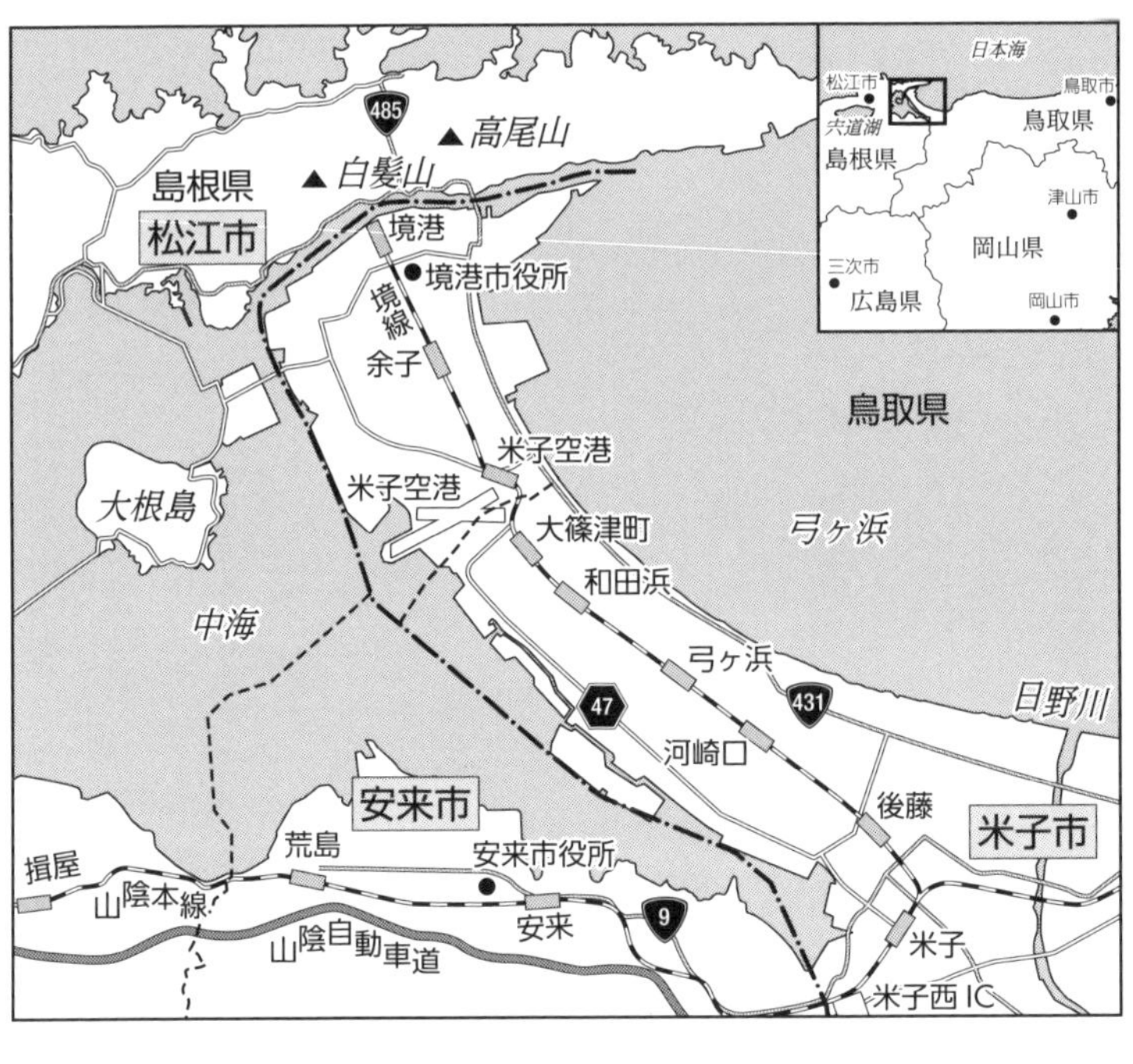

鳥取県の北西端から島根半島に向かって突き出している弓ヶ浜(ゆみがはま)半島は、日野川から流出した土砂によって形成された長さ約18キロ、幅が4キロほどの砂州である。この砂州上に米子空港がある。航空自衛隊美保(みほ)基地の滑走路を利用している共用飛行場である。米子空港とはいっても、米子市にあるのは空港の敷地の一部だけで、ほとんどが境港(さかいみなと)市側にある。

米子市の中心部から空港までは約11キロ離れているのに、境港市の中心部からは約5キロという至近距離だ。しかも、境港市が妖怪漫画「ゲゲゲの鬼太郎」の作者水木しげるの出身地であったことから、2010年（平成22）に米子鬼太郎空港の愛称がつけられた。滑走路の一部が中海に飛び出しているが、湖面の埋め立て工事で島根県との県境問題が浮上した。これが発端となって1990年（平成2）4月、県境未定地だった中海の湖面に、県境が引かれることになったのである。

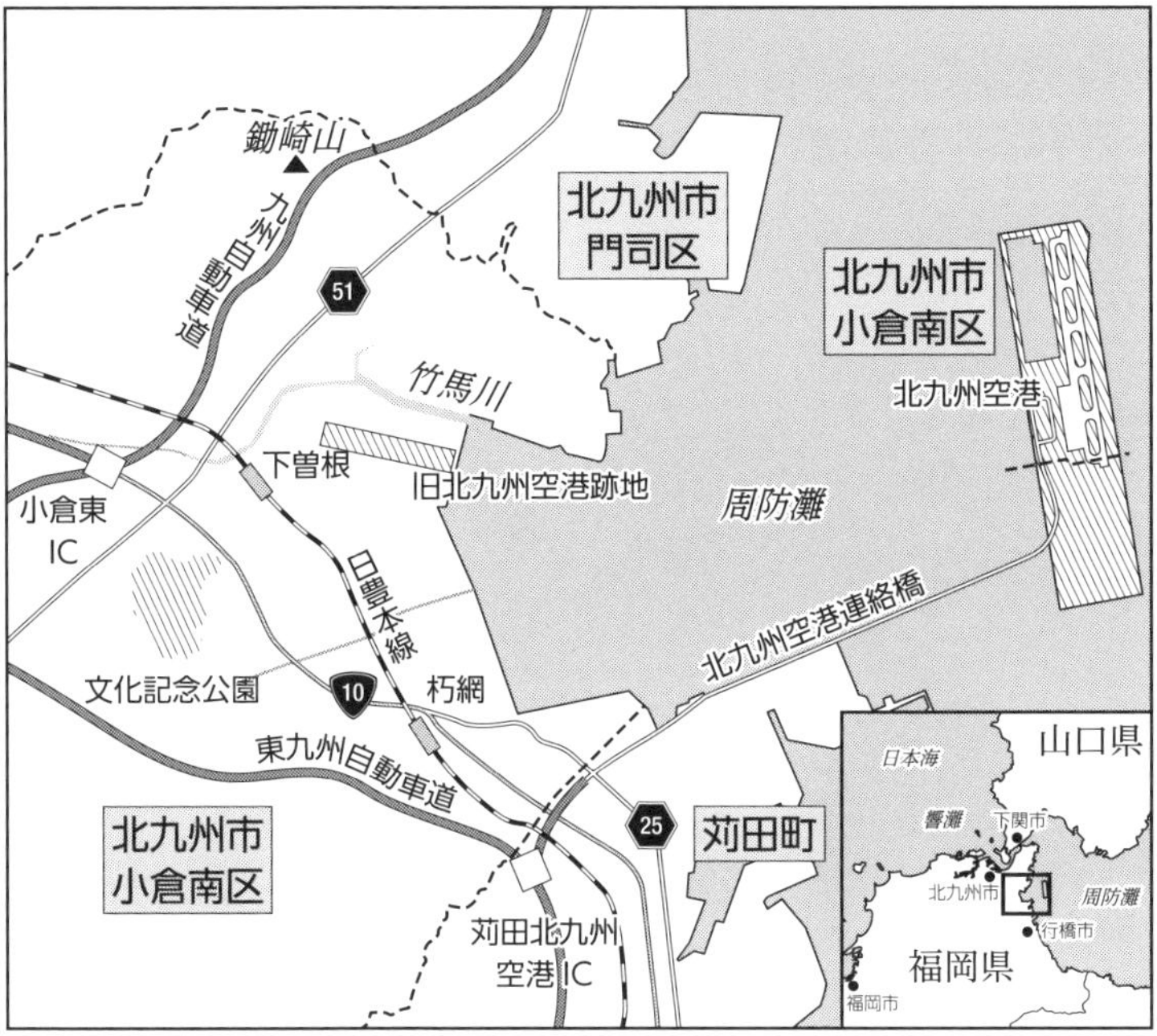

福岡県・北九州市小倉南区×苅田町
海に浮かぶ北九州空港に引かれた境界線

２００６年（平成18）に、周防灘沖に建設された北九州空港は長崎空港、関西国際空港、中部国際空港、神戸空港に次いで全国で５番目の海上空港である。その北九州空港は、関西国際空港と多くの共通点を持っている。まず、１００％埋め立てによる人工島に建設された24時間運用の海上空港であること、さらに空港に市と町の境界線が走っているということだ。空港ターミナルビルなど空港施設のほとんどが北九州市側にあるため、空港の所在地も北九州市になっている。

人工島の北側の住所は北九州市小倉南区空港北、南側が苅田町空港南である。本土と空港は新北九州空港連絡橋（福岡県道２４５号新北九州空港線）で結ばれているが、苅田町を通らなければ空港へ渡ることはできない。つまり、空港の北側は小倉南区の飛び地なのである。関西国際空港や中部国際空港などと同じように、北九州空港にも空港ターミナルまで鉄道が乗り入れる構想がある。

熊本県・益城町×菊陽町×大津町
空港ターミナルは益城町、滑走路は菊陽町

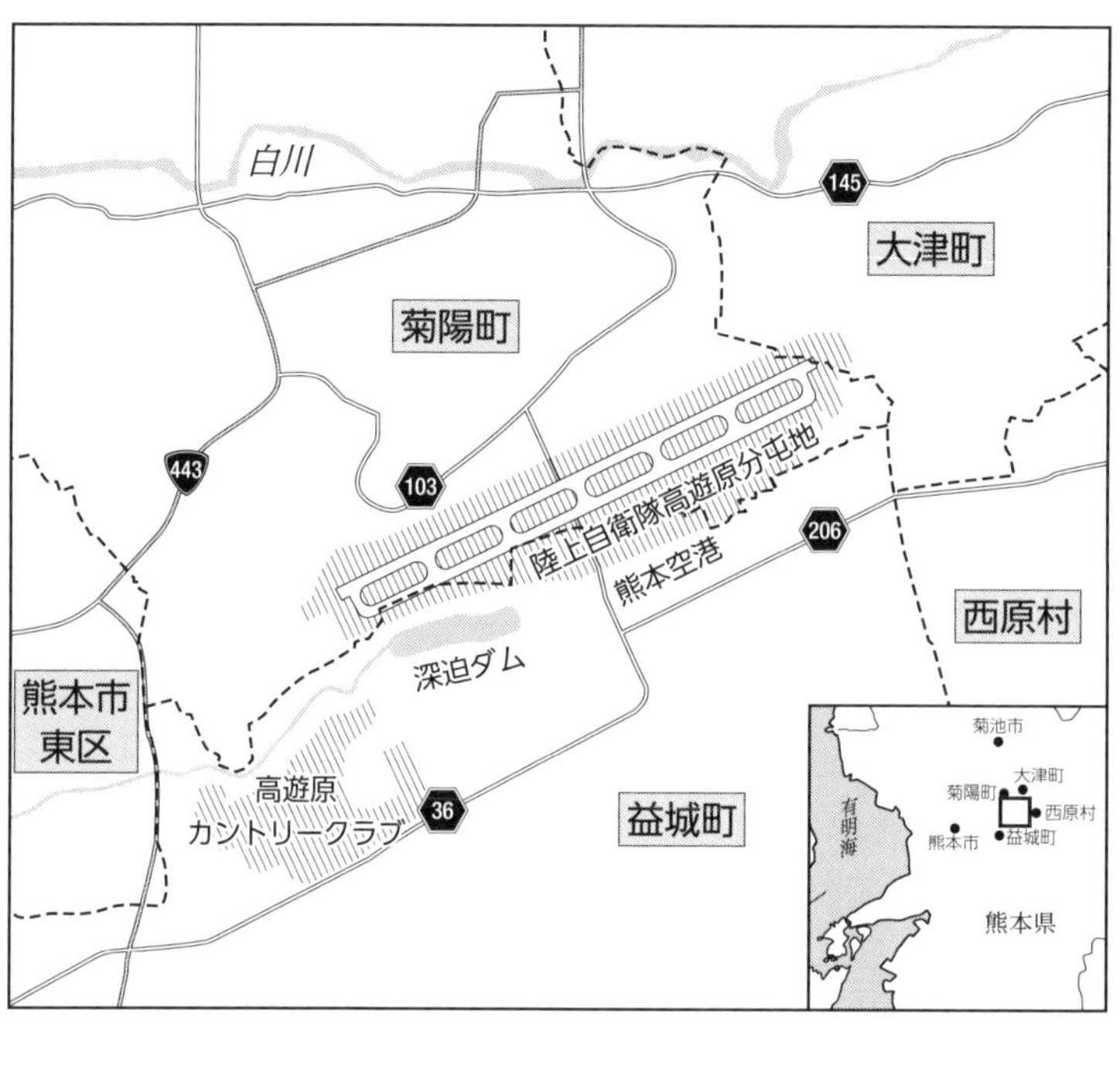

なぜ空港は市町村をまたいで建設するのだろうと思うくらい、境界線上にある空港は多い。阿蘇くまもと空港の愛称を持つ熊本空港もその1つだ。熊本空港は阿蘇山の西麓、熊本市の中心部から北東15キロほどの丘陵に1971年（昭和46）に開港している。滑走路のほとんどは菊陽町にあるが、空港ターミナルビルは益城町側にあることから、空港の所在地は益城町になっている。だが、空港の敷地の一部が大津町にもかかっている。

熊本空港は陸上自衛隊高遊原分屯地を併設しており、滑走路を自衛隊と共用している。また、熊本空港には近い将来、JR豊肥本線の三里木駅から、空港に乗り入れる鉄道の建設計画がある。市町村境をまたいでいる空港は、この項で取り上げたほか、新千歳空港（千歳市・苫小牧市）、釧路空港（釧路市・白糠町）、旭川空港（旭川市・東神楽町）、庄内空港（酒田市・鶴岡市）、松本空港（松本市・塩尻市）、高松空港（高松市・綾川町）の6つの空港がある。

熊本県・小国町×大分県・日田市
杖立温泉のホテルの中に県境が

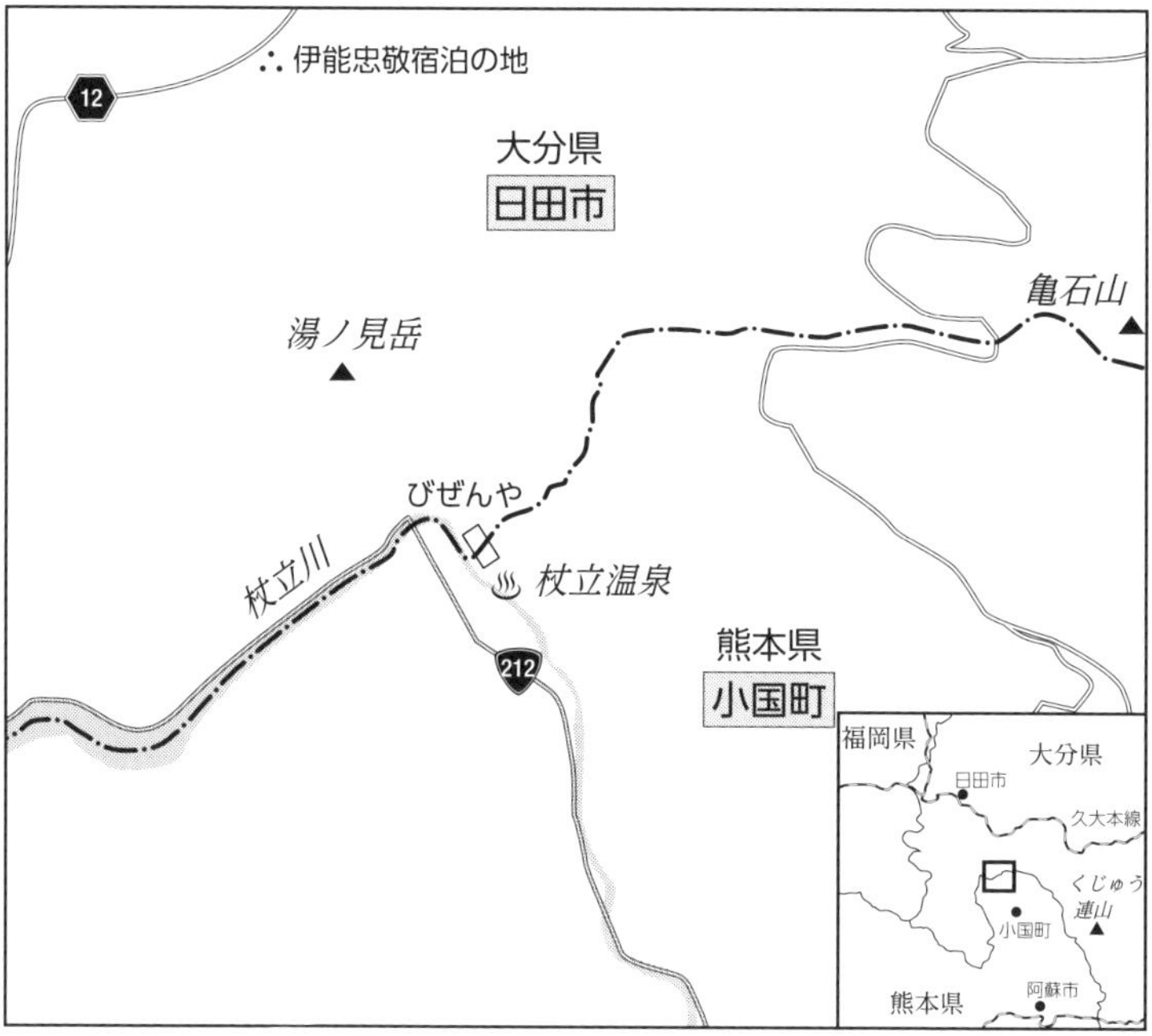

九州最大の河川である筑後川は、阿蘇山北麓の瀬の本高原を発して有明海に注いでいるが、その支流の杖立川の渓谷沿いに温泉街が形成されている。弘法大師伝説が残る杖立温泉である。温泉街は熊本県小国町にあるが、杖立川の下流は熊本県と大分県の県境を流れているため、温泉街の一部が大分県の日田市にまたがっている。また、杖立川に注いでいる水路が両県の県境になっており、水路をまたいで「つえたて温泉ひぜんや」という観光ホテルが建っている。つまり、ホテルの中に県境が通っているのだ。

ホテルは和洋室の熊本館と、和室の大分館に分かれ、両館は渡り廊下でつながっている。その渡り廊下に県境が通っているのだ。床には県境を示す線が引かれ、熊本県と大分県の県境であることを示す標柱も立てられている。ここで記念撮影をする人も多い。熊本館と大分館それぞれに温泉浴場があるので、両県の温泉を同時に楽しめるという趣向である。

県別・市町村名索引

＊本文一〜六章で取り上げた市町村名を都道府県ごとに50音順で掲げる。

【参考文献】

『日本地図』（帝国書院）
『最新基本地図』（帝国書院）
『旅に出たくなる地図 日本編』（帝国書院）
『綜合地歴新地図』（帝国書院）
『今がわかる時代がわかる 日本地図』（成美堂出版）
『地図（ＭＡＰ）』（日本地図学会）
『月刊　地図中心』（日本地図センター）
『新詳日本史図説』（浜島書店）
『平成の大合併　県別市町村名事典』（東京堂出版）
『全国市町村要覧』（第一法規）
『世界大百科事典』（平凡社）
『日本地名大百科 ランドジャポニカ』（小学館）
『コンサイス日本地名事典』（三省堂）
・国土地理院地図閲覧サービス、地図サイト「マピオン」
・国土交通省国土地理院、国土交通省道路局、総務省、経済産業省、環境省、文化庁の資料およびホームページ
・都道府県・市区町村の資料およびホームページ
・朝日新聞、読売新聞、毎日新聞、日本経済新聞、産経新聞、中日新聞など全国主要新聞

〔著者略歴〕

浅井建爾（あさい　けんじ）

地理・地図研究家。日本地図学会会員。青年時代に自転車で日本一周を完遂する過程で、都道府県および市町村の境界線に興味を持つ。
著書に、ベストセラーになった『日本全国「県境」の謎』のほか、『「県境」&「境界線」の謎』『地図に隠れた日本の謎』（以上、実業之日本社）、『東京23区境界の謎』（自由国民社）、『ほんとうは怖い京都の地名散歩』（ＰＨＰ研究所）、『日本の駅名おもしろ雑学』『鉄道の雑学』（以上、三笠書房）、『難読·誤読駅名の事典』『駅名・地名不一致の事典』『日本全国 合成地名の事典』『日本全国 境界未定地の事典』（以上、東京堂出版）など多数。

日本全国
奇妙な県境・市町村境の事典

2023年１月30日　初版印刷
2023年２月10日　初版発行

著　者　浅井建爾
発行者　郷田孝之
発行所　株式会社東京堂出版
〒101-0051　東京都千代田区神田神保町1-17
電話　03-3233-3741
http://www.tokyodoshuppan.com/

DTP·地図作成　株式会社あおく企画
装　丁　松倉浩
印刷·製本　中央精版印刷株式会社

Printed in Japan
ISBN978-4-490-10937-5　C0525